SOZIALE SYSTEME

ZEITSCHRIFT FÜR SOZIOLOGISCHE THEORIE

Jahrgang 14 (2008)

AF286211

 **LUCIUS & LUCIUS**

Herausgeber:
Dirk Baecker, Zeppelin University, Friedrichshafen
Cornelia Bohn, Universität Luzern
William Rasch, Indiana University, Bloomington
Urs Stäheli, Universität Basel
Rudolf Stichweh, Universität Luzern

Redaktion:
Johannes F. K. Schmidt

ISBN 978-3-8282-0460-7
ISSN 0948-423X

© Lucius & Lucius Verlagsgesellschaft mbH, Gerokstraße 51, D-70184 Stuttgart
  Tel. (+49) (0)711 / 24 20 60, Fax (+49) (0)711 / 24 20 88
  E-Mail: lucius@luciusverlag.com. Internet: www.luciusverlag.com

Satz: Sibylle Egger, Stuttgart
Druck: Rosch-Buch, Scheßlitz

Printed in Germany

Inhalt Jahrgang 14 (2008)

Sina Farzin / Sven Opitz / Urs Stäheli (Hrsg.)

Inklusion / Exklusion:
Rhetorik – Körper – Macht

Lucius & Lucius · Stuttgart

Herausgeber:
Dirk Baecker, Zeppelin University, Friedrichshafen
Cornelia Bohn, Universität Luzern
William Rasch, Indiana University, Bloomington
Urs Stäheli, Universität Basel
Rudolf Stichweh, Universität Luzern

Redaktion:
Johannes F. K. Schmidt

ISBN 978-3-8282-0460-7
ISSN 0948-423X

© Lucius & Lucius Verlagsgesellschaft mbH, Gerokstraße 51, D-70184 Stuttgart
  Tel. (+49) (0)711 / 24 20 60, Fax (+49) (0)711 / 24 20 88
  E-Mail: lucius@luciusverlag.com. Internet: www.luciusverlag.com

Satz: Sibylle Egger, Stuttgart
Druck: Rosch-Buch, Scheßlitz

Printed in Germany

SOZIALE SYSTEME

ZEITSCHRIFT FÜR SOZIOLOGISCHE THEORIE

Jahrgang 14 (2008), Heft 2

Inhalt

Soziale Systeme 14 (2008), Heft 2, S. 167-170

Sina Farzin / Sven Opitz / Urs Stäheli

Inklusion / Exklusion: Rhetorik – Körper – Macht

Die Unterscheidung Inklusion / Exklusion dominiert wie kaum eine andere die zeit- und kulturdiagnostischen Debatten der vergangenen Jahre. Es ist vor allem ihre ›dunkle Seite‹ der Exklusion, die eine beeindruckende Konjunktur bei der Beschreibung ebenso vielfältiger wie unterschiedlicher sozialer Phänomene erfährt. Die steigende soziale Ungleichheit auch in den sogenannten Kernländern des westlichen Wohlfahrtsstaatsmodels scheint ebenso wie die Abschottung ebendieser Länder gegenüber ungewollter Migration die zunehmende Verfestigung sozialer Binnen- und Außengrenzen zu bezeugen. Zugleich scheinen diese und angelagerte aktuelle Konflikte von einer Refundamentalisierung kollektiver Identitätspolitiken befeuert, die auf eine klare Exklusion des ›Anderen‹ zielt. Dabei gerät in der öffentlichen ebenso wie in der soziologischen Debatte – zumindest dort, wo sie zeitdiagnostische Ziele verfolgt – häufig die konstitutive Verknüpfung sozialer Inklusion und Exklusion in den Hintergrund. Dass die hier nur stichwortartig genannten Phänomenbereiche zunächst weniger von einer einfachen Zunahme faktischer Exklusion zeugen als von Verschiebungen und Veränderungen innerhalb differenzierter und kontingenter Inklusions- / Exklusionsordnungen wird deutlich, wenn man sich ihnen aus der Perspektive einer differenztheoretisch organisierten Sozialtheorie nähert. Besonders systemtheoretische Ansätze, aber auch das weite Feld der sogenannten poststrukturalistischen Theorien sensibilisieren für die konstitutive Verknüpfung beider Seiten der Unterscheidung und die damit einhergehenden Dynamiken gesellschaftlicher Inklusions- und Exklusionsarrangements (s. Farzin 2006; Opitz 2008; Stäheli / Stichweh 2002). Dass der systematische Einbezug einer differenztheoretischen Perspektive dabei auch die Theorien selbst vor zentrale Herausforderungen stellt, wird deutlich, wenn man den differenztheoretischen Anspruch reflexiv wendet und nach den theoriestrategischen Entscheidungen und Unterscheidungen fragt, die dem jeweiligen Inklusions- und Exklusionsverständnis vorausgehen.

Das vorläufige Ergebnis einer solchen differenztheoretischen Annäherung, die im Mai 2007 auf einem Workshop unter dem Titel *Inklusion / Exklusion: Theoretische Perspektiven* am Soziologischen Institut der Universität Basel begonnen wurde, liegt in diesem Band vor.[1] Die hier versammelten Beiträge schärfen zum

---

1 Wir danken der Heinrich-Böll-Stiftung sowie der Nachwuchsförderung der Universität Basel

einem die theoretische Ausarbeitung der Unterscheidung von Inklusion / Exklusion, sie zeigen zum anderen aber auch Wege auf, diese theoretische Schärfung für den Umgang mit empirischen Beobachtungen fruchtbar zu machen. Dabei tritt deutlich hervor, dass sich der Doppelbegriff der Inklusion / Exklusion entlang bestimmter Problemkonstellationen entwickelt, die wir in den titelgebenden Schlagworten *Rhetorik – Körper – Macht* zusammenfassen.

Unter diesen drei Stichworten werden innerhalb dieses Bandes keine monolithisch abgeschlossenen Bereiche verhandelt. Vielmehr lassen die Beiträge sich auf verschiedene Weise und mit unterschiedlichen Schwerpunkten darauf ein, die Differenz von Inklusion / Exklusion im Spannungsfeld dieser Begriffstrias zu diskutieren. Der Begriff der Rhetorik eröffnet dabei das Feld für grundlegende Fragen nach dem Verhältnis zwischen empirischer Beobachtung, systematischer Begriffsbildung und sprachlicher Repräsentation. Denn gerade der beständige Evidenz-Bezug der aktuellen Diskussionen stellt vor die Frage, wie, unter Zuhilfenahme welcher rhetorischen Mittel, es in sozialtheoretischen Texten gelingt, eben diese Evidenz sozialer Exklusionsphänomene überzeugend herzustellen und welche theoretische Funktion ihr zukommt. Die rhetorischen Strategien, die innerhalb dieser Texte verwendet werden, um Phänomene der Ein- und Ausschließung sichtbar zu machen, dienen dabei nicht der Ausschmückung, sondern bringen ihren Gegenstand erst hervor. Die metaphorischen Subjektpositionen der Ausgeschlossenen und Überflüssigen konstituieren als Grenzfiguren zugleich die Schranken der sozialen und gesellschaftlichen Ordnung, die sie hervorbringt. Sie figurieren somit entlang der Grenzen eines soziologischen Imaginären (Lüdemann 2004) und schreiben als Negationsfiguren dessen Narrative und Metaphoriken fort. So liegt es auch in der »Macht der Metapher« begründet, dass die analytische Inklusions- / Exklusionsunterscheidung häufig zum Kristallisationspunkt räumlicher und materieller Konnotationen gerät.

In dieser Beziehung paradigmatisch ist die Anrufung des Ausgeschlossenen als bloßer Körper. Insbesondere die zeitdiagnostische Debatte konstatiert regelmäßig eine Reduktion der sozialen Person auf ein körperliches Substrat, wenn sie über die Erscheinungsformen der Exklusion räsoniert. Aber auch die Systemtheorie zeichnet bekanntlich das Bild eines Exklusionsbereichs, in dem Gewalt, Sexualität und triebhafte Bedürfnisbefriedigung vorherrschen. Der Blick zielt jeweils auf die andere Seite der Gesellschaft – und trifft auf eine sich unkontrolliert Bahn brechende Körperlichkeit. Eine historisch versierte Analyse solcher Visionen kann allerdings darlegen, dass die in derartigen Beschreibungen verwendeten *Topoi* eine direkte Verbindung zu einschlägigen Zivilisationsdiskursen unterhalten. Durch sie schimmert die Figur des Barbaren hindurch, der anstelle der vernünftigen Sprache nur über eine tierische

für die organisatorische und finanzielle Unterstützung bei der Realisierung der diesem Band zugrundeliegenden Tagung.

Stimme verfügt (Kristeva 1990, 50ff.). Sie unterhalten zudem enge Beziehungen zum kolonialen Wilden, dem die disziplinierte Ausübung seines Interesses ebenso misslingt wie die Einhaltung hygienischer Standards (Loomba
1998, 104ff.). Schließlich erfährt auch der faszinierte Widerwille gegenüber
dem industriellen Lumpenproletariat (Stallybrass 1990) seinen nur leicht ver-
fremdeten Nachhall im gegenwärtigen Feuilleton: Wurde der Körper im einen
Fall vom ihn umgebenden Dreck metonymisch ergriffen und damit tendenziell ununterscheidbar, mutiert die neue »Unterschicht« im anderen Fall schon
in den Titelzeilen zur »Fettschicht«. Als Nachfahren des Barbaren, des Wilden
oder des Lumpen finden sich die sozial Ausgeschlossenen somit als der ent-
kultivierte Rest der sozialen Differenzierung porträtiert. Ihre Existenz wurzelt
nicht in einem intakten Sozialen, vielmehr werden sie bloß noch als materielle
Träger vegetativer Funktionen vorgestellt.

Eine in dieser Weise verfahrende Analyse der Exklusionsdebatte verweist auf
die intime Komplizenschaft zwischen den soziologischen Beschreibungen der
Zäsur zwischen Inklusion und Exklusion einerseits und den Praktiken ihrer
Durchsetzung andererseits. Sie vermag, anders gesagt, die diskursive Aus-
zeichnung jener Grenze, die zwischen Ein- und Ausschluss diskriminiert, selbst
als konstitutives Moment der entsprechenden Sortierungen zu begreifen. Die
Autorinnen und Autoren des vorliegenden Bandes entwickeln die so umris-
sene Perspektive mit vielfältigen theoretischen Mitteln. Statt ausschließlich die
systemtheoretische Differenz von System und Umwelt zu fixieren, beziehen
sie sich auf die Konzeption diskursiver Schließung bei Ernesto Laclau (2005,
65ff.), auf die Struktur der Ausnahme bei Giorgio Agamben (2002) oder auf die
Figur der Subjektivierung bei Judith Butler (2001). Dabei ist den meisten der
Texte gemein, dass sie das Verhältnis zum Ausgeschlossenen jeweils dezidiert
als Machtverhältnis konzipieren. So werden unterschiedliche Versuche unternommen, die formative Funktion spezifischer Unterscheidungen und Semantiken für die Regulierung der Ein- und Ausschließung zu erfassen. Zugleich
handelt es sich bei der Konfiguration des exklusiven Außen keinesfalls um
eine rein sprachliche Operation. Die rhetorischen Topoi bilden vielmehr selbst
einen Einsatz im Rahmen der Produktion einer spezifischen Topologie des
Sozialen, welche über »Positionen und Bewegungen von Körpern, Funktionen
des Worts, Verteilungen des Sichtbaren und des Unsichtbaren« disponieren
(Rancière 2006, 34). Egal ob es sich um territoriale Grenzen, architektonische
Formen oder Kontrolltechnologien handelt – die asymmetrischen Machtbezie-
hungen zwischen Ein- und Ausschluss finden sich in räumliche Arrangements
eingeschrieben. Die Herausforderung der soziologischen Analytik besteht folglich darin, die genuin soziale Materialität jener Grenzsetzung zu begreifen, auf
deren Grundlage zwischen Inklusion und Exklusion unterschieden wird.

Wir haben als Herausgeber darauf verzichtet, die Beiträge jeweils ausschließlich einem der drei Punkte zuzuordnen, weil die meisten von ihnen die drei
Register gleichzeitig ziehen: Fragen der rhetorischen Figurierung, Fragen der

Verkörperung sowie Fragen der Machtverhältnisse greifen oftmals untrennbar ineinander. Im Anschluss an den eröffnenden Text von Cornelia Bohn, der in die soziologische Debatte um Inklusion/Exklusion einführt und die derzeit vorliegenden theoretischen Angebote einer Sichtung unterzieht, folgt die Anordnung der Beiträge deshalb lediglich der graduellen Akzentverschiebung innerhalb der Reihe von *Rhetorik – Körper – Macht*.

Literatur

Agamben, Giorgio (2002): Homo sacer. Die souveräne Macht und das nackte Leben. Frankfurt a.M.: Suhrkamp.

Butler, Judith (2001): Psyche der Macht. Das Subjekt der Unterwerfung. Frankfurt a.M.: Suhrkamp.

Farzin, Sina (2006): Inklusion/Exklusion. Entwicklungen und Probleme einer systemtheoretischen Unterscheidung. Bielefeld: transcript.

Kristeva, Julia (1990): Fremde sind wir uns selbst. Frankfurt a.M.: Suhrkamp.

Laclau, Ernesto (2005): On Populist Reason. London/New York: Verso.

Loomba, Ania (1998): Colonialism/Postcolonialism. London/New York: Routledge.

Lüdemann, Susanne (2004): Metaphern der Gesellschaft. Studien zum soziologischen und politischen Imaginären. München: Fink.

Opitz, Sven (2008): Exklusion: Grenzgänge des Sozialen. S. 175-193 in: Stephan Moebius/Andreas Reckwitz (Hg.), Poststrukturalistische Sozialwissenschaft. Frankfurt a.M.: Suhrkamp.

Rancière, Jacques (2006): Die Aufteilung des Sinnlichen. Die Politik der Kunst und ihre Paradoxien. Berlin: B-Books.

Stäheli, Urs/Stichweh, Rudolf (Hg.) (2002): Exclusion and Socio-Cultural Identities. Systems Theoretical and Poststructural Perspectives. Soziale Systeme 8. Stutgart: Lucius & Lucius.

Stallybrass, Peter (1990): Marx and Heterogeneity. Thinking the Lumpenproletariat. Representations 31, 69-95.

Soziale Systeme 14 (2008), Heft 2, S. 171-190

Cornelia Bohn

Inklusion und Exklusion: Theorien und Befunde
Von der Ausgrenzung aus der Gemeinschaft zur
inkludierenden Exklusion

Zusammenfassung: Der Beitrag sucht nach einer sozialwissenschaftlichen, historisch informierten Analytik der Inklusion und Exklusion, die sich unter problemgeschichtliche Anforderungen stellt. Es werden Konzepte wie »ghetto poor« (Wilson), surnuméraire, Ausschluss-Einsperrung (Castel) vorgestellt. Genauer werden die Theorietypen: Soziale Schließung und Ungleichheit (Weber, Bourdieu), Devianz (Foucault) und Inklusion und Exklusion als innergesellschaftliche Struktur und Differenzierung (Luhmann) diskutiert. Der Text schlägt ein devianztheoretisch informiertes differenzierungstheoretisches Konzept von Inklusion und Exklusion vor. Dazu entwickelt die Autorin im Anschluss an das Foucaultsche »Kerkersystem« die Kategorie der inkludierenden Exklusion, behandelt diese Figur als eine über Devianzphänomene hinausgehende generalisierbare Einsicht für Inklusions- und Exklusionsprozesse und trägt sie in eine Gesellschaftstheorie ein. Beim Durchgang durch historisch-empirisches Material fällt allerdings ein Präzisierungs- und Modifikationsbedarf der Theoriebestände auf: Inklusionen und Exklusionen generieren eigenlogische Strukturen, die durchaus gegenläufig auf den verschiedenen Ordnungsniveaus operieren; das ungeklärte Verhältnis von Sozialstruktur/Semantik/Diskurs und Praktiken; das »underlife« der Exklusionsbereiche; das Problem der Verschränktheit, Ununterscheidbarkeit und des Kontinuums von Inklusion und Exklusion; schließlich die zeitliche, sachliche Limitierung und Reversibilität von Inklusionen und Exklusionen.

I.   Reichweite der Fragestellung

Es gehört sicher zu den gegen die erste Intuition gerichteten zentralen Einsichten neuerer Forschungen zur Inklusion und Exklusion, dass etwa Fremdheit und Armut nicht eo ipso Exklusion bedeuten. Erst komplizierte Kombinationen von Zugehörigkeit und Nichtzugehörigkeit, von Teilnahme und Ausgeschlossensein können die sich wandelnden sozialen Teilhabeformen der Fremden und der Armen adäquat beschreiben. Es ist ein Unterschied, ob Armut im Kontext von Erlösung oder im Kontext von Elend thematisch wird, ob die gesellschaftliche Reaktion in religiösen Praktiken oder in staatlicher Wohlfahrt ihren strukturellen Niederschlag findet. Wer fremd ist, lässt sich nur darüber bestimmen, wer nicht fremd ist; wer arm ist, darüber, wer nicht arm ist. Armut ist – so zeigt die historische Forschung – über Einfluss, Besitz, über Teilhabe bzw. Nichtteilhabe an Macht, Kultur, Eigentum oder über Bedürftigkeit definiert worden. Fremdheit kann über Herkunft, Ethnizität, Religion, Nation, Sprache, Kultur oder Zukunft definiert werden. Beide Begriffe können positiv oder negativ konnotiert sein: der würdige / der unwürdige Arme, die selbst gewählte Armut des Eremiten; der Fremde kann mit Privilegien ausgestattet werden oder er kann neben vielen anderen Bestimmungen über Rechtlosigkeit definiert werden. Neben diese empirischen Bestimmungen treten analytische: Fremdheit als Relation oder die generalisierte Fremdheit.[1]

Ebenso vielgestaltig wie die in diesen Beispielen enthaltenen Kombinationsmöglichkeiten von Zugehörigkeit und Nichtzugehörigkeit und deren strukturelle und semantische Bedeutungen sind auch die Phänomene, die mit der neuen Analytik der Inklusion und Exklusion beschreibbar werden. Der aktuellen Debatte liegt eine Vielzahl unterschiedlicher Beobachtungen zugrunde. Man könnte sie unter den Überschriften: Prekarisierung, Innen-Außen-Differenz, Segregation und Grenzziehung zusammenfassen. Eine allgemeine »Prekarisierung« von Lebensverhältnissen, die seit den neunziger Jahren des zwanzigsten Jahrhunderts zumindest grundsätzlich die gesamte Bevölkerung erfasst hat; die Chancen und Risiken einer pluralen Inklusionsordnung – Parsons spricht von einer Pluralisierung der Zugänge in der modernen Gesellschaft; die zunehmende Inklusion größerer Bevölkerungskreise in die höhere Bildung, deren Folge eine zugleich ausschließende / einschließende Wirkungsweise des Bildungssystems im Sinne einer »internen Ausgrenzung« ist – so die Formulierung Bourdieus und seiner Mitarbeiter; ethnische Segregationen, eine zunehmende Ghettoisierung besonders amerikanischer Vorstädte; das Komplementärphänomen der »gated communities«; in Frankreich das Problem der »sans-papiers«; das Problem politischer Inklusion in nationale Wohlfahrtssysteme angesichts von Migration und globalem Strukturaufbau; gesellschaftliche Subordnungen wie der Klientilismus, die Mafia oder soziale Enklaven wie Favelas.[2] Schließlich wird die Frage der Grenzziehung, sei es zwischen Normalität und Abnormalität bis hin zur Frage der Grenzen des Sozialen thematisch, die Desozialisierung der Natur und die Grenzziehung zwischen Humanität, Technik und Animalität werden erforscht.[3]

Je nach kategorialem Hintergrund und den zugrunde liegenden Annahmen über Strukturen und Operationsweisen der Gegenwartsgesellschaft stehen jetzt gesellschaftliche Integration, gesellschaftsweite Solidarität und das Herausfallen aus gesellschaftlichen Anerkennungsverhältnissen bzw. aus den

---

1 Dieser Text ist in regem Austausch mit dem SFB 600 »Fremdheit und Armut. Wandel von Inklusion- und Exklusionsformen von der Antike bis zur Gegenwart« an der Universität Trier, entstanden. Für vielfältige Anregungen danke ich den Mitarbeitern des SFB, für die sorgfältige Durchsicht meines Beitrages den Herausgebern dieses Bandes.

2 Vgl. exemplarisch die Arbeiten: Castel 1991; 1992; Parsons 1976; Bourdieu / Champagne 1998; Dubet 1996; Wacquant 1998; 2001; Litz 2000; Caldeira 2000; Fassin / Morice 2001; Bommes / Halfmann 1998; Luhmann 1995a sowie die Beiträge in Bohn / Hahn 2006.

3 Ich erinnere an den häufig wieder gelesenen Text Thomas Luckmanns (1970). Mal ist die Jamsknolle Adressat von Kommunikation und mal eben nicht. Vgl. auch Sheehan / Sosna 1991 oder Teubner 2006.

multiplen Zugängen zur relevanten gesellschaftlichen Kommunikation auf dem Spiel. Will man angesichts dieser Konstellationen nicht dem Schema einer skandalisierenden oder ideologiekritischen Analyse folgen – beide versuchen die Verhältnisse meist nicht einmal in ihrer gegenwärtigen, sondern in einer ihrer vergangenen Formen festzuschreiben, um sie als normativen Rahmen zu kanonisieren – will man also nicht diesen Analysetypen folgen, so ist die sozialwissenschaftliche Forschung nach einer angemessenen Analytik gefragt, die auch hinter die Aktualität der Probleme zurückzutreten vermag. Meine Frage lautet daher: Welche theoretischen Möglichkeiten finden sich in den Sozialwissenschaften, um Inklusions- und Exklusionsphänomene zu analysieren? Genauer, wie wird Inklusion und Exklusion als Problem sozialwissenschaftlicher Analyse konstruiert?

Es sei zunächst festgehalten: Das Inklusions- / Exklusionsproblem soll hier als ein gesellschaftstheoretisches Problem behandelt werden; das schließt Organisationen und Interaktionen ein. Als eine gesellschaftsinterne Unterscheidung benennt die Analytik Inklusion / Exklusion ein Problem, das an der Schnittstelle von Sozialsystem und Person angesiedelt ist. Im Zentrum steht daher die Frage der gesellschaftlichen Teilhabe von Individuen als Personen. In der Zuspitzung auf gegenwärtige Problemlagen stellt das neue Paradigma auf der Ebene der Gesellschaft die Regulierungsmechanismen Recht, Markt und Wohlfahrt in Frage. Systemtheoretisch formuliert, lässt sich nach der gesellschaftsuniversellen Wirksamkeit der Medien und Codes der gesellschaftlichen Subsysteme fragen, danach ob sich Bereiche der Gesellschaft ausmachen lassen, in denen diese keine Gültigkeit haben oder nicht zur Anwendung kommen. Damit gerät noch viel mehr in den Blick als Recht, Markt und Wohlfahrt. Aus der Perspektive der Individuen geht es in der gegenwärtigen Problembeschreibung um die Passung von inklusionsgestützten Karrieren und den gesellschaftlichen Prozessstrukturen. In diachroner Perspektive – also jenseits jeder Aktualität – geht es um die Frage der Veränderung der Bedingungen für Zugehörigkeit und in Folge dessen für Nichtzugehörigkeit. Abstrakter formuliert stellt sich das Problem, ob Personen von Sozialsystemen als mitwirkungsrelevant oder als nicht mitwirkungsrelevant bezeichnet werden, ob sie als Einzelne oder als Gruppen in der gesellschaftlichen Kommunikation berücksichtigt werden, ob sie adressabel sind, ob sie diesen Zugang überhaupt wünschen oder ob sie vorübergehend oder dauerhaft, beabsichtigt oder unbeabsichtigt davon ausgeschlossen sind. Wir können daher explizite und einfach geschehene Inklusionen und Exklusionen, die wir als Selektion den Sozialsystemen zurechnen, von Selbstexklusionen unterscheiden, die wir als Selektionen den Personen zurechnen. Die je historische gesellschaftliche Momentaufnahme der Inklusions- und Exklusionsverhältnisse ist freilich immer Resultat einer Kombination von Selbst- und Fremdselektionen.

II.   Selbstbeschreibungen und wissenschaftliche Analyse: surnuméraires, ghetto poor, vulnerabilité und Prekarisierung

Die sozialtheoretische Beschreibung des Sozialen ist nur eine von vielen. Schütz hatte für diese unterschiedlichen Beschreibungsformate die Unterscheidung der Konstruktionen erster und zweiter Ordnung vorgeschlagen, Luhmann formuliert aus der entgegengesetzten Perspektive und spricht von einem autologischen Verhältnis der Soziologie zu ihrem Gegenstand – wir haben es somit mit einem selbstinklusiven Verhältnis der Sozialtheorie und ihrem Gegenstand und einem zirkulären Verhältnis beider Beschreibungsformen zu tun (Schütz 1971, passim; Luhmann 1997, 1128 passim). Während aber Alltagskonzepten und historisch variierenden Semantiken praktische Leistungen in bestimmten historischen Konstellationen und in bestimmten sozialen Situationen abverlangt werden – etwa die adäquate Reaktion im Umgang mit bestimmten Personen oder die Durchsetzung politischer Programme –, sind soziologische Analytiken durch ein wissenschaftliches Erkenntnisinteresse motiviert. Sozialtheoretische Deutungen des gesellschaftlichen Lebens sind zunächst auf innertheoretische Plausibilität hin zu prüfen und stellen sich selbst unter problemgeschichtliche Anforderungen. Zur Beschreibung der skizzierten divergierenden Phänomene, die hier auf die ihnen gemeinsame Problematik der Inklusion und Exklusion bezogen werden, haben sich zeitgleich in der Alltagskommunikation, in der politischen Öffentlichkeit und in den Sozialwissenschaften eine Reihe von Problematisierungskategorien herausgebildet; vermutlich haben sich die verschiedenen Verwendungskontexte die Kategorien wechselseitig zugespielt:
Die Kategorie der »Überflüssigen« (les surnuméraires) geht auf Castel zurück. Sie markiert latent oder manifest eine Absetzbewegung zur Marxschen Kategorie des Subproletariats als Reservearmee[4], eng verbunden mit der Kategorie der »überflüssigen Normalen« (Donzelot), die behauptet, dass Exklusionsrisiken keineswegs auf Randgruppen (psychisch Kranke, Invaliden, Kriminelle, sozial Unangepasste etc.) beschränkt bleiben (s. Castel 1996; Donzelot 1994). Gerade deshalb handelt es sich auch bei der gegenwärtigen Problemlage nicht primär um ein sozialpolitisches Problem. Dies ist insofern plausibel, als sich Sozialpolitik in ihren Gründungsakten ja gerade als eine institutionelle Vorkehrung zur Verhinderung von Exklusion bezeichnen lässt.
In der amerikanischen öffentlichen und wissenschaftlichen Debatte besetzen die Begriffe Ghetto und »underclass«, den Wilson jüngst durch den Begriff der »ghetto poor« zu ersetzen vorschlug, jenen Platz. Diese Problematisierungskategorien bezeichnen strukturelle Effekte, die zu Segregation, zu sozial-räumlicher Differenzierung und zu urbanen Ungleichheiten führen, d. h. exkludierte Bevölkerungsteile werden von der übrigen Bevölkerung räumlich getrennt. Es

---

4   Vgl. das Kapitel »Progressive Produktion einer relativen Überbevölkerung oder industrielle Reservearmee« in Marx 1974 [1867/1890].

entstehen extraterritoriale sozial-räumliche Konstellationen, die eigenen Strukturen und Gesetzen folgen.[5] Diese Überlegungen stellten in der Folge immer mehr Aspekte der Rassentrennung in den Vordergrund, da ganz offensichtlich vermehrt Angehörige ethnischer Minderheiten von kumulierten Problemlagen und Segregationen betroffen sind. Wacquant beobachtet eine zunehmende Homogenisierung der Sozialstruktur in den Ghettos sowie eine zunehmende Unverfügbarkeit von Sicherheit, Wohnraum, Gesundheitsfürsorge, Erziehung und Gerichtsbarkeit.[6] Gesellschaftstheoretisch kann man von einer Exklusion aus dem Symbol der Rechtsgeltung und aus dem institutionalisierten Machtmedium sprechen sowie von einer Nichtadressierbarkeit durch die Kommunikationen des Gesundheitssystems. Im Unterschied zu der Inklusionsbewegung der amerikanischen Gesamtbevölkerung in die Staatsbürgerschaft in den sechziger Jahren – diesem Erfahrungshintergrund entspricht noch Parsons' Text »Full Citizenship for the Negro American?« (1976) – scheint jetzt der Zugang zur effektiven Ausübung der Staatsbürgerschaft und anderen Publikumsrollen in Frage zu stehen. Jene Form der Exklusion als Segregation stellt sich aber auch als eine Folge zunehmender Inklusion ethnischer Minderheiten dar. Ebenso lässt sich die Entwicklung brasilianischer Favelas, die zwischen 1930 und 1940 massenhaft entstanden, zunächst nicht durch Exklusion, sondern durch Inklusion in den urbanen Arbeitsmarkt bei mangelnder städtischer Infrastruktur erklären (s. Pino 1998; Caldeira 2000).

In Frankreich wurde seit der Publikation des »Sécrétaire d'Etat à l'Action sociale« René Lenoir die Kategorie »Les exclus« zu einer weiteren Problematisierungskategorie, die ebenfalls eine »Doppelmitgliedschaft« in der politischen Öffentlichkeit und in der sozialwissenschaftlichen Forschung für sich beanspruchen kann (s. Lenoir 1974; Kronauer/Neef 1997). Sie löste eine Flut von Forschungen und von politischen Maßnahmen aus, wie das politische Programm der »insertion« und zwischenzeitlich auch Ermahnungen zu einem gemäßigten Gebrauch des Begriffs.

---

5 Bereits Myrdal (1962, 10) hatte formuliert, dass die Betroffenen und deren nachfolgende Generation sich mit ihrer deprivierten Situation arrangieren und schließlich eigene Werte, Normen und Verhaltensmuster herausbilden, die konträr zu denen der Restbevölkerung liegen. Zu den Konzepten underclass und ghetto poor vgl. Gans 1993; Wilson 1987; 1991; 1996.
6 1950 hatten mehr als die Hälfte der im Zentrum der Southside wohnenden Erwachsenen einen Arbeitsplatz, und das Ghetto wies eine Beschäftigungsrate auf, die kaum unter dem Durchschnitt des gesamten Stadtgebiets lag. 1980 waren annähernd 3/4 der Erwachsenen arbeitslos; 85 % der Schüler kommen jetzt aus schwarzen und latino-Familien. »Toutfois c'est la politique urbaine d'abandon concerté de ces quartiers par l'État américain depuis les années 60 qui rend le mieux compte du caractère cumulatif et auto-entretenu du processus de dislocation sociale incrimi.« (Wacquant 1993,171; s. auch Wacquant/Wilson 1989; Wacquant 2001a)

III. Ausgrenzung aus der Gemeinschaft, Ausschluss-Einsperrung, Verleihung eines speziellen Status

Castels Überlegungen zu einem eingeschränkten Gebrauch der »Exklusionskategorie« wendet sich v. a. gegen deren Gleichsetzung mit allgemeinen Phänomenen der Degradierung und der sozialen Disprivilegierung, für die er Begriffe der »desaffiliés«, der »vulnerabilité« und der »Prekarisierung« für angemessener hält (s. Castel 2000). Für Castel ist Exklusion »weder arbiträr noch zufällig«, sie schließt vielmehr eine Ordnung proklamierter Gründe ein und wird somit als eine »Form negativer Diskriminierung, die nach strengen Regeln konstruiert ist« (2000, 22), beschreibbar. Dieser an den Arbeiten Foucaults orientierte strenge Gebrauch des Exklusionsbegriffs führt zu einer Typologie. Darin wird Exklusion aufgefasst: *Erstens* als *vollständige Ausgrenzung aus der Gemeinschaft* (Vertreibung, Verbannung, Vernichtung); *zweitens* als *Ausschluss-Einsperrung* (Ghettos, Leprosorien, Asyle); *drittens* als *Verleihung eines speziellen Status* (Juden in Frankreich am Vorabend der Französischen Revolution, die Situation der Eingeborenen in der Kolonialzeit, verschiedenen Formen des Zensuswahlrechts und die Verweigerung des Wahlrechts für Frauen). Castels überaus brauchbare historisch informierte Typologie scheint mir in eine Theorie der Inklusion und Exklusion integrierbar, ersetzt diese aber noch nicht. Vor allem vernachlässigt sie die antiessentialistische und unterscheidungstheoretische Einsicht, dass wir etwas nur beobachten können, wenn wir angeben, wovon wir es unterscheiden. Es bedeutet, dass wir zu systematischen Aussagen darüber, wie sich in einer bestimmten historischen Konstellation Ausschluss aus den verschieden Sozialitätsformaten – wie gesellschaftliche Subsysteme, Organisationen, Interaktionen, städtische Räume, politische oder religiöse Gemeinschaften – darstellt, nur dann kommen können, wenn wir auch deren Inklusionsmodus untersuchen.

Ich möchte im Folgenden drei theoretische Traditionslinien skizzieren, die jeweils Aspekte einer Theorie der Inklusion und Exklusion beisteuern, um deren Tauglichkeit als theoretische Grundlegung für eine historisch vergleichende und der gegenwärtigen Lage angemessene Inklusions- und Exklusionsforschung zu prüfen. Hier interessiert nicht das empirische Detail vorliegender Untersuchungen, sondern vor allem der allgemeine Theorietypus, dem sie folgen. Damit ist auch der Theorie als Theorie ein Raum gegeben, der einmal eröffnete Reflexionsräume nutzt, um daran anzuknüpfen.

IV. Inklusions- und Exklusionstheorien und ihre Domänen: Soziale Schließung, Devianz und gesellschaftliche Differenzierung

Jede Differenzierung und jede Grenzziehung bringt Formen des Einschlusses und des Ausschlusses mit sich. Theorien von Inklusion und Exklusion, die hier skizziert werden sollen, haben darüber hinaus gehende präzisere Domänen im Sinne Tarskys (1966, passim). Fragt man danach, welche theoretischen Probleme in einer Analytik der Inklusion und Exklusion kontinuieren, so finden sich ungleichheitstheoretische, devianztheoretische und differenzierungstheoretische Gesichtspunkte. Ungleichheitstheoretische Aspekte lassen sich quasi idealtypisch in Webers Theorie der sozialen Schließung und deren Weiterentwicklung durch den amerikanischen Neoweberianismus (Collins, Murphy), sowie in der Sozialtheorie Bourdieus finden. Foucaults Arbeiten zur Grenzziehung zwischen Normalität und Abnormalität argumentieren devianztheoretisch. Eine differenzierungstheoretische Grundlegung findet sich in der an Parsons anknüpfenden, von Luhmann auf den Weg gebrachten systemtheoretischen Inklusions- / Exklusionsbegrifflichkeit. Fragt man danach, welche Theorien die Inklusions- / Exklusions-Analytik ersetzt oder ablöst, so sind es Assimilationstheorien und Integrationstheorien. Im ersten Fall behaupte ich daher Kontinuität, im zweiten Fall Ablösung.

1. Soziale Schließung und Ungleichheit

Webers *Theorie der sozialen Schließung* beruht auf seiner Unterscheidung von »offenen und geschlossenen sozialen Beziehungen«. Er hatte vor allem einen Typ von Gemeinschaftshandeln im Blick, der die Absicherung von Privilegien gegenüber Dritten betreibt. Klassische Beispiele sind Verbände, Zünfte, Professionen, Universitäten und Qualifikationstitel, Landnutzung, Nationalstaatlichkeit, Religionszugehörigkeit etc. Während Webers Analyse der internen Schließung aus der Binnenperspektive von Verbänden, Zünften etc. formuliert ist, greifen die neueren Anschlusstheorien die Idee des »kollektiven Gegenhandelns« auf. Soziale Schließung wird jetzt als Resultat von Strategien vorgeführt, die der Monopolisierung gesellschaftlicher Chancen, Privilegien und Ressourcen dienen. Die interne Schließung sieht sich dem Zusammenschluss der Ausgeschlossenen gegenüber. Die Theorie der sozialen Schließung wird analytisch durch die Annahme der Machtasymmetrie zwischen Ausschließenden und Ausgeschlossenen ergänzt. Staatsbürgerschaft, Bildungstitel, professionelle Nutzung von Chancen, Begünstigungen, Zugänge, Mitgliedschaften und Zugehörigkeiten werden zum umkämpften Gut. Inklusion und Exklusion kann in dieser theoretischen Perspektive als Resultat unterschiedlicher Typen allgemeiner Handlungsstrategien begriffen werden, die sich als Schließungskämpfe manifestieren.[7] Während in diesen schließungstheoretischen Überlegungen das angestrebte Kampfziel wesentlich Privilegiensicherung durch Zugehörigkeit und Ausschluss anderer ist, findet sich v.a. in Webers religions-

---

7 S. Weber 1985 [1922]; exemplarisch für die Neoweberianer: Murphy 1988, sowie zahlreiche Anschlussstudien, z.B. Mackert 1999. Einen Versuch, Webersche Gesichtspunkte in die Luhmannsche Theorie einzutragen, findet sich bei Schwinn 2000; s. auch das Kompendium zu neueren Überlegungen zur Ungleichheitsforschung (Schwinn 2004).

soziologischen Schriften auch die umgekehrte Bewegung. Am Beispiel des Judentums wird hier eine Form der Selbstexklusion beschrieben, die ihre Nichtzugehörigkeit gerade als Exklusivität begreift (s. Weber 1988 [1920; 1921]; Nietzsche 1988 [1887]).

Nun scheinen mir diese Phänomenbeschreibungen konflikt- und machtgeladene Sonderfälle von Inklusion und Exklusion zu analysieren, aber nicht generalisierbar im Sinne einer allgemeinen Theorie. Deutlich ist – und darüber herrscht weitgehend Konsens in der Literatur –, dass die im Übergang zum 21. Jahrhundert beschriebenen Inklusions- und Ausgrenzungsphänomene nicht mehr als Kampf um Teilnahmerechte bzw. als Folge der Verweigerung dieser Rechte beschrieben werden können, wie dies in früheren Gesellschaften bis hin zur Human Rights Bewegung im 20. Jahrhundert noch der Fall war. Diese Einsicht stimmt im Übrigen mit dem in der Literatur vertretenen Befund einer zunehmenden Invisibilisierung des »Nein« in der modernen Inklusions- und Exklusionsordnung überein. In Frage stehen vielmehr die Realisierung des in der Selbstbeschreibung der funktionalen Differenzierung enthaltenen Postulats, jedem Teilnehmer am gesellschaftlichen Leben Zugang zu allen Funktionen zu erschließen, bzw. die paradoxen Konsequenzen eines solchen Allinklusionsprogramms. Nicht der Kampf um Zugang und Inklusion, sondern die Früchte zurückliegender Kämpfe, die sich eher als Öffnungs- denn als Schließungskämpfe beschreiben lassen, sind das Problem – insbesondere aber die Entwertung ihrer Erträge durch den generalisierten Zugang.

Diese Phänomene lassen sich mit den Mitteln der Sozialtheorie Bourdieus analysieren. Der ungleichheitstheoretische Aspekt von Zugehörigkeit und Ausschluss findet sich in modifizierter Form in Bourdieus Klassifikations- und Distinktionstheoremen wieder, die vor allem die symbolischen Dimensionen sozialer Ungleichheit untersuchen (s. Bourdieu 1985). Immer geht es um Zugänge zu Positionen, um die Frage der Platzierung im sozialen Raum und um die Positionierung im Feld der Macht, die schließlich über eine gesellschaftsweite Definitionsmacht und damit verbundene Anerkennung entscheidet. Kreisten die Kämpfe um Anerkennung in vormodernen Gesellschaften noch um das gesellschaftsweite *enjeux* der Ehre – wie dies in den frühen Studien zur Kabylei belegt ist –, differenziert und multipliziert sich dieser Einsatz in der Moderne: Es geht um Geld und Besitz, Bildungstitel, wissenschaftliche Reputation und um die legitimen Mittel, diese zu erwerben. Das Prinzip der Legitimation steht dabei immer mit auf dem Spiel. Exklusion, so meine Lesart der Theorie, heißt dann: Ausschluss aus gesellschaftlichen Anerkennungsverhältnissen. Exkludiert waren somit – dies lässt sich auch ex negativo belegen – zumindest im vormodernen christlichen Europa nicht die Armen oder Mittellosen, sondern die Infamen im Sinne von Ehrlosen, ein Befund, der mit den Überlegungen Foucaults und Luhmanns übereinstimmt.[8] Für die gegenwärtige

---

8   S. Bourdieu 1976; Foucault 1977. Luhmann (1997, 624) verweist auf diesen Befund, ohne ihn

Situation enthält die Theorie Bourdieus das Potential einer Inklusions- und Exklusionstheorie, die den Zugang und das Herausfallen aus feldspezifischen Anerkennungslogiken untersucht. Der Spielzug, der im Spiel wirkungslos bleibt, ist der Spielzug des Exkludierten. Er ist de facto kein Mitspieler mehr. Umgekehrt lässt sich das Eintreten in eine relevante Feldposition – wie am Beispiel des Einzugs des Impressionismus in das Feld der Kunst untersucht – als Inklusion bezeichnen (s. Bourdieu 1992). Die Studien zur gegenwärtigen Entwicklung fokussieren allerdings auf zweierlei: erstens auf die Wirkungen zunehmender Exklusionsrisiken auf den Inklusionsbereich, zweitens auf die Entwertung und die unbegrenzt verfeinerbaren Abstufungen feldspezifischer Anerkennungssymboliken wie z. B. Bildungstitel als Konsequenz zunehmender Inklusion. Es geht somit um eine ungleichheitstheoretische Analyse von Inklusionsfolgen (vgl. Bourdieu et al 1997).

2. Devianz und inkludierende Exklusion

Foucaults Analysen werden posthum vor allem von diachron orientierten Inklusions- / Exklusionsforschungen genutzt und durchaus kritisch weiterentwickelt. Eine seiner ersten Studien beschreibt eine typische Exklusionsfigur: Den Ausschluss des Wahnsinns durch die Vernunft. Besonderes Gewicht dieser Analysen liegt auf der historischen Veränderung der gesellschaftlichen Exklusionsdiskurse und -dispositive, die deren institutionelle Konsequenzen einschließen. Während vormoderne Inklusions- und Exklusionspraktiken von einem Außen oder einem Jenseits der Gesellschaft ausgehen, besteht das typisch moderne Inklusions- / Exklusionsmuster – so meine Lesart des devianztheoretischen Paradigmas – in der Einrichtung von Asylen und Anstalten. Exklusion vollzieht sich jetzt nicht mehr durch Distanznahme und Meidung (wie in den Leprosorien), sondern als kontrollierte Form der Distanznahme durch Überwachung (Asyle, Gefängnisse) (Foucault 1973; 1976). Die neue Form der Exklusion ist daher gleichzeitig eine Inklusion, die ich als *inkludierende Exklusion* bezeichnet habe.[9] Darin liegt m. E. eine über Devianzphänomene hinausgehende, generalisierbare Einsicht für eine Analytik der Inklusion und Exklusion, der allerdings in der vorliegenden diskurstheoretischen Fassung die gesellschaftstheoretische Dimension fehlt. Auffällig ist, dass Exklusion als unterstellte Devianz, die sich auf Schuldsemantiken, Semantiken der Andersartigkeit und Abnormalität stützt, ein Phänomen ist, das auch in weit ausgreifender historischer Perspektive als eine der meist verbreiteten Formen sozialer Ausgrenzung beobachtet werden kann (s. z.B. Douglas 1991; Hahn 2006).

---

mit theoretischen Mitteln zu analysieren. Historische Belege für Juden, Häretiker, »öffentliche Kinder«, Sarazener, Leperoiden finden sich in Ulysse 1891; s. auch Coleman 2005.

9 Ich habe diesen Begriff eingeführt in Bohn 2001; in der Zwischenzeit wird er auch von anderen Autoren aufgegriffen.

Das Kerkersystem, wie Foucault die moderne Form des devianztheoretischen Inklusions-/Exklusionsparadigmas nennt, »stößt den Unanpaßbaren nicht in eine vage Hölle; es hat kein Außen. Wen es auf der einen Seite auszuschließen scheint, dessen nimmt er sich auf der anderen Seite wieder an. Es geht mit allem haushälterisch um, auch mit seinen Sträflingen. Und es will auch den nicht verlieren, den es disqualifiziert hat«(Foucault 1976, 388)[10]. Von Foucault als das Handwerk der Delinquenz bezeichnet, erweist sich die *inkludierende Exklusion* jedoch als zu schlicht und unwirksam, »wenn sich große Gesetzwidrigkeiten national oder international organisieren« (Foucault 1976, 394). Beispiele sind der internationale Drogenhandel, Waffenhandel oder ganz allgemein organisierte Kriminalität, wie international organisierter Terror, die Mafia, welche Subordnungen außerhalb der Politik, der Wirtschaft und des Rechts bilden und dennoch auf diese bezogen bleiben.[11] Während Foucault aber Transnationalität als Grenze der inkludierenden Exklusion auffassen muss, denn Staat ist das höchste Ordnungsformat in seinen Analysen, Organisation also und nicht Gesellschaft – ist die Weltgesellschaft in der Systemtheorie gerade eine präzisierende Bedingung für jene in der Moderne unausweichliche *inkludierende Exklusion*. Wenn Gesellschaft nur noch im Singular vorkommt, es keine unbesetzten sozialen Räume mehr gibt, kann Sozialität nicht mehr in einem Außen vorkommen. Jede Exklusion in der Weltgesellschaft ist somit immer auch eine inkludierende Exklusion.

3. Inklusion/Exklusion als innergesellschaftliche Struktur sozialer Differenzierung

Foucaults Analysen begegnen der systemtheoretischen ganz offensichtlich in der Analyse historisch variierender Inklusions- und Exklusionsformen. Auch Luhmann geht davon aus, dass Inklusions- und Exklusionsordnungen historisch variieren und korreliert sie strikt mit der Differenzierungsform der Gesellschaft. Schematisch könnte man die diesbezügliche Theorie Luhmanns wie folgt zusammenfassen: Gegen Parsons' allzu lineare Vorstellung, soziokulturelle Evolution als Zunahme von »adaptive upgrading«, »differenciation«, »inclusion« und »value generalisation« aufzufassen (Parsons 1971, 26f.), setzt Luhmann eine ungerichtete Relation von Differenzierung und der Variable Inklusion/Exklusion. Die Differenzierungsformen sind dann »Regeln für die Wiederholung von Inklusions- und Exklusionsdifferenzen innerhalb der Gesellschaft, aber zugleich Formen, die voraussetzen, dass man an der Diffe-

10 Orig: »Le réseau carcéral ne rejette pas l'inassimilable dans un enfer confus, il n'a pas de dehors. Il reprend d'un côté ce qu'il semble exclure de l'autre. Il économise tout, y compris ce qu'il sanctionne. Il ne consent pas à perdre même ce qu'il a tenu à disqualifier« (Foucault 1975/2003, 308).
11 S. Foucault (1976, 394 und passim). Eine Zusammenführung des Aspekts der gesellschaftlichen Subordnung in den amerikanischen Ghettos mit Foucaults Arbeiten über das Gefängnis findet sich bei: Wacquant 2001b.

renzierung selbst und ihren Inklusionsregeln teilnimmt, und nicht auch davon noch ausgeschlossen wird« (Luhmann 1997, 622). Wenn Inklusion/Exklusion eine innergesellschaftliche Differenz ist, finden Inklusionen *und* Exklusionen in der Gesellschaft statt. Exklusion bezieht sich zwar noch in segmentären Gesellschaften auf ein »Außen« (Tötung, Vertreibung, jeder Kontakt wird unterbunden), findet aber als Operation in der Gesellschaft statt. Bereits in stratifizierten Gesellschaften wird die Differenz insofern *innergesellschaftlich* reformuliert, als die Exklusion aus einem Stratum, einem Territorium, einer Kirchengemeinde, einer Hausgemeinschaft Inklusion in eine andere Zugehörigkeitssphäre bedeutete bis hin zu Auffanglagern wie Klöstern, Arbeitshäusern, den unehrenhaften Berufen oder anderen ausgewiesenen Positionen. Exklusion – auch in Gestalt spätmittelalterlicher und frühneuzeitlicher expliziter Exklusionspolitik – bedeutet somit nicht Exklusion aus der Gesellschaft, es ist vielmehr ein innergesellschaftliches Regulativ, das in bestimmten Fällen mit Sonderstatus belegt ist.

In der funktional ausdifferenzierten Gesellschaft stellt sich die Inklusions-/Exklusionsproblematik noch einmal grundsätzlich anders dar. Das Ordnungsprinzip stratifizierter Gesellschaften basiert auf Inklusion bzw. Exklusion von Individuen, während die Berücksichtigung von Individuen in der funktional ausdifferenzierten Gesellschaft überhaupt problematisch wird. Stratifizierte Gesellschaften gehen in bestimmter Weise von Inklusion aus: Man gehört zu einer Gesellschaft aufgrund der Zugehörigkeit zu einer Kaste, einem Stand einer bestimmten Schicht, die über Inklusion/Exklusion geschlossen wird; man kann nur einem und nicht mehreren Teilsystemen angehören; man verdankt seine Individualität sozialer Inklusion, insofern sie durch Zuweisung eines sozialen Status erworben wird. Inklusion ist an Herkunft und an der Zugehörigkeit zu Familienhaushalten orientiert. Das trifft auch für Sklaven und Dienstboten zu. Inklusion und in der Folge die Bestimmung individueller Lebensformen werden hier durch die soziale Position konkretisiert. Erst die Auflösung dieses klassischen Inklusionsmusters setzt an die Schnittstelle Individuum und Gesellschaft ein kontingentes Prozessieren in Gestalt individueller Karrieren. Damit korrelieren die pluralisierten oder multiplen Inklusionsformen in die Subsysteme der Gesellschaft, die nicht untereinander integriert und auch nicht ineinander konvertierbar sind.

Während für primär über Strata hierarchisch strukturierte Gesellschaften Inklusions- und Exklusionsmustern selbst eine ordnungsstiftende Kraft zukommt – so könnte man auch die Weberschen Analysen der Privilegiensicherung lesen –, gilt für die moderne, primär über funktionale Sachgesichtspunkte strukturierte Gesellschaft, dass prinzipiell allen Personen der Zugang zu allen gesellschaftlichen Teilsystemen offen steht. Deren Selbstbeschreibung geht folgerichtig von einer Inklusion der Gesamtbevölkerung in alle gesellschaftlichen Subsysteme aus. Aus der Perspektive der Funktionssysteme besteht – anders als aus der Perspektive hierarchisch organisierter Subsysteme – kein Exklusionsmotiv und keinerlei Legitimation zur Exklusion (s. Luhmann 1995a; 1997, bes. Kap. 4, passim). Exklusionsmotive liegen in der Moderne bei der Organisation und situativ auch in der Interaktion. Während für die Gesellschaft Inklusion der Normalfall ist und Vollinklusion in der Logik der Selbstbeschreibung funktionaler Differenzierung liegt, ist für Organisationen im Gegenteil Exklusion der Normalfall und durchaus legitim. Der auf Vollinklusion setzenden Ordnung der Moderne korrespondiert nun eine gravierende Veränderung im Selbstverständnis der Individuen. Die neue Form der Individualisierung wird zunächst als Exklusionsindividualität begreifbar (s. Luhmann 1989; Bohn 2006a). Da die Gesellschaftsstruktur keine Konditionierung von Individualität mehr nahelegt und garantiert, geraten individuelle Lebensverläufe zu riskanten karriereorientierten Optionen von Personen angesichts knapper und hoch strukturierter Inklusionsangebote von Funktionssystemen. Meine These ist nun, dass der gesuchte Theorietyp, der in diachroner und in synchroner Perspektive den singulären Fall als Fall des Möglichen zu analysieren vermag, ein devianztheoretisch informiertes, differenzierungstheoretisches Paradigma ist.

4. Synthesen und Revisionen

Die Anmerkung, dass die Analytik der Inklusion / Exklusion Problemstellungen der Ungleichheitsforschung und der Devianzforschung kontinuiert, aber nicht darin abbildbar ist, lässt sich jetzt präzisieren: Die Ungleichheitsforschung schließt an das Inklusions- / Exklusionskonzept auf der Seite der Inklusion an, ist aber mit dieser nicht identisch. Inklusion und Exklusion lassen Gleichheit und Ungleichheit zu. Inklusion ist ein offenes Prinzip, das alleine über sich wandelnde Zugangs-, Zugehörigkeits- und Erreichbarkeitsbedingungen in verschiedenen historischen und kulturellen Kontexten Auskunft gibt. Ungleichheitsforschung der Gegenwart untersucht hingegen die unbegrenzt verfeinerbaren Abstufungen in der Definition von Aneignungserfolgen auf Grund jener Zugänge – etwa im Sinne gleicher Rechte – und deren gesellschaftliche Bewertung. Ungleichheitsforschung ergänzt somit Inklusionsforschung in einer bestimmten Hinsicht, lässt aber viele andere inklusions- und exklusionstheoretische Probleme unberührt. Das Devianzparadigma indessen instruiert die Seite der Exklusion des Inklusions- / Exklusionskonzeptes. Es ersetzt dieses aber nicht, da Devianz nur ein Anlass oder eine Folge von Exklusion – immer im Sinne der beschriebenen inkludierenden Exklusion – neben vielen anderen wie Knappheit, regionale oder arbeitsmarktpolitische Disparitäten, religiöse oder kulturelle Andersartigkeit, biographische Konjunkturen, wie immer motivierte Selbstexklusionen und deren Kumulationen sein kann.

Das Devianzparadigma lässt sich in der Luhmannschen Theorie auf der Beschreibungsebene unschwer wiederfinden. Man denke für die Vormoderne nur an Häresie und den Exklusionsmodus der Infamie (Ehrlosigkeit), an den der Exkommunikation, für die Moderne nur an die immer wiederkehrenden

Beschreibungen nichtlegitimer Zugänge zu Macht und Geld wie Patronage, Klientilismus oder Korruption als die »andere Seite« der Differenzierung. Während Foucaults Analysen der Moderne aber nur die Grenzen der Staatlichkeit thematisieren, lässt sich gesellschaftstheoretisch genauer analysieren, dass nämlich die Kopplungen der Medien und Codes wie Recht, Geld und Macht an sichtbare Grenzen stoßen. Devianz ist dann auch eine von der Normalität der gesellschaftlichen Strukturvorgabe abweichende Kommunikationsform. Denn selbst wenn das durch Schutzgelder erpresste Geld als Zahlung in das Wirtschaftssystem eingeht – somit die Geld besitzende Person punktuell in gesellschaftliche Kommunikation inkludiert ist – umgeht dieser Vorgang die strukturelle Kopplung von Recht und Wirtschaft, indem er Eigentums- und Vertragskonventionen bricht. Wie lässt sich nachweisen, dass legal investiertes Vermögen illegal erwirtschaftet wurde? Eine ähnliche Analyse lässt sich für den Terrorismus als Weltereignis durchführen, der, so meine These, eine Kombination aus Selbstexklusion und inkludierender Exklusion darstellt. Freilich ist die inkludierende Operation hier nicht eine ökonomische, rechtliche oder politische, sondern eine massenmediale.

Man kann somit die innergesellschaftliche Unterscheidung Inklusion und Exklusion selbst als eine Struktur der gesellschaftlichen Differenzierung auffassen – wie etwa Zentrum und Peripherie oder Globalisierung und Regionalisierung. Möglich wird damit in weit ausgreifender diachroner und synchroner Perspektive der Vergleich und daran anschließende Systematisierung, Abstraktion und Respezifizierung. Dies erlaubt, so heterogene Phänomene in den Blick zu nehmen wie die komplizierte Inklusionsordnung in den antiken Stadtstaaten zwischen Bürgern der Polis, Metöken und den Kosmopoliten; die Inklusion fremder Herrscher in den kulturellen Kontext Ägyptens im griechisch-römischen Ägypten (s. Pfeiffer 2005); die Juden im europäischen Mittelalter, die in den städtischen Raum inkludiert, aber aus den politischen und religiösen Kontexten exkludiert waren (s. Cluse 2004); dem Lecturer im England des 19. Jahrhunderts, der die Popularisierung als Inklusionsfigur in der Wissenschaft verkörperte, schließlich die Leistungs- und Publikumsrollen in der modernen Inklusions- und Exklusionsordnung. Es ermöglicht außerdem, zwischen den Inklusions- und Exklusionsformen, die fungibel gegenüber der jeweiligen Gesellschaftsstruktur sind und zu deren Normalitätsprofil gehören, und den Formen zu unterscheiden, die sich in die Selbstbeschreibung der jeweiligen Gesellschaft nicht einfügen. Bei einer Sichtung des Inventars der Inklusions- und Exklusionsfiguren fällt auf, dass die legitimierten und codifizierten Inklusions- und Exklusionspraktiken in hierarchischen Gesellschaftsstrukturen deutlich auf der Seite der Exklusion differenzierter und ausgearbeiteter sind, während funktionale Differenzierung ungleich höheren Regelungsaufwand auf der Seite der Inklusionspraktiken betreibt. Europäische stratifizierte Gesellschaften kennen die Exkommunikation, den Bann, die Infamie und Ehrlosigkeit, die Verdammnis, die Entmenschlichung durch Benen-

nung oder stigmatisierende Kennzeichnung, Ghettobildung, ethnische Über-
schichtung, Rechtlosigkeit, Siedlungspolitik, Nostrifizierung oder Verzicht auf
Nostrifizierung; Repatriierung, privilegierende oder disprivilegierende Status-
zuweisung, Korporation, den Königsschutz, Gastfreundschaft, Immediatsstel-
lung, die Nicht-Anerkennung des Personenstatus, Fremdenausweisung, Galee-
renstrafen, Todesstrafe, die Stadt- und Landesverweisung, Acht, Deportation,
und viele andere mehr. Dagegen kennt die primär nach Sachgesichtspunkten
differenzierte Gesellschaft eine Fülle institutionalisierter und systematisierter
Inklusionsregeln, um nur einige Beispiele zu nennen: allgemeine Rechtsfähigkeit, allgemeine Schulpflicht, Vollinklusion in die Staatsbürgerschaft und
wohlfahrtsstaatliche Leistungen, Mitgliedschaften in Organisationen, gene-
rell die Leistungs- und Publikumsrollen in den Funktionssystemen, Eigentum und Einkommen, Eintritt in eine religiöse Organisation. Dem induktiven
Befund entspricht der systematische: Während stratifizierte Gesellschaften von
Inklusion ausgehen – man ist inkludiert durch die Zugehörigkeit zu einem
und nur einem Stratum – und ihre Exklusionspraktiken systematisieren und
legitimieren müssen, geht die funktionale Differenzierung von Exklusion aus.
Das Exklusionsindividuum ist zwar sozial erzeugt, aber als Ganzes nicht mehr
sozial präsent. Diese Differenzierungsform regelt daher die gesellschaftsweite
Inklusion über die soziale Konstruktion von Personen, deren ereignishafte
Adressierung und durch institutionalisierte Leistungs- und Publikumsrollen.[12]
Wenn Inklusion und Exklusion als Strukturen der Differenzierung je histo-
rischer Gesellschaftsformen begriffen werden können, so ist dies kein Zusatz,
der ohne Konsequenzen für die Differenzierungstheorie selbst bleibt. Wenn
Inklusionsbedingungen die Form sozialer Ordnung spezifizieren und mit den
Ausgeschlossenen der Gegenfall und die Gegenstruktur symbolisiert sind, so
bleiben Exklusionen immer konstitutiv auf diese Ordnungen bezogen. Die vorliegende Fassung dieser im Ansatz entwickelten differenzierungstheoretischen
Inklusions- und Exklusionstheorie bedarf aber nach dem Durchgang durch
historisch-empirisches Material einiger Präzisierungen und Modifikationen.
Ich nenne nur einige Punkte.
Erstens stellt sich die Frage des Primats einer Differenzierungsform angesichts
je historischer Inklusions- und Exklusionspraktiken. Inklusions- und Exklusionsformen variieren nicht nur historisch, regional und innerhalb der Subsysteme wie Stratum, Funktionssystem, Organisation, Interaktion, auch innerhalb
dieser Ordnungsformate lassen sich plurale Inklusions- und Exklusionsformen
beobachten. So findet sich in stratifizierten Gesellschaften eine Fülle von

---

12 Das Prinzip der Vollinklusion in den einzelnen Funktionssystemen wird strukturell unterschiedlich realisiert (vgl. Stichweh 2005, bes. 95ff. u. passim). Während Wirtschaft, Religion,
   Politik und Gesundheitssystem den Leistungsrollen komplementäre Publikumsrollen gegen-
   überstellen (Konsumenten, Gläubige, Staatsbürger, Patienten), setzt die Wissenschaft auf indirekte Inklusion durch das Erziehungssystem und auf eine Ubiquität der populären Kommunikation. Eine empirische Analyse von gegenwärtigen Inklusionsprofilen in Deutschland findet
   sich in: Burzan / Lökenhoff / Schimank / Schöneck 2008.

Exklusionsmodi, für die Schichtzugehörigkeit nicht informativ ist. Die Differenz Einheimische / Fremde etwa lässt sich in vielen Gesellschaften auf den verschiedenen Ordnungsniveaus wie Königreich, städtischer Raum, Familie, Haus, Kirchengemeinde wiederholen. Dies führt zu höchst unterschiedlichen, zum Teil konträren Inklusions- und Exklusionsfiguren. Ähnliches gilt für die funktionale Differenzierung. Hier ist z.B. an die eingangs beschriebenen innerstädtisch-räumlichen Inklusions- und Exklusionspraktiken zu erinnern. Nimmt man die Kontingenz der Ordnungsformate Interaktion, Organisation, Gesellschaft hinzu, so zeigt sich, dass Inklusions- und Exklusionspraktiken eigenlogische Strukturen generieren, die durchaus gegenläufig auf den verschiedenen Ordnungsniveaus operieren. In der Konsequenz heißt das, dass wir z.B. inklusions- und exklusionsrelevante sachliche Aspekte in der Stratifikation finden und dass wir regionale oder kulturelle Gesichtspunkte in der funktionalen Differenzierung finden. Es wird somit die Koexistenz und Kombinierbarkeit von Differenzierungsformen in den Inklusions- und Exklusionspraktiken deutlich. Daraus folgt weiter, dass Inklusion und Exklusion keine schlichte Applikation, kein Anwendungsfall der Primärdifferenzierung einer Gesellschaftsform ist, ja diese sogar in Frage stellt.

Präzisierungsbedürftig ist *zweitens* der Zusammenhang von Sozialstruktur und Semantik für konkrete Inklusions- und Exklusionsordnungen einer gegebenen Gesellschaft. Für das europäische Spätmittelalter lässt sich zeigen, dass die christliche Jenseitsvorstellung in Gestalt des Inklusions-/Exklusionsmusters Heil/Verdammnis von gesamtgesellschaftlicher Höchstrelevanz ist. Dieses Muster lässt sich aber keineswegs aus der Stratifikation ableiten, unterläuft diese sogar subversiv. Für die Gegenwart stellt sich diese Frage angesichts der Selbstmordattentate und des islamischen Terrors, der mit religiöser Semantik eine konflikthafte Substruktur im weltpolitischen Feld in Gang hält. Semantiken können die Inklusionsordnungen stützen und legitimieren wie etwa die Menschenrechts- und Gleichheitssemantik dem modernen Allinklusionsimperativ zur Durchsetzung und kontrafaktischen Geltung verhilft. Sie können sich aber auch gegenläufig zur etablierten Struktur artikulieren, diese modifizieren, in Frage stellen oder neben dieser als Gegenstruktur bestehen.

Wenn es *drittens* so etwas wie Exklusionsbereiche gibt, sei es in Gestalt von Institutionen der inkludierenden Exklusion oder in Gestalt sozial-räumlicher Segmentierung, verfügen auch diese über eine Symbolik, die eine soziologische Analyse ebenfalls zu beschreiben hätte. Goffmans Analysen inkludierender Exklusionen bieten hier Anknüpfungspunkte, die freilich an aktuelle Theorielagen anzuschließen wären. Sie gehen nicht nur über Foucault hinaus, der die Diskurse, nicht aber die Praktiken untersucht, indem sie zeigen, dass jede Überwachung und Asylisierung zu einer Form des »underlife« führt.[13] Sie

---

13 S. Goffman 1973, 169ff. Zu einer expliziten Kritik an Foucaults Überwachungsideal aus historischer Sicht vgl. Perrot 1980.

gehen auch über Luhmanns These der Abwesenheit von Symbolen in Exklusionsbereichen hinaus (1997, 332f.), da diese selbst differenzierte Regelwerke und Symbole hervorbringen, deren Bezug zur Ordnung in den Feldern der Inklusion eine je empirisch zu klärende Frage ist. Mein Argument enthält zwei Aspekte: *erstens* das zu klärende Verhältnis von Diskursen, bzw. Semantiken und Praktiken und *zweitens* die unterschätzten Strukturen, Subordnungen und Symboliken des auf den Inklusionsbereich bezogenen Exklusionsbereichs, die weder bei Luhmann noch bei Foucault gesehen werden.

Der Befund vielfach verschränkter Inklusions- und Exklusionsfiguren (inkludierende Exklusion, Kombinationen von Zugehörigkeit und Nichtzugehörigkeit) setzt – wie gezeigt – voraus, dass es sich um eine innergesellschaftliche Differenz handelt. Darüber hinaus impliziert er – und das ist mein *vierter* Punkt – die beiden Seiten der Unterscheidung nicht wie gegeneinander gerichtete Pole einer Opposition zu begreifen, sondern als ein Kontinuum, dessen beide Enden bis hin zur Ununterscheidbarkeit ineinander übergehen. Die Semantik der Helenen und Barbaren, wonach die Barbaren nicht Helenen und die Helenen nicht Barbaren sein können, war noch an Oppositionspaaren orientiert, die einer hierarchischen Weltarchitektur als Ordnungsgarantie verpflichtet waren – ungeachtet freilich der antiken Praxis.[14] Am Beispiel der Juden lässt sich zeigen, dass Fremde zu Einheimischen und Einheimische zu Fremden werden können, ebenso am Beispiel der Nationalstaatlichkeit und der Fremdheitssemantik des inländischen und des ausländischen Fremden im 19. Jahrhundert bis hin zur generalisierten Fremdheit in der Gegenwart, die die Unterscheidung Einheimische / Fremde selbst kassiert. Auch die devianztheoretische Differenz Normalität / Abnormalität ist keine konträre Opposition feststehender Entitäten, vielmehr muss Normalität immer wieder neu gegen Abnormalität gewonnen werden, so wie vormals Abnormes zur Normalität werden kann und umgekehrt. Für die Felder oder Funktionssysteme der Politik, der Ökonomie, der Religion, der Kunst ist die Schwelle, anhand derer Ausgeschlossenes im Eingeschlossenen als normal empfunden wird, fließend: Erwartungsunsicherheiten im Recht angesichts eingelebter Praktiken des Übersehens; Netzwerke, die Wahrheiten zur Geltung und Macht zu deren Stabilisierung verhelfen; marktunabhängige Einkommensquellen, die wirtschaftliches Kalkül unkalkulierbar machen. Agambens Analyse des modernen politischen Feldes, in dem die Ausnahme zur Regel wird und immer mehr mit dem politischen Raum zusammen fällt »und auf diesem Weg Ausschluss und Einschluss, ... Recht und Faktum in eine Zone irreduzibler Ununterscheid-

---

14 Auf diese »Begriffsdispositionen der alten Welt« mit Blick auf die asymmetrischen Gegenbegriffe Kosellecks und die hierarchischen Oppositionen Dumonts (»englobement du contraire«) verweist Luhmann (1995b, 139). Dass die innergesellschaftliche Inklusionspraxis von dieser hierarchischen, an unversöhnlichen Oppositionen orientierten Semantik abwich, zeigt Pfeiffer 2005.

barkeit geraten« (2002, 19), ist das extreme Beispiel für jenes Kontinuum von Inklusion und Exklusion. Schließlich treten *fünftens* konkrete Inklusions- und Exklusionspraktiken häufig zeitlich und sachlich graduiert und limitiert auf. Sie sind in der Regel eine Kombination von Inklusion und Exklusion – wie der Status des Fremden eine Kombination aus Zugehörigkeit und Nichtzugehörigkeit war. Nimmt man religiöse Semantiken als gesellschaftliche Struktur hinzu, was sich gerade für Gesellschaften, die sich auf ein Jenseits hin entwerfen (z.B. das europäische Mittelalter) geradezu aufdrängt, trifft dies auch für »irreversible« Formen der Exklusion wie den Tod zu;[15] selbst die Galeerenstrafe ist zeitlich limitiert. Inklusionen und Exklusionen sind in der Regel zeitlich und sachlich limitiert und nur selten irreversibel.

Literatur

Agamben, Giorgio (2002): Homo sacer. Die Souveränität der Macht und das nackte Leben. Frankfurt a.M.: Suhrkamp.

Agamben, Giorgio (2004): Ausnahmezustand, Homo sacer II.I. Frankfurt a.M.: Suhrkamp.

Bohn, Cornelia (2001): Inklusionsindividualität und Exklusionsindividualität. S. 159-177 in: Cornelia Bohn / Herbert Willems (Hrsg.), Sinngeneratoren. Fremd- und Selbstthematisierung in soziologisch-historischer Perspektive. Alois Hahn zum 60. Geburtstag. Konstanz: UVK.

Bohn, Cornelia (2006): Inklusion, Exklusion und die Person. Konstanz: UVK.

Bohn, Cornelia (2006a): Individuen und Personen. S. 49-71 in: Dies., Inklusion, Exklusion und die Person. Konstanz: UVK.

Bohn, Cornelia / Hahn, Alois (Hrsg.) (2006): Prozesse von Inklusion und Exklusion. Identität und Ausgrenzung. Annali di Sociologia / Soziologisches Jahrbuch 16, 2002 / 3. Trient.

Bommes, Michael / Halfmann, Jost (Hrsg.) (1998): Migrationen in nationalen Wohlfahrtsstaaten. Theoretische und vergleichende Untersuchungen. Schriftenreihe des Instituts für Migrationsforschung und interkulturelle Studien, Band 6. Osnabrück: Rasch.

Bourdieu, Pierre (1976): Entwurf einer Theorie der Praxis. Auf der ethnologischen Grundlage der kabylischen Gesellschaft. Frankfurt a.M.: Suhrkamp.

Bourdieu, Pierre (1985): Leçon sur la leçon. Paris: Editions de Minuit.

Bourdieu, Pierre (1989): La Noblesse d'Etat. Grandes Ecoles et Esprit de Corps. Paris: Les Editions de Minuit (dt.: Der Staatsadel. Konstanz: UVK, 2004).

Bourdieu, Pierre (1992): Les règles de l'art. Genèse et structure du champ littéraire. Paris: Éditions du Seuil (dt.: Die Regeln der Kunst. Genese und Struktur des literarischen Feldes. Frankfurt a.M.: Suhrkamp, 1999).

Bourdieu, Pierre et al. (1998): Das Elend der Welt. Zeugnisse und Diagnosen alltäglichen Leidens an der Gesellschaft. Konstanz: UVK (orig. 1993).

Bourdieu, Pierre / Champagne, Patrick (1998): Die intern Ausgegrenzten. S. 527-533 in: Pierre Bourdieu et al., Das Elend der Welt. Zeugnisse und Diagnosen alltäglichen Leidens an der Gesellschaft. Konstanz: UVK

Burzan, Nicole / Lökenhoff, Brigitte / Schimank, Uwe / Schöneck, Nadine (2008): Das Publikum der Gesellschaft. Inklusionsverhältnisse und Inklusionsprofile in Deutschland. Wiesbaden: VS.

---

15 Zu den inkludierenden / exkludierenden Begräbnispraktiken vgl. Iogna-Prat (2000).

Caldeira, Teresa P. R. (2000): City of walls. Crime, Segregation and Citizenship in Sao Paolo. Berkeley: University of California Press.

Castel, Robert (1991): De l'indigence à l'exclusion: la désaffiliation. S. 137-169 in: Jacques Danzelot (Hrsg.), Face à l'exclusion. Le modèle français. Paris: Editions Esprit.

Castel, Robert (1992): De l'exclusion comme état à la vulnérabilité comme processus. S. 135-148 in: Joëlle Affichard/Jean Baptiste de Foucauld (Hrsg.), Justice sociale et inégalités. Paris: Editions Esprit.

Castel, Robert (1995): Les Métamorphoses de la question sociale. Une chronique du salariat, Paris: Fayard (dt.: Die Metamorphosen der sozialen Frage. Konstanz: UVK, 2000).

Castel, Robert (1996): Les Marginaux dans l'histoire. S. 32-42 in: Serge Paugam (Hrsg.), L'Exclusion: l'état des savoirs. Paris: Éditions la découverte.

Castel, Robert (2000): Fallstricke des Exklusionsbegriffs. Mittelweg 36, 9, 11-25.

Cluse, Christoph (2004): Die mittelalterliche jüdische Gemeinde als »Sondergemeinde« – eine Skizze. S. 29-51 in: Peter Johanek (Hrsg.), Sondergemeinden und Sonderbezirke in der Stadt der Vormoderne. Köln: Böhlau.

Coleman, Janet (2005): Scholastic Treatments of Maintaining One's Fama (Reputation/Good Name) and the Correction of Private ›Passions‹for the Public Good and Public Legitimacy. Cultural and Social History 2, 23-48.

Donzelot, Jacques (1994.): L'invention du social. Essai sur le déclin des passions politiques Paris: Fayard.

Douglas, Mary (1991): Witchcraft and Leprosy. Two Strategies of Exclusion. Man (New Series) 26, 4, 723-736.

Dubet, François (1996): L'exclusion scolaire: quelles solutions? S. 497-507 in: Serge Paugam (Hrsg.), L'Exclusion. L'État des savoirs. Paris: Éditions la découverte.

Ewald, François (1995): Foucault – analytique de l'exclusion. Magazine littéraire 334, 22-24.

Fassin, Didier/Morice Alain (2001): Les épreuves de l'irrégularité: les sans-papiers, entre déni d'existence et reconquête d'un statut. S. 261-311 in: Dominique Schnapper (Hrsg.), Exclusion au cœur de la cité. Paris: Anthropos.

Foucault, Michel (1973): Wahnsinn und Gesellschaft. Eine Geschichte des Wahns im Zeitalter der Vernunft. Frankfurt a.M.: Suhrkamp (orig. 1961).

Foucault, Michel (1976): Überwachen und Strafen. Frankfurt a.M.: Suhrkamp (orig. 1975).

Foucault, Michel (1977): La Vie des hommes infâme. Cahiers du Chemin 29. Paris.

Foucault, Michel (1999): Les Anormaux, Cours au Collège de France, 1974-1975. Paris: EHESS/Gallimard-Seuil.

Foucault, Michel (2001/1974): La vérité et les formes juridiques. S. 1406-1514 in: Michel Foucault, Dits et écrits, 1954-1988, Bd. 1, 1954-1969. Paris: Gallimard.

Gans, Herbert J. (1993): From ›underclass‹ to ›undercaste‹: Some observations about the future of the post-industrial society and its major victims. International Journal of Urban and Religional Research 56, 327-335.

Gestrich, Andreas/Lutz, Raphael (Hrsg.) (2004): Inklusion/Exklusion: Studien zu Fremdheit und Armut von der Antike bis zur Gegenwart. Frankfurt a.M.: Lang.

Goffman, Erving (1973): Asyle. Über die Situation psychiatrischer Patienten und anderer Insassen. Frankfurt a.M.: Suhrkamp (orig. 1961).

Gueslin, André/Kalifa, Dominique (Hrsg.) (1999): Les exclus en Europe 1830-1930. Paris: Ed. de l'Atelier.

Hahn, Alois (2000): Staatsbürgerschaft, Identität und Nation in Europa. S. 53-75 in: Klaus Holz (Hrsg.), Staatsbürgerschaft. Soziale Differenzierung und politische Inklusion. Opladen: Westdeutscher Verlag.

Holz, Klaus (Hrsg.) (2000): Staatsbürgerschaft. Soziale Differenzierung und politische Inklusion. Opladen: Westdeutscher Verlag.

Iogna-Prat, Dominique (2000): Ordonner et exclure. Cluny et la société chrétienne face à l'hérésie, au judaisme et à l'islam 1000-1150, Paris: Aubier.

Kronauer, Martin/Neef, Reiner (1997): ›Exclusion‹ und ›soziale Ausgrenzung‹: Neue soziale Spaltung in Frankreich und Deutschland. S. 35-58 in: Deutsch-Französisches Institut (Hrsg.), Frankreich-Jahrbuch 1996. Opladen: Leske + Budrich.

Kronauer, Martin (2002): Exklusion. Die Gefährdung des Sozialen im hoch entwickelten Kapitalismus. Frankfurt a.M./New York: Campus.

Lenoir, René (1974): Les exclus: Un Français sur dix. Paris: Seuil.

Litz, Stefan A. (2000): Die Zitadellengesellschaft: Soziale Exklusion durch Privatisierung und Befestigung urbaner Lebenswelten. Berliner Journal für Soziologie 10, 535-554.

Luckmann, Thomas (1970): On the Boundaries of the Social World. S. 73-100 in: Maurice Natanson (Hrsg.), Phenomenology and Social Reality: Essays in Memory of Alfred Schütz. Den Haag: Nijhoff.

Luhmann, Niklas (1980): Frühneuzeitliche Anthropologie: Theorietechnische Lösungen für ein Evolutionsproblem der Gesellschaft. S. 162-235 in: Ders., Gesellschaftsstruktur und Semantik, Bd.1. Frankfurt a.M.: Suhrkamp.

Luhmann, Niklas (1981): Politische Theorie im Wohlfahrtsstaat. München: Olzog.

Luhmann, Niklas (1989): Individuum, Individualität, Individualismus. S. 149-258 in: Ders., Gesellschaftsstruktur und Semantik, Bd. 3. Frankfurt a.M.: Suhrkamp.

Luhmann, Niklas (1995a): Inklusion und Exklusion. S. 237-265 in: Ders., Soziologische Aufklärung 6. Opladen: Westdeutscher Verlag.

Luhmann, Niklas (1995b): Jenseits von Barbarei. S. 138-151 in: Ders., Gesellschaftsstruktur und Semantik, Bd. 4. Frankfurt a.M: Suhrkamp.

Luhmann, Niklas (1997): Die Gesellschaft der Gesellschaft. Frankfurt a.M.: Suhrkamp.

Mackert, Jürgen (1999): Kampf um Zugehörigkeit. Opladen: Westdeutscher Verlag.

Marx, Karl (1974): Das Kapital. Zur Kritik der politischen Ökonomie, Bd. 1 [1867/1890]. Berlin: Dietz.

Marx, Karl (1960): Der achtzehnte Brumaire des Louis Bonaparte [1852]. S. 268-388 in: Ders., Hans Joachim von Lieber (Hrsg.), Politische Schriften 1. Darmstadt: Wissenschaftliche Buchgesellschaft.

Miller, Max/Soeffner, Hans-Georg (Hrsg.) (1996): Modernität und Barbarei. Frankfurt a.M.: Suhrkamp.

Mingione, Enzo (1996): Urban Poverty and the Urban Underclass. Oxford: Blackwell.

Mingione, Enzo (1996a): Urban Poverty in the Advanced Industrial World: Concepts, Analysis and Debates. S. 1-40 in: Ders. (Hrsg.), Urban Poverty and the Urban Underclass. Oxford: Blackwell.

Mingione, Enzo (2006): Städtische Exklusion und lokale Wohlfahrtsysteme in Europa. S. 340-363 in: Cornelia Bohn/Alois Hahn (Hrsg.), Prozesse von Inklusion und Exklusion: Identität und Ausgrenzung. Annali di sociologia/Soziologisches Jahrbuch 16, 2002/3. Trient.

Murphy, Raymond (1988): Social Closure. The Theory of Monopolization and Exclusion. Oxford: Clarendon Press.

Myrdal, Gunnar (1962): Challenge to Affluence. New York: Pantheon Books.

Nietzsche, Friedrich (1988): Zur Genealogie der Moral [1887)]. Hrsg. von Giorgio Colli/Mazzino Montinari. Kritische Studienausgabe, Bd. 5. München: dtv/de Gruyter.

Parsons, Talcott (1966): Introduction: Why ›Freedom Now‹, Not Yesterday? S. XIX-XXIX in: Talcott Parsons/Keneth B. Clark (eds.), The Negro American. Cambridge: Houghton Mifflin.

Parsons, Talcott (1971): The System of Modern Societies. Englewood Cliffs N.J.: Prentice-Hall.

Parsons, Talcott (1976): Full Citizenship for the Negro American? S. 422-465 in: Ders., Sociological Theory and Modern Society (1965). New York: The Free Press.

Paugam, Serge (Hrsg.) (1996): L'exclusion. l'état des savoirs. Paris: Éditions la découverte.

Perrot, Michelle (Hrsg.) (1980): L'impossible prison: recherche sur le système pénitentiaire au XIXe siècle. Paris: Éditions du Seuil.

Pfeiffer, Stefan (2005): Entstehung und Entwicklung einer multikulturellen Gesellschaft im griechisch-römischen Ägypten. S. 15-25 in: Jahrbuch der historischen Forschung in der Bundesrepublik Deutschland 2004. München: Oldenbourg Wissenschaftsverlag.

Pino, Julio César (1998): Labor in the Favelas of Rio de Janero. Latin American Perspectives 25, 18-40.

Schnapper, Dominique (Hrsg.) (2001): Exclusion au cœur de la cité. Paris: Anthropos.

Schütz, Alfred (1971): Das Problem der sozialen Wirklichkeit. Gesammelte Aufsätze, Bd. 1 [1962]. Den Haag: Nijhoff.
Schwinn, Thomas (Hrsg.) (2000): Inklusion und soziale Ungleichheit. Berliner Journal für Soziologie 10, 471-483.
Schwinn, Thomas (2004): Differenzierung und soziale Ungleichheit. Frankfurt a.M.: Campus.
Sheehan, James J./Sosna, Morton (Hrsg.) (1991), The Boundaries of Humanity. Humans, Animals, Machines. Berkeley: University of Caliornia Press.
Silver, Hilary (1994): Social exclusion and social solidarity: Three paradigms. International Labour Review 133, 531-578.
Stichweh, Rudolf (2005): Inklusion und Exklusion. Studien zur Gesellschaftstheorie. Bielefeld: transcript.
Tarsky, Alfred (1966): Einführung in die mathematische Logik. Göttingen: Vandenhoeck & Ruprecht.
Teubner, Gunther (2006): Rights of Non-humans? Electronic Agents and Animals as New Actors in Politics and Law. Journal of Law & Society 33, 497-521.
Ulysse, Robert (1891): Les Signes d'Infamie au Moyen Age. Paris: Champion.
Verdès-Leroux, Jeannine (1978): Les exclus. Actes de la recherche en sciences sociales 19, 61-65.
Wacquant, Loïc J. D./Wilson, William Julius (1989): The Cost of Racial and Class Exclusion in the Inner City. The Annals of the American Academy of Political and Social Science 501, 8-28.
Wacquant, Loïc J. D. (1998): Über Amerika als verkehrte Utopie. S. 169-179 in: Pierre Bourdieu et al., Das Elend der Welt. Zeugnisse und Diagnosen alltäglichen Leidens an der Gesellschaft. Konstanz: UVK.
Wacquant, Loïc J. D. (2001a): Logiken urbaner Polarisierung: der Blick ›von unten‹. Berliner Journal für Soziologie 11, 479-489.
Wacquant, Loïc J.D. (2001b): Symbiose fatale: ghetto/prison. Actes de la recherche en sciences sociales 39 (L'exception Américaine), 31-53.
Weber, Max (1985): Wirtschaft und Gesellschaft [1922]. Tübingen: Mohr.
Weber, Max (1988): Gesammelte Aufsätze zur Religionssoziologie I und II [1920/1921]. Tübingen: Mohr.
Wilson, William J. (1987): The Truly Disadvantaged: The Inner City, the Underclass, and Public Policy. Chicago: University of Chicago Press.
Wilson, William J. (1991): Studying Inner-City Social Dislocations: The Challenge of Public Agenda Research. American Sociological Review 56, 1-14.
Wilson, William J. (1996): When Work Disappears. The World of the New Urban Poor. New York: Knopf.

Prof. Dr. Cornelia Bohn
Soziologisches Seminar, Universität Luzern
Postfach 7455, CH-6000 Luzern 7
cornelia.bohn@unilu.ch

Soziale Systeme 14 (2008), Heft 2, S. 191-209

Sina Farzin

Sichtbarkeit durch Unsichtbarkeit
Die Rhetorik der Exklusion in der Systemtheorie Niklas Luhmanns

Zusammenfassung: Der vorliegende Beitrag setzt am Befund der theoretischen Unter-
bestimmung des Exklusionsbegriffs in der Soziologie an. Während ich die Diagnose
des Theoriedefizits der Exklusionsdebatte in der folgenden Argumentation teile, werden die Ursachen hierfür jenseits der diskursiven Vorgeschichte des Begriffs gesehen.
Vielmehr nehme ich an, dass eine stringente Konzeptualisierung von Exklusion theorie*intern* auf Widerstände auflaufen muss, da sie die Frage nach der Grenze des Sozialen aufwirft. Am Beispiel des systemtheoretischen Exklusionsbegriffs wird mit Hilfe
einer rhetorischen Analyse aufgezeigt, wie das Sprechen über soziale Exklusion von
den grundlegenden systemtheoretischen Metaphern des Beobachters und der Grenze
geformt wird und zugleich den Rahmen der herkömmlichen theoretischen Begriffsbildung verlässt. Vielmehr vollzieht sich eine Irritation der theoretischen Sprachroutine
durch den Einsatz von Metaphern und Exempla zur Beschreibung von Exklusionsphänomenen, die eine Öffnung der Theorie für systematisch ausgeschlossene Wissensbestände ermöglicht, wie am Beispiel der Grenzmetaphorik gezeigt wird.

Während Phänomene sozialer Exklusion in der soziologischen Literatur häufig wort- und bildreich geschildert werden, steht die sozialtheoretische Systematisierung des Exklusionsbegriffs unter beständiger Kritik. Der Hinweis auf
die mangelnde theoretische Konzeptionierung sozialer Exklusion ist nicht nur
ein Allgemeinplatz in der monographischen Literatur und Fachartikeln zum
Thema, sondern inzwischen auch zu einem konstitutiven Bestandteil der lexi-
kalischen Begriffsdefinition geworden. So heißt es in der *Routledge Encyclopedia
of Social Theory* unter dem Eintrag »social inclusion and social exclusion«: »At
present, a theory of ›exclusion‹ and the development of the concept's potential
for social theory and research is very much a work in progress.« (Steinert 2006,
562) Der Vorwurf des Theoriedefizits wird dabei in der Regel mit dem politisch-
öffentlichen Ursprung der Exklusionsvokabel begründet.[1] Unreflektiert würden

---

1   Als »Erstbelege« werden in der einführenden Literatur durchgängig außerwissenschaftliche
    Quellen genannt; Rudolf Stichweh (2005, 47) verweist auf einen 1974 in Frankreich erschienen
    Band unter dem Titel *Les exclus. Un Francais sur dix*«, verfasst von René Lenoir, »Secrétaire
    d'État à l'Action Sociale«. Heinz Bude (2004, 7) verfolgt die (französischen) Wurzeln des Begriffs
    als »Apellwort im republikanischen Diskurs« zurück bis in die Tage der französischen Revolution
    und Heinz Steinert (2006, 561) nennt als entscheidende diskursive Ereignisse zur Durchsetzung
    des Exklusionsbegriffs die Aufnahme eines Forschungsfeldes »Soziale Exklusion« in das fünfte
    EU Rahmenprogramm der Europäischen Forschung (1994-98) sowie die Einrichtung einer
    »Social Exclusion Unit« durch die Regierung Tony Blair in Großbritannien 1997.

– so die Argumentation – die Dramatisierungs- und Politisierungsvokabeln der öffentlichen Diskussion in die soziologische Theorie kopiert und somit keine analytischen Gewinne gegenüber der massenmedialen oder sozialpolitischen gesellschaftlichen Selbstbeschreibung erlangt (Leisering 2004, 238; Stichweh 2005, 48). Ein wesentliches Charakteristikum der Exklusionsdebatte wird dabei in der Tendenz gesehen, die Analyse der sozialen Prozesse der Exklusion zu vernachlässigen und stattdessen auf eine diffuse »Impressionistik soziologischer Beschreibung« (Opitz 2008, 190) der Exkludierten selbst zu setzen. Die in der Debatte gängigen metaphorischen Subjektpositionen der »Überflüssigen« (Bude/Willisch 2007) oder auch »Unsichtbaren« (Luhmann 1997, 631) und die Schilderung der durch sie bevölkerten sozialen Räume würden in der Form von »Quasi-Phänomenologien« (Hark 2005, 137) den Mangel an theoretischer Tiefenschärfe und systematischer Ausarbeitung des Exklusionsbegriffs durch die Suggestionskraft ihrer Anschaulichkeit überdecken. Das Problem der Exklusion scheint für die Soziologie also vor allem ein Problem der systematischen theoretischen Annäherung zu sein. Die Debatte um die Beschreibung neuer Formen sozialer Ausgrenzung oder Marginalisierung unter dem Begriff der Exklusion im Rahmen soziologischer Gesellschaftstheorie zeigt sich – so könnte man formulieren – als eine Auseinandersetzung um das Verhältnis von sprachlicher Darstellung und Analyse.

Kaum eine theoretische Ausarbeitung des Exklusionsbegriffs war dabei im deutschsprachigen Diskussionsraum häufiger Adressat dieser Kritikpunkte als diejenige der soziologischen Systemtheorie Niklas Luhmanns. Das überrascht insofern, da gerade die Systemtheorie eher selten unter dem Verdacht steht, massenmediale Überbietungsrhetorik unbesehen zu kopieren oder ihre Gesellschaftsbeschreibungen durch die »Faszination des Exotischen« mit Aufmerksamkeitsgewinnen auszustatten (Nassehi 2004, 327). Dennoch lässt sich auch im Fall der systemtheoretischen Exklusionstexte eine Verdichtung von bildlichen Ausdrücken, illustrativen Metaphern und Fallschilderungen feststellen, die als Literarisierung der wissenschaftlichen Sprachroutine interpretiert werden können (Hark 2005). So heißt es bei Luhmann zum Phänomen der Exklusion:

> Zur Überraschung aller Wohlgesinnten muß man feststellen, daß es doch Exklusionen gibt, und zwar massenhaft und in einer Art von Elend, die sich der Beschreibung entzieht. Jeder, der einen Besuch in den Favelas südamerikanischer Großstädte wagt und lebend wieder herauskommt, kann davon berichten. Aber schon ein Besuch in den Siedlungen, die die Stilllegung des Kohlebergbaus in Wales hinterlassen hat, kann davon überzeugen. Es bedarf dazu keiner empirischen Untersuchungen. Wer seinen Augen traut, kann es sehen, und zwar in einer Eindrücklichkeit, an der die verfügbaren Erklärungen scheitern. (Luhmann 1996, 227)

Einerseits konstatiert Luhmann bei der Beschreibung des Problems der Exklusion die Unzulänglichkeit wissenschaftlicher Erkenntnisinstrumente, indem er das Scheitern der »empirischen Untersuchungen« betont. Zugleich verweist er auf die zwar evidente, sprachlich jedoch nicht darstellbare Tatsache der Exklusion. Dieser Hinweis auf die sprachliche Undarstellbarkeit des Wahrgenommenen, die in dessen Eindrücklichkeit begründet liegt, rekurriert auf eine rhetorisches Verfahren, das als Unsagbarkeitstopos die Literatur der Moderne prägt (Fromm 2006). Luhmann greift bei der Annäherung an das Phänomen der Exklusion also zunächst auf ein klassisches literarisches Skript zurück, das die kommunikative Vermittelbarkeit einer konkreten subjektiven Erfahrung verneint.

Die Paradoxie, das Undarstellbare dennoch darzustellen, wird dann innerhalb der systemtheoretischen Exklusionstexte über den gezielten Einsatz bestimmter Metaphern und Beispiele entfaltet. Symptomatisch sind in Luhmanns Texten dabei besonders die exemplarischen Einzelfallschilderungen, die den abstrakten, sozialstrukturellen Prozess der Exklusion in Kurznarrativen verdichten.

> In Bombay beispielsweise leben sicher mehrere Millionen Menschen auf der Straße. Wenn sie keine feste Adresse haben, können sie ihre Kinder nicht in die Schule schicken und so weiter, mit allen Konsequenzen, die daraus folgen. Viele Leute in Brasilien haben keinen Ausweis. Die wurden von Leuten geboren, die auch keinen Ausweis hatten und wurden nicht angemeldet. Die Mutter hat vielleicht irgendwo als Hausmädchen gearbeitet. Die Kinder wurden von der Oma erzogen. Dann waren sie groß, aber sie hatten keinen Ausweis. Ohne Ausweis ist der Zugang zu Schulen ein Problem, ist jede Sozialleistung unerreichbar, kann man sich nicht als Wähler registrieren lassen und so weiter. (…) Das einzige, was in den *favelas* Brasiliens zu funktionieren scheint, ist die Impfung. Denn vor Ansteckung hat natürlich jedermann Angst. Die Impfung wird dotiert mit Gutscheinen für Milch für die Babys. Diese Gutscheine können ausgetauscht werden gegen Scheine für Bier. Und derjenige, der diese Scheine erwirbt, gibt einen gewissen Geldbetrag, davon können die Mütter Bohnen kaufen und sich selbst ernähren. (Luhmann 2005, 80f.)

Es fällt besonders auf, dass die Evidenz sozialer Exklusion wie im ersten Zitat an die Benennung konkreter Orte gebunden wird. Zugleich beinhaltet die Narration der Exklusionsverkettungen auch hier ein Moment der Bedrohung, wenn die befürchtete Kontamination durch Krankheiten beschrieben wird.

Die Luhmannschen Exklusionstexte zeichnen sich durchweg durch diese überraschende Tendenz aus, den Rahmen wissenschaftlicher Schreibroutine zu Gunsten einer literarisch aufgeladenen Sprachform zu verlassen. »[T]he surprising switch from theoretical to literary discourse is of central and, maybe, symptomatic importance … [L]iterary discourse organizes the whole perspective Luhmann adopts to solve the problem of describing the indescribable.« (Balke 2002, 29) Dabei laufen die hier verhandelten Passagen nicht zufällig auf die Paradoxie auf, das Unbeschreibbare beschreiben zu müssen. Vielmehr markiert die Exklusionsthematik einen Übergang, an dem der Rahmen des theoretisch Sagbaren überschritten wird.

An diesen Befund anknüpfend soll daher angesichts der Widerständigkeit und Hartnäckigkeit, mit der sich Beispiele oder Metaphern in den systemtheoretischen Texten zur Frage der Exklusion festsetzen, im Folgenden eine alternative Lesart vorgeschlagen werden, die nach der *rhetorischen* Funktion dieser Figuren fragt. Die augenscheinliche Tendenz der systemtheoretischen Literatur, im Fall des Sprechens über soziale Exklusion den Rahmen der herkömmlichen theoretischen Sprachmittel und Begriffsinventare zugunsten metaphorischer, personifizierender und exemplarischer sprachlicher Figuren zu verlassen, soll dabei nicht durch den einfachen Verweis auf öffentlichen und massen-medialen Diskurse erklärt werden. Dem Argument, es handele sich bei den beschriebenen Mitteln um reine Kopien öffentlicher Stereotype in soziologische Kommunikationskontexte und demnach um theoretisch unzureichende Reproduktionen, soll hier nicht gefolgt werden. Eine solche Erklärung übersieht die Möglichkeit, gerade den Bruch mit den Normen des wissenschaftlichen Schreibens als theoriestrategische Entscheidung zu lesen, die ein logisch und systematisch ausgeschlossenes Wissen zugänglich macht.

Nimmt man die Texte ernst, offenbart sich an dieser Stelle die Möglichkeit, die vordergründige Evidenz sozialer Exklusion in ihrer theoretischen Funktion zu analysieren. Denn das scheinbar unvermittelte Auftauchen der Exkludierten vollzieht sich entlang der Grenzen der Sozialtheorie, in die es eingeschrieben ist und deren Systematik es sich dennoch entzieht. An diesen Grenzen des theoretisch denk- und sagbaren vollzieht sich die Beschreibung der Exklusion in Kategorien, die jenseits der systematischen und narrativen Struktur des Systemtheorie angesiedelt sind. Die Annäherung an das Phänomen der Exklusion über die eindrückliche Schilderung von Situationen und Zuständen sozialer Ausgrenzung folgt den Mustern einer lyrischen, dem Momentanen verhafteten Wahrnehmung. »The lyrical is momentary. (…) It is not about something happening. It is not about an outcome. It is about something that is, a state of being.« (Abbott 2007, 75) Dabei verläuft der sprachliche Bruch, über den die literarische Aufladung der Exklusionsthematik geschieht, nicht zufällig, sondern entlang des abgesicherten Rahmens theoretischer Grundannahmen des systemtheoretischen Begriffs des Sozialen. Es wird diese Bruchlinie sein, die es im Folgenden anhand einer Analyse der Rhetorik der Exklusion nachzuzeichnen gilt.

Im Fall der Systemtheorie wird diese Rhetorik der Exklusion dabei durch eine grundlegende theoretische Entwicklung geformt: die Schließung der Systemgrenze. Die Verfestigung und Verabsolutierung des Grenzbegriffs und die auf das Engste damit verbundene Zentralstellung der Beobachterfigur werden im Folgenden in ihrem Verhältnis zur systemtheoretischen Exklusionsthematik analysiert. Hierfür wird davon ausgegangen, dass eine systematische Definition sozialer Exklusion theorie*intern* auf Widerstände auflaufen muss, da sie die Frage nach der Grenze des Sozialen berührt. Das Problem der Exklusion wird so reformuliert in ein Problem der theoretischen Reichweite. Es kondensiert an den Rändern des grundlegenden Konzepts sozialer Systeme, durch das es definiert wird. Denn auch wenn es sozialtheoretisch kaum sinnvoll ist, von einem gesellschaftlichen ›Außen‹ zu sprechen, suggeriert der Exklusionsbegriff die Existenz eines Bereichs im Jenseits sozialer Systeme, dessen Darstellung den Rahmen des theoretisch abgesicherten Schreibens immer wieder zugunsten bildhafter, ästhetisierender und wahrnehmungsnaher Darstellungsformen verlässt. Um diesen Grenzkonflikt und seine Folgen für die Konzeptualisierung sozialer Exklusion zu untersuchen, soll daher mit Hilfe einer rhetorischen Analyse aufgezeigt werden, an welchen theoretischen Grenzlinien der systemtheoretischen Gesellschaftstheorie das Phänomen der Exklusion sichtbar wird und *wie*, unter zu Hilfenahme *welcher* sprachlichen Mittel, Bilder und Figuren diese Sichtbarkeit konstituiert wird. Was systematisch nur als Theoriedefizit oder logischer Selbstwiderspruch beschrieben werden kann, soll so als eine produktive Irritation lesbar werden, die »unter der Hand« über die Ebene der Sprache ausgeschlossene Wissensbestände wieder einführt.

I. Grundlagen einer Rhetorik der Exklusion

Der Begriff der Exklusion verweist – das hat gerade Niklas Luhmann durch seinen differenztheoretische Ansatz immer wieder betont – auf ein korrespondierendes Konzept der Inklusion (Luhmann 2005, 229). Was als soziale Ausgrenzung definiert wird, kann sinnvoll nur in Bezug zum Gegenbegriff der Inklusion gefasst werden, der die Kriterien für die ›richtige‹ oder doch zumindest die ›normale‹ Form der gesellschaftlichen Teilhabe definiert. Auch eine rhetorische Analyse, die nach dem Bedingungsverhältnis von Gesellschaftstheorie und Exklusion fragt, muss daher zunächst an der theoretischen Konzeption des Sozialen ansetzen, auf deren Grundlage die Exklusionsthematik entfaltet wird. Zugleich kann eine solche Perspektive aber nicht von einem der Analyse vorgeordnetem Objekt ausgehen. Denn das Abstraktum sozialer Tatbestände entzieht sich jeglicher Anschaulichkeit, die den konstruktiven Akt der Bezeichnung an allgemein geteilte Wahrnehmungen bindet und so dessen Kontingenz invisibilisieren könnte. Damit können die auf Wissenschaftlichkeit ausgerichteten soziologischen Gesellschaftsbeschreibungen ihr Ziel der »intersubjektive[n] Validierung von Deutungsmustern« nur auf dem Weg der sprachlichen Darstellung erreichen, durch welche die kollektive Vorstellung einer abstrakten Totalität erzeugt wird (Lüdemann 2004, 11). Diese sprachliche Darstellung ist daher – das haben Studien wie Susanne Lüdemanns *Metaphern der Gesellschaft* (2004) oder Richard Harvey Browns *Poetic for Sociology* (1977) gezeigt – konstitutiv auf metaphorische, bildliche, kurzum rhetorischen Mittel angewiesen. Diese *root metaphors* (wie Brown sie nennt) oder *Leitmetaphoriken* (wie Lüdemann sie nennt) haben eine epistemologisch weitreichendere Funktion als Metaphern im engeren Sinn, wie sie etwa in der Exklusionsliteratur

Verwendung finden. Anders als diese zumeist leicht zu identifizierenden bildhaften Ausdrücke (bspw. die Bezeichnung der Exkludierten als ›Müll‹),[2] liegen im Fall der Begründungsmetaphern häufig implizite, bildhafte Vorstellungen vor, deren metaphorischer Ursprung nicht offen zutage tritt. Sie geben vor, was in der Reichweite der Theorie bzw. ihres Gegenstandes liegt, sind jedoch keine analogen Modelle, keine *wie*-Abstraktionen, sondern gerinnen oder »erfrieren« zur Realität an sich. »Unlike models, however, root metaphors tend to be comprehensive in scope. They are, in a sense, the implicit metamodels in terms of which narrower range models are couched. We might say that root metaphors describe worlds, while models describe the contents of those worlds.« (Brown 1977, 126) Sie spannen somit den Rahmen auf, innerhalb dessen sinnvolle theoretische Aussagen möglich sind. Zugleich transportieren sie über die Bildebene – das zeigen sowohl Brown als auch Lüdemann am Beispiel der Organismus-Metapher – Vorstellungen und Implikationen über die (An)Ordnung des Gegenstandes selbst – und somit über die impliziten Voraussetzungen der Inklusionsordnung. Auch für die Systemtheorie Niklas Luhmanns wird daher im Folgenden zunächst nach der Art und Beschaffenheit der verwendeten Leitmetaphorik zu fragen sein. Im Anschluss an die Untersuchung der grundlegenden Metapher des Sozialen soll dann die Rhetorik der Exklusion, wie sie in der Systemtheorie zu finden ist, analysiert werden. Dabei werden aufgrund der geschilderten Tendenzen zu bildlichen und personalisierenden Darstellungen zwei rhetorische Figuren im Fokus der Analyse stehen: Metaphern (hier dann wieder in einem ›engeren‹ Verständnis) und Exempla. Beide Figuren prägen das Sprechen über soziale Exklusion entscheidend. Sowohl die zahlreichen metaphorisch aufgeladenen Benennungen der Exkludierten als auch der ständige Gebrauch von Beispielen sozialer Exklusion sollen hierbei in ihrer textuellen Funktion untersucht werden.

---

2 Damit ist nicht gemeint, dass Metaphern, die sofort als solche zu erkennen sind, eine rein dekorative Funktion erfüllen. Gerade das sozialtheoretisch traditionsreiche Beispiel der Müll-Metapher zur Bezeichnung sozialer Marginalisierungsphänomene zeigt, dass durch die Wahl eines Sprachbildes ein Bedeutungsfeld entsteht, das implizit die Konstitution des Gegenstandes in seiner Drastik und Dramatik bestimmt. So entfaltet etwa Baumann (2005) die Müll-Metaphorik in seiner Argumentation zu den »Ausgegrenzten der Moderne« als *metapher continua* zum Modell der Exklusion schlechthin: »Mit der neuen Überfüllung des Planeten ist im wesentlichen eine akute Krise der mit der Entsorgung menschlichen Abfalls befassten Industrie gemeint. Die Produktion menschlichen Abfalls geht unvermindert weiter und strebt neuen Höhepunkten zu, während die Deponien immer knapper werden. Dasselbe gilt auch für die Instrumentarien der Abfallentsorgung.« (2005, 14)

II. Metaphern des Sozialen in der Systemtheorie: System – Beobachter – Grenze

Vor dem zuvor skizzierten Hintergrund ist es zunächst notwendig, die *root*- oder auch Leitmetaphorik der Systemtheorie einer genaueren Analyse zu unterziehen. Wenig überraschend handelt es sich hierbei im Fall der Systemtheorie um das System. Allerdings liegt der Fokus im Folgenden nicht auf der Frage, welche Implikationen oder Limitationen der Systemmetapher durch ihren biologischen Ursprungskontext eingeschrieben sind,[3] sondern auf der für Luhmanns Systembegriff zentralen Definition des Systems als beobachterabhängigen Einheit der Differenz von System und Umwelt. »Ein System ist (für einen Beobachter) eine Form insofern, als ein System etwas als Umwelt ausschließt.« (Luhmann 1995, 228)

Mit dieser Bestimmung treten die Figur des Beobachters und das Bild der Grenze in den Mittelpunkt des Luhmannschen Systembegriffs. Ein System definiert sich demnach durch die Operation des Unterscheidens, also der Grenzziehung, und der wiederholten Bezeichnung einer Seite dieser Unterscheidung durch einen Beobachter. »Beobachten wird als Operation gesehen und der Beobachter als ein System, das sich bildet, wenn solche Operationen nicht nur Einzelereignisse sind, sondern sich zu Sequenzen verketten, die sich von der Umwelt unterscheiden lassen.« (Luhmann 2002a, 142) Damit definiert Luhmann den Beobachter als eine interne, das System begründende Größe. Zugleich markiert sie eine Abkehr von ursprünglich durch Maturana und Varela vorgesehenen Position der Beobachterfigur als externe Einheit, die strikt von der systemischen Autopoiesis getrennt ist (Hayles 1995, 95ff.). Vielmehr wird der Beobachter zum Ursprung jedes Systems, indem er unterscheidet und markiert, welche Seite der Unterscheidung als System und welche als unbestimmte Umwelt gesehen wird. Mit dieser prominenten Stellung des Beobachters, die Luhmann in seinem Werk zwischen der Veröffentlichung *Soziale Systeme* (1984) und *Der Gesellschaft der Gesellschaft* (1997) immer stärker betont, wandelt sich die Systemtheorie zunehmend zu einer Beobachtungstheorie, die im Modus zweiter Ordnung beobachtet, welche Unterscheidungen und Bezeichnungen von welchen Beobachtern vollzogen werden. Damit wird zugleich die Grenze des Systems als selbstreferentiell durch das beobachtete System erzeugte Einheit der System/Umwelt-Differenz immer rigider betont. »By making a distinction, the observer reduces the unfathomable complexity of undifferentiated reality into something she can understand; by proliferating distinction on distinction, she begins to reproduce within this space of differentiation some of the complexity and diversity of a reality that remains forever outside.« (Hayles 1995, 97f) Beide Aspekte – die konstitutive Bedeutung

---

3 Hinweise auf das Fortwirken biologischer Vorstellungen in der Systemmetapher gibt Lüdemann 2007, 180.

des Beobachters und die damit einhergehende Betonung der Systemgrenze
– bedingen einander und sollen im Folgenden erläutert werden.

Beobachter

Die Einführung des Beobachters als konstitutiver Bestandteil der Systemdefini-
tion reagiert auf die ebenso gesellschafts- wie erkenntnistheoretisch fundierte
Annahme der Unmöglichkeit verbindlicher und totalitärer Identitäts- oder
Wahrheitsbehauptungen.[4] Denn unter der Bedingung funktionaler Differenzierung ist es laut Luhmann nicht möglich, die Gesellschaft von einem Punkt aus
verbindlich und umfassend zu beschreiben. Vielmehr zerfällt die gesellschaftliche Selbstbeschreibung unter dem Primat der funktionalen Differenzierung
in eine Vielzahl möglicher Selbstbeschreibungen, die nicht eine Gesellschaft,
sondern ebenso viele Gesellschaften repräsentieren. »Das Ganze ist unbeob-
achtbar und kann auch als die Summe der Beobachtungen aller nicht zurei-
chend verstanden werden.« (Lüdemann 1999, 64) Die Einsicht in die Standortbezogenheit jeder Aussage und die damit verbundene Unmöglichkeit nur
EINER gesellschaftsweit gültigen Repräsentation der Gesellschaft findet ihre
Entsprechung in der Figur des Beobachters und übersetzt damit zugleich jeden
Erkenntnisvorgang in das semantische Feld von Sichtbarkeit und Unsichtbarkeit. Implizit schließt so das systemtheoretische Grundvokabular an die klas-
sischste aller Erkenntnismetaphern an; das Licht, das als Bedingung der Sichtbarkeit und somit *conditio sine qua non* die Operation der Beobachtung erst
ermöglicht.[5] Konsequent formuliert Luhmann dann auch das zentrale Problem
der Beobachterabhängigkeit jeder Aussage, das wiederum nur im Modus der
Beobachtung 2. Ordnung – also der Beobachtung von Beobachtungen – sichtbar werden kann, als ein Grenzproblem zwischen Kunst und Wissenschaft.
Denn was sich für das erkenntnistheoretische Programm der Systemtheorie als Latenzproblem darstellt, nämlich zu beobachten, wer was beobachtet
und dadurch anderes nicht beobachten kann, findet seine erste Artikulation
für Luhmann nicht in der Wissenschaft, sondern in der Kunst. Hier wird es
als Problem der Ästhetik – im ursprünglicheren Sinne der *aisthesis*, also der
Wahrnehmung – erstmals im 14. Jahrhundert mit der Entdeckung der Zentral-
perspektive, lange vor seinem wissenschaftsgeschichtlichen Auftreten formuliert. Denn die Rekonstruktion eines Blickpunktes im zentralperspektivischen
Bild ist das »Resultat des Beobachtens von Beobachtung« durch die Künstler,
die damit die Form der Beobachtung selbst zum Gegenstand der Darstellung
machen (Lüdemann 1999, 66).[6]

---

4 Vgl. zu diesem Punkt und dem folgenden Abschnitt Lüdemann 1999, 63ff.
5 Vgl. zum Verhältnis von Licht-Metaphorik und Wahrheitsbegriff den inzwischen klassischen
   Text von Blumenberg (1957).
6 Lüdemann (1999, 65ff.) verweist zu recht darauf, dass der zentralperspektivische Bildaufbau
   zugleich für den Betrachter die subjektive Standortbezogenheit der Beobachtung invisibili-

Im Entwickeln und Etablieren von Weisen der Beobachtung, die sich darauf kaprizieren, zu beobachten, was andere nicht beobachten können, hat offenbar die Kunst eine Vorreiterfunktion wahrgenommen. (...) Erst seit gut zweihundert Jahren findet das Problem der Latenz mehr und mehr Aufmerksamkeit, aber man hat den Eindruck einer illegitimen Geburt. Es ist das natürliche Kind der Epistemologie, dem aber nicht erlaubt wird, in die Familie einzutreten und sie fortzusetzen. Die Möglichkeit, zu beobachten, was andere nicht (und zwar: konstitutiv nicht) beobachten können, ist als ein uneheliches Kind von Wissenschaft und Literatur auf die Welt gekommen. (Luhmann 1990, 90)

Obwohl Luhmann die Ursprünge der Beobachtung zweiter Ordnung in der Kunst des 14. Jahrhunderts mit der Entdeckung der Perspektive und der damit verbundenen Auseinandersetzung mit der Optik des menschlichen Auges sowie der Schilderung von Bewusstseinsprozessen im Roman des 18. Jahrhunderts sieht (Luhmann 1990, 90), ist für ihn der Beobachter keineswegs an die Instanz des Bewusstseins und oder dessen körperliche Voraussetzungen gebunden. Der Beobachter ist zwar in dieser Ursprungserzählung, nicht aber systematisch eine anthropomorphe Figur: »Der Begriff [des Beobachters, S. F.] wird hochabstrakt und unabhängig von dem materiellen Substrat, der Infrastruktur oder der spezifischen Operationsweise benutzt, die das Durchführen von Beobachtungen ermöglicht. Beobachten heißt einfach (und so werden wir den Begriff im Folgenden durchweg verwenden): Unterscheiden und Bezeichnen.« (Luhmann 1997, 69) Es scheint jedoch gerade die ständige Identifizierung des Beobachters mit einem – in der Sprache der Systemtheorie gesprochen – psychischen System, die für Luhmann ein wesentliches *obstacle épistémologique* für das Verständnis der Systemtheorie als formale Beobachtungstheorie bildet. »Man kann es hundertmal sagen, es ist vergeblich. Der Beobachter ist nicht ohne weiteres ein psychisches System ... Er ist ganz formal definiert.« (Luhmann 2002a, 147)

Grenze

Mit der immer stärkeren Privilegierung des Beobachters geht eine zunehmende Betonung eindeutiger, systemimmanent erzeugter System/Umwelt-Grenzverläufe einher. Das lässt sich, wie Albrecht Koschorke (1999, 51ff.) zeigt, nachzeichnen an der Veränderung der verwendeten Grenzmetaphern in Luhmanns Werk. 1984 führt Luhmann in *Soziale Systeme* mit dem Konzept der Autopoiesis zwar in einen radikal operativ verstandenen Systembegriff ein, legt jedoch noch keine starke Emphase auf die Figur des Beobachters. Die System/Umwelt-Grenze erscheint hier zwar als eine durch das System erzeugte

siert, indem er einen Blickpunkt festlegt. Dieser Argumentation kann an dieser Stelle nicht im Detail gefolgt werden, sie deutet jedoch bereits die Objektivierung der Beobachtungsoperation durch die Systemtheorie an, die im Fall der Exklusionsthematik scheitert.

und aufrechterhaltene Unterscheidung, aber das Kreuzen oder der Kontakt zwischen beiden Seiten der Unterscheidung ist möglich. »Grenzen sind nicht zu denken ohne ein »dahinter«, sie setzen also die Realität des Jenseits und die Möglichkeit des Überschreitens voraus. Sie haben deshalb nach allgemeinem Verständnis eine Doppelfunktion der Trennung und Verbindung von System und Umwelt. (...) Es handelt sich dann vom System aus gesehen um ›self-generated boundaries‹, um Membranen, Häute, Mauern und Tore, Grenzposten, Kontaktstellen« (Luhmann 1984, 54f.).

Metaphern wie Tore oder Grenzposten stehen für die Möglichkeit direkter Umweltkontakte des Systems, die zwar eingeschränkt und durch das System geregelt vollzogen werden, aber den prinzipiellen Durchgriff auf ein »Jenseits des Systems« ermöglichen. Diese Option entfällt mit der immer stärkeren Betonung der rekursiven Verknüpfung von Beobachtungsoperationen als einzige Elemente der systemischen Autopoiesis. 1997 heißt es in *Die Gesellschaft der Gesellschaft*:

> Beobachtungen können nur auf Beobachtungen einwirken, können nur Unterscheidungen in andere Unterscheidungen transformieren, können, mit anderen Worten, nur Informationen verarbeiten; aber nicht Dinge der Umwelt berühren ... Auch für beobachtende Systeme gibt es auf der Ebene ihres Operierens keinen Umweltkontakt. Alle Umweltbeobachtung muß im System selbst als interne Aktivität mit Hilfe eigener Unterscheidungen (für die es in der Umwelt keine Entsprechung gibt) durchgeführt werden. (Luhmann 1997, 92)

Hier artikuliert sich explizit, was Koschorke als »Reinheitsbegehren« der Systemtheorie bezeichnet (1999, 49): Das Außen wird dem System entzogen. Beobachtungen erster Ordnung, also jene die sich fremdreferentiell auf *etwas* außerhalb des Systems beziehen, können dieses etwas nur durch die interne Bezeichnung erzeugen, nicht aber in ihrer Umwelt voraussetzen. So wird jeder vermeintlich direkte Durchgriff auf die Umwelt des Systems zu einem fiktionalen Akt des systeminternen Operierens. »Auf der Ebene der Beobachtung erster Ordnung ..., kann zwischen Realität und Realitätsillusion nicht unterschieden werden.« (Luhmann 1997, 93) Die Beobachtung der Umwelt wird so zu einem Unterscheiden und Bezeichnen innerhalb der Systems, diesseits der Grenze und ohne die Absicherung einer Entsprechung im Jenseits.

Mit diesen Überlegungen ist das metaphorische Feld des Systems abgesteckt: Es ist auf der einen Seite bestimmt durch die Figur des Beobachters und das damit verbundene semantische Feld der Sichtbarkeit und des Sehens. Es entfaltet auf der anderen Seite – mit der Figur des Beobachters konstitutiv verknüpft – eine zunehmend auf Ausschließlichkeit und Reinheit beruhende Grenzmetaphorik, die das Außen des Systems jeder unmittelbaren Beobachtung entzieht. Das Verhältnis dieser beiden Elemente des Systembegriffs zur Thematik der sozialen Exklusion wird im Folgenden genauer in den Blick genommen. Zum einen wird es um die Frage gehen, wie die zentralen Metaphern des Systems ein

Assoziationsfeld eröffnen, auf dem das Sprechen über Exklusion überhaupt erst stattfinden kann. Zum anderen aber soll gezeigt werden, dass es gerade dieses Feld der metaphorischen Bezüge ist, das ein Unterlaufen des Systembegriffs auf der Ebene der Sprache ermöglicht. Denn ähnlich wie im Fall der Grenzmetaphern sozialer Systeme vollzieht sich auf der Ebene der sprachlichen Darstellung sozialer Exklusion ein beständiges Unterlaufen theorielogischer Grundannahmen. Was systematisch ausgeschlossen wird, tritt in Form von Bildern, Metaphern und Beispielen wieder in die theoretischen Texte ein.

Anders als in den zitierten Studien von Hayles und Koschorke wird es dabei nicht darum gehen, den differenztheoretischen Aufbau der Systemtheorie der Einbettung in Narrative der Evolutionsgeschichte zu überführen. Ein solcher Zugang erweist sich für die Thematik der Exklusion als ungeeignet. Denn das Phänomen der Exklusion, das uns in den Texten Luhmanns begegnet, verweigert sich gerade der Einordnung in jegliche Fortschritts- oder auch Verfallsnarrative. Es wird überhaupt erst sichtbar in dem Moment, in dem die Einordnung der Exklusion in eine temporale Entwicklung als Option entfällt. So wird Exklusion für Luhmann erst zum Problem, wenn er an der Gültigkeit des Fortschrittsnarrativs der Modernisierung, das gegenwärtig nicht umgesetzte Vollinklusion auf Zukunft auslagert, zweifelt. »Dabei war stillschweigend vorausgesetzt, daß die einzelnen Funktionssysteme, wenn sie nur auf den Weg der Modernisierung gebracht werden könnten ... einander wechselseitig stützen und die Modernisierung befördern würden. Sowohl ökologische als auch demographische Fakten lassen daran zweifeln.« (Luhmann 1995, 235)

Soziale Exklusion konstituiert sich nicht als Narrativ, das der Logik funktionaler Differenzierung und ihrer Vollinklusionssemantik konträr gegenüberstünde, sondern als Schilderung von Zuständen der Exklusion, die sich der Einordnung in modernisierungslogische Ereignisketten verweigern. Damit wird die hier eingenommene Perspektive auf die Exklusionstexte Niklas Luhmanns nicht nach dem (scheiternden) Narrativ der Exklusion fragen, sondern jene Form der Darstellung analysieren, die Andrew Abbott (2007) unter dem Titel *Lyrical Sociology* beschreibt. »Narrative writing centers on a sequence of events ...: The sequence of events ... explains the phenomenon of interest. By contrast, lyrical writing centers on an image or images.« (Abbott 2007, 76) Im Fokus der Rhetorik der Exklusion stehen also die sprachlichen Bilder, die Niklas Luhmann auf der Grundlage des aufgezeigten Systembegriffs und der ihn begründenden Metaphern generiert.

III. Die Rhetorik der Exklusion

Auffällig ist zunächst, dass sich zeitgleich zu der Ausformulierung eines immer rigideren Grenzbegriffs eine Hinwendung der Systemtheorie zu Fragen der sozialen Exklusion beobachten lässt. Ab Mitte der 1990er Jahre erfährt das Problem der Exklusion in den Schriften Niklas Luhmanns starke Aufmerksamkeit. Exklusion wird hier auf Ebene der Funktionssysteme definiert als integrierter Ausschluss von Personen aus funktionssystemischer Kommunikation. »Von Exklusion kann man sprechen, wenn die weitgehende Ausschließung aus einem Funktionssystem (zum Beispiel extreme Armut) zur Ausschließung aus anderen Funktionssystemen (zum Beispiel Schulerziehung, Rechtsschutz, stabile Familienbildung) führt.« (Luhmann 2002b, 427) Exklusion bezeichnet also die Nicht-Berücksichtigung von Personen in mehreren (im theoretisch extremsten Fall allen) Funktionskontexten. Diese gesellschaftstheoretische Bestimmung sozialer Exklusion hat dabei massive Kritik auf sich gezogen; zum einen bleibt die Abgrenzung zu vorgängigen Definitionen des Exklusionsbegriffs bei Luhmann, die auf die Konstitution von Individualität unter der Bedingung funktionaler Differenzierung bezogen sind, unklar.[7] Zum anderen gerät der systemtheoretische Exklusionsbegriff in der späteren Form in Konflikt zu eigenen theoretischen Grundannahmen. So entfaltet etwa der Wiedereintritt von Kategorien wie ›Körper‹ und ›Raum‹ bei der Beschreibung von ›Exklusionszonen‹ in das Begriffsinventar der Systemtheorie bis heute ein interessantes Irritationspotential.[8] Im Zentrum der systemtheoretischen Debatte steht jedoch die Frage, wie es unter der Annahme der Autopoiesis der funktionssystemischen Kommunikationszusammenhänge zu derart integrierten Ausschlussprozessen aus mehreren Teilsystemen kommen kann, wenn man nicht auf die Erklärung einer Determinierung durch vorgelagerte Funktionssysteme (etwa das Wirtschafts- oder Bildungssystem) zurückfallen möchte. Der späte Exklusionsbegriff Luhmanns tritt zum Gesellschaftskonzept funktionaler Differenzierung in Widerspruch (Nassehi 2006, 53ff.; Kronauer 2002, 126ff.) und bleibt zugleich konstitutiv mit ihm verschränkt.

Metaphern sozialer Exklusion

Bereits diese kurze Reihung von Kritikpunkten verdeutlicht, dass die Exklusionsthematik sich weder systematisch noch kohärent in das gesellschaftstheoretische Grundgerüst der Systemtheorie überführen lässt. Die Widerständigkeit gegenüber theoretischen Konsistenzansprüchen gründet vor allem in der Art und Weise, *wie* das Thema verhandelt wird. Es ist auffällig, dass Luhmann die Thematik gesellschaftlicher Ausgrenzung zunächst als ein Phänomen beschreibt, dessen gesellschaftliche Sichtbarkeit durch die Transformation in künstlerische Ausdrucksformen erzeugt wird. Bereits Balke (2002) zeigt ausgehend von Luhmanns Verweis auf Elemente der Geschichte von Max und Moritz in einem der ersten Texte zum Thema der Exklusion, dass die Exklusionsthematik hier in ein Nahverhältnis zum literarischen Schreiben gerückt

---

7 Einen Überblick über die Verschiebungen innerhalb des systemtheoretischen Exklusionskonzepts bietet Farzin 2006.
8 Vgl. Opitz 2007 sowie dessen Beitrag in diesem Band.

wird. Dieses wird nicht allein über punktuelle Verweise zu literarischen Quellen organisiert, sondern prägt die Darstellung der Exklusion selbst. Aber auch der bildenden Kunst kommt die Aufgabe zu, den gesellschaftlich nicht beobachtbaren Tatbestand der Exklusion im Inklusionsbereich zu repräsentieren.

> Was hier auffällt, ist zunächst einmal eine Art semantisches und ästhetisches Wiedereinbringen der Exklusion in den Inklusionsbereich: eine Ästhetik der Langsamkeit und des Zurückbleibens, das gepflegt Ungepflegte der Präsentation des eigenen Körpers; die bewußte Provokation von Abweisung als Kunst der Entlarvung von Gesellschaft; und nicht zuletzt: die Einbeziehung von Schrott und Müll in Darstellungen, die als Kunst gewürdigt werden wollen. (Luhmann 1995, 234)

Analog zur Einführung der Beobachterperspektive in den Wissensbestand der Moderne durch die Kunst stellt Luhmann im Fall der Exklusion eine Vorreiterfunktion der Ästhetik fest. Auch die Exklusionsthematik rückt demnach in den Stand eines unehelichen Kindes zwischen Wissenschaft und Kunst, was einen ersten Hinweis gibt, weshalb sich das Sprechen über Exklusion den Konventionen des wissenschaftlichen Schreibens immer wieder entzieht. Es scheint für ihn vor allem Kunstwerken vorbehalten, die Sichtbarkeit des Ausschlusses gesellschaftlich zu erzeugen. Dieser Eindruck der Konstitution des Problems als Problem der Wahrnehmung wird durch die Wahl der Beispiele verstärkt. Denn während eine reiche literarische Tradition der Schilderung gesellschaftlicher Ausgrenzungsphänomene seit der Mitte des 19. Jahrhunderts immer wieder auch sozialtheoretische Beschreibungsmuster beeinflusst hat,[9] verweist Luhmann zunächst auf den Bereich der zeitgenössischen bildenden und darstellenden Kunst. Die explizite Thematisierung von Exklusionsphänomenen wird hier – vor der Beschreibung durch den Soziologen – als ein Gegenstand der nicht sprachlichen künstlerischen Kommunikation beobachtet. Dass diese durch die Ästhetik generierte Sichtbarkeit im wörtlichen Sinne der *aisthesis*, also der Wahrnehmung, auch das systemtheoretische Sprechen über Exklusion prägt, wird deutlich beim Blick auf die Metaphern, die Luhmann zur Beschreibung verwendet.

Auf der metaphorischen Ebene ist es das Assoziationsfeld des Sehens, das die sprachliche Darstellung der Exklusion ermöglicht. Bereits die Bezeichnung von Exklusion als »Schattenbegriff«, die Exklusion gleichsam als Schatten der Inklusion ausweist, verweist im Zuge der systematischen Begriffsbildung auf Metaphern der visuellen Wahrnehmung (Luhmann 1995, 228). Auch die Phänomene der Exklusion werden diesem Bild folgend durchgehend als ein Problem der Unsichtbarkeit der Exkludierten für die Funktionssysteme gefasst.

---

9 Den Einfluss von literarischen Stilmitteln der Zeit zur Darstellung einer heterogenen, vielschichtigen und in dieser Form neuen Ausgrenzungspopulation in den großen Städten des 19. Jahrhunderts auf die Schriften Karl Marx' zum Lumpenproletariat zeigt Stallybrass (1990). Hier ist es vor allem die exzessive Auflistung und Benennung exkludierter, anormaler und ausgegrenzter Subjektformen, die in die sozialtheoretische Literatur Eingang findet (1990, 72).

Der Zustand der Exklusion »definiert mehr oder weniger große Teile der Bevölkerung, die häufig dann auch wohnmäßig separiert und damit unsichtbar
gemacht werden« (Luhmann 1997, 630ff.). Diese Konstitution des Themas
Exklusion über Metaphern des Visuellen oder Sichtbaren verwundert zunächst
kaum vor dem Hintergrund der erläuterten zentralen Position des Beobachters in der Systemtheorie. Dass eine Theorie, deren erkenntnistheoretisches
Grundprogramm auch als eine Theorie der Beobachtung erster und zweiter
Ordnung bezeichnet werden kann, eine Affinität zu Metaphern der Sichtbarkeit, des Lichts oder des Sehens aufweist, scheint geradezu auf der Hand zu
liegen. Bilder des Beobachtens prägen das Theorievokabular der Systemtheorie
im Allgemeinen und weit über die Exklusionsthematik hinaus. Es lohnt sich
jedoch im Falle der Exklusion, dem Aufbau der sprachlichen Bilder genauer
nachzuspüren. Denn die Verwendung der Sichtbarkeitsmetaphern zeigt in
diesem Fall sowohl den Möglichkeitsraum auf, den die Figur des Beobachters
eröffnet, als auch dessen Grenzen.
Bereits der Verweis auf die Repräsentation der Exklusion durch die Kunst deutet darauf hin, dass hier ein Wissen zugänglich gemacht wird, das die wissenschaftliche Selbstbeschreibung der Gesellschaft – will man im Bild bleiben –
schlichtweg übersieht. Was daran anschließend als Exklusion beobachtet wird,
kann nur als Paradoxie theoretisiert werden. Die Exkludierten werden allein
aufgrund ihrer Unsichtbarkeit als Exkludierte sicht- und somit zugleich beob-
achtbar. Die Unsichtbarkeit der Exkludierten im Jenseits funktionssystemischer
Kommunikation wird allein durch ihre Sichtbarkeit für die Figur des Beobachters erzeugt – die allerdings nun deutlich andere Züge aufweist als es die theoretische Bestimmung des Beobachters nahelegt. Denn die Beobachtung der
Exklusion ist nur jenem Typ des Beobachters vorbehalten, der zugleich als Person identifizierbar ist. Das wird deutlich bei einer erneuten Lektüre der Aussagen zum Beobachter der Exklusion in der eingangs zitierten Textstelle: »Jeder,
der einen Besuch in den Favelas südamerikanischer Großstädte wagt und
lebend wieder herauskommt, kann davon berichten. (...) Wer seinen Augen
traut, kann es sehen, und zwar in einer Eindrücklichkeit, an der die verfügbaren Erklärungen scheitern.« (Luhmann 1996, 227)
Es scheint, als betreibe Luhmann selbst am Thema der Exklusion die Verkürzung
der Beobachterfigur auf psychische Systeme, die er an anderer Stelle so vehement kritisiert. Die Beobachterfigur, die uns hier begegnet, entspricht in keiner
Weise der immateriellen Abstraktion, die im vorigen Abschnitt vorgestellt wurde.
Der Beobachter der Exklusion ist kein wie auch immer verfasstes, zur Selbstrefe-
renz fähiges System, sondern eindeutig anthropomorph. Er muss um sein Leben
fürchten können und seinen Augen trauen, und er muss über die Fähigkeit zur
Narration verfügen, wenn er, was er dann sieht, berichten will. Der Beobachter
der Exklusion kann, was er sieht, nur als *involvierte Person* beobachten. Mit dieser Festschreibung des Beobachters entfällt zugleich die Möglichkeit, Beschreibungen der Exklusion aus der Perspektive eines ironischen Weltverhältnisses

zu verfassen. Das Vorbild der romantischen Ironie, »die das Verwickeltsein in die Angelegenheiten malgré tout als Distanz zum Ausdruck bringt« (Luhmann 1997, 1129), prägt im Allgemeinen die systemtheoretische Beobachtungsposition gegenüber des Gesellschaft. Besonders in Abgrenzung zu moralisch begründeten soziologischen Darstellungen, »die Betroffensein und Mitleiden zum Ausdruck bringen« (1129), betont Luhmann stets das Moment der Distanzierung der systemtheoretischen Perspektive. Das »Verwickeltsein« des Beobachters, das durch die Präsenzerfahrung sozialer Exklusion erzeugt wird, lässt jedoch keinen Spielraum, der den Aufbau einer ironischen Distanz zum Gesehenen erlauben würde. Die potentielle Gefährdung des Beobachters und die Eindrücklichkeit des Gesehenen absorbieren ihn völlig in der Situation.

Damit wird deutlich, dass das durch die prominente Stellung des Beobachters aufgespannte metaphorische Feld der Sichtbarkeitsmetaphern konstitutiv für die Fassung der Exklusionsthematik ist. In ihrer Unsichtbarkeit für die Systeme werden die Exkludierten super-evident für einen nun personalisierten Beobachter. Es sind durchgängig Wendungen und Ausdrücke aus dem Bereich der Wahrnehmung, durch die Exklusion beschreibbar wird. So findet man etwa im Exklusionsbereich »das entgegengesetzte Bild« der funktionalen Differenzierungsordnung (Luhmann 1995, 242). Und um das neuartige Phänomen der Exklusion zu erkennen, bedarf es vor allem eines scharfen Blicks. »Wenn man jedoch genau hinsieht, findet man nichts, was auszubeuten oder zu unterdrücken wäre.« (Luhmann 1996, 227) Parallel zu dieser Verkürzung der Beobachterfigur vollzieht sich eine zweite fundamentale Verschiebung theoretischer Grundannahmen auf der sprachlichen Ebene. Denn der wiederholte Verweis auf die Sichtbarkeit der sozialen Exklusion als deren einziges Zeugnis suggeriert zugleich eine dem System äußerliche Realität jenseits der Grenze. »Es genügt jedoch, zu sehen, daß es so ist.« (1996, 228) Diese Bewegung, die auch als Re-Ontologisierung eines Exklusionsbereichs innerhalb des differenztheoretischen Paradigmas gelesen werden kann, scheint sich über die Systemgrenze hinweg zu vollziehen. Das fast einem Mantra gleichende Wiederholen des Hinweises auf die Sichtbarkeit der Phänomene sozialer Exklusion für einen naturalisierten Beobachter und deren gleichzeitige Definition als unsichtbar für die Operationen der Systeme unterläuft so auf der metaphorischen Ebene des Textes die theoretisch begründete Unüberwindbarkeit der Systemgrenze. Der systematisch ausgeschlossen Kontakt zur Umwelt wird in der Figur des wagenden Beobachters und den Appell an den Willen zur Beobachtung wieder in die Theorie eingeführt. »Exklusion folgt wie ein logischer Schatten und es bedarf einer besonderen Anstrengung, die Beobachtung über die Grenze hinweg auf Exklusion zu richten.« (Luhmann 1995, 244) Was systematisch von Luhmann ausgeschlossen wurde, scheint metaphorisch durch die unentrinnbare Sichtbarkeit der Exklusionsphänomene wieder möglich: Das Kreuzen der Systemgrenze und die direkte Beobachtung des Jenseits des Systems durch einen konkreten Beobachter.

Exempla sozialer Exklusion

Dieser Eindruck wird durch den massiven Einsatz einer weiteren rhetorischen Figur gestützt, die in besonderem Maße zur realitätserzeugenden Funktion von Texten beiträgt. Es handelt sich hierbei um die Figur des Beispiels, die fast in jeder Schilderung zur Exklusionsthematik zu finden ist. Durchgängig verweist Luhmann in den Texten zur sozialen Exklusion auf exemplarische Fälle, häufig konkretisiert durch eine Ortsangabe, wie etwa im Fall der bereits zitierten südamerikanischen Großstädte oder walisischen Siedlungen (vgl. auch Luhmann 2005, 80). »Wenn man sich zum Beispiel in brasilianischen Großstädten aufhält und sich auf Straßen, Plätzen, Stränden bewegt, gehört ein ständiges Beobachten der Stellung, Entfernung, Häufung von menschlichen Körpern zur unerlässlichen sozialen Kompetenz.« (Luhmann 1995, 245)

Erst über den Einsatz von Beispielen, die den direkten Übertritt des Textes in eine außerdiskursive Realität suggerieren, kann die Evidenz der Exklusion überzeugend behauptet werden. Nur so kann die Beobachterfigur sich innerhalb der Texte glaubhaft als *Sehende* generieren. »Example is part of the argumentation as a kind of *evidence* in the full Latin sense of evidential, something capable of being seen, radiating its visibility outward (ex + videre)« (Lyons 1989, 27). Die textstrategische Wirkung von Beispielen wird dabei zumeist übersehen, denn in ihrer Nähe zu allgemein geteilten Wahrnehmungs- und Deutungsmustern bleiben sie im Normfall unhinterfragt. Genau diese Anbindung an allgemeine und implizite Wissensbestände eröffnet jedoch die Möglichkeit, dieses Vorwissen im Sinne der Argumentation zu instrumentalisieren. »Example is a way of taking our beliefs about reality and reframing them into something that suits the direction of a text. Example may therefore qualify as the most ideological of figures« (Lyons 1989, ix).

In dieser Funktion stützen die exzessiv eingesetzten Beispiele zur Exklusion die Überbetonung der Evidenz sozialer Exklusionsphänomene und deuten zugleich auf eine geteilte Wahrnehmung der Umwelt oder Außenwelt der beobachtenden Systeme. Sie versehen damit die Aufforderung, seinen Augen zu trauen, mit einem konkreten Datum. Wer zweifelt, braucht sich das, dieses oder jenes, doch nur genau ansehen. In Folge des so erzeugten Realitätsverweises übersetzen Beispiele das abstrakte Theorievokabular in jedermann zugängliches Alltagswissen. Aber genau in dieser Konkretisierung des Abstrakten, in der Anschaulichkeit, mit der das abstrakte Problem der Exklusion dem Betrachter vorgeführt wird, liegt der Fallstrick des Beispiels begründet. »Ist nicht seine (des Beispiels) Besonderheit, der es die Illusion seiner Verständlichkeit verdankt, notwendig ein Betrug an der allgemeinen Wahrheit, die sie stützen und darstellen soll?« (de Man 1988, 218) Das exemplarische Wissen verbleibt im Exemplarischen, der Transfer auf die Ebene des Allgemeinen unterbleibt oder scheitert – zumindest wenn man der eingangs formulierten Kritik am theoretischen Aussagewert der Exklusionskategorie folgt. Damit scheint für die Thematik der Exklusion die realitätserzeugende Wirkung von Beispielen deren eigentliche »Beispielhaftigkeit« gleichsam zu überlagern. Die Beispiele sozialer Exklusion in der Systemtheorie sollen vor allem Einigkeit darüber herstellen, dass es Exklusion wirklich gibt. Einen theoretisch abgesicherten Begriff der Exklusion hingegen konkretisieren sie nicht. Das fällt vor allem dann auf, wenn die Beispiele an jenen Stellen der Texte auftreten, an denen eine weitere Ausführung des Arguments theorielogische Widersprüche provozieren würde.

> Sie [die Exklusionsphänomene; S. F.] sind direkte Folgen der funktionalen Differenzierung des Gesellschaftssystems insofern, als sie auf funktionsspezifischen Formen der Abweichungsverstärkung, auf positiven feedbacks, und auch darauf zurückgehen, daß Mehrfachabhängigkeit von Funktionssystemen den Exklusionseffekt verstärkt. Wer keine Adresse hat, kann nicht zur Schule angemeldet werden (Indien). Wer nicht lesen und schreiben kann, hat kaum Chancen auf dem Arbeitsmarkt, und man kann ernsthaft diskutieren (Brasilien), ihn vom politischen Wahlrecht auszuschließen. (…) Die Beispiele ließen sich vermehren und sie ziehen Querverbindungen zwischen allen Funktionssystemen. (Luhmann 1997, 631)

Wo theoretisch ausbuchstabiert werden müsste, wie es unter der Annahme autopoietisch und umweltblind operierender Funktionssysteme überhaupt zu feedbacks oder Mehrfachabhängigkeiten der Systeme kommen kann, bricht die Argumentation in diesem Zitat zu Gunsten einer Aneinanderreihung von Beispielen ab, die mit konkreten Ortsangaben (Indien, Brasilien) ausgestattet wird und mit dem Hinweis auf noch mehr mögliche Beispielfälle abschließt. Schließlich sind es hier die Beispiele selbst, die jene Querverbindungen zwischen den Funktionssystemen ziehen, die theoretisch nicht gefasst werden können. Damit stehen die Beispiele an dieser Stelle nicht für die konkrete Form eines abstrakten Wissens, sie stehen für die Lücke, die an ihrer Stelle durch die Abwesenheit des Wissens entsteht. Die Wirksamkeit der Beispiele sozialer Exklusion liegt also nicht in der Verdeutlichung abstrakter theoretischer Sachverhalte durch konkrete Anschauungen, sondern vielmehr in dem Aufspannen eines gemeinsamen Erfahrungshorizontes zwischen Text und Leser. Das Phänomen der Exklusion wird so in geteilte oder zumindest jedermann zugängliche Wahrnehmungen der Realität im Jenseits der Systeme übersetzt. Die auf Ausschließlichkeit und Unüberwindbarkeit angelegte systemtheoretische Fassung der Grenze zwischen System und Umwelt wird so in der Figur des Beobachters sozialer Exklusion beständig unterlaufen. Die hier verhandelten Texte zur sozialen Exklusion verbleiben daher auf eigentümliche Weise im Exemplarischen, da nur rhetorisch eingeführt werden kann, was systematisch ausgeschlossen bleibt: Die Verunreinigung der Grenze.

Literatur

Abbott, Andrew (2007): Against Narrative: A Preface to Lyrical Sociology. Sociological Theory 25, 67-99.

Balke, Friedrich (2002): Tristes Tropiques. Systems Theory and the Literary Scene. Soziale Systeme 8, 27-37.

Bauman, Zygmunt (2005): Verworfenes Leben. Die Ausgegrenzten in der Moderne. Hamburg: Hamburger Edition.

Blumenberg, Hans (1957): Licht als Metapher der Wahrheit. Im Vorfeld der philosophischen Begriffsbildung. Studium Generale 10, 432-447.

Brown, Richard Harvey (1977): A Poetic for Sociology. Chicago: University Press.

Bude, Heinz (2004): Das Phänomen der Exklusion. Der Widerstreit zwischen gesellschaftlicher Erfahrung und soziologischer Rekonstruktion. Mittelweg 36, 4, 3-15.

Bude, Heinz/Willisch, Andreas (Hrsg.) (2006): Das Problem der Exklusion. Ausgegrenzte, Entbehrliche, Überflüssige. Hamburg: Hamburger Edition.

De Man, Paul (1988): Ästhetische Formalisierung: Kleists *Über das Marionettentheater*. S. 205-233 in: Ders., Allegorien des Lesens. Frankfurt a.M.: Suhrkamp.

Farzin, Sina (2006): Inklusion/Exklusion. Entwicklungen und Probleme einer systemtheoretischen Unterscheidung. Bielefeld: transcipt.

Fromm, Waldemar (2006): An den Grenzen der Sprache. Über das Sagbare und das Unsagbare in Literatur und Ästhetik der Aufklärung, der Romantik und der Moderne. Freiburg i. Brsg.: Rombach.

Hark, Sabine (2005): Überflüssige. Deutungsbegriff für neue gesellschaftliche Gefährdungen? Transit – Europäische Revue 29, 125-141.

Hayles, N. Katherine (1995): Making the Cut: The Interplay of Narrative and System, or what Systems Theory Can't See. Cultural Critique 30, 71-100.

Koschorke, Albrecht (1999): Die Grenzen des Systems und die Rhetorik der Systemtheorie. S. 49-60 in: Albrecht Koschorke/Cornelia Vismann (Hrsg.), Widerstände der Systemtheorie: kulturtheoretische Analysen zum Werk von Niklas Luhmann. Berlin: Akademie Verlag.

Kronauer; Martin (2002): Exklusion. Die Gefährdung des Sozialen im hochentwickelten Kapitalismus. Frankfurt a.M.: Campus.

Leisering, Lutz (2004): Desillusionierung des modernen Fortschrittsglaubens. »Soziale Exklusion« als gesellschaftliche Selbstbeschreibung und soziologisches Konzept. S. 238-268 in: Thomas Schwinn (Hrsg.), Differenzierung und soziale Ungleichheit. Die zwei Soziologien und ihre Verknüpfung. Frankfurt a.M.: Humanities Online.

Luhmann, Niklas (1990): Die Wissenschaft der Gesellschaft. Frankfurt a.M.: Suhrkamp.

Luhmann, Niklas (1995): Inklusion und Exklusion. S. 226-251 in: Ders., Soziologische Aufklärung 6. Die Soziologie und der Mensch. Wiesbaden: VS (2. Aufl., 2005).

Luhmann, Niklas (1996): Jenseits von Barbarei. S. 219-230 in: Max Miller/Hans-Georg Soeffner (Hrsg.), Modernität und Barbarei. Frankfurt a.M.: Suhrkamp.

Luhmann, Niklas (1997): Die Gesellschaft der Gesellschaft. Frankfurt a.M.: Suhrkamp.

Luhmann, Niklas (2002a): Einführung in die Systemtheorie. Heidelberg: Carl-Auer-Systeme Verlag.

Luhmann, Niklas (2002b): Die Politik der Gesellschaft. Frankfurt a.M.: Suhrkamp.

Luhmann, Niklas (2005): Einführung in die Theorie der Gesellschaft. Heidelberg: Carl-Auer-Systeme Verlag.

Lüdemann, Susanne (1999): Beobachtungsverhältnisse. Zur (Kunst-)Geschichte der Beobachtung zweiter Ordnung. S. 63-76 in: Albrecht Koschorke/Cornelia Vismann (Hrsg.), Widerstände der Systemtheorie: kulturtheoretische Analysen zum Werk von Niklas Luhmann. Berlin: Akademie Verlag.

Lüdemann, Susanne (2004): Metaphern der Gesellschaft. Studien zum soziologischen und politischen Imaginären. München: Fink.

Lüdemann, Susanne (2007): Körper, Organismus. S. 168-182 in: Ralf Konersmann (Hrsg.), Wörterbuch der philosophischen Metaphern. Darmstadt: Wissenschaftliche Buchgesellschaft.

Lyons, John D. (1989): Exemplum. The Rhetoric of Example in Early Modern France and Italy. Princeton: University Press.

Nassehi, Armin (2004): Inklusion, Exklusion, Ungleichheit. Eine kleine theoretische Skizze. S. 323-352 in: Thomas Schwinn (Hrsg.), Differenzierung und soziale Ungleichheit. Die zwei Soziologien und ihre Verknüpfung. Frankfurt a.M.: Humanities Online.

Nassehi, Armin (2006): Die paradoxe Einheit von Inklusion und Exklusion. Ein systemtheoretischer Blick auf die »Phänomene«. S. 46-69 in: Heinz Bude / Andreas Willisch (Hrsg.), Das Problem der Exklusion. Ausgegrenzte, Entbehrliche, Überflüssige. Hamburg: Hamburger Edition.

Opitz, Sven (2007): Eine Topologie des Außen – Foucault als Theoretiker der Inklusion / Exklusion. S. 41-57 in: Roland Anhorn / Frank Bettinger / Johannes Stehr (Hrsg.), Foucaults Machtanalytik und Soziale Arbeit. Eine kritische Einführung und Bestandsaufnahme. Wiesbaden: VS.

Opitz, Sven (2008): Exklusion. Grenzgänge des Sozialen. S.175-193 in: Stephan Moebius / Andreas Reckwitz (Hrsg.), Poststrukturalistische Sozialwissenschaften. Frankfurt a.M.: Suhrkamp.

Stallybrass, Peter (1990): Marx and Heterogenity: Thinking the Lumpenproletariat. Representations 31, 69-95.

Steinert, Heinz (2000): Die Diagnostik der Überflüssigen. Mittelweg 36 / 5, 9-15.

Steinert, Heinz (2006): Social Inclusion and Social Exclusion. S. 561-562 in: Austin Harrington / Barbara L. Marshall / Hans-Peter Müller (Hrsg.), Encyclopedia of Social Theory. New York: Routledge.

Stichweh, Rudolf (2006): Inklusion und Exklusion. Studien zur Gesellschaftstheorie. Bielefeld: transcript.

Sina Farzin, MA
Bremen International Graduate School of Social Sciences (BIGSSS)
Universität Bremen, Postfach 330440
D-28334 Bremen
farzin@gsss.uni-bremen.de

Soziale Systeme 14 (2008), Heft 2, S. 210-228

Frank Ruda

Alles verpöbelt sich zusehends!
Namenlosigkeit und generische Inklusion

Zusammenfassung: Problematisiert die Systemtheorie die Exklusion, so tut sie dies, indem sie von einem Bereich spricht, dem alle Bestimmungen abgehen, in dem sich alle Attribute ausgesetzt finden. Die folgenden Überlegungen lassen sich von dieser Grundannahme leiten, um zunächst zu zeigen, inwiefern Luhmann daraus Argumente generieren kann, die andere mögliche Erklärungsmodelle der Exklusionsmechanismen so verstehen, dass diese ihre Radikalität verharmlosen. Jedoch bedeutet Exklusion als absolute Privation zu denken, wie ich im Folgenden zeige, dass es möglich wird, eine theoretische Linie von Hegel zu Luhmann zu ziehen, die deutlich machen kann, dass beide von einer ihnen gemeinsamen ontologischen ›Grundstellung‹ ausgehen. Aus dieser Diagnose werde ich entwickeln, dass sich in Luhmann ein theoretisches Problem wiederholt, das in der Hegelschen Philosophie mit dem Namen ›Pöbel‹ verbunden ist, um in einem letzten Schritt nachzuweisen, dass die Hegelsche Pöbel-Tragödie und die Luhmannsche Exklusions-Farce den Blick freigeben auf einen Denker, dessen Zeit auch für die Frage nach der Exklusion noch nicht abgegolten ist: auf Karl Marx und dessen frühe Entwürfe zur Subjekt-›Form‹ des Proletariats.

I.   Theorien voreingenommenen Blicks

Will man von Exklusion reden, muss man seinen Augen trauen. Man muss ihnen trauen, um das durch sie geschaffene Elend zu sehen, um zu sehen, dass es existiert. Denn: »Wer seinen Augen traut, kann es sehen und zwar in einer Eindrücklichkeit, an der die verfügbaren Erklärungen scheitern.« (Luhmann 1999, 147) Traut man seinen Augen nicht und sieht man mit voreingenommenem Blick auf die Exklusion und ihr Elend, sieht man nichts. Man sieht allein eine Bestätigung dessen, was man bereits immer schon gesehen und gewusst hat und immer schon zu sehen und zu wissen glaubte. Eben deswegen scheitern alle verfügbaren Erklärungsmodelle an der Exklusion. Muss man seinen Augen trauen, so muss man denen misstrauen, die dies nicht tun. Daher schließt die Systemtheorie Luhmanns, wenn sie von der Exklusion spricht, selbst Theorien aus. Sie schließt jene Theorien voreingenommenen Blicks aus, die blind gegenüber der Exklusion bleiben, die eben einfach sehen, was sie schon immer sahen. Für solche Theorien voreingenommenen Blicks lassen sich bei Luhmann zwei Gruppierungen angeben: 1. die im weitesten Sinne hegelianisch-marxistischen Gesellschaftstheorien und 2. die Theorien der Menschrechte.

1. Es gilt zum einen diejenigen vermeintlich »einfachen Traditionsmodelle« (Luhmann 1995, 262) wie den Marxismus oder auf ihn Bezug nehmende soziologische Theorien zu desavouieren, da sie in einem doppelten Fehlschluss gefangen bleiben. Dieser besteht in Luhmanns Rekonstruktion einerseits darin, die mögliche Vollinklusion aller Menschen in gesellschaftliche Zusammenhänge allein durch das althergebrachte und weiterhin bestehende Primat der Ökonomie verstellt zu sehen. In diesem transportiert sich in der sich fortschreibenden Dominanz eines einzigen Teilsystems zugleich das Instrument zur Aufrechterhaltung der ausschließlichen und ausschließenden Klassenherrschaft der Bourgeoisie. Die Struktur der Beziehungen eines einzigen, nämlich des ökonomischen Teilsystems gibt folglich, ich rekonstruiere weiter Luhmann, das Paradigma aller Beziehungen aller Teilsysteme an und gesellschaftliche Zusammenhänge sähen sich alle zurückgeführt auf die ihnen innewohnende ökonomische Basis. Zum einen also beginge der Marxismus den Fehler, ein Teilsystem, nämlich die Ökonomie, zu hypostasieren und seine vermeintlich interne Struktur, die ausschließende Klassenherrschaft der Bourgeoisie, als gesamtgesellschaftliche Struktur zu begreifen, als Teilung der gesamten Gesellschaft in eine herrschende und eine ausgeschlossene Klasse. Exklusion wäre so immer fundamental oder in letzter Instanz ökonomisch bestimmt. Zum anderen setzte der so verstandene Marxismus die Annahme voraus – und hier wird deutlich, warum es sich in Luhmanns Wahrnehmung um eine ›hegelianisiertes‹[1] Verständnis des Marxismus handelt –, dass die Verstellung der möglichen Inklusion aller, die sich durch den ökonomischen Klassenantagonismus produziert findet, durch die notwendige Bewegung der Geschichte selbst abgeschafft, kurz: die ökonomische Verstellung geschichtlich entstellt werden könne. Der zweite Teil des Doppelfehlschlusses ergibt sich folglich für Luhmann aus der ›geschichtsmetaphysischen‹ Unterstellung eines möglichen Endes aller Exklusionsprobleme. Die Annahme eines solchen Endes überschriebe so die Exklusionsproblematik in eine »Zeitlogik«, die die »dialektische Entwicklung, eventuell mit revolutionären Nachhilfen« (Luhmann, 1998, 626), d. h. die revolutionäre Eigenlogik der Geschichte selbst wäre. Exklusion wäre somit ein Problem, das die geschichtliche Entwicklung, oder: zumindest das marxistische Denken der geschichtlich-dialektischen Entwicklung *in spe* bereits immer schon als gelöst abzuhaken bereit wäre. Eine solche unzureichende Lösung zeigt für Luhmann damit an, dass bereits das Problem der Exklusion nicht in seiner Brisanz, nicht in seiner Tatsächlichkeit[2] wahrgenommen wird. Denn dem Marxismus geht, bezüglich der

---

1 Ob Luhmanns Hegel-Rekonstruktion sowohl dem Hegelschen als auch dem Marxschen Denken tatsächlich in allen Belangen Rechnung trägt, möchte ich hier nicht diskutieren. Im Folgenden wird deutlich werden, dass für Luhmann mit dem Namen ›Hegel‹ eines der zentralen Paradigmen eines allinklusiven Denkens markiert ist, dessen geschichtsmächtige Effekte auch die Luhmannsche Theorie nicht unberührt lassen.
2 Luhmann (1998, 630) spricht vom Faktischen oder von den Tatsachen (1995, 260).

Exklusion, der »unvoreingenommene() Blick« (Luhmann 1998, 630) ab. Die Annahme einer Prädominanz der Ökonomie und einer dialektische Auflösung ihrer antagonistischen Effekte führt eher zur »Verharmlosung des Problems« (Luhmann 1995, 259), denn zu seiner adäquaten theoretischen Beobachtung. Der so verstandene Marxismus banalisiert die realiter existierende Exklusionsproblematik und er mündet überdies in das, was Luhmann eine »totalitäre Logik« (1998, 625) nennt. Die Forderung einer »Inklusion ohne Exklusion« (625), deren Realisierung und damit Verifizierung die Geschichte erbrächte, setzt, so Luhmann, bereits immer ein Denken der Inklusion und zwar ohne Exklusion voraus und d.h. ein Denken, dem die Exklusion ein Fremdwort ist und dem die Exkludierten einzig Noch-nicht-Inkludierte sind. »Innerhalb der totalitären Inklusionslogik machen sich Exklusionen als ›Rest‹probleme[3] bemerkbar, die so kategorisiert sind, dass sie die totalitäre Logik nicht in Frage stellen.« (626) Die Exklusionen als noch nicht gelöstes Restproblem zu begreifen heißt aber zunächst, »mehr an sozialer Ordnung« zu vermuten »als tatsächlich gegeben ist« (Luhmann 1995, 262). Für Luhmann ist damit bereits gesagt, dass Inklusion schon immer exklusionslos, oder: als ausschließliche und somit (Ausschluss) ausschließende Inklusion vorausgesetzt wird. Die Voraussetzung wird zum Postulat und versperrt den Blick auf die Tatsächlichkeit. Dem entgegen beteuert Luhmann stets, dass die Exklusionsproblematik sich nicht weiterhin als ein Produkt bestehender ökonomischer Antagonismen und damit als gesamtgesellschaftlicher Ordnungseffekt eines einzigen Teilsystems begreifen lässt, sondern unter den Bedingungen funktionaler Ausdifferenzierung verstanden werden muss. Luhmann kann so sagen: Der Marxismus ignoriert die Ausdifferenzierung und damit sowohl die Frage nach der »Ordnung der Exklusion« (Luhmann 1995, 258) wie auch die nach ihren »Formen« (259). Daher impliziert die marxistische Theorie und mündet immer in eine »totalitäre Logik, die kein ›Außen‹ mehr anerkennen« kann, da ihr »die andere Seite« fehlt, »die sie schon aus mathematischen Gründen benötigt, um Form sein zu können und Möglichkeiten der Beobachtung zu gewähren.« (Luhmann 1999, 144) Dem Marxismus mangelt es an Möglichkeiten, an Möglichkeiten der Beobachtung von Exklusion. Hätte man die Variable der ›sozialen Klassen‹ vielleicht noch für stratifizierte Gesellschaften einsetzen können, so muss unter neuen Strukturen die Exklusion vielmehr als ein Eigenprodukt eben dieser, d.h. der funktionalen Ausdifferenzierung verstanden werden. Ignoriert man aber die Ausdifferenzierung, dann mündet die eigene »Voreingenommenheit«, die immer eine des Blicks ist, in eine »Klage ohne Ende und ohne Adressat« (Luh-

---

3 Luhmann führt an dieser Stelle in einer Fußnote an, dass die »semantische Karriere« der Kategorie des ›Restes‹ sich der »mangelnden Reflexion der Differenz, in Bezug auf die der Rest ein Rest ist« (1998, 626), verdankt. Das Denken des Restes stellt so, für Luhmann, die ebenso problematische Gegenseite eines Denkens der Variable dar. Sowohl die Variable als auch der Rest wissen nichts von ihrem Gegenteil, oder anders: beide verkennen, dass sie eine Seite einer Zwei-Seiten-Form sind (vgl. Luhmann 1998, 240). Inwieweit diese Einwände auch für das Projekt Giorgio Agambens (1998; 2006) zutreffend wären, bliebe zu diskutieren.

mann 1998, 631). Der Marxismus befindet sich so, nach Luhmann, auf der hoff-
nungslosen »Suche nach Adressaten für Vorwürfe und nach Angriffspunkten
für Änderungen«, da er »nach wie vor mit einer primär stratifizierten Gesellschaft« (Luhmann 1999, 147) rechnet. Er verallgemeinert unzulässig zentral
und gesamtgesellschaftlich operierende Exklusionsmechanismen, die gänzlich
verschieden organisierten Gesellschaftsformen entstammen. Unter anderem
zeigt sich dies auch als ein Problem der Terminologie, wie unter anderem der
»Begriff der (sozialen) Klasse« (Luhmann 1995, 248) und seine immensen,
jedoch unzulässige Abstraktionsleistung verdeutlicht. Dagegen gilt es, so Luhmann, festzustellen, dass unter ausdifferenzierten Bedingungen Exklusionen
eine »andere Struktur« (1998, 631) haben. Mit dieser Einsicht verbindet sich
für Luhmann, dass zugleich bekannte Beschreibungskategorien marxistischer
Provenienz, etwa die der ›Ausbeutung‹ oder der ›Unterdrückung‹, theoretisch
untauglich werden. In ihnen wirkt noch ein totalitär-logisches »Desiderat der
Allinklusion« und »wenn man ... genau hinsieht (mit, wie man genauer sagen
muss, unvoreingenommenen Blick, F. R.), findet man nichts, was auszubeuten
oder zu unterdrücken wäre« (1999, 147). Der von Luhmann rekonstruierte Marxismus verliert, indem er bei der Darstellung der Gesellschaft auf Herrschafts-
und Ausbeutungsverhältnisse rekurriert, den »Realitätsbezug«(Luhmann 1995,
248), da er immer wieder aufs Neue »die strukturelle Tiefenlage des Problems
unterschätzt.« (262)

2. Zum anderen gilt es ebenfalls diejenigen Theorien als unzureichend auszuschließen, die als »Idealisierung« eines Postulats der Allinklusion eine Art säku-
larisierte Form einer »Metaphysik des Glücks« (Luhmann 1998, 628) darstellen.
Diese fasst Luhmann (1998, 628) unter dem Titel der »Ideologie der Menschenrechte« zusammen. Sie zeichnet aus, dass sie die Realisierung gesellschaftlicher
Inklusion vorab durch »Schöpfung und Natur« glücklich gesichert annehmen.
Die Annahme einer jedem Menschen zukommenden und vorverteilten »Natur
des Menschen« (628), die sich durch einen Quasi-Gott der Menschrechte
geschaffen findet, lässt die Exklusion allein als Problem einer noch nicht ausrei-
chenden globalen Realisierung und Ausbreitung der Menschenrechte erscheinen. Denn kommen dem Menschen unverlierbare Eigenschaften zu, die den
Menschen Menschen sein lassen, dann sind alle Eigenschaftsträger, zumindest latent, inkludiert. Wieder wird so die Exklusion »unbeleuchtet mitgeführt«
(628), da sie einzig als Noch-Nicht der Inklusion und damit letztlich gar nicht
verstanden wird. Eine solchen »Idealisierung des Postulats einer Vollinklusion
aller Menschen in die Gesellschaft« (630) verfällt einem analogen Realitätsverlust wie der Marxismus, da sie über den verallgemeinerten Begriff einer menschlichen Natur und eines Individuums, das als Figuration des »menschliche(n)
Prinzip(s)« (628) verstanden wird, ebenso unzulässig von der Tatsächlichkeit
der Exklusionsproblematik absieht. Die Voraussetzung einer proto-divin gesicherten menschlichen und allen zukommenden Natur des Individuums, die

bereits immer schon Inklusion ohne Exklusion denkbar macht, überträgt damit die Lösung des Problems erneut in eine Zeitlogik (des Noch-Nicht). Exklusion hängt so als Problem nicht von einer spezifischen Gesellschaftsform ab, vielmehr ist sie immer schon theoretisch beseitigt. Eine solche Voraussetzung sieht ab von den Bedingungen der Ausdifferenzierung und den durch sie generierten neuen Strukturen und Formen der Exklusion. Differenzneutral verfahrende Beobachtung, die keine gesellschaftlichen Verschiedenheiten kennt, merzt die Exklusion als Problem aus und operiert einer totalitären Logik gemäß. Beide Theorie-Gruppierungen teilen augenscheinlich eine sie verbindende Struktur. Beide gehen vom Postulat der Allinklusion aus, ohne die Tatsächlichkeit der Exklusion zu beobachten. Sie gehen in Luhmanns Rekonstruktion beide damit bereits von Voraussetzungen aus, die die Universalinklusion nicht einzig postulieren, sondern zugleich logisch und normativ ihre Erfüllung und Unerschütterbarkeit sichern, da sie sowohl die Augen vor der Neuheit der Exklusionsmechanismen und -formen innerhalb der funktional ausdifferenzierten Gesellschaft als auch vor der Tatsächlichkeit der Exklusion verschließen.[4] Sie sind beide damit nicht auf der Höhe der wirklichen gesellschaftlichen Verhältnisse und verkommen zu abstrakten Beschreibungen *der* Gesellschaft, die nicht davon ausgehen, wie sie ist, sondern wie sie sein soll. Den Operator dieser unzulässigen differenzneutralen Verallgemeinerung stellt dabei für die Menschenrechtsideologien das Individuum, für den Marxismus die (soziale) Klasse dar. Beider Absehen von Spezifika gesellschaftlicher Exklusionsmodi lässt sie im gewissen Sinn als Symptome erscheinen. Denn durch die Idealisierungen des Postulats der Vollinklusion verdecken sie quasi phantasmatisch dessen Realisierungsschwierigkeiten[5]. Man kann Luhmanns Rekonstruktion so begreifen, dass beide Theorie-Fraktionen eher als eine Abwehrreaktion gegen bestehende Exklusionsprozesse und deren Logiken wirken, da sie bereits im Voraus, die Bedingungen der Möglichkeit der Vollinklusion als gegeben setzen. Ihr voreingenommener Blick beteuert derart implizit *en permanence* die Nicht-Existenz der faktischen Exklusion, da sie ihre Beobachtung verunmöglichen und sie ihnen so *anathema* ist. Oder anders gesagt: faktische Exklusion wird und ist ihnen undenkbar. Sind sie in Luhmanns Sinn tota-

---

4 Man kann die geschichtliche Reihenfolge der bisherigen Exklusionstypen, die Luhmann angibt, wie folgt bestimmen: 1. impulsive Exklusion; 2. ökonomische Exklusion (Exklusion aus den Haushalten), 3. politische Exklusion (vgl. Luhmann 1995, 243). Diese Reihe wäre um die Exklusion unter ausdifferenzierten Bedingungen zu ergänzen: 4. die kumulative Exklusion.

5 Man könnte Luhmanns Einwände hier lesen als Versuch, der in diesen Theorie-Fraktionen sich vermeintlich zeigenden ›transzendentalen Illusion‹ zu opponieren. Eben einer Illusion, die ermöglicht weiterhin die Annahme einer bestimmten Realitätsverfasstheit, einer Realität ohne Exklusion, aufrechtzuerhalten. In dieser Hinsicht wäre das Abwenden des Blicks von der Tatsächlichkeit der Exklusion bereits immer gesichert durch einen ›phantasmatischen Rahmen‹, der sich hier als unhinterfragte theoretische Voraussetzung beschreiben lässt, eben als Idealisierung des Postulats der Vollinklusion, das die Bedingungen der Möglichkeit von Beobachtung angibt. Zur genaueren Diskussion der Funktionsweise eines solchen phantasmatischen Rahmens verweise ich auf Slavoj Žižek (1994; 1995, 20-22).

litäre Logiken[6], da ihre Struktur, wie bereits ausgeführt, die einer Inklusion ohne Exklusion ist, einer Inklusion, die ihr Gegenteil »ausmerzt«. (Luhmann 1998, 626) Luhmann selbst schreibt an verschiedenen Stellen die Genealogie dieser totalitären Logik. Auch sie entsteht auf dem geschichtlichen Weg der Umstellung und Umstrukturierung der stratifizierten Gesellschaft zur funktional ausdifferenzierten. Denn da Inklusionsbedingungen mit dem Grad gesellschaftlicher Differenzierung[7] variieren, tritt mit der Ausdifferenzierung – und dies ist entscheidend – allein eine »*prinzipielle*Vollinklusion« (1999, 142; Hervorh. F.R.) der Gesamtbevölkerung in das Gesellschaftssystem und seine Funktionssysteme ein. Die Inklusionen und ihre Bedingungen sind nun aber nicht mehr abhängig von einer gesamtgesellschaftlich verfahrenden Leitdifferenz, sondern werden je teilsystemspezifisch reguliert, d.h. sie hängen ab von »hochdifferenzierten Kommunikationschancen« (Luhmann, 1998, 625) Als Effekt der *prinzipiellen* Vollinklusion ergibt sich aber als gesellschaftliche Selbstreflexion, etwas anachronistisch könnte man sagen: im Überbau, die Formulierung philosophischer Theorien, die kein »Außen« mehr anerkennen (vgl. Luhmann 1999, 145). Kurz, es entstehen Theorien, die das philosophische Fundament für diejenigen gesellschaftstheoretischen und soziologischen Theorien liefern, die der totalitären Logik folgen. Für solche philosophischen Fundierungen nennt Luhmann einige Beispiele, von denen ich einem etwas Aufmerksamkeit widmen möchte. Luhmann führt Kants Transzendentalphilosophie, Schellings »Auflösung jeder Unterscheidung« (1999, 145), Hegels Theorie des absoluten Geistes und Husserls Theorie ontologischer Epoché an. Ich werde einer Frage Luhmanns folgen, um genauer bestimmen zu können, wie es um das theoretische Postulat der Allinklusion und um dessen Blindheit gegenüber der Tatsächlichkeit der Exklusion bestellt ist. Dazu gilt es den Blick auf *den* Denker der Vollinklusion zu lenken. Denn: »Kann man das [hier: Hegels Theorie des absoluten Geistes; F.R.] verstehen als eine neue Kosmologie für eine Gesellschaft ohne Exklusion?« (1999, 145)

II. Hegel und die brüchige Vollinklusion: Rechtsphilosophie und Pöbel

Bereits Eduard Gans hatte im Mai 1833, anderthalb Jahre nach Hegels Tod, anlässlich der großen Hegel-Ausgabe in einem »prophetischen« (Riedel 1969, 100) Vorwort bemerkt, dass die *Rechtsphilosophie* als Teil des philosophischen Systems Hegels mit diesem stehen oder fallen werde. Der Einsatz

---

6 Hier ist eine mögliche Stelle angegeben, an der man eine Nähe Luhmanns zu Giorgio Agamben feststellen kann (vgl. dazu genauer: Agamben 2002, v.a. 127-144).
7 Natürlich entstammt diese Bemerkung Luhmanns einer Rekonstruktion Parsons'. Dennoch bleibt sie – wenn auch um die Notwendigkeit eines Denken der Exklusion ergänzt – anwendbar auf die Luhmannsche Theorie selbst (vgl. Luhmann 1998, 620).

der folgenden Bemerkungen wird eine, vermeintlich spekulative, dialektische Umkehrung dieser Prophezeiung Gans' als Ausgangspunkt nutzen: Nicht nur steht oder fällt die *Rechtsphilosophie* mit dem Hegelschen System, überdies steht oder fällt das Hegelsche System, d.h. auch dessen Theorie des absoluten Geistes, mit der *Rechtsphilosophie,* der Theorie des objektiven Geistes.[8] Daher bietet es sich zur Diskussion der Luhmannschen Frage an, weniger die Theorie des absoluten Geistes, sondern die des objektiven zu Rate zu ziehen. Denn eine der entscheidenden Fragen, die sie stellt, ist eben die Frage nach der prinzipiellen und tatsächlichen Universalinklusion aller Menschen in die Sittlichkeit des Staates. Hierbei stellt sich die Armut als ein Zentralproblem heraus, das in gewisser Weise analog zu Luhmanns Exklusionsproblem konzipiert ist. »Die wichtige Frage, wie der Armut abzuhelfen sei, ist eine vorzüglich die *modernen* Gesellschaften bewegende und quälende« (1986, 390), schreibt Hegel im Zusatz zu Paragraph 244 und spricht damit direkt einen von ihm wohl wahrgenommenen Ausschlusseffekt an. Denn Armut bestimmt Hegel als den Zustand, in dem alle Vorteile der bürgerlichen Gesellschaft, inklusive der Sicherung der eigenen Existenz, verloren gehen, alle Bedürfnisse jedoch erhalten bleiben. Wer arm ist oder wird, geht aus singulären Schicksalen hervor, dass aber Armut entsteht und ist, ergibt sich notwendig aus der die bürgerliche Gesellschaft stabilisierenden und sie antreibenden Bewegung. Ein zentraler Effekt dieser Bewegung ist, dass dem Armen neben dem Besitz auch die tatsächlichen Möglichkeiten des Erwerbs seiner eigenen Subsistenz »mehr oder weniger verlustig« gegangen sind. So greifen die Integrationseffekte des Staates beim Armen nicht mehr. Denn nur durch ihn bildende Arbeit und daraus sich ergebend durch Standeszugehörigkeit macht der Mensch sich zu einem Glied der bürgerlichen Gesellschaft und strebt danach diese und – durch sie mit dem Allgemeinen vermittelt – sich zu erhalten. Der Arme, der von der Möglichkeit seine Subsistenz durch Arbeit zu besorgen ausgeschlossen ist, wird »ein Mensch ohne Stand [und das heißt: er; F.R.] ist eine bloße Privatperson[9] und steht nicht in wirklicher Allgemeinheit« (Hegel 1986a, 360). Um eine pointierte Formulierung Mark Neocleous (1996, 8) zu borgen: »not being a member of an estate means that a person is nothing, nobody«. Der Arme ist

---

8 Diese Verkehrung der Perspektive findet ihr Vorbild augenscheinlich im Verfahren des frühen Marx. Marxens Blick auf die *Rechtsphilosophie* Hegels verfährt, wie Theunissen in eher marxkritischer Hinsicht festgehalten hat, indem »er die ihr verleugnete Logik gegen sie wendet« (Theunissen 1980, 477). Ich nehme die in Theunissens Bemerkung eingetragene Implikation, dass die Logik der *Rechtphilosophie* nicht die Logik der *Wissenschaft der Logik* sein muss. Ich lese die *Rechtsphilosophie* folglich nicht vor dem Hintergrund der Logik der Hegelschen *Logik,* sondern vielmehr die Logik der *Rechtsphilosophie* gegen die Logik der *Logik.* Der Entwicklung der *Rechtsphilosophie* nachgehend wird in den folgenden Bemerkungen eine Strukturstelle aufgesucht, die für die Logik der *Rechtsphilosophie* ein fundamentales Problem darstellt und sich dennoch unausweichlich aus ihr ergibt. Es müsste jedoch ausführlicher gezeigt werden, inwiefern dieses Problem auch ein Problem für die Logik der *Logik* impliziert.
9 Eine interessante Parallele ergibt sich, wenn man an dieser Stelle eine Bemerkung Luhmanns mitliest: »Wer etwas erreichen will, muss mitmachen. Wer sich ausschließt oder ausgeschlossen wird, kann nur eine Privatexistenz führen.« (1995, 255)

für die vernünftig politische Ordnung des Staates Nichts, Niemand. Er ist aus
dem politischen Raum ausgeschlossen und dennoch als bloße Privatperson
sozioökonomisch präsent, d.h. er ist eingeschlossen in der ›Raum des Sozialen‹[10]. Ist seine »Subsistenz und [sein, F.R.] Genuss nichts Stehendes« (Hegel
1986a, 395), kann Hegel den vereinzelten Armen und mit ihm dem ganzen
Unstand der Armut die Existenz innerhalb der bürgerlichen Gesellschaft – die,
das sollte man nicht vergessen, Vermittlungsboden für die Sittlichkeit des Staates ist – absprechen. »(D)enn nur das Gemeinsame *existiert* in der bürgerlichen
Gesellschaft, was gesetzlich konstituiert und anerkannt ist« (Hegel 1986a,
395). Die armen oder verarmten Massen in Hegels *Rechtsphilosophie* lassen sich
vor diesem Hintergrund ohne große Mühe mit dem identifizieren, was Jacques
Rancière (2002) den *part des sans-part*, den Teil ohne Anteil, den Teil der Anteil-
losen genannt hat. Aber es gilt hier Hegel weder zu schnell einer ewig gleichen
Struktur des Politischen oder Gesellschaftlichen zu überführen, die hinter seinem Rücken die vernünftige Gliederung des Staats fragwürdig werden lässt
und Ausschlüsse produziert, und für deren Behebung Hegel allein das kennt,
was Rancière »die Polizei« (2002, 40ff.) nennt. Noch gilt es, wie es ein Großteil
der orthodox-marxistischen Tradition (Marx selbst jedoch nicht) getan hat, die
Armen vorschnell mit der Arbeiterklasse zu identifizieren und so letztlich zu
behaupten, Hegel hätte nicht auf der Höhe von ihm aufgeworfener Probleme
gedacht. Ich möchte dem entgegen behaupten, dass Hegel sehr wohl explizit
als implizit Lösungsvorschläge zur Armutsfrage[11] anbietet, sie alle jedoch nicht
zur Behebung der Armutsfrage führen. Sie lassen vielmehr ein weitaus größe-
res Problem aufscheinen: die Emergenz des Pöbels.[12]

10 Dass die semantische Dopplung von politischem Raum und sozioökonomischem Raum in
Hegels Begriff der ›bürgerlichen Gesellschaft‹ angelegt ist, zeigt Manfred Riedel (1995, 135-167).
11 Hegels Lösungsvorschläge, die ich hier nicht diskutieren kann, sind: 1. die Versorgung der
Armen durch die bürgerliche Gesellschaft selbst, 2. die Bettelei, 3. das Notrecht, 4. die Kolo-
nisation, 5. eine Ethik (des verantwortungsvollen Konsums in) der Korporation, 6. die Polizei
und 7. die Religion.
12 Bereits Hegel hat den Effekt *kumulativer Exklusion*, der von Luhmann so nachdrücklich bezeugt
wird, wahrgenommen, und er bildet einen entscheidenden Mechanismus in der Emergenz
des Pöbels. Schon bei Hegel findet sich »das Problem der wechselseitigen Verstärkung von
Exklusionen« (Luhmann 1998, 633), die »quasi-automatisch« (1995, 259) operiert. Hierzu
Hegel (2005, 220): »Die Möglichkeit, dass die Individuen zur Armut heruntersinken. Durch die
unmittelbaren Früchte der Natur (kann) kein Mensch leben, diese sind durch die bürgerliche
Gesellschaft in Beschlag genommen (...). Die Armut also kommt, indem die unmittelbaren
Mittel nicht mehr sind. Ferner die Armut kommt auch so, der Arme kann sich keine Geschicklichkeiten erwerben. Arme Kinder haben die Mittel nicht, Geschicklichkeiten zu erwerben,
oder Industriezweige sind umgezogen. Sie haben nicht die Geschicklichkeiten zu einem
andern Industriezweig und können wegen Armut nichts mehr lernen. Auch die Rechtspflege
verlieren sie, denn sie macht Kosten, die der Arme nicht auftreiben kann, und kann er es auch,
so kann das Geringe, was er erreicht durch den Rechtsweg, von den Kosten aufgewogen werden. Die Armut erschwert die Mittel, die Gesundheit zu erhalten oder herzustellen. Auch der
Trost der Religion wird ihnen erschwert, wenn sie kein sonntägliches Kleid haben. Das Evangelium wird jetzt nur den Gebildeten gepredigt, die Geistlichen gehen nicht in die Hütten der
Armen.« Hier ist ein Unterschied zu bemerken. Hegel sieht selbst ›Trost der Religion‹ in den
kumulativen Exklusionseffekte einbezogen, wohingegen Luhmann die Möglichkeit sieht, dass
die »Religion eine Ausnahmechance« (1999, 148) bietet. Wenn Hegel hier die Armut als Ort

Was aber ist der Pöbel? Bestimmt Hegel den Pöbel zunächst als »niedrigste
Weise der Subsistenz«, stellt er daraufhin fest, dass »die Armut an sich« nie-
manden zum Pöbel macht; er macht »sich von selbst« (1986a, 389). Denn der
Pöbel bezeichnet nicht einfach die Armen, sondern die Armen, die neben
allem Besitz auch ihre Ehre, ihre eigene Subsistenz durch Arbeit zu sichern
und Teil eines Standes zu sein, und überdies die Einsicht in das vernünftige
Ganze des organisch gegliederten Staates verloren haben. Der Pöbel ist der
infam gewordene Arme. Dieser weitere, vertiefende Verlust aber führt dazu,
dass er: einerseits voller »innerer Empörung gegen die Reichen, gegen die
Gesellschaft, die Regierung, usw.« (Hegel 1986a, 395) ist und schlicht jeder
konkreten und besonderen Institution und jeder gegliederten Einrichtung des
Staates die Legitimität abspricht; andererseits aber wird er darüber »leichtsin-
nig und arbeitsscheu« (396). Sein alle konkreten Bestimmungen negierender
Verstand löst die organische Einheit von bürgerlichem und politischem Leben
in eine disparate Menge von Individuen mit besonderen Interessen auf. Die
Regierung ist ihm nichts als böser Wille und sein die Wirklichkeit anfressendes
Dasein stellt das politische Leben »sozusagen in die Luft« (474). Unmöglich
ist es für ihn auch einen politischen Platz im Staat einzunehmen. Denn dieser Platz hängt bei Hegel von der Vermittlung des eigenen, einzelnen Namens
mit dem Allgemeinen des Staates ab, wie der Name des Monarchen, dessen Signatur die vollendete Vermittlung von Einzelnem und Allgemeinem
ausdrückt, verdeutlicht. Findet sich schon der Arme nicht repräsentiert und
erscheint er politisch namenlos, geht dem Pöbel noch mehr ab als dem Armen:
Er hat jeglichen Platz im sozialen Feld verloren; er ist absolut namenlos. Denn
es bedarf zumindest der Möglichkeit des Eigentums und ferner der Möglichkeit zur Partizipation an einem Stand, um den eigenen Namen im Allgemeinen repräsentiert zu finden. Repräsentation bedeutet bei Hegel Teilhabe an
einer der wesentlichen Sphären des Staates. Sind diese Möglichkeiten beim
Armen, wenn auch verstellt, noch gegeben, so setzt der Pöbel selbst noch diese
Möglichkeit aus. Er aber ist dennoch vorhanden, insistiert, da er in seiner ausgeschlossenen Eingeschlossenheit, seinem puren Vorhandensein, die Konstitutionsprinzipien des Staates selbst angreift und droht, diese aufzulösen. In der
Namenlosigkeit der politisch ausgeschlossenen, aber sozial eingeschlossenen
Armen klafft derart ein Abgrund auf, der auf eine andere, eine absolut priva-
tive Namenlosigkeit, die Namenlosigkeit des Pöbels verweist. Denn gehorcht
der Arme noch der Ordnung des (sozioökonomischen) Wissens, dessen, was
Alain Badiou (2005a, 369-386) die ›Enzyklopädie‹ nennt, und besitzt er, wenn

---

benennt, an dem sich der Verstärkungseffekt der Exklusion entzündet, könnte man so noch
systemtheoretisch einen Primat des Ökonomischen verzeichnen. Es bliebe jedoch zu fragen,
ob es wirklich rein zufällig ist, dass Luhmann in seinen Beispielen ebenso den Wegfall des
Arbeitsplatzes (1998, 630), d.h. einen Ausschluss aus dem Wirtschaftssystem als Ausgangspunkt wählt oder als eine der Ursachen der Exklusion explizit ökonomische Faktoren benennt
(vgl. Luhmann 1995, 250).

auch nur als Ausgeschlossener, eine Stelle im sozialen Feld, ist der Pöbel dieser
Ordnung gänzlich entzogen. Der Pöbel ist somit noch weniger als die Armen,
als dieser Niemand. Er ist weniger als eine bloße Privatperson: nicht mehr *part
des sans-part*, sondern radikaler *sans part*. Denn, was sich einzig äußerlich zeigt
und was erscheint, sind die Armen. Der Pöbel als solcher erscheint nicht, oder
anders: er erscheint immer in der äußerlichen Form der Armen und ist von
ihnen ununterscheidbar, geht aber nie in ihrer Gestalt auf. Der Arme ist nicht
per se der Pöbel; der Pöbel erscheint nur als Armer, der er nie in Gänze ist.

Der Pöbel ist also der Arme, der noch mehr verloren hat als nur sein Eigentum und seine Partizipationsmöglichkeiten. »Pöbel« ist der Name der in der
inneren Form veränderten Armen; der Armen, die selbst noch die Form verloren haben. Die infame Gesinnung generiert also Formänderung, die eher
einen Formverlust bedeutet, und dieser Verlust jeder Form erscheint nicht,
ja kann nicht erscheinen. Denn der Pöbel, durch Arbeitsscheu und Ehrlosigkeit gekennzeichnet, tritt mit keiner Handlung in die äußere Wirklichkeit, er
haust sich vielmehr in Meinung und abstrakter Innerlichkeit ein. So frisst er
die Konstitution der vernünftigen Wirklichkeit an, da er selbst noch die nur als
Äußerung sich verwirklichende Freiheit des Willens unterminiert. Er ist so die
Negation der wesentlichen Sphären, ein Nicht-Wesen und daher nicht repräsentiert. Der Pöbel stellt derart das absolute Privativum des Logisch-Vernünf-
tigen dar, den vollkommenen Verlust aller Vernünftigkeit und Logik, den Abzug
jeglicher Bestimmung[13]: »absolute Armut« (Marx 1973, 540). Somit widerspricht
der Pöbel fulminant dem ersten und zentralen Imperativ der *Rechtsphilosophie*:
»Das Rechtsgebot ist daher: sei eine Person und respektiere die anderen als
Personen.« (Hegel 1986a, 95) Denn ist die Persönlichkeit in ihrer abstrakten
Form als freier sich ein äußeres Dasein gebender Wille bestimmt, d.h. als ein
Wille, der sich selbst in ursprünglichster Form als Besitz (allererst des eigenen Körpers) und Eigentum äußerlich gegenständlich wird, so ist der Pöbel bei
Hegel die Negation der Persönlichkeit. Da zugleich die Persönlichkeit in dieser
zunächst abstrakten Form die Bedingung der Rechtsfähigkeit ist, bedeutet dies
zeitgleich, dass der Pöbel keine Person und damit auch rechtlos ist. »[M]acht
der Mensch sich selber rechtlos und hält sich auch der Pflichten entbunden
(…) dies ist dann der Pöbel.« (Hegel 2005, 222) Der Pöbel, der sich der Dialektik von Rechten und Pflichten entzieht, stellt ein fundamentales Entbindungs-
problem dar, das sich dem Bindungsgebot, dem Postulat der Vollinklusion des
Staates und der Vernunft entzieht. Er schlägt ein Loch in die philosophische

---

13 Genauer zu bedenken wäre an dieser Stelle, dass nicht nur die Armen sich intern gespalten
finden in ›Arme und Pöbel‹, sondern der Pöbel selbst keine einheitliche ›Figur‹ darstellt. Vielmehr spaltet sich der Pöbel in einen ›Ressentiment-Pöbel‹, der nichts weiter ist als eine bloße
Partikularität, die allein auf Rückeingliederung in die bürgerliche Gesellschaft und Restitution
des ihr Verlorengegangenen hofft, und in einen ›absoluten Pöbel‹, der sich bei Hegel allein *ex
negativo* bestimmt findet und dessen einzige Bestimmung darüber ist, keine positive Bestimmung zu haben.

Ordnung des Wissens, des Staates, der Vernunft.[14] Der Name ›Pöbel‹ steht bei
Hegel für absolute Exklusion. Obwohl zunächst nur die Armen betroffen zu
sein scheinen, erscheint an ihm die fundamentale Einsicht, dass alle im Staate
zum Pöbel werden können.[15] Man könnte mit Nietzsche (1999, 270) sagen, mit
seiner Emergenz »verpöbelt sich« alles »zusehends.« Genau dies macht ihn
zum »abscheulichsten Pöbel«, den sich die idealistisch-dialektische »Phantasie ... gar nicht mehr vorstellen kann« (Hegel 2005, 223).

III. Hegel – Luhmann

Dieser kursorische und verkürzende Durchgang durch Hegels *Rechtsphilosophie*
deutet eine Beantwortung der angeführten Frage Luhmanns an. Denn zum
einen untersteht Hegels Philosophie eindeutig dem Postulat der Vollinklusion
und sucht daher ein Denken ›ohne Außen‹ zu offerieren. Es wird aber andererseits deutlich, dass das Problem des Pöbels eine innere Ausnahme der Entfaltung der idealistischen Dialektik auf ihrem Weg zur staatlichen Sittlichkeit
darstellt, und dass Hegel, eben weil er dieses verzeichnet, sich nicht allein der
Idealisierung des Postulats, sondern seiner merkwürdigen Tatsächlichkeit und
Vorhandenheit zuwendet. Luhmann hat also in gewisser Hinsicht Recht damit,
einen wie auch immer gearteten Hegelianismus als Erklärungsmodell, als Theorie, die ihren Augen misstraut, auszuschließen: Hegel versucht ein Denken
der Vollinklusion zu offerieren, und durch die Idealisierung dieses Anspruchs
bietet er keine theoretisch befriedigende Antwort auf das Exklusionsproblem,
auf das er dennoch permanent stößt. Hegel wäre aber nicht Hegel, müsste
man nicht in gewisser Hinsicht einschränkend sagen, dass er dennoch genau

---

14 Dies lässt sich behaupten, da Hegel zwar die strukturelle Stelle markiert, an welcher der Pöbel
emergieren kann, jedoch über kein Kriterium verfügt, um anzugeben, ob der Pöbel als solcher
bereits emergiert ist oder emergieren wird. Alles, was im Staat erscheint, ist der Arme; der
Pöbel ist Hegel allein die konstante Drohung eines anderen, die mit der Armut unweigerlich erscheint, da der Pöbel kein Term des (staatlichen) Wissens mehr ist. Besonders deutlich
wird dies, wenn man bedenkt, dass eine der Quellen des Pöbels die Faulheit ist. Die Faulheit
ist aber zugleich ein Effekt einer bestehenden Nichtangemessenheit einer Realität an ihren
Begriff. Hegels Beispiel dafür ist die abgeschlagene Hand: »Die Hand z.B., abgehauen, verliert ihr selbständiges Bestehen; sie bleibt nicht, wie sie im Organismus war, ihre Regsamkeit,
Bewegung, Gestalt, Farbe usf. verändert sich; ja, sie geht in Fäulnis über und ihre ganze Existenz löst sich auf.« (Hegel 1986b, 230) Besteht eine Nichtangemessenheit von Begriff (freier
Wille) und Realität (Armut), dann verfault diese Realität und alle Bestimmungen ihrer Existenz lösen sich auf. Der Pöbel ist aber allererst der Effekt dieses Auflösungsgeschehen – und
damit logisch ›nach‹ diesem –, da er nicht bloß der Arme ist. Damit ist der Pöbel bereits immer
schon aller Bestimmungen der Existenz entledigt, wenn er emergiert; er ist nicht bloß faule,
sondern verfaulte Existenz, die es jedoch für Hegel zugleich nicht geben kann.
15 Dies lässt sich auf zwei Weisen verstehen: 1. da, zumindest prinzipiell, niemand von der Möglichkeit der Armut in der bürgerlichen Gesellschaft ausgenommen ist, ist jeder latent Armer
und so latent Pöbel; 2. obwohl zunächst nur ›unten‹, d.h. an den Armen der Pöbel erscheint,
weist Hegel ausdrücklich daraufhin, dass zumindest der Ressentiment-Pöbel sich auch ›oben‹,
als verschwenderischer Luxus-Pöbel, auffinden lässt. »Es gibt auch reichen Pöbel« (2005,
222).

dieses Problem unter dem Namen ›Pöbel‹ markiert und wahrgenommen und damit die totalitäre Logik zumindest implizit in ihrer Brüchigkeit ausgestellt hat. *Der* Denker der Vollinklusion macht am radikalsten deren Verfahrensweise deutlich, indem er *en permanence* dem, was sie ausschließt, dem Pöbel, die Existenz abspricht, denn der Pöbel ist nicht(s). Luhmann als eine Art ›Hegel der Soziologie‹, der ebenfalls die Gesellschaft so zu erklären antritt, wie sie ist und nicht wie sie sein soll, hat seine Hegel-Lektion gelernt. Er beharrt nicht wie Hegel auf Differenz unter dem wie auch immer unsicheren Primat der Universalinklusion, sondern begreift Gesellschaft als sich reproduzierende Differenz und versucht sie als solche zu denken. Zum anderen lässt sich aber bemerken, dass Hegels Größe darin besteht, unter dem Namen ›Pöbel‹ etwas gedacht zu haben, das sich selbst der dialektischen Phantasie entzieht und das heißt: an dem selbst die Hegel »verfügbaren Erklärungen scheitern« (Luhmann 1999, 147). Hegel denkt, wenn auch allein implizit, noch sein eigenes Scheitern mit: Ein Aussetzen jeglicher Sozialität inmitten der Sittlichkeit des Staates, ein Loch inmitten des Wissens, ein ausnahmehafter Stolperstein im dialektischen Fortgang. Hegel kommt somit in seiner Diskussion des Pöbels in gewisser Weise sehr nah an eine Einsicht Luhmanns, nämlich dass man im Exklusionsbereich einen Kontext »sozialer Kontrolle und sozialer Gemeinsamkeit nicht« (Luhmann 1995, 263) voraussetzen kann.[16] Vermag nur Luhmanns unvoreingenommener Blick diese neue Form der Exklusion, der vermeintlich selbst jedes Moment der Sozialität abgeht, in ihrer Tatsächlichkeit zu sehen, so kann man sagen, dass Hegels voreingenommener Blick zumindest zu sehen vermag, dass er nichts zu sehen vermag.[17] Er vermag zwar nicht die Exklusion zu sehen, aber er sieht das Loch, das sie schlägt; die Leerstelle, die ihr eigentümlicher Platz ist. Hegels Größe besteht vielleicht darin, noch als Blinder zu sehen. Wird bei Hegel der Pöbel als Exkludierter durch die stetige Behauptung seiner Nicht-Existenz in seiner eigentümlichen und scheinbar undenkbaren Vorhandenheit permanent bestätigt, so hat eben dies in seiner Folge bei einem der prominentesten Hegelianer des 19. Jahrhunderts zu einem Versuch geführt, der mitten in die hier diskutierte Problemkonstellation führt. Dieser Versuch ist ebenso ein Versuch die Augen zu öffnen, oder anders: endlich seinen Augen zu trauen. Die Rede ist natürlich von Karl Marx, von dessen Denken ich in der Folge behaupten möchte, dass es nicht in den von Luhmann zurecht rekonstruierten Blindheiten aufgeht.

---

16 Luhmann scheint aber vor der Tragweite dieser Annahme selbst zurückzuschrecken, wenn er in der Folge behauptet, dies bedeute nicht, »daß Sozialität ausfällt« (1995, 263).
17 Ob Luhmanns Augen folglich mehr sehen als die Hegels ist damit nicht ausgemacht.

IV. Re-entering Marx

Bei Marx lässt sich zunächst in den Frühschriften eine zweifache Nähe zu Luhmann feststellen. Erstens finden sich beide in Opposition zu gleichen theoretischen Gegnern, denn auch Marx ist Kritiker der Menschenrechtsideologien
(vgl. 1974a) und jeden Versuchs, die Prämissen hegelianischer Dialektik blind
auf gesellschaftliche Wirklichkeiten zu übertragen (vgl. 1974b). Zweitens oppo-
niert Luhmann der theoretischen Ignoranz der Exklusionsproblematik über
einen Rekurs auf ihre ›faktischer Evidenz‹, die sich allein dem unvoreingenommenen Blick darbietet. Diese Evidenz deklariert und behauptet Luhmann
gegen alle totalitär-logischen Theorien die Exklusion allein über die Inklusion
zu erklären versuchen; gegen die Blindheit der Theorie, die von ihrer eigenen
Logik sich keine Rechenschaft abzulegen fähig ist. Denn die totalitären Logi-
ker wissen nicht, dass ihre Prämissen ihnen bereits die Beobachtung von
Exklusionen verunmöglichen, sie undenkbar machen und theoretische Blindheit produzieren. Sie wissen es nicht, aber sie tun es.[18] Dagegen hält Luhmann:
Wer seinen Augen traut, kann es sehen. Dieser Satz könnte aber ebenfalls
unter den Ausführungen des frühen Marx zum Proletariat geschrieben stehen.
Marx' Einsatz ist es gegen die philosophische Borniertheit ein Denken des Proletariats einzufordern, das seiner Existenz gerecht wird.[19] Denn wer seinen
Augen traut … Sowohl Luhmann als auch Marx verbinden sich somit über ein
theoretisches Nadelöhr, an dem sich entscheidet, ob der Exklusion, den Exkludierten die tatsächliche Existenz zu- oder abgesprochen wird. Bedeutet es aber
für Luhmann und Marx das gleiche, seinen Augen zu trauen? Sehen beide mit
den gleichen Augen auf die Tatsächlichkeit der Exklusion? Wenn Luhmann
nicht müde wird zu beteuern, dass man von »Inklusion sinnvoll nur sprechen
kann, wenn es Exklusionen gibt« (1995, 241; vgl. auch 1998, 621), dann verweist er damit auf den jede Beobachtung strukturierenden Formbegriff.
Darüber, dass es unter ausdifferenzierten Bedingungen nun teilsystemische
Regulierungen der Inklusion gibt, gibt es auch nur teilsystemische d.h. keine
gesellschaftseinheitliche Regelungen der Exklusion. Da aber bei »Ausschluss
aus einem Funktionssystem« es »quasi-automatisch« (Luhmann 1995, 259) zu
Ausschlüssen aus anderen kommt und damit zu einer sich wechselseitig ver-
stärkenden, kumulativen Exklusion, kann Luhmann diagnostizieren, dass die
Unterscheidung Inklusion-Exklusion die »Funktion einer Primärdifferenzierung des Gesellschaftssystems« (259) übernimmt. Sie »supercodiert« (260) die

---

18 Die Gegnerschaft Luhmanns ähnelt somit in gewisser Weise der Position, die Marx den »kritischen Theologen« zuweist (vgl. 1973, 468f.).
19 Die Rede von der ›Existenz ‹des Proletariats ist vor dem Hintergrund des skizzierten Pöbel-
   problems nicht unproblematisch. Wie sich zeigen wird, existiert das Proletariat in einer Weise,
   die nicht zulässt, ihm irgendeine Bestimmung der Existenz zuzusprechen. In dieser Hinsicht
   ließe sich, einen Neologismus von Alain Badiou aufnehmend, eher sagen, dass das Proletariat
   ›in-existiert‹. Die folgenden Bemerkungen werden versuchen diese Logik deutlich zu machen
   (vgl. Badiou 2006, 313-370).

Gesellschaft und operiert semantisch »ähnlich wie die Unterscheidung Selbst-
referenz / Fremdreferenz« (262), die jedes einzelne Teilsystem betrifft. Was die
funktionale Ausdifferenzierung verunmöglicht, nämlich eine gesamtgesellschaftliche Leitdifferenz, produziert sie selbst als ihr Resultat: die Unterscheidung Inklusion-Exklusion als »Leitdifferenz des nächsten Jahrhunderts«
(Luhmann 1999, 147). Damit ist aber mitgesagt: was als Produkt der Ausdifferenzierung erscheint, ist, was der Konstitution jedes einzelnen Teilsystems als
Gemeinsames zugrunde liegt, oder wie man mit Luhmann sagen kann, sie
produziert die »Gesellschaftlichkeit in der Gesellschaft« (1995, 238). Wird die
Unterscheidung von Inklusion und Exklusion zu einer »Metadifferenz«, die die
»Codes der Funktionssysteme zu mediatisieren« (Luhmann 1998, 632) in der
Lage ist, dann weil sie in die Konstitutionsgesetze jedes einzelnen Systems
eingetragen ist. Deswegen kann sie semantisch so operieren wie die system-
konstitutive Selbstreferenz-Fremdreferenz-Unterscheidung. Die Unterscheidung von Inklusion-Exklusion ist die reinste Form der Unterscheidung, eine
Art Form der (Zwei-Seiten-)Form selbst. Wenn die funktionale Differenzierung
»ihren Exklusionsbereich nicht ordnen kann« (Luhmann, 1995, 260), dann weil
sie sich nicht über die eigenen Konstitutionsprinzipien hinwegsetzen kann.
Schreibt Luhmann, dass die Zuständigkeitsansprüche der Funktionssysteme
durch die Exklusion in ihren Schranken sichtbar werden, dann stellt sich die
Frage, was es letztlich bedeutet, aus allen Teilsystemen heraus zu fallen. Was
lässt der Abzug aller Inklusionen zurück, was bleibt am Ende der kumulativen
Exklusion? Was bleibt, wenn man konstitutiv aus jedem Teilsystem herausfällt?
Zunächst entfallen so alle »symbolischen Rekursionen«, alle »seit eh und je
geltenden, Zeit ausdehnenden Reziprozitätserwartungen« (Luhmann 1998,
633) und es bleiben »Körper« (1995, 262) oder anders: das »reine Leben« (263).
Was aber ist das reine Leben anderes als ein von allen Bestimmungen – selbst
noch denen der Zeit – gereinigtes Leben? So erscheint aber mitten in der funktional ausdifferenzierten Gesellschaft etwas, das »von ferne ... sehr an alter-
tümliche Ordnungen« (Luhmann 1998, 632) erinnert. Mitten innerhalb der
funktional ausdifferenzierten Gesellschaft emergiert als ihr Produkt etwas
nicht funktional Ausdifferenziertes, etwas A-Signifikatives, etwas Altertüm-
liches, ja gar Geschichtsloses. Was Luhmann so an der Exklusion ins offene
Auge springt, ist selbst eine Art »warnendes Beispiel« (627) seines eigenen
Verfahrens, denn er stößt darauf, dass 1. im Exklusionsbereich keine Bestimmung, keine Ordnung aufzufinden ist und er damit 2. ein Bereich absoluter
Exklusion ist, an dem es nichts, aber auch gar nichts Bestimmtes zu sehen gibt,
und der so 3. auch »re-entered« allein als absolut leer, als Nichts erscheint.
Das, was die Augen Luhmanns an der Exklusion sehen, ist Nichts, die faktische
Tatsächlichkeit und Materialität eines Nichts, das keine Bestimmungen kennt.
Oder anders: dass es nichts zu beobachten gibt im Exklusionsbereich als Körper und ihr reines Leben, als den Abzug aller Bestimmungen, dass Exklusion
wie Luhmann sie beschreibt absolute, totale Exklusion bedeutet, besagt, dass

die Luhmannschen Augen das sehen, was *die eine* Form jeder Beobachtung, d.h. die Form der Zwei-Seiten-Form selbst in ihrer Reinheit ist. Es ist als würde Luhmann in die Konstitution der eigenen theoretischen Grundlagen blicken. Ist die Form der Zwei-Seiten Form für jede systemische Operation fundamental, dann wird an der Exklusion in dieser *einen* Form sichtbar, dass sie ein eigentümliches Formloses, Unformes enthält. Dabei ist wichtig zu bemerken, dass das Formlose nur innerhalb der Form, als Nichts dieser Form erscheinen kann. Es erscheint als absolutes Gegenteil der Bestimmungen der einen Seite der Zwei-Seiten-Form, als materielles Nichts nur unter den Bedingungen der Form: als Abzug aller Bestimmungen, als Anderes der Form.[20] An der Exklusion zeigt sich die ontologische Grundlage der Systemtheorie selbst, indem die Form der Zwei-Seiten-Form selbst brüchig erscheint. Es ist, als bemerke Luhmann, dass auch die Systemtheorie ein Unbewusstes hat; das, was sie ausschließt, holt sie ein. Der Blick auf die Exklusion gleicht einem Blick in den Abgrund der eigenen ontologischen Konstitutionsbedingungen.[21] Wer seinen Augen traut, der sieht an der Exklusion Nichts – Nichts als die reine Form der Zwei-Seiten-Form in ihrer Brüchigkeit. Oder anders: nur weil die Exklusion absolute Exklusion ist, lässt sie ein Nichts erscheinen, dass in der Form selbst situiert ist und von dem diese Form nichts weiß, außer dass sie nichts von ihm zu wissen vermag. In der Form der Zwei-Seiten Form erscheint ein selbst Formloses, das die Form der Form löchert. Genau dies lässt die verfügbaren Erklärungen, auch die systemtheoretischen, scheitern. Man kann sagen, seinen Augen zu trauen bedeutet, zu sehen, dass jeder Akt der Hervorbringung einer Zwei-Seiten-Form in der Form mitgedacht werden muss. Oder anders: man muss die Form der Zwei-Seiten-Form in Differenz zu sich selbst denken, was die *Einheit* der Form der Zwei-Seiten-Form sprengt. Denn die Luhmannschen Augen sehen ein Formloses, das Luhmann als absolute Privation selbst noch von der Form, als Abgrund der Form beschreibt. So wirft der Blick in den Exklusionsabgrund das Problem der Formgenese selbst auf; er stellt die Form der Zwei-Seiten Form selbst in Frage. Luhmanns theoretische Erklärungen scheitern, da sie in diesem Punkt auf das Problem stoßen, die »Produktion einer Form und Produktion der Form der Form in einem« (Menke 2007, 42) denken zu müssen. Man kann sagen, dass Luhmann – und hierin Hegel sehr ähnlich – die Grenzen der eigenen Theorie anblickt. Beide teilen eine ontologische Grundstellung, da sie beide ein formloses Nichts allein als Abzug, Privation von aller Bestimmtheit denken, dessen Name bei Hegel ›Pöbel‹ und bei Luhmann ›reines Leben‹, ›Körper‹ oder allgemein: ›Exklusion‹ ist. Von Hegel führt ein Weg zu Marx, wohin führt der Weg, der von Luhmann sich bahnen lässt? Ich möchte behaupten, dass er erneut zu Marx führt. Aber: Wenn man den

---

20 Luhmann bemerkt hier sehr wohl, dass jeder Versuchung einer Positivierung dieses Anderen der Form und damit einem ›Denken des Außen‹ widerstanden werden muss (vgl. dazu Menke 2007, 30ff.).
21 In eine ähnliche Richtung aus differenter Perspektive hat Friedrich Balke (2002) argumentiert.

Übergang von Hegel zu Marx als Übergang vom »Pöbel zum Proletariat« (Ruda 2007) verstehen kann, wie ist es mit einem möglichen Übergang vom reinen Leben zum Proletariat, mit dem Übergang von Luhmann zu Marx bestellt? Was der frühe Marx, entgegen den traditionellen und orthodoxen Lesarten,[22] unter dem Namen ›Proletariat‹ denkt, bietet eine mögliche Antwort auf die hier diskutierten Probleme. Denn das ›Proletariat‹ benennt keinen vierten Stand oder eine wie auch immer sozioökonomisch erfassbare Größe. Vielmehr benennt es »den *völligen Verlust* des Menschen« (Marx 1974b, 390) und »es *ist* die *faktische* Auflösung« (391) aller formalen Bestimmungen, die Auflösung der Weltordnung. Sein Name benennt damit keinen Abzug aller Bestimmungen, keine absolute Privation, die es *ex negativo*, als Unbestimmtes noch bestimmt sein ließe. Vielmehr ist es absolut und konstitutiv unbestimmt und das eben lässt es zur »Inkorporation der allgemeinen Schranke« (1974b, 388), zur Grenze der Funktionssysteme der Gesellschaft werden. ›Proletariat‹ benennt eine absolut und konstitutiv namenloses Subjekt-›Form‹, die aufgrund ihrer Bestimmungslosigkeit zugleich vollkommen universal und singulär ist.[23] Universal ist sie, da sie intern keinerlei Regel enthält, die ein für allemal bestimmen würde, wer an ihr teilhaben kann und wer nicht. Es richtet sich konstitutiv an jeden. So führt die retroaktive Evidenz, die sich bereits bei Hegel einstellt, dass jeder beliebige im Staat latent Pöbel ist, in ihrer Umkehrung bei Marx zur retroaktiven Einsicht der fundamentalen Gleichheit aller mit allen. So ist »die Brüderlichkeit der Menschen keine Phrase, sondern Wahrheit bei ihnen« (Marx 1973, 554). Singulär ist es zudem, da es stetig Schritt für Schritt neu bestimmt, wer zu ihm gehört. Es ist so bar aller Bestimmungen und bestimmt sich doch in jedem Schritt neu: es ist, bleibt und wird beständig bestimm*bar*. Jede neue schrittweise Bestimmung variiert damit retroaktiv, was es gewesen sein wird. Damit vermag an ihm, in jedem Schritt, die Produktion der Form und damit die Form der Form gedacht zu werden. Es kennt keine vorgeordnete, vorausgesetzte Substanz oder Form, die es strukturieren würde, vielmehr ist jeder neue und je singuläre Akt des Fortbestehens des Proletariats eine neue Hervorbringung seiner Form, die rückwirkend das bestimmt, was seine vorherige Form gewesen sein wird. Die Zeitlichkeit des Proletariats ist die des Futur II, des *Futur Anterieur*. Es macht möglich eine aleatorisch operierende Inklusion zu denken, die durch keine Einheit oder Regel eine Bedingung erfährt. Da es

---

22 Ich bringe hier Marx sowohl gegen den Marxismus orthodoxer Provenienz als auch gegen den Marxismus, den Luhmann kritisiert, in Stellung.

23 Meine Lektüre der Proletariatskonzeption des frühen Marx orientiert sich in vielerlei Hinsicht an den Arbeiten Alain Badious. Paradigmatisch sei folgende Kommentierung zum frühen Marx angeführt: »You know that Marx names ›generic humanity‹ humanity in the movement of its own emancipation; and ›proletariat‹, the name ›proletariat‹ is the name of the possibility of generic humanity in an affirmative form. ›Generic‹ names for Marx the becoming of the universality of human beings, and the proletarian historical function is to deliver the generic form of the human being. So Marx' political truth is on the side of genericity, and never on the side of particularity. It's formally a matter of desire, creation or invention, and not a matter of law, necessity or conservation.« (2005, 4f.)

kein Ziel[24] zu verwirklichen strebt, d. h. a-teleologisch ist und in jeder Hinsicht a-sozial, entbindet es von allen vorgängigen Formen, selbst noch von jeglichem Denken einer Stabilität der Form der Form. Unter dem Namen ›Proletariat‹ denkt Marx die Struktur einer steten Differenz der Form von sich selbst, ohne diese Differenz wieder als allein ›eine‹ Differenz zu begreifen zu müssen. Das Proletariat benennt die stetig zu sich selbst in Differenz tretende Differenz der Form mit sich selbst.[25] »Es ist das Leben erzeugende Leben.« (Marx 1973, 516) Jeder neue singuläre Akt der Produktion der Form des Proletariats setzt die Differenz zu der vorherigen Form und lässt diese Differenz noch minimal von sich selbst differieren, da er rückwirkend bestimmt, was diese Differenz gewesen sein wird. Das Proletariat als Subjektform benennt die radikalste Inkonsistenz der Form, eine Vielheit von Vielheiten von Differenzen selbst. Somit erscheint an ihm eine Logik der Inklusion, die nicht mehr einer steten Differenz von Inklusion und Exklusion unterworfen ist.[26] Vielmehr wäre die proletarische Inklusion stete Unterbrechung der Form der Zwei-Seiten Form selbst, Unterbrechung der Form der Differenz von Inklusion und Exklusion: Differenz der Differenz *ad infinitum*. Es kann allein seiner Bestimm*bar*keit treu sein, wenn es in jedem Schritt retroaktiv in der Zeitlichkeit des *Futur Anterieur* neu setzt, was es gewesen sein wird. Proletarische Inklusion hätte so die Struktur einer diskontinuierlichen Kontinuität: eine Kontinuität, die sich allein durch die in jedem Schritt eintretende rückwirkende Setzung dessen, was es gewesen sein wird, stetig neu produziert wird.

Die Größe des Hegel der Philosophie und des Hegel der Soziologie besteht darin, absolute Privation, Totalexklusion[27] als ihrem System denkunmögliche

24 Denn wie es bei Marx (1973, 546) heißt: »der Kommunismus ist nicht als solcher das Ziel der menschlichen Entwicklung«.

25 Bei Marx (1973, 541) liest sich diese Struktur am Beispiel der Musik wie folgt: »Wie erst die Musik den musikalischen Sinn des Menschen erweckt, wie für das unmusikalische Ohr die Musik *keinen* Sinn hat, kein Gegenstand ist ...; erst durch den gegenständlich entfalteten Reichtum des menschlichen Wesens wird der Reichtum der subjektiven *menschlichen* Sinnlichkeit, wird ein musikalisches Ohr, ein Auge für die Schönheit der Form, kurz, werden erst menschlicher Genüsse fähig *Sinne*, Sinne, welche als *menschliche* Wesenkräfte sich bestätigen, teils erst ausgebildet, teils erst erzeugt.« Die Zeitlichkeit dieser Bestätigung verstehe ich hier als die des *Futur Anterieur*.

26 Der vermeintliche Einwand, dass Marx in der Unterscheidung von Proletariat und Lumpenproletariat wieder vom eigenen Formbegriff, d. h. von den Exkludierten der Exkludierten eingeholt würde, versucht durch die Hintertür Marx erneut einen stabilen Formbegriff zu unterstellen, der sich so bei ihm nicht findet. Vielmehr wiederholt sich im Doppel Proletariat / Lumpenproletariat das Doppel von absolutem Pöbel / Ressentiment-Pöbel, da das Lumpenproletariat sich vor allem durch das selbstsüchtig-partikulare Interesse auszeichnet, wieder eingetragen zu werden in die bürgerlichen Besitzverhältnisse. Während also das Proletariat in jedem Schritt neu jegliche Stabilität aussetzt, geht das Lumpenproletariat von der Stabilität bürgerlicher Eigentumsordnungen aus und sorgt sich allein um die Restitution des ihm Verlorengegangenen.

27 Die Behauptung, eine Totalexklusion, deren materieller Rest der von Luhmann beschworene Körper sei, ließe sich durch die Erweiterung des systemtheoretischen Kommunikationsbegriffs beseitigen, scheint das Problem weniger zu lösen als einzig weiter zu verschieben und ist insofern nicht haltbar. Denn der Versuch, in das Verschwinden aller Sozialität und Bindungen in der Totalexklusion wie immer geartete Inklusionseffekte einzutragen und so unter dem

– bei Hegel aufgrund der idealistischen Dialektik, bei Luhmann aufgrund des Formbegriffs – markiert zu haben. Wenn sich aber nun geschichtliche Probleme zu wiederholen scheinen, wiederholen sich auch deren mögliche Lösungen, oder aber: in der Wiederholung werden selbst die Lösungen, die – wie etwa die Marxsche – unmöglich scheinen, wieder möglich. Hiermit wäre der Schritt von der privativen Namenlosigkeit des Pöbels bei Hegel – oder des sprach- und kommunikationslosen Körpers, bei dem es nichts mehr auszubeuten gibt, bei Luhmann – zur konstitutiven Namenlosigkeit des Proletariats bei Marx – ein Schritt von nichts zu Nichts – die Bedingung eines veränderten Begriffs von Inklusion. Eine bedingungslose und attributionslose Universalinklusion jedes Beliebigen, die zu keiner Idealisierung führte und deren Aktualisierung je Schritt für Schritt – zugleich niemals der Totalisierung fähig und doch *hic et nunc* universal[28] – in der Form eines Subjektivierungsprozesses geschieht, der mit dem Namen Proletariat verbunden ist. Kurz, Inklusion wäre als Motor der Subjektivierung, bei Marx im Sinne der namenlosen »generischen Menschheit«[29] (Badiou 2007, 33): generische Inklusion.

Literatur

Agamben, Giorgio (2002): Homo Sacer. Die souveräne Macht und das nackte Leben. Frankfurt a.M.: Suhrkamp.

Agamben, Giorgio (2003): Was von Auschwitz bleibt. Frankfurt a.M.: Suhrkamp.

Agamben, Giorgio (2006). Die Zeit, die bleibt. Frankfurt a.M: Suhrkamp.

Badiou, Alain (2005a): Das Sein und das Ereignis. Berlin: Diaphanes.

Badiou, Alain (2005b): Politics: a non-expressive dialectics. Typoskript.

Badiou, Alain (2006): Logiques des mondes. L'être et l'événément. 2. Paris: Seuil.

Badiou, Alain (2007): Dritter Versuchs eines Manifests für den Affirmationismus, hrsg. und um ein Gespräch mit Alain Badiou erweitert von Frank Ruda und Jan Völker. Berlin: Merve.

Balke, Friedrich (2002): Tristes Tropiques. System Theory and the Literary Scene. Soziale Systeme 8, 1, 27-37.

Hegel, G.W.F. (2005): Die Philosophie des Rechts. Vorlesung von 1821/22. Frankfurt a.M.: Suhrkamp.

Hegel, G.W.F. (1986a): Grundlinien der Philosophie des Rechts oder Naturrecht und Staatswissenschaft im Grundrisse. Mit Hegels eigenhändigen Notizen und den mündlichen Zusätzen. Werke, Bd. 7. Frankfurt a.M.: Suhrkamp.

Schlachtruf der »Deontologisierung« dem von Luhmann gedachten absolutem Privativum seine bloß scheinbare Evidenz abzusprechen, scheint vielmehr das Symptom eines immer noch vorhandenen hysterischen Wunsches nach Vollinklusion zu sein. Die Behauptung, die Totalexklusion generierte eine zu große Evidenz, der man sich durch die Beobachtung weiter bestehender Inklusionen im Exklusionsbereich entziehen müsste, folgt einer ähnlichen Struktur, wie das Argument des Patienten, der beim Analytiker beteuert: »Fragen Sie mich nicht nach meiner Mutter. Die hat damit nichts zu tun!«

28 Die Struktur diese Universalität habe ich versucht an anderer Stelle genauer auszuführen (vgl. Ruda 2008).

29 Ich verändere hier die deutsche Übersetzung Ronald Vouillés und übersetze wortwörtlich aus dem Französischen.

Hegel, G.W.F. (1986b): Vorlesungen über die Ästhetik I. Werke, Bd. 13. Frankfurt a.M.: Suhr-kamp.

Luhmann, Niklas (1995): Inklusion und Exklusion. S. 226-251 in: Ders., Soziologische Auf-klärung 6: Die Soziologie und der Mensch. Opladen: Westdeutscher Verlag.

Luhmann, Niklas (1998): Die Gesellschaft der Gesellschaft. Frankfurt a.M.: Suhrkamp.

Luhmann, Niklas (1999): Jenseits der Barbarei. S. 138-150, in: Ders., Gesellschaftsstruktur und Semantik. Studien zur Wissenssoziologie der modernen Gesellschaften, Bd. 4. Frank-furt a.M.: Suhrkamp.

Marx, Karl (1973): Ökonomisch-philosophische Manuskripte (1844). S. 465-590 in: MEW, Ergänzungsband, Schriften – Manuskripte – Briefe bis 1844. Erster Teil. Berlin: Dietz.

Marx, Karl (1974a): Zur Judenfrage. S. 347-377 in: MEW, Bd. 1. Berlin: Dietz.

Marx, Karl (1974b): Zur Kritik der Hegelschen Rechtsphilosophie. Einleitung. S. 378-392 in: MEW, Bd. 1. Berlin: Dietz.

Menke, Christoph (2006): Selbstreflexion des Rechts. Die Figur subjektiver Rechte und die Politik: Luhmann – Derrida. Typoskript.

Neocleous, Mark (1996): Administering Civil Society. Towards a Theory of State Power, Lon-don / New York: MacMillan Press.

Nietzsche, Friedrich (1999): Die Genealogie der Moral. S. 244-412 in: Kritische Studienaus-gabe, hrsg. von Giorgio Colli und Mazzino Montinari, Bd. 5. München: De Gruyter.

Rancière, Jacques (2002): Das Unvernehmen. Politik und Philosophie. Frankfurt a.M.: Suhr-kamp.

Ruda, Frank (2007): Namenlosigkeit. Von nichts zu Nichts *oder* vom Pöbel zum Proletariat. S. 158-163 in: Stefanie Dieckmann / Thomas Khurana (Hrsg.), Latenz. 40 Annäherungen an einen Begriff. Berlin: Kadmos.

Ruda, Frank (2008): Von der Treue als subtraktiver Institution. In: Gernot Kamecke / Henning Teschke (Hrsg.), Ereignis und Institution. Tübingen: Narr (im Erscheinen).

Riedel, Manfred (1969a): Tradition und Revolution in Hegels »Philosophie des Rechts«. S. 100-134 in: Ders., Studien zu Hegels Rechtsphilosophie. Frankfurt a.M.: Suhrkamp.

Riedel, Manfred (1969b): Der Begriff der »bürgerlichen Gesellschaft« und das Problem sei-nes geschichtlichen Ursprungs. S. 135-167 in: Ders., Studien zu Hegels Rechtsphiloso-phie. Frankfurt a.M.: Suhrkamp.

Theunissen, Michael (1980): Sein und Schein. Die kritische Funktion der Hegelschen Logik. Frankfurt a.M.: Suhrkamp.

Žižek, Slavoj (1994, 1995): Verweilen beim Negativen. Psychoanalyse und die Philosophie des deutschen Idealismus II. Wien: Turia + Kant.

Frank Ruda
Institut für Philosophie, Lehrstuhl für Ethik / Ästhetik
Universität Potsdam
Am Neuen Palais 19, D-14469 Potsdam
frankruda@hotmail.com

Soziale Systeme 14 (2008), Heft 2, S. 229-253

Sven Opitz

Die Materialität der Exklusion: Vom ausgeschlossenen Körper zum Körper des Ausgeschlossenen

Zusammenfassung: Der Begriff der Exklusion ist für die Soziologie eine Herausforderung. Indem er auf eine Sozialität jenseits des Sozialen verweist, führt er die Disziplin an die Grenze ihres Gegenstands. Konfrontiert mit dieser Grenze beschreibt die Soziologie den Exklusionsbereich regelmäßig als Raum, der nur noch bloße, auf ihre Materialität zurückgeworfene Körper beherbergt. Der vorliegende Artikel möchte den Körper des Ausgeschlossenen befragen: Warum erfolgt der Körperbezug innerhalb der Exklusionsdebatte in derart wiederkehrender Form und welche Funktion hat er? Wie lässt sich die hier behauptete Körperlichkeit gesellschaftstheoretisch einholen, wie kann dabei die in den Körperbezug eingeschriebene Materialität der Exklusion erfasst werden? Und welchen Zugang eröffnet eine derartige Operation zu der Grenzsozialität des Exklusionsbereichs? Die Gliederung des Artikels folgt der Reihenfolge dieser Fragen. Erstens wird die soziologische Exklusionsdebatte einer rhetorischen Analyse unterzogen. Gegen die hier vorherrschende Tendenz, den Körper als präsoziales Substrat zu behandeln, soll zweitens der Vorschlag erarbeitet werden, die Materialität der Exklusion als Effekt der Selbstproduktion des Sozialen zu verstehen. In Auseinandersetzung mit der Systemtheorie Niklas Luhmanns und der Diskurstheorie Judith Butlers erscheint der Körper des Ausgeschlossenen in zwei Dimensionen: als semantisch entwerteter Körper sowie als gespenstischer Körper, der den Inklusionsbereich in seiner Heterogenität heimsucht. Die Theorielektüren münden drittens in die Formulierung einiger Eckpunkte für eine poststrukturalistisch revidierte Sozialtheorie der Inklusion / Exklusion.

I. Fragen des Körpers

Etwas verkürzt könnte man sagen: Sobald die Soziologie von sozialer Exklusion spricht, spricht sie vom Körper. Dieser Körper ist jedoch nicht zu verwechseln. Es handelt sich in keinster Weise um jenen Körper, der in anderen Bereichen des Fachs seit einiger Zeit Konjunktur hat. Es ist weder der durch Prothesen verlängerte Cyborg-Körper (Haraway 1995, 33ff.; Hayles 1999) noch der flexibilisierte Körper, der den Imperativen der kontrollgesellschaftlichen Fitness entspricht (Bauman 2003, 93ff.; Duttweiler 2003). Man muss die Eingangsbehauptung also leicht modifizieren. Denn die Soziologie der Exklusion spricht nicht sofort, nicht an erster Stelle, nicht in erster Linie vom Körper. Aber früher oder später und oftmals tatsächlich eher später als früher tut sie es. Unterstützt durch ein dramatisches Narrativ der Verwundbarkeit, der Verwahrlosung, der Apathie oder des Abgehängt-Seins endet sie beim Körper. Nachdem alles gesagt wurde, präsentiert sie einen stummen Körper, den sie gleichermaßen vorzeigt wie sie von ihm heimgesucht wird.

Im Folgenden soll der Körper des Ausgeschlossenen problematisiert werden, da dies zu einem besseren Verständnis der Randbereiche des Sozialen und der spezifisch sozialen Materialität der Exklusion beitragen kann. Zwei komplementäre Operationen werden dazu ausgeführt: Um zu klären, welche Funktion der Körperbezug innerhalb der Exklusionsdebatte besitzt, wird diese selbst einer *rhetorischen Analyse* unterzogen. Es gilt darzulegen, wie sich die Exklusionsdebatte gerade durch eine spezifisch Bezugnahme auf den Körper des Ausgeschlossen formiert. Dabei soll die These plausibilisiert werden, dass ein Großteil der um den Exklusionsbegriff kreisenden Soziologie den bloßen, aus seinen sozialen Beziehungen gelösten Körper als materielles Faktum der Exklusion setzt. Sie führt ihn in seiner Evidenz als unleugbaren Ausweis eines Abzugs des Sozialen an, so dass er als eine Art a-sozialer Rest erscheint, an dem sich die Effekte der Exklusion quasi-naturalistisch zeigen. Damit reflektiert die Debatte den Körper des Ausgeschlossenen aber gerade nicht in seiner *sozialen* Verfasstheit. Die rhetorische Analyse der Exklusionsdebatte führt folglich sowohl zu einer Kritik dieser Debatte als auch zu einer aus dieser Kritik resultierenden soziologischen Problemstellung. Kurz gesagt, besteht die Aufgabe darin, an den Befund einer die Exklusion auszeichnenden materiellen Körperlichkeit anzuknüpfen, dabei jedoch den Essentialismus der Debatte zu überwinden.

In einem zweiten Schritt soll deshalb der Versuch unternommen werden, den Status dieses Körpers *sozialtheoretisch* näher zu bestimmen. Das begriffliche Werkzeug dazu bieten die Systemtheorie Niklas Luhmanns und die Diskurstheorie Judith Butlers: Beide Theorien sind besonders auf Fragen der Exklusion eingestellt, weil für sie die Möglichkeitsbedingung des Sozialen in einer fundamentalen Grenzziehung zu einem Außen besteht. Diese theoriearchitektonische Disposition erlaubt es beiden Ansätzen ferner, den Körper des Ausgeschlossenen als das Produkt spezifischer Inklusionsregime zu begreifen. Was die Exklusionsdebatte als bloßes Faktum zu präsentieren neigt, bildet aus ihrer Sicht den Effekt sozialer Ordnungsbildungsprozesse. Zugleich gibt der Körper des Ausgeschlossenen der soziologischen Theorie grundsätzliche Probleme auf, weil er sie an den Rand ihres Gegenstands führt. In einem unwahrscheinlichen Dialog zwischen der normativ enthaltsamen Systemtheorie und der machtkritischen Diskurstheorie soll der Ausgeschlossene daher als Grenzfigur konzipiert werden. Dabei wird sich zeigen, dass diese Figur beide Ansätze radikal herausfordert. Der Blick auf die kommunikativen Anschlussereignisse und die Positivität des Diskurses droht System- und Diskurstheorie nämlich tendenziell für Formen der Heterogenität blind werden zu lassen. Luhmanns einschlägige Bemerkungen zu einer exklusionstypischen Körperlichkeit sollen als Symptom für dieses Unvermögen gelesen werden, während Butlers Ausführungen zu Figuren der Nicht-Intelligibilität immerhin Anknüpfungspunkte liefern, um die Materialität der Exklusion besser zu begreifen.

Auf dem Spiel stehen letztlich grundsätzliche Fragen: In welcher Form kann der von der Exklusionssoziologie immer wieder präsentierte Körper des Ausgeschlossenen als Ansatzpunkt einer Soziologie des Exklusionsbereichs dienen? Auf was für eine Sozialität verweist dieser Körper? Und welches sozialtheoretische Denken fordert er ein, das es erlaubt, von dieser Sozialität überhaupt Rechenschaft abzulegen?

II. Rhetorische Organisation

Wirft man einen Blick auf den Begriff der Exklusion in der mit dem Thema befassten Soziologie, fällt auf, dass der Begriff in der Mehrheit der Texte anhand einer Reihung von Phänomenen plausibilisiert wird.[1] Manuel Castells (2003, 77) etwa führt zur Erläuterung dessen, was Exklusion meint, eine ganze Armada von Erscheinungsweisen der Ausschließung an: Gefängnishaft, Arbeitslosigkeit, Krankheit, Kriminalität, Drogensucht, Analphabetismus und einiges mehr.[2] Alle diese Phänomene folgen aus, gehen einher mit oder münden in Exklusion. Die in der Literatur typischen Inkarnationen des Ausgeschlossenen reichen entsprechend vom Obdachlosen über die illegalisierte Migrantin bis hin zum gewalttätigen Jugendlichen aus dem so genannten Problemviertel. Diese phänomenale Bandbreite mag man als Ausdruck von Unbestimmtheit des Exklusionsbegriffs beklagen oder als Hinweis auf seine Qualität als Strukturkategorie begrüßen – sie kennzeichnet ihn in jedem Fall von Beginn an. So erscheinen die Ausgegrenzten in René Lenoirs Studie *Les exclus: Un Français sur dix* von 1974, einer der ersten Marksteine der Exklusionsdebatte, unter anderem als körperlich Behinderte, Geisteskranke, Altersinvalide oder als Personen von mangelnder sozialer Angepasstheit (s. Castel 2000, 366).

Dabei ist es die Zurückgeworfenheit und die Reduktion auf ihre bloße Körperlichkeit, die in letzter Instanz den Status der Ausgeschlossenen kennzeichnen. So schreibt Heinz Bude (1998, 276), für ihn sei das »vielleicht wichtigste Strukturmerkmal von Prozessen sozialer Ausgrenzung ... der Körper«. Auch Hauke Brunkhorst (1997, 899) konstatiert den »Ausschluss von Millionen von Körpern aus allen gesellschaftlichen Kommunikationen«, wenn er die welt-

---

1 Treffend diagnostiziert Sabine Hark (2005, 136) der Exklusionsdebatte daher eine Neigung zur »Quasi-Phänomenologie«.

2 Wörtlich heißt es: »Es kann sein, dass Krankheit in einer Gesellschaft zuschlägt, die für einen großen Teil ihrer Mitglieder ohne Absicherung von Gesundheitsrisiken ist (...). Oder aber Drogenabhängigkeit und Alkoholismus zerstören die Menschlichkeit einer Person. Oder die Gefängniskultur ... verschließt bei der Rückkehr in die Freiheit die Wege aus dem Verbrechen. Oder die Verletzungen durch eine Geisteskrankheit oder einen Nervenzusammenbruch stellen jemanden vor die Alternative psychiatrischer Unterdrückung oder unverantwortlicher De-Institutionalisierung, paralysieren die Seele und löschen den Willen aus. Oder es geht auf simplere Weise: Funktionaler Analphabetismus, illegaler Status, Unfähigkeit die Miete zu zahlen« (Castells 2003, 77).

gesellschaftsweiten Effekte der Überflüssigkeit auf dem Arbeitsmarkt exklusionstheoretisch fassen möchte. Und Zygmunt Bauman (2005, 111) deutet den Exklusionsprozess als Produktions- und Absonderungsprozess menschlich-körperlichen Abfalls: »Der Akt der Zuordnung zum Abfall macht allen Unterschieden, Eigenheiten und Idiosynkrasien ein Ende. (...) Menschen ohne Namen sind in einem Gebiet ohne Namen abgesetzt worden, und alle Rückwege, die zu bedeutungsvollen Orten führen, ... sind für immer abgeschnitten.« Der Exklusionsbereich ist aus dieser Sicht ein Abladeplatz für unbrauchbares Menschenmaterial, das nicht länger zu sinnhaften sozialen Beziehungen fähig ist. Die sozialen Bezeichnungsroutinen setzen sowohl in Bezug auf den Raum als auch in Bezug auf die Person aus, übrig bleiben gerade noch vegetative Körper in Brachlandschaften.

Mit einer derartigen Zuspitzung des Exklusionsbefunds auf einen bloßen Körper korrespondiert eine erweiterte Semantik des Materiell-Körperlichen. Die Schlagwörter der Debatte sind jene der »Verwundbarkeit«, der »Verletzbarkeit«, der »Apathie«, der »Stigmatisierung« oder der »Verwahrlosung«. Zum Zweck der Kennzeichnung der gegenwärtigen »Situation massenhafter Verwundbarkeit« zieht etwa Robert Castel eine historische Verbindungslinie zwischen dem vom Inklusionsbereich Entkoppelten und dem frühneuzeitlichen Vagabunden, der seinerzeit als »unnütze Last der Erde« (2000a, 404) angesehen wurde. Die zum Vagabunden analoge Exklusionsfigur sei heute der Drogenabhängige: »Sein Körper ist sein einziges Hab und Gut, sein einziger Bezugspunkt, den er bearbeitet, genießen lässt und in einer Explosion an absolutem Individualismus zerstört.« (408) In verschiedenen Texten Heinz Budes schließlich betritt der Ausgeschlossene in doppelter Gestalt die Bühne, wobei der Körperbezug die vereinigende Klammer stiftet. Einerseits ist der Exkludierte durch ein Übermaß an Körperaktivität gezeichnet. Vor allem in seiner männlichen Variante spielt er die triebgesteuerten »Spiele der sexuellen Angeberei« (2006, 160) und übt sich in Gewalttätigkeit. Andererseits ist an seinem Körper eine grundlegende Passivität, ein Mangel an Selbstsorge in Form »beeinträchtigter körperlicher Fitness« (2007, 13) ablesbar. Bude (1998, 377) diagnostiziert einen »Körperausdruck von Müdigkeit, Abgestumpftheit und Apathie«. Er stilisiert die Ausgeschlossenen damit als eine Art lebende Tote: Beschworen werden die »aussortierten und abgehängten Gestalten« in unserer direkten Nähe, unter ihnen der »Nachbar, der vom vielen Weißbrot, der fettigen Wurst und den gezuckerten Getränken außer Fasson gerät, weil er die meiste Zeit des Tages vor dem Fernsehgerät verbringt« (Bude 2004, 15).

Man mag derartigen Beschreibungen aufgrund ihrer zweifellos gegebenen Impressionistik eine gewisse Wissenschaftsferne vorwerfen. Zugleich aber erfolgt der Bezug auf den Körper des Ausgeschlossenen in der Literatur mit einer solchen Regelmäßigkeit, dass es produktiv sein könnte, dessen textuelle Logik näher zu untersuchen. Es bietet es sich daher an, die spezifische rhetorische Organisation der sich um den Exklusionsbegriff formierenden diskursiven Struktur zu skizzieren, um in diesem Rahmen die Funktion des Körperbezugs zu bestimmen. Dabei wird Rhetorik, wie mittlerweile in den Sozialwissenschaften üblich (s. Lüdeman 2004), nicht in der platonischen Tradition als trügerische Wortspielerei der Wahrheit gegenüber gestellt, sondern es wird von der rhetorischen Verfasstheit *jedes* Diskurses – und damit auch des wissenschaftlichen Wahrheitsdiskurses über soziale Exklusion – ausgegangen (s. Bender/Wellberry 1990). Es ist jedem Diskurs, wie Hayden White (1991, 7) betont, »selbst aufgegeben, die Adäquatheit der Sprache, die für die Analyse des Gebiets verwendet wird, hinsichtlich der Gegenstände, die dies zu enthalten scheint, herzustellen. Und der Diskurs bewerkstelligt diese Adäquatheit durch einen vorstrukturierenden oder präfigurativen Schritt, der eher tropisch als logisch ist.« Im vorliegenden Fall deuten die bisherigen Ausführungen darauf hin, dass der Diskurs über soziale Exklusion drei zentrale tropologische Substitutionen vollzieht, nämlich die der Synekdoche, der Metonymie und der Katachrese als einem Spezialfall der Metapher.[3]

Erstens schreiben sich die vielfältigen Beiträge zur Exklusionsdebatte entlang einer Reihe von Phänomenen, welche in Bezug auf den Sachverhalt der Exklusion als *Synekdoche* fungieren: Der besondere Fall verweist auf das Allgemeine der Exklusion. Die Synekdoche leistet somit eine Verdichtung im Einzelnen, sie erzeugt die Anschauung des Ganzen in einem seiner Teile. Diese rhetorische Funktion erklärt immerhin, weshalb es sich bei den »abgehängten, fettleibigen Gestalten« Heinz Budes oder den regelmäßig auftretenden »Drogensüchtigen« um so eindeutige kulturelle Klischees handelt. Sie sind Platzhalter der Exklusion an sich, die diese Fälle zugleich umgreift. Die einzelnen Phänomene stehen zweitens in einem Verhältnis der Kontiguität zueinander, sie bilden eine kaum begrenzte *metonymische Kette*. Die Metonymie kennzeichnet eine Bewegung der Ersetzung und der Verschiebung ihrer Glieder, die im Anschluss an Paul de Man (1988, 95f.) als Ort der Kontingenz aufzufassen ist: Die Reihung der Glieder sei keinesfalls logisch begründet oder folge aus einer außersprachlichen Notwendigkeit, vielmehr werde die Verbindung in der Kontiguität durch die Performanz einer Metapher gestiftet. In Bezug auf die metonymische Kette von Phänomenen wie Geisteskrankheit, illegalem Status oder Obdachlosigkeit erfüllt der Begriff der Exklusion drittens genau diese Ordnungsaufgabe. Seine metaphorische Funktion liegt in der Kondensation unterschiedlicher Bedeutungen, er vereinigt die differenten Phänomene in ihrer ›exklusiven‹ Eigenschaft und stiftet so die Ähnlichkeit des Unähnlichen. Allerdings erweist sich der Begriff der Exklusion bei näherem Hinsehen als ein Sonderfall der Meta-

---

3 Der Begriff der Tropologie wird hier im Anschluss an die Arbeiten Hayden Whites verwendet. Bezeichnet die Trope in der antiken Rhetorik jene Figuren, die einen Ausdruck in seiner konventionellen Bedeutung verändern, erweitert White den Begriff dahingehend, dass er Tropen nicht als Stilfiguren, sondern als »diskursformierende« Figuren fassen möchte: Die jeweiligen Tropen bestimmen aus seiner Sicht die Art und Weise, in der sich ein Diskurs konstituiert. »Das tropische Verfahren ist daher die Seele des Diskurses« (White 1991, 9). Für einen Überblick zu Whites Tropologie vgl. die Ausführungen von Irmgard Wagner (1993).

pher, nämlich als *Katachrese*. Die Katachrese wurde zum ersten Mal systematisch in Quintilians Tropenlehre behandelt und von ihm auch als Missbrauch (*abusio*) bezeichnet, weil sie dort einsetzt, wo ein eigener Ausdruck fehlt (Parker 1990, 60f.). Während die gewöhnliche Metapher die Übertragung eines Ausdruck an einen Platz in der Sprache vornimmt, an dem ein eigentlicher Ausdruck bereits besteht, stellt die Katachrese einen tropologischen Grenzfall dar, da sie eine Übertragung bezeichnet, die keinen vorgängigen Ausdruck substituiert (z.B. »das *Bein* des Stuhls«). Indem die Katachrese benennt, was keinen eigentlichen Namen hat, reagiert sie auf einen sprachlichen Mangel, benennt das zuvor Unbenennbare.[4] Sie wirkt auf diese Weise erfinderisch und treibt die tropologischen Mechanismen der Bedeutungserweiterung auf die Spitze, weil zu Zwecken der Herstellung eindeutiger Referenzialität nicht auf einen buchstäblichen Term zurückgegriffen werden kann.[5]

Das so umschriebene Profil der Katachrese mag mit Blick auf den Diskurs über soziale Ausschließung zunächst abstrakt erscheinen. Jedoch zieht sich symptomatisch für den katachretischen Charakter des Exklusionsbegriffs zum einen die notorische Klage durch die Literatur, dass nicht klar sei, was Exklusion denn *eigentlich*, jenseits der heterogenen Phänomene bezeichne (Castel 2000b, 11f.). Und genau spiegelbildlich zur Klage verhält sich zum anderen das ebenfalls verbreitete Lob, der Begriff erfasse die Multidimensionalität der Ausgrenzungssachverhalte (Kronauer 2002, 151ff.). Kurzum, die Rede von Exklusion scheint zugleich unter- und überbestimmt zu sein, semantisch verarmt und übersättigt. Gerade diese widersprüchliche Verflechtung von Leere und Fülle aber kennzeichnet Ernesto Laclau (2001, 235ff.; 2005, 71f.) zufolge das rhetorische Leistungsvermögen der Katachrese. So vermag der Exklusionsbegriff nur auf der Grundlage seiner relativen Unbestimmtheit performativ einen Zusammenhang zwischen unterschiedlichen Phänomenen herzustellen und dadurch das diskursive Terrain der Exklusionssoziologie zu formieren – ein Totalisierungsvorgang, bei dem der Begriff eine Bedeutungsfülle erlangt, die ihn innerhalb der Debatte mit einer suggestiven Kraft ausstattet.

Wie aber kommt nun der Körper in dieser Rhetorik der Exklusion ins Spiel? Bisher wurde hervorgehoben, dass die Katachrese einen buchstäblichen Term »missbraucht«, indem sie ihn uneigentlich an einer Stelle einsetzt, an der kein eigener buchstäblicher Term zur Verfügung steht. Nicht thematisiert wurde der Ausgangspunkt des katachretischen Transfers. Der Begriff des Ausschließens als deutsche Entsprechung zum lateinischen »excludere« deutet allerdings

---

4 Gerald Posselt (2005, 139) weist zurecht darauf hin, dass das Hervortreten der Ermangelung eines ursprünglichen Ausdrucks bereits ein retroaktiver Effekt der Katachrese selbst ist: »Die Katachrese wäre dann nicht einfach die Supplementierung eines Mangels, der als solcher vor und außerhalb der Sprache existiert, sondern sie Katachrese selbst würde diesen ›Mangel‹ überhaupt erst konstituieren und im Raum der Sprache intelligibel machen.«

5 Diesen Aspekt der Katachrese akzenturiert Ernesto Laclau (2001, 238): »the difference with a proper metaphor which fully operates as a figure, is that there is no proper designation of the referent.«

darauf hin, dass es die materiell-räumliche Ausschließung eines Körpers ist, die im gesellschaftstheoretischen Begriff der sozialen Exklusion metaphorisiert wird. Der in dieser buchstäblichen Form konstitutiv eingelassene Körperbezug bildet demnach die Spur, die sich in die Vielfalt der unter dem Exklusionsbegriff verhandelten Phänomene einschreibt. Obwohl sich die Kategorie im Prozess ihrer Metaphorisierung entleeren muss, um jenseits der Interaktionssituation einer buchstäblichen Ausschließung einen auf der Ebene der Gesellschaft generierten Mechanismus zu erfassen, scheint der Rückgang auf den ausgeschlossene Körper das allen Phänomenen gemeinsame Merkmal zu bilden. Noch stärker formuliert: Insofern die Metaphorisierung der Ausschließung die vielfältigen Phänomene in Phänomene der Exklusion transferiert, drängt sich die These auf, dass der Körperbezug das ultimative Kriterium dafür bildet, ob ein Phänomen sich in die metonymische Kette einzureihen vermag.

Als Topos nimmt der Körper in der Exklusionssoziologie damit gewissermaßen den empirischen Platz ein, den die im Begriff der Ausschließung angelegte räumliche Zäsur von innen und außen eröffnet. Er besiedelt die »Zonen«, die »Ränder« und die »Peripherie«, von denen die Literatur unaufhörlich spricht, ein Jenseits, das die Vorstellung einer »Art gesellschaftlichen no man's land« (Castel 2000a, 359) aufruft. In rhetorischer Hinsicht hat der Körper hier die Funktion inne, die metonymische Kette zu stabilisieren; er fungiert als Haltepunkt für das metonymische Gleiten zwischen den heterogenen Ausprägungen der Exklusion. Er wird als jener materielle Anker angerufen, der die Exklusion *bezeugt*. Die Beschwörung seiner Präsenz bindet die metonymische Kontingenz, die in der Akkumulation verschiedenster Exklusionsphänomene zum Ausdruck kommt. Der Körper als eigentliche Figur par excellence wirkt somit als Kontrapunkt zum uneigentlich-figürlichen der Katachrese. Gegenüber der in der Literatur beklagten Unschärfe des Exklusionsbegriffs tritt er als Garant von Evidenz auf. Er wird als jener materielle Träger eingeführt, der den vielen Gesichtern der Exklusion – Drogensucht, Armut, Obdachlosigkeit usw. – eine sichtbare, mitunter gar spektakuläre Form zu geben imstande ist.

Aus der nun vollzogenen rhetorischen Analyse folgt ein ambivalenter Befund. Zum einen vermag sie zu klären, weshalb die Soziologie in der Auseinandersetzung mit dem Exklusionsthema regelmäßig Gefahr läuft, ihren angestammten Gegenstand zu verfehlen. So neigt sie dazu, die genuin soziale Dynamik der Exklusion zugunsten der Beschreibung elender Körper aus dem Blick zu verlieren und dabei die sozial erzeugte, dynamische Topologie von Inklusions- und Exklusionsverhältnissen mit einem präexistierenden räumlichen Substrat zusammenfallen zu lassen (s. Farzin 2006a; Opitz 2007). Zum anderen führt die vorgelegte Analyse deutlich vor Augen, dass ein Verständnis von Prozessen der Exklusion deren Körperlichkeit und Materialität in Rechnung stellen muss. Hier mangelt es allerdings an sozialtheoretischen Angeboten, welche diese Körperlichkeit und Materialität in ihrer sozialen Genese zu erfassen imstande

sind. Die Frage ist deshalb, wie man den Körper des Ausgeschlossenen als eine
Grenzfigur des Sozialen in sozialtheoretischen Begriffen beschreiben kann,
und zwar ohne den Körperbezug in der dargelegten Form als Evidenzgene-
rator und Sinnstabilisator einzusetzen: Wie kann man dem Körper des Ausgeschlossenen theoretisch gerecht werden, ohne ihn als essenzielles Faktum
schlichtweg zu setzen? Wie begreift man ihn als Effekt eines Produktionsver-
hältnisses, nämlich als Effekt der Selbstproduktion des Sozialen, und macht
ihn damit zum Ausgangspunkt einer Sozialtheorie des Exklusionsbereichs?

III. Die Irritation der Systemtheorie durch den Körper des Ausgeschlossenen

Angesichts der zuletzt aufgeworfenen Frage, erscheint die Systemtheorie
zunächst als kompetente Adressatin. Zum Zweck der Beschreibung sozialer
Zusammenhänge startet sie nämlich nicht bei der einzelnen Person, sondern
untersucht, wie die Sequenzierung kommunikativer Ereignisse die für das System konstitutive Grenze zu seiner Umwelt ausbildet. So bestimmt Luhmann
die im operativen Betrieb etablierte Grenze prägnant als »die Form des Systems, deren andere Seite damit zur Umwelt wird« (Luhmann 1997, 77). Im
Zuge der Verankerung der *Grenze* auf einer derart basalen Ebene weist die
Systemtheorie somit jener Figur eine zentrale Position zu, in Bezug auf die es
überhaupt erst möglich wird, zwischen Inklusion und Exklusion zu unterscheiden. Zugleich macht die Theorie von Beginn an klar, dass die Ausgrenzung
eines Außen niemals im Außen selbst ihren Grund findet, sondern prinzipiell
als Effekt eines sozialen Systems zu begreifen ist.
Auch wenn das Begriffspaar von Inklusion / Exklusion auf diese Weise mit den
Pfeilern der Theorieanlage in engem Kontakt steht, setzt es im selben Moment
spezifischer an. Es bezeichnet die Form, in der innerhalb des kommunikativen Anschlussgeschehens die Zuschreibung von personeller Relevanz erfolgt.
Inklusion liegt demnach vor, wenn eine Person als mitwirkungsrelevant angesehen wird. Umgekehrt verweist Exklusion als »Gegenbegriff für Inklusion«
(Luhmann 2005a, 234) auf Fälle, in denen Personen nicht mitwirkungsrelevant sind. »Von Exklusion sprechen wir folglich, wenn ein System annimmt,
sich gegenüber ... Personen Indifferenz, Rücksichtslosigkeit, Ablehnung leisten
zu können.« (Luhmann 2002, 233) Wie das Zitat nahelegt, zielen die Begriffe
von Inklusion und Exklusion auf die Engführung von systemischer Grenz-
produktion und der Attribution personeller Relevanz. Fälle sozialer Inklusion
und Exklusion sind somit dadurch gekennzeichnet, dass sich die einer Person
zugeschriebene Sinnofferte im System – das heißt: in Abhängigkeit der jeweils
operativ etablierten Systemgrenzen – als anschlussfähig erweist oder nicht.
Die nun vorgelegte theoretische Fassung der Begriffe macht es einsichtig,
weshalb das Ereignis der Exklusion für die Systemtheorie nicht automatisch

einen Skandal darstellt, sondern in ihrem Verständnis von Systembildung gründet und zugleich ihre Sicht von sozialer Differenzierung bestätigt: Ein gültiger Abstimmungsschein in einer Wahlurne findet in der Wirtschaft keinen Anschluss, Exklusion aus den meisten Organisationen und Interaktionen ist gar der Regelfall. Die Problemlage ändert sich jedoch, wenn sich die Exklusion bestimmter Personen dauerhaft verfestigt, sich kumulativ auf immer weitere Kontexte ausdehnt und damit in eklatanten Widerspruch zur modernen Semantik der Allinklusion gerät. Es ist die Herausbildung eines derart hoch integrierten Exklusionsbereichs, den auch Luhmann (2005a, 245) durch ein Hervortreten des Körpers kennzeichnet: »Einiges spricht dafür, dass im Exklusionsbereich Menschen nicht mehr als Personen, sondern als Körper erfasst werden. (...) Alles, was wir als Personen erfassen würden, tritt zurück«. Folgt man dieser Darstellung, lösen sich im Exklusionsfall die eingespielten Körperbezüge der Funktionssysteme, sodass die Körperlichkeit der Ausgeschlossenen gewissermaßen »wild« flottiert.

Man kann das berühmte Auftauchen des Körpers in Luhmanns Exklusionssoziologie mit guten Gründen als theoretische Inkonsistenz werten.[6] Denn in sozialen Systemen kommen Menschen prinzipiell nur als Personen vor. Der Begriff der Person verweist hier auf kein Wesen aus Fleisch und Blut, sondern umschreibt eine Sinnform, die als Effekt kommunikativer Verweisungen auf jeweils Mitteilende kondensiert (s. Luhmann 2005b; Fuchs 2003, 16ff.). Personen sind folglich systemisch generierte Identitätsmarken, welche im System Erwartungen dirigieren und über eine Adresse angesteuert werden können. Demgegenüber ist der Körper aus Sicht der Sozialsysteme eine komplette Alterität. Selbst wenn er als Bezugspunkt zuweilen unausweichlich erscheint, ist er jenseits seiner kommunikativen Registratur sozial abwesend, in seiner materiellen Dichte ebenso a-sozial wie ein Stein oder eine Pflanze: »Der Körper ist sozial designierter Körper, und er ist nichts jenseits der Designation. Oder besser: Ob er etwas ist, wenn er nicht beobachtet wird, ist schlicht unerheblich, weil ein Satz, der dies behauptet, nichts weiter ist als sinnförmige Beobachtung« (Fuchs 2005, 49). Mit Blick auf den Vorgang der Exklusion führt die Unterscheidung von Person und Körper somit zu einem eindeutigen Schluss. Zunächst verlässt keine Person ein System im buchstäblichen Sinn eines Transfers, weil es sich bei der Person um eine kommunikative Struktur handelt, die systemrelativ ermittelt wird. Vielmehr erscheint die Person im Exklusionsfall schlichtweg nicht als eine vollwertige, d.h. anschlussfähig kommunizierende auf dem Schirm des Systems. Und während die Person in diesem Prozess nicht *aus-*, sondern *zurück*tritt, wie Luhmann in dem oben angeführten Zitat präzise schreibt, tritt kein Körper an ihrer Stelle in ein soziales System *ein*.

---

6 Es ist deshalb durchaus erwähnenswert, dass Luhmanns Bezug auf den Körper weder peripher noch akzidentiell ist. Er findet sich wiederholt in weiteren Aufsätzen (z.B. 1999, 147), in seiner Monographie zum Religionssystem (2002, 242) sowie in seiner Gesellschaftstheorie (1997, 632f.).

Möchte man die Theorie am Punkt extremer Exklusion dennoch konsistent halten, bieten sich zwei Verfahrensweisen an. Zum einen könnte man jenen Exklusionsbereichen, die Luhmann durch das Hervortreten des Körpers gekennzeichnet sieht, ihren sozialen Status absprechen. Sie wären inklusive der von ihnen beherbergten Körper gesellschaftliche Umwelt – eine Lesart, die möglicherweise durch den Einsatz von Metaphern wie jener der »schwarzen Löcher« unterstützt wird (s. Stichweh 2005, 59). Diesen Schritt vollzieht Luhmann (2005, 245) allerdings nicht. Für ihn bedeutet die Verlagerung der kommunikativen Relevanz von Personen auf Körper nicht, dass Sozialität vollständig ausfällt; sie nehme nur andere Formen an. Ein derartiges Insistieren auf dem sozialen Status des Exklusionsbereichs wird dadurch gestützt, dass sich die Weltgesellschaft als Vollzugseinheit *aller* Kommunikationen konstituiert. Wer also die Sozialität des Exklusionsbereichs gänzlich negiert, darf die Unterscheidung von Inklusion / Exklusion alleine auf die Grenze der Gesellschaft als dem umfassenden Sozialsystem beziehen. Damit würde ihr Einsatz aber sozialtheoretisch höchst beschränkt ausfallen.

Die diametral entgegengesetzte Strategie zugunsten der Wahrung der Theoriekonsistenz bestünde darin, die Bedeutung der materiellen Körperlichkeit insgesamt zurückzunehmen. Das hieße, sich damit abzufinden, dass auch der Körper des Ausgeschlossenen immer schon ein ausgeschlossener Körper ist. Allerdings fallen auch angesichts dieser Lektüreweise die Nachteile schwer ins Gewicht. Man müsste zunächst in Luhmanns Texten jenen wiederkehrenden diagnostischen Befund ausblenden, der es ihm passagenweise immerhin erlaubt, den Exklusionsbereich in seiner Besonderheit »positiv«, also nicht nur durch die im Abgleich mit dem Inklusionsbereich anfallenden Defizite zu qualifizieren. Vor allem aber würde eine solche Lesart ausgerechnet jene Anschlussstelle kappen, über die die Systemtheorie mit der im letzten Abschnitt aufgearbeiteten Debatte in Kontakt treten und deren Körperbezug sozialtheoretisch einholen könnte.

Was also tun? Gegen diese beiden, dem theoretischen Status Quo verpflichteten Purifizierungsstrategien könnte man ein vielleicht »unreines«, jedenfalls experimentelles Verfahren setzen. Es bestünde darin, die angezeigten Grenzprobleme in doppelter Richtung *symptomatisch* zu lesen. Dazu müsste man einerseits die Irritation der Theorie durch den Körper des Ausgeschlossenen zulassen, um etwas über die Limitierungen der Theorie in Bezug auf ihre Grenzkonzeption zu erfahren. Andererseits müsste man prüfen, inwiefern die auftretende Theorieturbulenz selbst etwas über die Beschaffenheit der Grenzbereiche des Sozialen verrät.

Das bisher Gesagte deutet darauf hin, dass es für die Systemtheorie nahezu unmöglich ist, so etwas wie eine »Exklusionsperson« zu denken. Obgleich sich das Begriffspaar von Inklusion / Exklusion auf die Zuschreibung personeller Relevanz bezieht, kann es eine »irrelevante Person« theorielogisch streng genommen nicht geben. Der Exklusionsfall nimmt nämlich die Nicht-Gestalt eines Schweigens an, eines Nichts, das nichts zur Reproduktion des Systems beiträgt (s. Opitz 2008). Genau auf dieses Unvermögen der Theorie verweist der Körper des Ausgeschlossenen. Sein Auftritt ist als Ausdruck des Bestrebens aufzufassen, Exklusion nicht einfach, wie es die Theorie eigentlich vorsieht, als ein »Nicht-Ereignis« (Farzin 2006, 95) in jenem *unmarked space* verschwinden zu lassen, den die Markierung von Inklusion »übrig läßt« (Luhmann 2002, 233). Der Körper des Ausgeschlossenen ist sicher ein Fremdkörper der Theorie, doch zugleich der Versuch, eine Art »Quasi-Person« einzuführen, die im Vollzug der Exklusion konstituiert wird. Er bildet jene unreine Grenzfigur, welche die Grenzziehungen des Sozialen durchkreuzt, dem Exklusionsereignis eine Form gibt und so verhindert, dass die Theorie selbst die soziale Invisibilisierung des Ausgeschlossenen festschreibt.

Zugleich zeichnet sich in der Theorieinkonsistenz schemenhaft eine Sozialität ab, die nicht hinreichend dadurch beschrieben ist, dass sich die Exklusion aus einem System in die Inklusion in ein anderes System umsetzt. Stattdessen zeigt das Hervortreten des Körpers eine Sozialform mit erhöhter räumlicher Integration an (s. Schroer 2006, 153f.). Die Exklusion von den Möglichkeiten, das Recht anzurufen, unter einer Wohnungsadresse erreichbar zu sein oder über Zahlung/Nicht-Zahlung zu disponieren, produziert eine spezifisch räumliche Verhaftung, die in signifikantem Widerspruch zur weltgesellschaftlichen Ortlosigkeit der Funktionssysteme steht. Während die Grenzen sozialer Systeme der Theorielogik nach keine gegenständlichen Grenzen und die Systeme »überhaupt nicht im Raum begrenzt« (Luhmann 1997, 76) sind, sondern nur über eine »rein interne Form von Grenze« (76) verfügen, verweist der Körper des Ausgeschlossenen in seiner Irregularität auf eine materielle Grenzform des Sozialen. Diese materielle Grenzform macht sich im Inklusionsbereich punktuell in Form von Schocks, Provokationen und Störungen bemerkbar, für die die Systemtheorie den Begriff der Irritation bereithält.

Die Argumentation ist nun an einem paradoxen Punkt angelangt. Es scheint, als ließe sich der im Exklusionsbegriff angezeigte »Abzug des Sozialen« – systemtheoretisch formuliert: die massive Erosion von Erwartungsstrukturen – nur umwegig über die dargelegten Inkonsistenzen erschließen. Gemäß der vorgeschlagenen Lesart führt die Systemtheorie vor, dass die Systeme in ihrer inklusiv-exklusiven Dynamik etwas produzieren, auf das die Theorie nicht eingestellt ist. Das würde erklären, weshalb Luhmanns Theoriesprache bei der Behandlung der Exklusion, wie Friedrich Balke (2002) herausgearbeitet hat, regelmäßig ins Ethnographisch-Literarische kippt. Dieser textuelle Umschlag scheint zum einen nötig, um eine Ununterscheidbarkeit zwischen Person und Körper zu erzeugen, ein aus Theoriesicht unmögliches Körper-Werden der Person und Person-Werden des Körpers. Er scheint zum anderen nötig, um eine aus Theoriesicht ebenso unmögliche Verräumlichung des Sozialen anzuzeigen: »under certain circumstances environments turn out to spatial (…). What can be observed in these spaces or territories is no longer communications but human beings reduced to their bodily state.« (Balke 2002, 30) Das aber hieße letztlich nichts anderes, als dass im Grenzfall extremer Exklusion nicht nur das spezifische Vokabular der Systemtheorie, sondern ihr ganzes epistemologisches Programm problematisch würde.

IV. Diskursive Grenzen des Subjekts: Nicht-Intelligibilität bei Judith Butler

Einen Ansatzpunkt für ein Denken der körperlichen Materialität als einer spezifisch sozialen Materialität bieten die späteren Arbeiten Michel Foucaults. Konnte man die *Archäologie des Wissens* (frz. 1969) noch als Methodenbuch zur Analyse von Aussagesystemen lesen, beschreibt *Überwachen und Strafen* (frz. 1975) eine Dynamik des gegenseitigen aufeinander Einwirkens von Materialitäten. Detailliert zeigt die Studie auf, wie Körper durch architektonische Arrangements, institutionelle Gefüge und alltägliche Verfahren der Dressur gleichermaßen aufgerufen wie geformt werden. Aus dieser Perspektive sind die Körper alles andere als naturwüchsige Agenten, sondern nehmen erst gemäß des historischen Programms der Disziplinarmacht Gestalt an (s. Foucault 1994, 36ff., 173ff.). Es ist das Verdienst Judith Butlers, die von Foucault beschriebenen Praktiken der Verkörperung stärker in eine allgemeine Theorie der Subjektivierung eingearbeitet zu haben. Vor dem Hintergrund des letzten Abschnitts können ihre Ausführungen so interpretiert werden, dass der von ihr verwendete Subjektbegriff den aus Sicht der Systemtheorie nicht-sozialen Körper und die soziale Person überformt. Zugespitzt formuliert: Ihr Subjekt ähnelt der bei Luhmann unmöglichen Figur einer verkörperten Person.

Butler (2001a, 16ff.; 2003a, 31ff.) zufolge gewinnt das Subjekt seine Verständlichkeit unter der Bedingung, dass es sich einer diskursiven Ordnung unterwirft und nach seiner Anerkennung in den Kategorien des Diskurses strebt. Der Diskurs wird dabei als ein epistemisches Regime der Verständlichkeit bzw. der »Intelligibilität« aufgefasst, das einen normativen Horizont eröffnet. Diese basale Normativität des Diskurses ist vom Subjekt stets von neuem in Form materieller Praktiken aufzunehmen und zu aktualisieren. Egal ob es also um die Sorge um die eigene Gesundheit, um ethnische Normen der politischen Zugehörigkeit oder um die Ausprägung der Geschlechterordnung geht – der Körper firmiert als »Träger und Instrument einer immerwährenden Arbeit« (Butler 2003b, 58). Wollte man erneut eine Rückwendung auf den systemtheoretischen Begriffsrahmen vollziehen, könnte man auch sagen, dass es von der Systematik des Diskurses implementierte Zwänge der immer auch körperlichen Normalisierung sind, welche die Transformation in eine Person regulieren.

Was in Butlers Schriften somit vorliegt, ist die theoretische Beschreibung einer diskursiv-materiellen Inklusionsmaschinerie ausgehend von einer »tief« ansetzenden Analytik der Macht. Für die aktuelle Argumentation jedoch sind

ihre Arbeiten insbesondere deshalb von Interesse, weil Butler sich ebenfalls
für jene Fälle interessiert, in denen die zuletzt genannte Transformation scheitert: Fälle, in denen das Subjekt seine Verständlichkeit verliert und folglich sein
Subjekt-Sein selbst in Frage steht. Diese Fälle kann sie theoretisch in Rechnung stellen, da sie den Diskurs im Gegensatz zu Foucault von seiner Grenze
her begreift.[7] Jeder Diskurs formiert sich Butler zufolge durch einen konstitutiven Ausschluss, und mit diesem Ausschluss geht die Verwerfung sozialer
Seinsweisen einher. Die Macht des Diskurses liegt folglich darin, »den Bereich
der Intelligibilität einzugrenzen« (Butler 1997, 259), mit der Konsequenz, dass
an der Schwelle der diskursiven Schließung ein »Bereich verworfener Wesen«
(1997, 24) entstehe. »Das Verworfene [*the abject*] bezeichnet hier genau jene
›nicht lebbaren‹ und ›unbewohnbaren‹ Zonen des sozialen Lebens, die dennoch dicht bevölkert sind von denjenigen, die nicht den Status des Subjekts
genießen, deren Leben im Zeichen des ›Nicht-Lebbaren‹ jedoch benötigt wird,
um den Bereich des Subjekts einzugrenzen.« (24)
Interessanterweise verhält sich das zuletzt genannte Zitat homolog zu Luhmanns Behandlung des Ausgeschlossenen. Auch bei Butler scheint sich die
diskursive Topologie im Exklusionsfall zu einem topographisch lokalisier-
baren Außen zu verfestigen, das von Nicht-Subjekten, also von »Wesen« ohne
sozialen Status besiedelt wird. Allerdings vermag Butler aufgrund ihrer theoretischen Prämissen anders mit der textuellen Turbulenz umzugehen, die sich
auch in ihren Schriften am Punkt der Exklusion bemerkbar macht. So lassen
sich zwei Dimensionen der Verwerfung unterscheiden, obgleich diese bei Butler selbst ebenso ununterschieden wie unentschieden ineinander fließen: eine
»positive« Dimension der diskursiven Dekonstituierung und eine »negative«
Dimension eines radikalen Mangels an sozialer Konsistenz.[8] Wie zu zeigen
sein wird, können beide Dimensionen auf die bei Luhmann markierten sozialtheoretischen Probleme bezogen werden, so dass gerade die Interferenzen
zwischen Butlers und Luhmanns Ansatz einen möglichen Ausgangspunkt für
eine zukünftige Soziologie des Exklusionsbereichs bilden.
Zum einen beschreibt Butler die Verwerfung von möglichen Identitäten selbst
als eine diskursive Operation. Während gemäß der Systemtheorie Exklusion

---

7   In Form einer für ihren Schreibstil typischen rhetorischen Frage legt Butler (1997, 62) nahe,
    dass Foucault »nicht nur das nicht erklären [kann], was von den Ökonomien diskursiver Intel-
    ligibilität, die er beschreibt, *ausgeschlossen wird*, sondern selbst das nicht, *was ausgeschlossen
    werden muss*, damit diese Ökonomien als selbsterhaltende Systeme fungieren können«. Letzt-
    lich, so wäre Butlers Einschätzung zu ergänzen, ist es die Abwesenheit eines *für die Grenzen
    eines Diskurses konstitutiven Außen* in Foucaults Arbeiten, welche es ihm unmöglich macht, als
    Exklusionstheoretiker zu firmieren. Und nur weil Butler hier theoretisch anders votiert, kön-
    nen ihre Ausführungen am Punkt der sozialen Ausschließung überhaupt mit den Angeboten
    der Systemtheorie in einen Dialog gebracht werden.
8   Der Vollständigkeit halber sei erwähnt, dass in Butlers Texten gelegentlich noch eine dritte,
    eher an der Philosophie von Gilles Deleuze orientierte Form des Außen anklingt, die nicht in
    den beiden hier verhandelten Dimensionen aufgeht: das Außen als Reservoir ausgeschlosse-
    ner Möglichkeiten, als Potenz des Werdens.

zwar von Systemen vollzogen wird, aber in den Systemen nur in Form eines Rauschens vorkommt, das nicht in den Referenzbereich der jeweiligen Codes fällt, eröffnet Butler eine Perspektive auf jene Bezeichnungspraktiken, durch die *Subjekte als Dekonstituierte konstituiert werden*. Dieser Prozess ist durch eine erhöhte rhetorische Aktivität gekennzeichnet, die in Butlers (2005, 69ff.) Analyse der neuen Form von gouvernementaler Souveränität im »War on Terror« deutlich hervortritt. Um die Möglichkeitsbedingung der Praxis einer »unbegrenzten Haft« zu klären, arbeitet sie ein Bündel diskursiver Strategien heraus, welche den normalen Status als Subjekt – als Subjekt von Rechten, als politisches Subjekt und ganz allgemein als denkendes, wahrheitsfähiges Subjekt – massiv beeinträchtigen. Sie analysiert die Animalisierung der Gefangenen, die eine »Symbolik des Tiers« (98) zu Zwecken der »Bestialisierung des Menschen« (98) einsetzt. Sie zeigt in diesem Zusammenhang die Funktionsweisen von »rassenbezogener und ethnischer Raster« (76) auf, welche die Zuschreibung von Gefährlichkeit unterstützen. Sie verweist zudem auf die bis in die Genfer Konventionen reichende völkerrechtliche Kodifizierung, die all jene zum schutzlosen Träger einer illegitimen, a-politischen Gewalt erklärt, deren Gewaltausübung nicht im Rahmen international anerkannter Nationalstaaten anzusiedeln ist (s. 106ff.). Und schließlich führt sie die rhetorische Logik der offiziellen Bezugnahme auf einen Präzedenzfall zur Praxis der unfreiwilligen Krankenhauseinweisung geisteskranker Menschen vor, welche die unbegrenzt Inhaftierten im Namen der Vernunft in die Nähe des pathologischen Wahnsinns rückt: »Eine vordergründige Vorstellung von Zivilisation liefert den Maßstab, mit dessen Hilfe ... ein Feld von Pseudo-Menschen aufrechterhalten wird, der gespenstisch Menschlichen, der Dekonstituierten« (111).

Die knappe Rekapitulation der von Butler ausführlich dargelegten Strategien der Devaluierung von Subjekten verdeutlicht zweierlei. Erstens ist das Exklusionsmoment nicht hinreichend als ein Nicht-Ereignis oder ein Nicht-Erscheinen der sozialen Person beschrieben. Stattdessen geht es einher mit einem erheblichen Aufwand der Markierung, der Kategorisierung und der Qualifikation gemäß diskursiv verankerter Kriterien. Zweitens betreibt Butler eine theoretisch konsequente Engführung der differenziellen Konstitution des Diskurses auf die differenzielle Konstitution des Subjekts. Die Schließung des Diskurses grenzt mit dem Bereich des Sagbaren und Sichtbaren auch den Bereich möglicher Subjekte gegen einen Bereich unmöglicher Subjekte ab. Diese Zäsur ist Ausdruck einer Machtoperation von höchster Intensität, insofern sie ein Feld wechselseitiger Anerkennung durch die Klassifizierung des Nicht-Anerkennbaren artikuliert. Besonders augenfällig wird das an der nationalstaatlichen Konditionierung der Anerkennung als politisch-juridisches Subjekt: »Jemand fällt aus der Nation nicht einfach so heraus, sondern wird für Mangelhaft befunden und auf diese Weise, durch die Bezeichnung und deren implizite und aktiv wirksame Kriterien, zum ›Mangelwesen‹. (...) Das fallengelassene Leben kann juridisch gesättigt sein, ohne deshalb Rechte zu besitzen« (Butler / Spivak

2007, 25). Der hier exemplifizierte Mechanismus politisch-rechtlicher Exklusion ist Butler zufolge verallgemeinerbar. Um als verständlich sprechendes Subjekt anerkennbar zu sein, sind bestimmte Voraussetzungen etwa in Form von Bedingungen der Adressierbarkeit zu erfüllen. Als Rückseite derartiger Bedingungen entsteht ein Reservoir von unmöglichen Adressen, von denen ausgehend weitere Adressierungsversuche fehlschlagen. In ihrer Behandlung von *hate speech* sieht Butler (1998, 13, 47ff.) diesen Vorgang dadurch charakterisiert, dass man durch die Verleihung eines verletzenden Namens innerhalb der Ordnung des Diskurses auf einen »Platz« verwiesen wird, der möglicherweise gar keiner ist.

Gegenüber der nun vorgestellten »positiven« Dimension der diskursiven Devaluierung von Seinsweisen im Exklusionsprozess verhandeln Butlers Texte zugleich eine andere, dunklere und schwerer zu bestimmende Dimension des Nicht-Intelligiblen – eine Dimension, die sich ebenfalls im Auftritt jenes Körpers ankündigt, der bei Luhmann als materielle Größe in einem Bereich erscheint, aus dem er eigentlich ausgeschlossen ist. Diese zweite, »negative« Dimension klingt immer dann an, wenn das konstitutive Außen als »das Unaussprechliche, das Nichtmachbare, das Nichterzählbare« (Butler 1997, 259), das »Nichtlebbare, ... das Traumatische« (260) erscheint. Der Ausgeschlossene büßt durch die Exklusion seine symbolische Konsistenz in einem fundamentalen Sinn ein. Die Affizierung durch jenes konstitutive Außen produziert gestaltlose Gestalten, »die des ontologischen Gewichts beraubt sind und die durch das Raster der für jede noch so kleine Anerkennung erforderlichen Wahrnehmung fallen« (Butler/Spivak 2007, 15). Damit kontrastiert der Verlust jener das Subjekt auszeichnenden Verständlichkeit in auffälliger Weise mit der zuvor vorgestellten Dimension. Die diskursive Aktivität der Dekonstitution steht einer Lücke bzw. einem »Hiatus der Symbolisierung« (Butler 1997, 280) gegenüber, die Identifikation dem Nicht-Identifizierbaren, die Sichtbarkeit des pejorativen Topos einer opaken Unlesbarkeit. Die Qualität des sich hier auftuenden Kontrasts offenbart sich insbesondere in seiner Rückführung auf die ihn tragenden theoretischen Dispositionen: Hat Foucault (2005, 703) die archäologische Methode als Analytik »historischer Ontologien« charakterisiert, die im Durchgang durch die Positivität des Archivs zu rekonstruieren sind, registriert Butler zugleich die Möglichkeit der punktuellen Suspension jener historischen Ordnung des Seins mit dem Effekt einer radikalen Derealisierung. Die These einer Aufhebung des »ontologischen Status als Subjekt« (86) im Exklusionsfall ist allerdings mehr als ein bloßer Zusatz zu Foucaults Analytik. Sie wird nur möglich aufgrund der Einführung der Theoriefigur des konstitutiven Außen. Vermittelt über diese Figur eröffnet Butler ihrem Denken, zumindest potentiell, die Dimension *negativer Ontologie.*

Die Dimension negativer Ontologie bestimmt schließlich auch Butlers Beitrag zum Problem der spezifischen Materialität der Exklusion. Denn bisher ist noch nicht hinreichend geklärt worden, welches sozialtheoretische Angebot sie mit

Blick auf jene Körperlichkeit unterbreitet, von der die Exklusionsliteratur kata-
chretisch spricht und die auch Luhmanns Theoriegrenzen kreuzt. Oder direkt
gefragt: Wenn sie den Prozess der Inklusion mit Foucault als Materialisierung
denkt, was ist dann die Entsprechung des auf diese Weise
verkörperten Subjekts im Exklusionsfall? Butlers Antwort ist hier ebenso radikal wie erklärungsbedürftig. Sie legt zunächst nahe, dass an der Schwelle der
Verwerfung ein Übergang zwischen verschiedenen »Modalitäten der Materialisierung« stattfindet, jedoch nur um unmittelbar im Anschluss anzufügen, dass
sich der Bereich der Nicht-Intelligibilität der Materialisierung »ganz und gar
widersetzt« bzw. »von Grund auf de-materialisiert bleibt« (Butler 1997, 62).[9]
Butler bezieht sich hier auf die aristotelische Tradition, in der Materie durch
eine ihr eigene »Geltungskraft und Rationalität« (58) bestimmt ist. Die diskursiv implementierten Prinzipien der Materialisierung qualifizieren folglich die
Grenze zwischen Körpern von Gewicht und Körpern ohne (ontologisches)
Gewicht. Die De-Materialisierung letzterer macht diese jedoch nicht einfach
immateriell, sondern transformiert sie in eine unverständliche Materialität,
eine Materialität, die im Bereich sinnhaft vermittelter Sozialität *formlos* verbleibt. Die de-materialisierte Materialität des Körpers ohne Gewicht ist demnach der Effekt diskursiver Schließung, die den Ausgeschlossenen in Bezug auf
die Inklusionsordnung in eine Beziehung der Beziehungslosigkeit setzt. Dass
es sich dabei tatsächlich um eine besondere Modalität des Materiellen handelt, unterstreicht Julia Kristeva (1982, 3), an deren »Essay on Abjection« Butler
anknüpft: »These body fluids, this defilement, this shit are what life withstands,
hardly and with difficulty, on the part of death. There I am at the border of my
condition as a living being.«[10] Bemüht Kristeva für das in dieser Form Ausgeschlossene die Figur des Erbrochenen, deutet Butler dessen A-Signifikanz als
das Produkt einer epistemischen Gewalt, die im Fall der personellen Verwerfung einen genuin *sozialen* Tod herbeiführt. Dieser soziale Tod versetzt das Verworfene an den Nullpunkt der diskursiven Ordnung: Während das intelligible
Subjekt bedeutungsvolle Orte ausfüllt, eröffnet die *Abjektion* einen *anomischen
Raum*, der sich dem Verworfenen lediglich als Nicht-Ort darbietet. Die Festsetzung in einem entwerteten Sein bindet somit an die Grenzsozialität einer
gespenstischen Anwesenheit, *verhaftet* das Sein in Form einer Auslieferung.
Ein Zusammentreffen der beiden nun identifizierten Exklusionsdimensionen
lässt sich zu Illustrationszwecken an einer Figur vorführen, auf die Foucault
in der Geburtsstunde des »gefährlichen Menschen« stößt: dem Menschenmonster. Auch wenn der Topos des Monströsen bis ins Römische Recht zurück

---

9 Es sei auch hier eingestanden, dass Butler diese Aussagen in Form einer für sie typischen Kas-
   kade rhetorischer Fragen trifft. Der Fortgang ihres Textes macht diese Fragen jedoch eher als
   Aussage denn als Fragen lesbar.
10 Ohne die Differenzen zu Kristevas psychoanalytischem Theorierahmen überspielen zu wollen
   ist doch von Interesse, dass sie explizit den Exklusionsbegriff verwendet: »Such lives are based
   on *exclusion*. They are ... articulated by *negation* and its modalities, *transgression, denial*, and
   repudiation.« (1982, 6)

verweist, zeigt Foucault (s. 2003a, 143ff.) einerseits auf, wie eine Reihe besonders grausamer, als »interesselos« wahrgenommener Mordfälle zu Beginn des 19. Jahrhunderts die Justiz und die Medizin zu einer faszinierten »Geschäftigkeit« anstachelt. Die Identifizierung des Monströsen in diesen »monomanen« Mordfällen heizt den Diskurs über das Strafen an und wird letztlich zu einer Vereinigung des Illegalen mit dem Kranken in der Figur des Anormalen führen. Andererseits bildet das Recht Foucault zufolge (2003a, 76f.) zwar den Bezugsrahmen für die Pathologie des Monsters. Doch firmiert die monströse Zusammenkunft von Wahnsinn und Verbrechen in Bezug auf das Gesetz als »Grenze« und »Ausnahme« (77). Der monströse Verbrecher fordert das Gesetz heraus, bringt aber »auf Seiten des Gesetzes keine Antwort hervor, die gesetzlich wäre. Man kann sagen, dass die Kraft ... des Monsters darin gründet, dass es das Gesetz, obwohl es dieses verletzt, verstummen lässt.« (77) Offensichtlich stößt auch Foucault am historisch spezifischen Fall des Monsters auf eine Dimension der Negativität, ohne diese theoretisch näher zu verfolgen. Zugleich scheint es angesichts dieser Zeilen fast, als ob es Nachfahren des Menschenmonster sind, auf die Butler in ihrer Analyse der unbegrenzten Haft trifft. Anstatt jedoch den Gang ins historische Archiv zu vertiefen, soll zum Abschluss die Frage aufgenommen werden, wie die zwei Dimensionen der Verwerfung für eine sozialtheoretische Fassung der Materialität des Exklusionsbereichs weiter fruchtbar gemacht werden können.

V. Umschriften der Exklusionstheorie

Die angestellten Überlegungen vollziehen eine doppelte Arbeit »am Begriff der Grenze und an der Grenze des Begriffs« (Derrida 1999, 19). Sie sind in dieser Form das Ergebnis des Versuchs, jenen Körperbezug, von dem gezeigt wurde, dass er für die Exklusionsdebatte konstitutiv ist, gleichermaßen zu problematisieren und gesellschaftstheoretisch einzuholen. Sowohl die Theorie Luhmanns als auch die Theorie Butlers unterbreitet in der vorgelegten Lesart Angebote, den Nexus von Ausschluss und Körperlichkeit als Effekt der Selbstproduktion des Sozialen zu verstehen. Selbstverständlich sind beide Ansätze nicht kommensurabel. Allerdings lässt sich zumindest andeuten, inwiefern gerade ihre Interferenz Impulse für eine zukünftige Soziologie der Exklusion generiert. Drei mögliche Ansatzpunkte sollen im Folgenden markiert werden.

1. *Dekonstitution und Grenzbildung.* Wollte man die von Butler beschriebene diskursive Aktivität der Konstitution von Subjekten als dekonstituierte in das Register der Systemtheorie übersetzen, würde man sie wohl am ehesten auf der Ebene der Selbstbeschreibung ansiedeln. Der semantische Apparat der Selbstbeschreibungen stellt Luhmann (1980, 19) zufolge einen situationsübergreifend verfügbaren »Vorrat an ... Sinnverarbeitungsregeln« bereit und organi-

siert damit die Selektivität des jeweiligen Sozialsystems. Darüber hinaus macht die Semantik kommunikative Ereignisse als Handlungsfiguren lesbar, indem sie systemspezifische Zuschreibungsschemata installiert. Gemäß den Ausführungen Urs Stähelis (2000, 184ff.) bildet die Selbstbeschreibung dabei keinen bloßen Zusatz zu einem bereits ausdifferenzierten System, sondern strukturiert die operativen Verknüpfungen aktiv und bewirkt dadurch die Ausbildung spezifischer Systemgrenzen.

Vor diesem Hintergrund ermuntern Butlers Arbeiten eine poststrukturalistisch informierte Systemtheorie dazu, die semantische Devaluierung von Personenformen in ihrer Bedeutung für die immer von neuem zu bewerkstelligende Grenzziehung ernst zu nehmen. Während Luhmann regelmäßig die für jedes Funktionssystem notwendige Rejektion systemfremder Codewerte betont, durch die sich ein System von anderen unterscheidet, sensibilisiert die vorgeschlagene Lesart zugleich für eine über spezifische Exklusionsidentitäten laufende Selbstpurifizierung des Systems. Sie lenkt den Blick beispielsweise auf die semantische Entwertung dessen, was in der Wirtschaft Chancen nicht gemäß der Figur des *homo oeconomicus* gewinnbringend ausnutzt, oder auf die Entwertung dessen, was in der Politik nicht die Erfordernisse des Staatsbürgers erfüllt. Ruft man sich in Erinnerung, dass Personen als kommunikative Strukturen im System Erwartungen dirigieren, kodifiziert das System auf der Ebene der Selbstbeschreibung somit normative Bedingungen, die darüber disponieren, wer diesem kontrollierten Spiel der Erwartungen nicht genügt und sich folglich nicht im Horizont relativ gesicherter Erwartungserwartungen platzieren kann. Insofern Personen ferner als Zuschreibungspunkte für Handlungen firmieren, wird über den semantischen Apparat sowie mittels rhetorischer und narrativer Strategien ein Bereich dessen erzeugt, was das System nicht als Handlung entziffert und mithin ignorieren kann. Luhmanns Körper des Exkludierten ist aus dieser Sicht *eine Signatur der Depersonalisierung, eine Metapher für eine defekte Adresse, die für anschlussfähige Kommunikation und reguläre Handlungen disqualifiziert.* Eine derart defekte Adresse bildet das Negativkorrelat der offiziellen Adressenordnung, über das das jeweilige System seine eigene Grenze reguliert. Auch wenn also ein spezifischer Typus von Unperson im System als eine Exteriorität repräsentiert wird, die die Systemazität des Systems gefährdet, dient die Repräsentation einer solchen Gefährdung paradoxerweise der Stabilisierung des Systems.

2. *Derealisierung und operative Unentscheidbarkeit.* Verglichen mit dem vorangegangenen Punkt, ist es deutlich schwieriger, die Systemtheorie in der Konfrontation mit der zweiten bei Butler isolierten Exklusionsdimension zu einer produktiven Umschrift anzuregen. Verweist die diskursive Repräsentation des Dekonstituierten auf eine Mechanik der *Grenzregulierung*, deutet die Negativität des Defigurierten eher auf eine Beziehung der *Heimsuchung* hin. Unter diesem Begriff soll der Vorschlag unterbreitet werden, die Derealisierung des Aus-

geschlossenen als Ereignis innerhalb des Operationsgeschehens zu begreifen. Die von Butler beschriebene Negativität eröffnet sich dem System demnach in der Begegnung mit dem konstitutiv Verworfenen im Vollzug seiner Operationen. In Bezug auf das Theoriestück der Inklusion / Exklusion hieße das bildlich gesprochen, dass das System im Zuge der Ermittlung eines Mitteilenden weder auf eine Person noch auf eine Leerstelle trifft, sondern auf eine Grimasse stößt, die nicht in der Repräsentation des Ausgeschlossenen aufgeht.

Um diesen Vorgang genauer zu verstehen, empfiehlt sich der Rückgriff auf eine Kategorie, die Ernesto Laclau im Anschluss an Georges Bataille verwendet: die der Heterogenität. Bataille (1997, 14ff.) beschreibt die Heterogenität als das, was gemessen am Maß, welches die homogene Gesellschaft stiftet, als *maßlos* erscheint und ausgeschlossen wird. Das Heterogene zeichnet sich durch seine Nicht-Assimilierbarkeit gegenüber dem Äquivalenzprinzip aus, das die ökonomische Rationalität ebenso wie die wissenschaftliche Wahrheitsproduktion organisiert. Laclaus (2005, 139ff.) diskurstheoretische Reformulierung des Konzepts rückt es in unmittelbarer Nähe der bei Butler identifizierten Dimension der Negativität. Das Heterogene verweist auf das Insistieren einer Exteriorität, die gegenüber dem Feld der Repräsentation als Ganzem äußerlich bleibt und sich daher nur als irreduzibler Exzess bemerkbar macht.[11] In der Begegnung mit dem Heterogenen zeigen sich die Grenzen eines diskursiven Systems somit indirekt als Störung. Zwei Merkmale sind dabei für das vorliegende Argument bedeutsam. Zum einen zielt die Kategorie darauf, einen Abstoßungsvorgang als Ort der Affektproduktion zu akzentuieren. Das Heterogene erscheint als ein nicht-identifizierbarer Abfall, der Schocks hervorruft und im Exklusionsfall die »Monstrosität des totalen Gesichtsverlusts« (Žižek 2005, 26) offenbart. Zum anderen deutet das Konzept der Heterogenität auf eine fundamentale Unentscheidbarkeit hin. Denn theorielogisch handelt es sich beim Heterogenen um ein Reales, das keinen vollwertigen Realitätsstatus erlangt, also um etwas, das sich in seiner diskursiven Nicht-Repräsentierbarkeit präsentiert. Die im Fall sozialer Exklusion zutage tretende Heterogenität des Exkludierten entspricht deshalb keineswegs der bloßen Abwesenheit einer Person. Vielmehr geraten die Unterscheidungen von Person und Nicht-Person, Leben und Tod, Mensch und Tier, *logos* und *phoné* in einen Strudel. Die Exklusion erzeugt Unpersonen als Untote des Sozialen: »›Er ist nicht menschlich‹ bedeutet einfach nur, dass er außerhalb des Menschseins steht, sei es als Tier, sei es als Gott, während ›Er ist unmenschlich‹ etwas völlig anderes bedeutet, nämlich die Tatsache, dass er … durch einen grässlichen Exzess gezeichnet ist, der, obwohl er negiert, was wir unter dem ›Menschlichen‹ (humanity) verstehen, dem Menschsein inhärent ist.« (Žižek 2005, 49f.)

---

11 Wörtlich heißt es: »the kind of outside that I am now discussing presupposes exteriority not just to something within a space of representation, but to the space of representation as such. (…) [W]hat I am now calling heterogeneity presupposes the absence of that common space.« (Laclau 2005, 140)

Gemäß der oben vorgeschlagenen Lesart erweist sich der Körper des Ausgeschlossenen als *Träger einer sich im Operationsvollzug ereignenden Unentscheidbarkeit, die das System im doppelten Wortsinn abstößt. Er ist der insistierende Effekt einer Abweisung, der im Moment der Unverknüpfbarkeit kommunikativer Anschlüsse materialisiert.* Insofern das System seine Operativität durch die zwei Werte seines Codes strukturiert, wird es von ihm in einer Begegnung der dritten Art heimgesucht. Entscheidend ist dabei, dass der Körper des Ausgeschlossenen keinen Körper »an sich« darstellt, sondern erst in der Perspektive von sozialen Systemen als solcher erscheint. Er muss als operativ erzeugter Schließungseffekt verstanden werden, so dass es eine wie immer kontingente Form der Grenzziehung ist, welche die symbolische Konsistenz von Personen angreift und einen scheinbar kreatürlichen, der Sozialität entkleideten Körper auswirft. Oder im Vokabular der kritischen Theorie formuliert: Es ist die hegemoniale Konstitution des Sozialen, die im Exklusionsfall einen bloßen Körper sehen lässt. Exakt deshalb muss der »naive« Körperbezug, der die Exklusionsdebatte teilweise auszeichnet, als höchst problematisch angesehen werden. Insbesondere die bereits vorgelegten Passagen Heinz Budes tendieren dazu, den Körper des Exkludierten zu naturalisieren und die epistemisch-operative Gewalt seiner Produktion zu verdoppeln. Zugleich ist auch der bei Luhmann diagnostizierte Umschlag der begrifflich kontrollierten Theoriesprache in einen eher literarischen Diskurs alles andere als unschuldig. Wie Peter Stallybrass vorgeführt hat, wird das Exkludierte in seiner Heterogenität spätestens ab dem 19. Jahrhundert zum bevorzugten Objekt einer »hysteria of naming« (1990, 72). An unterschiedlichsten Texten zeigt er, wie das Heterogene zu einem karnevalesken Spektakel gerinnt, im Blick auf das sich der Inklusionsbereich wohlig schaudernd selbst vergewissern kann. Damit ist eine Arbeit wie die von Stallybrass nicht zuletzt als Hinweis auf eine Verflechtung von diskursiv-dekonstituierender Aktivität und operativem Entzug zu lesen.

3. *Interaktion und Weltentzug.* Die beiden nun behandelten Punkte umschreiben jeweils Systembeziehungen zum Ausgeschlossenen, ein Umstand, der sich der differenztheoretischen Anlage der konsultierten Theorien verdankt. Folgt man den angestellten Überlegungen, so weist das Exkludierte in zweifacher Hinsicht die Struktur der *Extimität* auf: einer Veräußerung im Innen (s. Evans 2002, 98). Wenn aber Sozialität im Exklusionsfall nicht vollständig ausfällt, bleibt die Frage, welche Form sie annimmt und vor allem: wie diese Form durch das Person-Werden des Körpers und das Körper-Werden der Person gekennzeichnet ist.

Aus systemtheoretischer Warte fällt die Antwort auf den ersten Teil der Frage erstaunlich leicht. Wer von Exklusion aus den meisten Funktionssystemen betroffen ist, dem bleibt nur Interaktion, d.h. jene Systemform, die Personen inkludiert, die sie als anwesend behandeln kann (s. Luhmann 1987, 560ff.). Auch wenn die Interaktion innerhalb ihrer Grenzen selbst darüber disponiert, wen sie als anwesend behandelt und was nicht, fällt diese Selektionsfähigkeit in Bezug auf Personen doch beschränkt aus, insbesondere wenn Stimme und Körper auf Inklusion insistieren.[12] Während die Interaktion die mit einem solchen Insistieren verbundene Störung zudem kaum auf dem Weg der internen Systemdifferenzierung isolieren kann, ist umgekehrt davon auszugehen, dass Funktionssysteme entweder ihren Exklusionsvollzug über spezifische Interaktionen abwickeln oder Interaktion dazu genutzt wird, den Dissenz über Inklusion / Exklusion gegebenenfalls in skandalisierender Form an der Schwelle des Funktionssystems aufzuführen. In der Literatur breit diskutierte Beispiele für beide Varianten sind etwa der von Sicherheitsdiensten vollzogene Verweis aus städtischen Zonen oder die Reklamierung fundamentaler Rechte in Form der demonstrativen Ausstellung der eigenen Menschlichkeit. Interaktionen bilden mithin die letzten Bühnen eines Kampfs um Anerkennung als Person, sie konstituieren sich als Systeme strittiger Inklusion / Exklusion in Bezug auf Funktionskontexte. Dabei entsteht eine derartigen Interaktionen eigentümliche Nähe von Körper und Person: Der Anspruch auf Personalität wird einerseits körperlich vorgetragen und andererseits in der unter Umständen gewaltsamen Behandlung der Person als Körper abgewiesen.

Die Diagnostik verschärft sich noch, wenn man den Fokus auf Interaktionssysteme lenkt, die in dem von Luhmann so genannten Exklusionsbereich liegen. Kein vorgelagertes Teilsystem stattet diese Systeme mit strukturellen Prämissen aus, so dass ihre Kommunikationsabläufe von einem fundamentalen Mangel an Führung bestimmt sind. Ihre Sozialität ist durch die Unerreichbarkeit gesellschaftlicher Kernbereiche gekennzeichnet, ein Wechsel in codierte Kommunikation bleibt ausgeschlossen. Genauer gesagt, stehen symbolisch generalisierte Medien wie Recht, Geld oder Wahrheit nur in sehr begrenzter bzw. nur in sehr begrenzt wirksamer Form zur Verfügung, um unwahrscheinliche Kommunikationsangebote mit Annahmewahrscheinlichkeit zu versehen. Das dürfte nicht zu unterschätzende Wirkungen auf die Interaktionsmoral haben und zu einem Zusammenschrumpfen der sozialen Komplexität auf die Frage der Annahme oder Ablehnung von wie immer verkürzten Kommunikationsofferten führen. Diese graduelle Entmedialisierung der Interaktion vergrößert folglich das Problem der doppelten Kontingenz. Normalerweise setzt Interaktion »doppelte Kontingenz in schon artikulierter Form und damit auch das Gesellschaftssystem als Artikulationshilfe voraus« (Kieserling 1999, 89). Die Interaktion im Exklusionsbereich kann hingegen nicht auf diese Voraussetzung bauen. An ihre Stelle treten zum einen informationell eher verknappte Verhaltenorientierungen – hier ist etwa an die farblich bestimmten Kleidungscodes in manchen US-amerikanischen Ghettos zu denken, welche die Gangzugehörigkeit anzei-

---

12 Zu zweit auf der Rückbank eines Taxis sitzend, wird man den Fahrer nur so lange nicht als anwesend behandeln, wie dieser sich durch Fragen oder Aufforderungen nicht einmischt. André Kieserling, von dem das Beispiel stammt (1999, 65), führt ferner das Fehlschlagen eines Krisenexperiments als Beleg für diese Sichtweise an, bei dem potenzielle Interaktionspartner komplett ignoriert werden sollten (s. 64).

gen. Zum anderen wird man versuchen, die mit der doppelten Kontingenz gestellte Unbestimmtheit in der Zeit abzuarbeiten: »Alter beginnt mit einem freundlichen Blick, einer Geste, einem Geschenk – und wartet ab, ob und wie Ego die vorgeschlagene Situationsdefinition annimmt.« (Luhmann 1987, 150) Allerdings sind die Hürden für ein derartiges Prozedere im Exklusionsbereich angesichts der herrschenden Erwartungsunsicherheit hoch gesetzt, so dass es höchst unwahrscheinlich ist, dass das Problem der doppelte Kontingenz auto-katalytisch den Aufbau komplexer Systeme motiviert. Naheliegender erscheint da die Option, gleich auf Gewalt zu setzen und dadurch sowohl die Zeit wei-ter zu verkürzen als auch die Frage von Annahme oder Ablehnung der kom-munikativen Verhandlung zu entziehen: »Die Attraktion körperlicher Gewalt besteht darin ..., dass sie unmittelbare Wirkungen zeitigt (...). Sie entzieht sich der allgemeinen Ja/Nein-Codierung der Sprache. Anders als Kommunikation verdoppelt Gewalt die Welt nicht. Sie drückt Welt nicht aus.« (Nassehi 2003, 95) Der Exklusionsbereich generiert auf diese Weise Zustände der Weltlosigkeit, innerhalb derer der Körper des Ausgeschlossenen als Surrogat für Personalität firmiert. Wo sich eine soziale Person nicht unabhängig von einem materiellen Substrat zu bilden vermag, dient der Körper als Ablesefläche von Personalität und damit als Medium reduzierter Erwartungsbildung.

Die drei nun markierten Punkte bilden mögliche Einsatzstellen einer zukünf-tigen Soziologie, die den Körperbezug der Exklusionsdebatte weder negiert noch blind reproduziert, sondern ihn theoretisch reflektiert fruchtbar macht. Zugleich ist deutlich geworden, wie schwierig es sich gestaltet, die der sozialen Exklusion eigentümliche Materialität präzise zu erfassen. Der Grund dafür liegt darin, dass die soziologische Wissenschaft mit dem Begriff der Exklusion eine Kategorie in Stellung bringt, die sie an die Grenzen ihres Objektbereichs führt. Als sich selbst im Inklusionsbereich ansiedelnde Disziplin trifft die Soziologie auf das andere des für sie konstitutiven Gegenstands und gelangt dabei an die Grenzen ihrer begrifflichen Kapazität. Symptomatisch hierfür ist der Umstand, dass die Gesellschaft offenbar ein *ästhetisches Verhältnis zum Exkludierten* favori-siert. Vor allem die Kunst macht das Ausgeschlossene zum Gegenstand ästhe-tischer, und das heißt: sinnlicher Erfahrung. Aber auch die Soziologie wechselt, wie gesehen, bei der Behandlung des Ausgeschlossenen in einen eher litera-rischen Modus, also in ein stärker ästhetisches Medium der Welterschließung. Judith Butler zufolge erlaubt gerade die ästhetische Ambiguität des sinnlichen Scheinens ein Hervortreten der Materialität. »Materiality will be precisely that which is convertible into neither figuration nor cognition. This materiality cha-racterizes an aesthetic vision in its irreducibility.« (Butler 2001b, 269) Wenn der Begriff der sozialen Exklusion deshalb permanent an die Grenzen seiner eige-nen Figurierungsleistung stößt, ist das auch durch die dargelegte rhetorische Analyse der Exklusionsdebatte gedeckt. Der Körper des Ausgeschlossenen erweist sich als der unlesbar-unlebbare Körper par excellance. Er ist ein zergliederter, heterogener Körper, der eine tropologische Aktivität auf den Plan ruft und zugleich das Schicksal der diskursiven Disartikulation begründet. Auf diese Weise offenbart er die dem Exklusionsbegriff in seiner *katachretischen Qualität* eingeschriebene *Unbegrifflichkeit*: »Indeed, if the body in pieces is neither figurative nor literal, but material, then it would still follow that the only way to convey that materiality is precisely through catachresis and so through a figure.« (270)

Literatur

Balke, Friedrich (2002): Tristes Tropiques. Systems Theory and the Literary Scene. Soziale Systeme 8, 27-37.

Bataille, Georges (1997): Die psychologische Struktur des Faschismus / Die Souveränität. München: Mathes & Seitz.

Bauman, Zygmunt (2003): Flüchtige Moderne. Frankfurt a.M.: Suhrkamp.

Bauman, Zygmunt (2005): Verworfenes Leben. Die Ausgegrenzten der Moderne. Hamburg: Hamburger Edition.

Bender, John / Wellberry, David E. (1990): Rhetoricality: On the Modernist Return of Rhetoric. S. 3-42 in: Dies. (Hrsg.), The Ends of Rhetoric. History, Theory, Practice. Stanford: Stanford University Press.

Brunkhorst, Hauke (1997): Die Weltgesellschaft als Krise der Demokratie. Deutsche Zeitschrift für Philosophie 45, 895-902.

Bude, Heinz (1998): Die Überflüssigen als transversale Kategorie. S. 363-382 in: Peter A. Berger / Michael Vester (Hrsg.), Alte Ungleichheiten – Neue Spaltungen. Opladen: Leske + Budrich.

Bude, Heinz (2004): Das Phänomen der Exklusion. Der Widerstreit zwischen gesellschaftlicher Erfahrung und soziologischer Rekonstruktion. Mittelweg 36, 13, 3-15.

Bude, Heinz (2006): Abhanden gekommen. Was ist los mit der deutschen Unterschicht? Süddeutsche Zeitung vom 18. Oktober 2006, 13.

Bude Heinz (2007): Die Verdammten unter uns. Der Spiegel vom 2. Juli 2007, 160.

Butler, Judith (1997): Körper von Gewicht. Frankfurt a.M.: Suhrkamp.

Butler, Judith (1998): Hass spricht. Zur Politik des Performativen. Berlin: Berlin Verlag.

Butler, Judith (2001a): Psyche der Macht. Das Subjekt der Unterwerfung. Frankfurt a.M.: Suhrkamp.

Butler, Judith (2001b): How Can I Deny That These Hands and This Body Are Mine? 254-273 in: Tom Cohen et al (Hrsg.), Material Events. Paul de Man and the Afterlife of Theory. Minneapolis / London: University of Minnesota Press.

Butler, Judith (2003a): Kritik der ethischen Gewalt. Frankfurt a.M.: Suhrkamp.

Butler, Judith (2003b): Noch einmal: Körper und Macht. S. 52-67 in: Axel Honneth / Martin Saar (Hrsg.), Michel Foucault. Zwischenbilanz einer Rezeption. Frankfurter Foucault-Konferenz 2001. Frankfurt a.M.: Suhrkamp.

Butler, Judith (2005): Gefährdetes Leben. Politische Essays. Frankfurt a.M.: Suhrkamp.

Butler, Judith / Spivak, Gayatri Chakravorty (2007): Sprache, Politik, Zugehörigkeit. Zürich / Berlin: diaphanes.

Castel, Robert (2000a): Die Metamorphosen der sozialen Frage. Eine Chronik der Lohnarbeit. Konstanz: UVK.

Castel, Robert (2000b): Die Fallstricke des Exklusionsbegriffs. Mittelweg 36, 9, 11-25.

Castells, Manuel (2003): Jahrtausendwende. Das Informationszeitalter, Teil 3. Opladen: Leske + Budrich.

Derrida, Jacques (1999): Randgänge der Philosophie. Wien: Passagen.

Duttweiler, Stefanie (2003): Body-Consciousness. Fitness – Wellness – Körpertechnologien als Technologien des Selbst. Widersprüche 87, 31-43.

Evans, Dylan (2002): Wörterbuch der Lacanschen Psychoanalyse. Wien: Turia + Kant.

Farzin, Sina (2006a): Ausgeschlossen, aber nicht draußen. Zum gesellschaftstheoretischen Aussagewert der Kategorien Inklusion und Exklusion. Vorgänge 45, 23-31.

Farzin, Sina (2006b): Inklusion / Exklusion. Entwicklungen und Probleme einer systemtheoretischen Unterscheidung. Bielefeld: transcript.

Foucault, Michel (1994): Überwachen und Strafen. Die Geburt des Gefängnisses. Frankfurt a.M.: Suhrkamp.

Foucault, Michel (2003a): Die Anormalen. Vorlesungen am Collège de France (1974-1975). Frankfurt a.M.: Suhrkamp.

Foucault, Michel (2005): Was ist Aufklärung? S. 687-707 in: Ders., Schriften, Band IV. Frankfurt a.M.: Suhrkamp.

Fuchs, Peter (2003): Der Eigen-Sinn des Bewußtseins. Die Person, die Psyche, die Signatur. Bielefeld: transcript.

Fuchs, Peter (2005): Die Form des Körpers. S. 48-72 in: Markus Schroer (Hrsg.), Soziologie des Körpers. Frankfurt a.M.: Suhrkamp.

Hark, Sabine (2005): Überflüssig. Deutungsbegriff für neue gesellschaftliche Gefährdungen. Transit 29, 125-141.

Haraway, Donna (1995): Die Neuerfindung der Natur. Primaten, Cyborgs und Frauen. Frankfurt a.M. / New York: Campus.

Hayles, N. Katherine (1999): How We Became Posthuman. Virtual Bodies in Cybernetics, Literature, and Informatics. Chicago / London: Chicago University Press.

Kieserling, André (1999): Kommunikation unter Anwesenden. Studien über Interaktionssysteme. Frankfurt a.M.: Suhrkamp.

Kristeva, Julia (1982): Powers of Horror. An Essay on Abjection. New York: Columbia University Press.

Kronauer, Martin (2002): Exklusion: Die Gefährdung des Sozialen im hochentwickelten Kapitalismus. Frankfurt a.M. / New York: Campus.

Laclau, Ernesto (2001): The Politics of Rhetoric. S. 229-253 in: Tom Cohen et al. (Hrsg.), Material Events. Paul de Man and the Afterlife of Theory. Minneapolis / London: University of Minnesota Press.

Laclau, Ernesto (2005): On Populist Reason. London / New York: Verso.

Lüdemann, Susanne (2004): Metaphern der Gesellschaft. Studien zum soziologischen und politischen Imaginären. München: Fink.

Luhmann, Niklas (1980): Gesellschaftliche Struktur und semantische Tradition. S. 9-72 in: Ders., Gesellschaftsstruktur und Semantik. Studien zur Wissenssoziologie der modernen Gesellschaft, Band 1. Frankfurt a.M.: Suhrkamp.

Luhmann, Niklas (1987): Soziale Systeme. Grundriß einer allgemeinen Theorie. Frankfurt a.M.: Suhrkamp.

Luhmann, Niklas (1997): Die Gesellschaft der Gesellschaft. Frankfurt a.M.: Suhrkamp.

Luhmann, Niklas (1999): Jenseits von Barbarei. S.138-150 in: Ders., Gesellschaftsstruktur und Semantik. Studien zur Wissenssoziologie der modernen Gesellschaft, Band 4. Frankfurt a.M.: Suhrkamp.

Luhmann, Niklas (2002): Die Religion der Gesellschaft. Frankfurt a.M.: Suhrkamp.

Luhmann, Niklas (2005a): Inklusion und Exklusion. S. 226-251 in: Ders., Soziologische Aufklärung 6. Die Soziologie und der Mensch. Wiesbaden: VS.

Luhmann, Niklas (2005b): Die Form »Person«. S. 137-148 in: Ders., Soziologische Aufklärung 6. Die Soziologie und der Mensch. Wiesbaden: VS.

de Man, Paul (1988): Allegorien des Lesen. Frankfurt a.M.: Suhrkamp.

Nassehi, Armin (2003): Geschlecht im System. Die Ontologisierung des Körpers und die Asymmetrie der Geschlechter. S. 80-104 in: Ursula Pasero / Christine Weinbach (Hrsg.), Frauen, Männer, Gender Trouble. Frankfurt a.M.: Suhrkamp.

Opitz, Sven (2007): Eine Topologie des Außen – Foucault als Theoretiker der Inklusion / Exklusion. S. 41-57 in: Roland Anhorn / Frank Bettinger / Johannes Stehr (Hrsg.), Foucaults

Machtanalytik und Soziale Arbeit. Eine kritische Einführung und Bestandsaufnahme. Wiesbaden: VS.

Opitz, Sven (2008): Exklusion: Grenzgänge des Sozialen. S. 175-193 in: Stephan Moebius / Andreas Reckwitz (Hrsg.), Poststrukturalistische Sozialwissenschaft. Frankfurt a.M.: Suhrkamp.

Parker, Patricia (1990): Metaphor and Catachresis. S. 60-76 in: John Bender / David E. Wellbery (Hrsg.), The Ends of Rhetoric. History, Theory, Practice. Stanford: Stanford University Press.

Posselt, Gerald (2005): Katachrese. Rhetorik des Performativen. München: Fink.

Schroer, Markus (2006): Räume, Orte, Grenzen. Auf dem Weg zu einer Soziologie des Raums. Frankfurt a.M.: Suhrkamp.

Stäheli, Urs (2000): Sinnzusammenbrüche. Eine dekonstruktive Lektüre von Niklas Luhmanns Systemtheorie. Weilerswist: Velbrück.

Stallybrass, Peter (1990): Marx and Heterogeneity. Thinking the Lumpenproletariat. Representations 31, 69-95.

Stichweh, Rudolf (2005): Inklusion und Exklusion. Studien zur Gesellschaftstheorie. Bielefeld: transcript.

Wagner, Irmgard (1993): Geschichte als Text. Zur Tropologie Hayden Whites. S. 212-232 in: Wolfgang Küttler / Jörn Rüsen / Ernst Schulin (Hrsg.), Geschichtsdiskurs. Grundlagen und Methoden der Historiographiegeschichte. Frankfurt a.M.: Fischer.

White, Hayden (1991): Auch Klio dichtet oder Die Fiktion des Faktischen. Studien zur Tropologie des historischen Diskurses. Stuttgart: Klett-Cotta.

Žižek, Slavoj (2005): Die politische Suspension des Ethischen. Frankfurt a.M.: Suhrkamp.

Sven Opitz
Institut für Soziologie, Universität Basel
Petersgraben 27, CH-4051 Basel
Sven.Opitz@unibas.ch
http://soziologie.unibas.ch/opitz

Soziale Systeme 14 (2008), Heft 2, S. 254-271

Friedrich Balke

Homo homini rex. Infamie und Demokratie bei Rousseau

Zusammenfassung: Für Rousseaus politischen wie für seinen autobiographischen Diskurs ist der Zugriff der Macht auf das gewöhnliche Leben der Menschen, also auf das, was in der Kultur Alteuropas als nicht berichtens- und aufschreibenswert aus dem Bereich des Sag- und Wissbaren ausgeschlossen wurde, konstitutiv. Vor dem Hintergrund der von Michel Foucault beschriebenen Produktion infamer Menschen in den *lettres de cachet* des 18. Jahrhunderts zeigt der Aufsatz, wie Rousseau das dort bereitgestellte diskursive Formular nutzt, um die exemplarische Rechtfertigung eines ›unwürdigen Subjekts‹ vorzunehmen, das selbst das Wort ergreift und so seine minutiös dokumentierte Existenz sowohl der Nachwelt zur Erinnerung als auch den entstehenden Humanwissenschaften zur systematischen Auswertung überantwortet. Während Rousseau seine politische Theorie auf den allgemeinen Willen des Volkes gründet, muss er sein eigenes Schicksal der Macht des Souveräns anvertrauen, weil er aufgrund seiner konstitutionellen Einzigartigkeit von vornherein außerhalb der Allgemeinheit des Gesetzes steht. Damit realisiert der Diskurs Rousseaus die polare Struktur des modernen Volks, das zwischen dem integralen politischen Körper der Demokratie und den *ordinary people*, den tendenziell ausgeschlossenen oder ›prekären‹ Existenzen oszilliert.

Was eigentlich ist die Demokratie? Was ist das Volk? Wie ist seine Herrschaft beschaffen? Vermag das Volk in derselben Weise Subjekt souveräner Machtausübung zu sein wie die Könige und Fürsten des alten Regimes, das der modernen Demokratie vorausging? Es gibt so viele Antworten auf diese Fragen, so viele gelehrte verfassungsrechtliche und institutionengläubige Auskünfte, aber auch so viele skeptische, ironische und offen zynische Kommentare, dass man die Sache vielleicht besser auf sich beruhen lassen sollte. Die Antworten auf die Frage nach der Demokratie schwanken zwischen dem Hinweis auf die absolute Referenz des Volkes als des Inhabers der verfassungsgebenden Gewalt und kritisch gemeinten Auskünften, die in ihr nicht mehr als eine politisch motivierte oder machtökonomisch relevante *Fiktion* erkennen wollen.

Aber politische Körperschaften sind von denen, die mit der juristischen Seite ihrer Konstitution befasst waren, immer schon als fiktive Personen beschrieben worden, weil sie nicht in derselben Weise greifbar und adressierbar sind wie die Körper derer, aus denen sie sich zusammensetzen. Den Begriff von Fiktion, den die Juristen beanspruchen, müssen wir uns heute erst mühsam, unter anderem mit medientheoretischen Argumenten, zurückerobern, sind wir doch allzu sehr geneigt, Fiktionen ins Reich der Phantasien zu verweisen. Für Phantasien aber sind der modernen Funktionsdifferenzierung zufolge die

Künste zuständig. *Fictio figura veritatis*: Die Fiktion ist eine Figur der Wahrheit, beharren die Juristen gegen unser modernes Verständnis von Fiktion. Folgt man den Juristen, wird man der Demokratie also keinen Vorwurf aus der Tatsache machen können, dass sie ihrem ›Literalsinn‹, der Herrschaft des Volkes, niemals genügt, weil der buchstäbliche Sinn politischer Körper immer schon ein fiktiver ist.

Obwohl ihm als Staatsrechtslehrer und Politischem Theologen die Bedeutung der juristischen Lehre von den politischen Körpern nicht entgangen ist, hat Carl Schmitt in seiner *Verfassungslehre* darauf beharrt, dass die Existenz des Volkes *diesseits* der politischen Repräsentationsschwelle liegt. Vom Volk lasse sich wenig mehr sagen, als dass es »da *ist*«. Sein Merkmal sei die Anwesenheit, behauptet Schmitt, nicht ohne an dieser Stelle auch den Namen Rousseaus zu nennen. Das Volk sprengt die Ordnung der Repräsentation, weil es keiner Instanz des Staatsapparats erlaubt, sich das Monopol auf die Symbolisierung seines öffentlichen Körpers anzueignen. Seine Souveränität, hatte Rousseau im *Contrat social* hervorgehoben, ist unübertragbar. Das Volk, so würde ich einwenden, sprengt die Ordnung der *Repräsentation* bzw. die traditionellen Verfahren politischer Sichtbarmachung im öffentlichen Raum, nicht aber die Register seiner *Identifikation* und damit seiner Ortung. Darin liegt auch der Grund, dass Schmitt zwei Prinzipien politischer Form unterscheidet, nämlich Repräsentation und Identität, die er den beiden »in Betracht kommenden Subjekten der verfassungsgebenden Gewalt« zuordnet: die Repräsentation dem Monarchen, die Identität dem Volk (Schmitt 1983, 205). Es liegt offenbar an Schmitts engem Begriff der Repräsentation, der auf die »*Darstellung* der politischen Einheit« abhebt, dass er das Volk als eine existentielle Größe *fingiert*. Als solche ist sie der symbolischen Ordnung grundsätzlich entzogen und kann daher nicht nach den Weisen ihrer Erzeugung befragt werden. Gerade weil sich das Volk in seiner Existenz und Ausdrucksweise durch keine verfassungsrechtliche Norm erschöpfend bestimmen lässt, avanciert es in dieser Perspektive umstandslos zum politischen *ens realissimum*. Als »nichtorganisierte und nichtformierte Größe« (Schmitt 1983, 242) ist es zugleich Grund und Abgrund der demokratischen Verfassung, es gehört ihr gewissermaßen in der Weise der Nichtzugehörigkeit an, ist also *zugleich* vollständig inkludiert und exkludiert.

Diese Eigenschaft des Volkes, durch die es als absolute Referenz der Demokratie (etwa in den feierlichen Präambeln der Verfassungstexte) adressierbar wird (die Seite der Inklusion) und sich zugleich als irreduzible Vielheit einer empirischen Bevölkerung jeder symbolischen Zusammenfassung entzieht (die Seite der Exklusion), hat auch Giorgio Agamben im Blick, wenn er auf die Ambivalenz aller Versuche hinweist, das Volk der Demokratie in ein verfassungsrechtliches Subjekt zu verwandeln und die *multitudo*, wie vormals den König, mit einem zweiten, unsterblichen Körper auszustatten, der auf den Namen der Nation hört. Auf diese Weise nämlich wird seine unaufhebbare innere Spaltung verleugnet, seine Heterogenität der Realfiktion eines einzigen und ungeteilten

Volkes geopfert, um den nicht-integrierbaren ›Rest‹ gewaltsam zu beseitigen oder auf dem Wege von entwicklungs- und sozialpolitischen Maßnahmen zum Verschwinden zu bringen. Das Volk aber bleibt all dieser Eingriffe und Maßnahmen zum Trotz ein polarer Begriff.[1] Die moderne Gesellschaft reibt sich daher in periodischen Abständen – wir haben es eben gerade wieder erfahren – die Augen, wenn sie feststellen muss, dass sich ein ärgerlicher ›Rest‹ an ›Unterschicht‹ oder ›Prekariat‹ selbst unter den Bedingungen grundsätzlicher sozialer Inklusion und staatsbürgerlicher Partizipation reproduziert. Wenn also ein »einziger und kompakter Referent des Wortes ›Volk‹« nicht existiert, kann man diesem Sachverhalt entweder auf *römische* Weise Rechnung tragen, indem man die Differenz mit Hilfe der Unterscheidung von *populus* und *plebs* institutionalisiert und als einen politischen Dauerkonflikt toleriert; oder aber, und genau das passiert im Zeichen der modernen demokratischen Revolution, man erklärt, sich nicht länger mit dem Skandal der Existenz ›unterprivilegierter‹ Klassen, also der Existenz der Armen, Enterbten und Ausgeschlossenen abzufinden, ohne jedoch verhindern zu können, dass sich die Polarität oder Ambiguität auf der Ebene der Maßnahmen reproduziert, die der moderne Staat anwendet, um die fundamentale Spaltung im Begriff und in der Existenzweise des Volkes zu beheben.

Weil die Existenz des Volkes als politischer Kategorie nicht so sehr auf Repräsentations- als vielmehr auf Identifikationsmechanismen beruht, verdienen die Medien, die Schreib- und Darstellungstechniken, die zum Zweck seiner Identifizierung zum Einsatz gelangen, unsere Aufmerksamkeit. Man kann sagen, dass alles Schreiben und Aufschreiben im Umfeld des neuzeitlichen, absolutistischen Staates in erster Linie ein Medium der Referentialisierung bzw. Verortung war, in dem es darum ging, die von Schmitt im Anschluss an Rousseau axiomatisch gesetzte Anwesenheit bzw. Identität des Volkes allererst herzustellen – und zwar durch den Einsatz von Techniken der elementaren Datenerhebung über das gewöhnliche oder ›bloße Leben‹ der Untertanen des Königs. Denn das Volk, das nicht zufällig auch das »gemaine Volk« hieß, verharrte, einfach weil es der repräsentativen Sphäre der souveränen Machtausübung denkbar weit entfernt stand, lange Zeit unterhalb der Wahrnehmungs- und Beschreibungsschwelle. Die »Chronik eines Menschen, die Erzählung seines Lebens, die Geschichtsschreibung seiner Existenz« (Foucault 1981, 246f.) gehörten zu den Privilegien und Ritualen der mit der öffentlichen Macht betrauten Individuen. Die öffentliche Macht musste sich nicht dafür interessieren, wo und in welchen Verhältnissen die Menschen, über die sie herrschte, lebten, solange es ihr genügte, sich als der symbolische Körper der Gemeinschaft vorzustel-

---

1 Etienne Balibar (1997, 106) hat gezeigt, dass diese innere Spaltung des Volks in Rousseaus Konzept des Allgemeinwillens (*volonté générale*) wiederkehrt, das nicht aufhört, zwischen den »deux pôles de la *constitution* et de l' *insurrection*« zu oszillieren. Daher können sich Verfassungsrechtler auf den Begriff berufen, um den Staat zu legitimieren, der auf das Volk ›umgegründet‹ wird, aber eben auch Politiker, die die Revolution rechtfertigen.

len. In ihm sammelte sich das Volk zwar, aber die Macht hatte es nicht nötig, es abzuzählen und in ein Register einzutragen, das die Identität jedes einzelnen Subjekts garantiert. Die »Sammlung von Menschen in *einem* mystischen Körper« (Kantorowicz 1990, 221), wie ihn die spätmittelalterlichen Juristen konzipierten, muss von den Techniken der Sesshaftmachung und Identitätsfeststellung einer Bevölkerung unterschieden werden, weil für diese Techniken die von Ernst Kantorowicz herausgestellte Alternative zwischen »nur geistig« erfassbarer Körperschaft und realem, stofflichem Körper nicht länger gilt. Die Staatsmacht entwickelt Formen und Formulare, die einen *beliebigen Untertanen* dazu anhalten, zu sagen, *wer* er ist, die Geschichte seiner Existenz, ihrer manifesten Bedeutungslosigkeit zum Trotz, zu Protokoll zu geben und als Gegenleistung vom Staat den Status eines legalen Subjekts zu erhalten, also in seiner ephemeren Existenz durch den großen Anderen anerkannt zu werden.[2]

Im Zeitalter der Demokratie treten daher neben die juristischen Regeln der Artikulation des Volkswillens (in Wahlen und Abstimmungen) kulturelle Regeln der Transformation des Lebens der ›gemeinen Leute‹ in den politischen Körper eines *anwesenden* Volkes, dessen Anwesenheit und exklusive Loyalitätszusicherung zur Bedingung seiner Administrierbarkeit wird. Bekanntlich hat kaum ein anderer moderner politischer Theoretiker die Anwesenheit und Identität des Volkes so nachdrücklich betont wie Jean-Jacques Rousseau. Ich möchte dafür plädieren, diesen Befund weniger als Ausdruck einer zu dekonstruierenden Präsenzmetaphysik, für die »Negativität des Bösen« immer die »Gestalt der Supplementarität«, politisch gesprochen: der Stellvertretung annimmt (Derrida 1983, 251), noch auch als eine bloß nostalgische Reminiszenz an die antike Versammlungsdemokratie zu verstehen. Rousseaus These von der Unübertragbarkeit der Souveränität, die nicht länger beim Fürsten, sondern beim Volk liege, trägt vielmehr den konkreten Prozeduren und Dispositiven Rechnung, die zur »Fixierung«, um es mit einem Begriff Georg Simmels (1992, 705) zu sagen[3], oder zur Sichtbarmachung der Menschen, jedes einzelnen und aller zusammen, im Zeitalter der Demokratie eingesetzt werden. Wer einen Menschen sucht, möchte es oft aufgeben, bevor er ihn findet, klagte einst Xenophon; die modernen Identifizierungstechniken stellen dagegen sicher, dass

---

2 Die Techniken der staatlichen Identifizierung und Lizensierung von Untertanen hat Bernhard Siegert am spanischen Fall des 15. Jahrhunderts untersucht. Beliebige Subjekte, die nach den spanischen Überseekolonien auswandern wollten, wurden dazu angehalten, ›ihre Geschichte‹ zu erzählen und von Zeugen beglaubigen zu lassen, um so allererst legitimen Subjektstatus und damit die benötigte Lizenz zur Überfahrt zu erhalten. Die alte Welt durften nämlich nur Dinge und Menschen verlassen, die sich zuvor hatten registrieren lassen und damit zu legitimen Objekten eines staatlich sanktionierten Transfers zwischen den Kontinenten wurden (Siegert 2006).

3 Wobei Simmel wie Foucault (2004, 483f.) die Rolle der Städte und des städtischen Verkehrs für die Ausbildung von modernen Identifizierungs- und Fixierungspraktiken hervorheben – was für unseren Zusammenhang um so wichtiger ist, als Rousseau, mit Simmel zu sprechen, gegen die spezifische »Lebendigkeit« bzw. Zirkulationsdynamik der Städte die »unruhige nomadische Bewegtheit primitiver Gruppen« (Simmel 1992, 709) zurückzugewinnen versucht.

Menschen wie Dinge sich trotz ihrer Mobilität an einem ›Platz‹ befinden, an dem man sie grundsätzlich erreichen und zum Gegenstand der Beobachtung und des Wissens machen kann.

Das Zeitalter der Demokratie im modernen Sinne beginnt also in dem Moment, in dem es nicht länger ein *Privileg* ist, betrachtet, beobachtet, erzählt und aufgezeichnet zu werden: »Es ist ein wichtiger Moment, in dem eine Gesellschaft der anonymen Masse der Leute Wörter, Wendungen und Sätze, Sprachrituale zur Verfügung gestellt hat, damit sie von sich selber sprechen können« (Foucault 2001, 42f.). Diesen Moment hat Michel Foucault in einem kulturgeschichtlich wie soziologisch gleichermaßen bedeutsamen Text über das »Leben der infamen Menschen« von 1977 festgehalten. Die »infamen Menschen«, das sind zunächst einmal solche Individuen, die von der Fama, der öffentlich zirkulierenden Rede oder Sage, dem Gerücht in der Form des Ruhms, ausgenommen sind, weil ihr Leben buchstäblich nichts enthält, das berichtenswert wäre oder gar verdiente, aufgeschrieben zu werden. Aber die infamen Menschen sind nicht nur diejenigen, von denen die Überlieferung schweigt, die über keinen guten Ruf oder guten Namen verfügen und erst recht nicht berühmt sind, so dass sie gewissermaßen aus der symbolischen Ordnung einer Kultur ›herausfallen‹. Die Infamen sind vielmehr Menschen von üblem Ruf, die Schmach und Schande auf sich geladen haben und Verdächtigungen auf sich ziehen. Bereits der lateinische Gebrauch von *infamia* und erst recht des Verbs *infamo* oszilliert in aufschlussreicher Weise zwischen einer resultativen und einer operativen Bedeutungskomponente. Der üble Ruf erweist sich so als das Ergebnis einer Verdächtigung oder gar Verleumdung, also einer diskursiven Aktivität. Ernst Cassirer hat den »Grundgedanken« der Philosophie Rousseaus unter Rückgriff auf eine Formulierung im *Discours sur l'origine de l'inégalité* auf die Notwendigkeit des ›gesellligen Menschen‹ bezogen, zuletzt nur »in der Meinung der anderen« zu leben, so dass ihm selbst das »Gefühl seiner eigenen Existenz« nur noch »auf diesem abgeleiteten und vermittelten Wege, auf dem Umweg über das Urteil der andern« zuteil wird (Cassirer 1989, 15). Statt in dieser für den gesamten Diskurs Rousseaus konstitutiven Gegenüberstellung von Sein und Schein lediglich die Aktivierung einer Grundunterscheidung der abendländischen Metaphysik zu erkennen (Heidegger 1976, 75-88), muss man die konkreten Formen des Urteils rekonstruieren, denen Rousseau sich ausgesetzt weiß und denen er sich im Namen der Namenlosen mit seinem Diskurs zugleich entgegensetzt.[4] Das

---

4 »Rousseaus Weg durch die Gesellschaft des achtzehnten Jahrhunderts ist erstaunlich, selbst wenn man das mythische Element in seiner Darstellung nicht unterschätzt. Als Sohn eines Uhrmachers aus der kleinen Republik von Genf begann sein Leben in einer bescheidenen Position der sozialen Hierarchie und sank bald auf ihren tiefsten Punkt herab.« (Darnton 1989, 106) Dass Rousseaus späterer Weg diese von Robert Darnton beschriebene abgebrochene Aufstiegsbewegung immer aufs Neue wiederholt, dass er also von einem bescheidenen Ausgangspunkt für einen Moment kometenhaft aufsteigt, um wieder auf den tiefsten Punkt herabzusinken, ist die biographische Ressource seiner bleibenden Fremdheit innerhalb der Kultur, in der er sich bewegt, und der Grund, warum er die »Welt der Vagabunden des Ancien Régime« (Darnton 1989, 107) niemals verlässt, so sehr er auch versucht, in die Salons vor-

infame Subjekt lebt auf eine ausschließliche Weise im Urteil der andern, weil es von ihm selbst keine andere Überlieferung gibt, als jene wenigen Sätze, die von seiner Existenz berichten, um sie zugleich auszulöschen oder jedenfalls aus der öffentlichen Wahrnehmung zu verbannen. Die infamen Menschen, für die sich Foucault interessiert, waren dazu bestimmt, »ohne Spur vorüberzugehen« und dennoch hat sie etwas der Nacht entrissen, »in der sie hätten bleiben können und vielleicht für immer bleiben sollen, das ist die Begegnung mit der Macht« (Foucault 2001, 15f.), die ihnen ein wenig von dem strahlenden Glanz abgegeben hat, der ihr allein vorbehalten ist.

Foucault legt Wert darauf, den Gegenstand seines Interesses von jener, wie er schreibt, »falschen Infamie« der Schreckens- oder Skandalmenschen vom Typ Gilles de Rai, Cartouche oder de Sade zu unterscheiden. Die Infamie ist gerade keine bloße »Modalität der universalen Fama«, verdankt sich nicht einer bloßen Umkehrung der Vorzeichen glorreicher Legenden – und es ist genau dieser zunächst unspektakuläre Zug, den wir in der Figur des infamen Subjekts wiederfinden, die auch die politische Theorie Jean-Jacques Rousseaus und ihre kulturelle Signatur entscheidend bestimmt. Die Besonderheit der politischen Theorie Rousseaus liegt darin, dass sie sich nicht in den bekannten Axiomen des *Contrat social* erschöpft: Die ›Bibel der Revolution‹, wie man Rousseaus politisches Hauptwerk genannt hat, gibt die Regeln der Erzeugung einer soziopolitischen Körperschaft an, die auf den Namen der *volonté générale*, des allgemeinen Willens hört. Rousseaus politisches Denken erstreckt sich allerdings, wie ich argumentieren möchte, über die Grenzen seines im engeren Sinne politischen Werks hinaus auch auf die *Bekenntnisse* eines wenig gloriosen Subjekts namens Jean-Jacques.[5] Diese *Bekenntnisse* dienen keineswegs bloß der Erhellung eines berühmten Autorlebens.[6] In ihrem Zentrum steht vielmehr der zentrale Mechanismus einer unabschließbaren Selbstrechtfertigung und

zudringen. Weil Rousseau immer wieder ›abbricht‹, kann sein Ruhm niemals vom Skandal seiner Existenz und damit: von ihrer Infamie getrennt werden.

5 Louis Althusser hat in seiner systematischen Lektüre der Konstruktion des *Gesellschaftsvertrags* auf eine Reihe von theoretischen »Verschiebungen« im Diskurs Rousseaus aufmerksam gemacht, die am Ende nur einen »Ausweg« anderer Art offenlassen, den die Literatur ermöglicht: »Eine *Übertragung*, diesmal der Unmöglichkeit einer theoretischen Lösung, in das Andere der Theorie, in die Literatur. Der bewundernswerte ›fiktionale Triumph‹ einer Schreibweise ohne Vorläufer. (...) Daß sie ohne Vorläufer ist, kann nicht beziehungslos sein zu dem bewunderungswürdigen ›Scheitern‹ einer Theorie ohne Vorläufer, des Gesellschaftsvertrages« (Althusser 1987, 171f.). Diese Theorie ›scheitert‹, weil sich das Allgemeine (im *volonté générale*) als Element des Politischen nicht gegen seine Unterordnung unter das besondere Interesse schützen kann, das nicht das besondere Interesse der Einzelnen, sondern das der sozialen Gruppen ist, die ihrerseits Anspruch auf das Allgemeine erheben.

6 Das erkennt auch Tracy B. Strong, der die politischen Implikationen der *Bekenntnisse* in ihrer ›Nobilitierung‹ des gewöhnlichen (*ordinary*) Lebens sieht, die es nicht länger erlaubt, so ließe sich mit Foucault sagen, das Recht auf Geschichte bestimmten Existenzen, die sich im Glanz ihrer sozialen oder politischen Position sonnen, vorzubehalten: »If everything is meaningful, then meaning is available to all, for the events of the lives of each of us are at least as significant as the events in Rousseau's life, if only we are able to acknowledge them as such. The success of the project of the Confessions will thus be to annihilate the author of the book and to replace him/it with a human.« (Strong 1994, 17f.)

Selbstbehauptung angesichts eines fundamentalen Verdachts, der aus den
Transparenzzumutungen der Gemeinschaft selbst resultiert, der man als politisches Subjekt angehören möchte. Wogegen nämlich schreibt Rousseaus auto-
biographisches Narrativ an? Nicht so sehr gegen die üble Nachrede seiner im
Geheimen operierenden Feinde, sondern gegen die ultimative Gefahr seiner
Auslöschung aus dem Gedächtnis der Menschheit und damit gegen eine radikale Art des Vergessens. Rousseau begreift sein Leben als infamisiertes Leben.
Die Kraft der Infamisierung besteht darin, dass sie ein beliebiges Individuum
einer Gruppe von Subjekten zugesellt, die, wie Foucault schreibt, »nur noch
kraft der etlichen schrecklichen Worte [existieren], die dazu bestimmt waren,
sie für immer des Gedächtnisses der Menschen unwürdig zu machen« (Foucault 2001, 23). Rousseau kämpft mit seiner autobiographischen Erinnerungs-
maschine verbissen gegen die Machinationen seiner vermuteten Gegner an,
um ihnen nicht das Terrain der öffentlichen Meinung und des zukünftigen kollektiven Gedächtnisses zu überlassen.

Die Produktion infamer Subjekte vollzieht sich im Frankreich des 18. Jahrhunderts textuell nirgendwo so massiv wie in den berühmten *lettres de cachet*. His-
toriker haben zeigen können, dass die Energie, mit der die souveräne Macht
auf Bitten der Angehörigen das Leben einfacher und unbedeutender Menschen ergreift und den »Strahl ihres Zornes« auf sie richtet (Foucault 2001,
20), in einem grotesken Missverhältnis zum »letzten Endes ordinären Vergehen« steht, dessen man sie beschuldigt. Louis Sébastian Mercier hat in seinem *Tableau de Paris* von 1788 die Gestalt des Polizeileutnants als den Souverän vor Ort charakterisiert, der seine Entscheidungen abseits der öffentlichen
Gerichtsbarkeit auf der Grundlage der Fama und seines Dafürhaltens trifft. Ein
solches polizeiliches Dafürhalten reicht aus, um die Existenz und das Verhalten eines Individuums als »gefährlich« zu beurteilen. Mercier hat die »Audienz
beim Polizeileutnant« in einer Weise literarisch verdichtet, dass ihre Rolle als
eines Prätextes für die bürokratischen »Prozesse«, die Franz Kafka dann im
20. Jahrhundert beschreibt, leicht erkennbar wird:

> Einer Audienz beim Polizeileutnant beizuwohnen ist höchst lehrreich. Man
> unterbreitet ihm alle möglichen Klagen und Anliegen, man umdrängt ihn,
> flüstert ihm etwas ins Ohr, er antwortet mit einer nichtssagenden Floskel;
> Bittgesuche aus drei verschiedenen Wartezimmern überfluten seinen
> Tisch, die Hände des Sekretärs oder des Bürodieners, der sie einsammelt,
> vermögen sie kaum zu halten. Der Pöbel sitzt im hintersten Raum, redet
> den Polizeigewaltigen zitternd mit Euer Gnaden an und wird sehr auf die
> Schnelle abgefertigt.

Mercier fügt an dieser Stelle interessanterweise noch eine Einschätzung hinzu,
die die Philosophie und den Philosophen betrifft und damit bereits auf jenen
Zusammenhang anspielt, den ich hier zwischen der Erfindung und Verfolgung
der infamen Menschen und einer neuen, autobiographischen »Selbstkultur«

herstellen möchte, die nicht zufällig ihren literarisch wie politisch prägnantesten Ausdruck im Werk des Philosophen Rousseau findet. Die Ausübung souveräner Macht unter demokratischen Bedingungen setzt den Zusammenschluss der juridischen Legitimationsfigur absoluter Herrschaft mit dem voraus, was ich das autobiographische Dispositiv nennen möchte, also mit einer bestimmten Art und Weise, die Subjekte dazu anzuhalten oder anzureizen, *weltlichen* Behörden über sich selbst umfassend Auskunft zu geben.[7] Was Mercier lediglich in Form eines Gedankenspiels formuliert, erweist sich als unmissverständlicher Hinweis auf die Bedeutsamkeit des souveränen Wissens für den Diskurs des Philosophen. Obwohl die Philosophie seit ihrer Stiftung bei den Griechen stets auf Abstand zu den empirischen Orten der Macht bedacht war, obwohl sie dem Mythos verpflichtet ist, die Wahrheit, als deren Hüter sie sich versteht, könne niemals bei der Macht liegen und obwohl sie sich in der Rolle des besseren Gesetzgebers gefällt, pflegt sie doch abseits dieser offiziellen Nichtbeziehung durchaus einen regen Austausch mit jenen Regionen der souveränen Macht, auf die nicht der Glanz des öffentlichen Repräsentationsgeschehens fällt, in denen aber Erkenntnisprozeduren und Wahrheitsmechanismen zum Einsatz kommen, die den Philosophen mit dem Versprechen eines neuen, unerhörten Wissens vom Menschen anlocken:

> Brächte dieser Amtsmann alles, was er weiß, alles, was ihm zu Ohren und unter die Augen kommt, einem Philosophen zur Kenntnis und gewährte er diesem darüber hinaus noch Einblick in gewisse Geheimnisse, über die nur er allein einigermaßen auf dem laufenden ist – es ergäbe sich daraus wahrscheinlich das merkwürdigste und aufschlußreichste aller jemals aus der Feder eines Denkers entsprungenen Bücher. Unser Philosoph würde damit seine übrigen Brüder im Geiste ganz schön in Erstaunen versetzen. (Mercier 1979, 67)

Rousseau ist dieser Philosoph, der seine übrigen Brüder mit seiner Bekenntnispolitik in der Tat »ganz schön in Erstaunen versetzt« hat. An einem beliebigen Beispiel von 1728, das den Dossiers, die die *lettres de cachet* betrafen, entstammt, lässt sich die Struktur der Geschichten erläutern, die entrüstete Untertanen in das Ohr ihres Monarchen bzw. in das seines lokalen Stellvertreters flüstern, um zu erwirken, dass unliebsame Personen vorzugsweise in ihrem unmittelbaren familiären Umfeld auf besonderen Befehl des Königs aus dem Verkehr gezogen werden:

---

7 Man kann einem Großteil der Rousseau-Literatur den Vorwurf nicht ersparen, dass sie den systematischen Zusammenhang zwischen politischer Theorie und autobiographischer Selbsterforschung bei Rousseau bis heute verkennt und stattdessen an der sattsam bekannten Konfrontation des Politikers und des Romantikers festhält, die ja auch weitgehend die Rezeption Rousseaus außerhalb der Akademie – also den Rousseaukult – bestimmt hat: Dem Kult des gesetzesstrengen Republikaners, der die politische Ordnung auf die ›totale‹ Denaturierung bzw. Entfremdung (*aliénation totale*) des Menschen gründet, steht der Kult der schönen Seele gegenüber, die ihre innere Erfahrung auf einsamen Spaziergängen gewinnt (vgl. dazu Spaemann 1980).

An Monseigneur,
den Generalleutnant der Polizei
Untertänigst bitten Jean Jacques Cailly, Advokat am Parlament, und seine
Frau Marie Madeleine du Poys und erklären, daß ihr Sohn Marc René
Cailly, einundzwanzig Jahre alt, die gute Erziehung, die sie ihm gegeben
haben, vergißt und nur noch mit Prostituierten und liederlichen Leuten
verkehrt, mit denen er sich so exzessiven Ausschweifungen hingegeben
hat, daß man verhängnisvolle Folgen für ihn befürchten muß; um diese zu
vermeiden, rufen die Bittsteller die Autorität von Monsieur an, nachdem
sie ihren Sohn vergeblich ermahnt haben, er solle zur Erfüllung seiner
Pflichten zurückkehren und ein ordentlicheres Leben führen.
In Anbetracht dessen, Monsieur, ordnen sie gefälligst an, daß Marc René
Cailly, der Sohn der Bittsteller, zu den ehrwürdigen Patres von Saint-Lazare
gebracht werden und dort eingesperrt werden soll, bis er Zeichen der Reue
erkennen läßt; die Bittsteller bieten an, für seinen Unterhalt aufzukommen.
Sie erhoffen diese Gnade von der Gerechtigkeit von Monsieur, die in
keiner gerechteren und notwendigeren Sache gewährt werden kann.
(Cailly/Dupoys/Cailly 1728 (Farge/Foucault 1989, 187))

Es gibt, wie man sieht, nicht einmal unzweideutige Gesetzesvorschriften, die
diese Menschen verletzt hätten, so dass man sie, gemessen an solchen Vor-
schriften, allesamt für unschuldig erklären müsste. Dass man vor dem Gesetz
unschuldig ist, aber dennoch einem Verdacht unterliegt, dessen Schwere sich
umgekehrt proportional zu den unterstellten ›Taten‹ oder Verhaltensweisen
verhält: Diese sozialmoralische Inkriminierung eines beliebigen Individuums,
die den *lettres de cachet* zugrunde liegt, beschreibt zugleich die Ausgangssitua-
tion, in der sich Rousseau zu befinden glaubt und in der er sich in immer neuen
Anläufen entschließt, sein Leben öffentlich und für jedermann nachvollziehbar
zu rechtfertigen.
Rousseau ist sich selbst ein »Fall« im doppelten Sinne des Wortes: Im juristischen Sinne geht es ihm um die Offenbarung seiner völligen Unschuld angesichts einer Anklage, die nur in diffusen Vermutungen, Gerüchten und plötzlichen Haftbefehlen greifbar wird, deren Urheber und genaue Gründe sich der
Kenntnis des Beschuldigten entziehen: »In dem Abgrund der Leiden, in dem ich
untergegangen bin, spüre ich die Schläge, die gegen mich geführt werden, und
sehe das Werkzeug, dessen man sich bedient. Aber ich kann weder die Hand
sehen, die es lenkt, noch die Mittel, die sie anwendet«, beginnt Rousseau (1981,
580) das letzte Buch der *Confessions*. Die nach der Veröffentlichung des *Émile*
ausgestellten Pariser und Genfer Haftbefehle von 1762 erweisen sich aus Rousseaus Perspektive als eine »Verletzung aller Gesetze«. Sie setzen den Beschuldigten *hors la loi*, sie stoßen ihn aus der Gesellschaft selbst aus. Rousseau unterliegt
in der Folge einer spezifisch kulturell-medialen Dynamik der Infamisierung[8], die

8 Die Erfahrung der Infamisierung, die durch kleine Ordnungswidrigkeiten oder kaum merkli-
che Auffälligkeiten von Individuen, die unterhalb der Schwelle des Gesetzesverstoßes liegen
und damit der juridischen Perzeption entgehen, in Gang gesetzt wird, begründet das Inter-

Haftbefehle, so schreibt er rückblickend, »gaben das Signal zu dem Schrei der Verwünschung«, der durch »ganz Europa« gellte: »Alle Zeitungen, Zeitschriften, Flugschriften läuteten mit aller Kraft zum Sturm. Ich war ein Gottloser, ein Atheist, ein Verrückter, ein Rasender, ein wildes Tier, ein Wolf.« (Rousseau 1981, 580 f.; vgl. Lévi-Strauss 1992, 54) Mit dem Wolf nennt Rousseau jenes Tier, dem nicht erst seit Thomas Hobbes in der Geschichte der neuzeitlichen Souveränitätsvorstellungen die Rolle zugewiesen wird, als die äußerste Gefahr für die soziale Ordnung zu figurieren. Rousseaus Fall wäre unter diesem Gesichtspunkt zugleich als der politische Ernstfall zu definieren, weil ihm aufgrund seiner vermeintlichen »Wolfsnatur« (Rousseau 1981, 581) die Kraft zugetraut wird, die bürgerliche Gesellschaft in den Naturzustand zurückzuverwandeln.

Gegen diese Verleumdung seiner Existenz appelliert Rousseau im »Vorwort« der *Confessions* an seine Leser, der »Ehre seines Andenkens [nicht] das einzige zuverlässige Denkmal meines Charakters« zu entziehen, »das von meinen Feinden nicht entstellt worden ist«. Gegen die Arbeit der Entstellung bietet Rousseau also die Kraft der Monumentalisierung (»Denkmal«) einer unscheinbaren, beliebigen Existenz auf, deren Leben aus lauter Episoden besteht, die als solche wenig spektakulär sind und die, obwohl sie durchaus auch kleine »Nichtswürdigkeiten« (*indignités*) (Rousseau 1981, 9) enthalten, belegen sollen, dass niemand, der die Geschichte Rousseaus liest, sagen können wird: »Je fus meilleur que cet homme-là.« (»Ich war besser als dieser Mensch da.«) Dennoch weiß sich Rousseau absolut verschieden von allen anderen Menschen, obwohl diese Verschiedenheit nicht das Prädikat einer moralischen Höherwertigkeit verdient: »Si je ne vaux pas mieux, au moins je suis autre.« (»Wenn ich nicht besser bin, so bin ich wenigstens anders.«) (Rousseau 1981, 10) Rousseaus Bekenntnisse dienen also nicht nur der umfassenden Selbstrechtfertigung angesichts einer seine Existenz im Innersten treffenden Anklage; diese juridische Dimension seines »Falls« (die eigene ›Entschuldung‹ vor einem imaginären Gericht der Leser) wird überlagert durch die Beteuerung eines humanwissenschaftlichen Nutzens seiner Selbsterkenntnis: »zerstören Sie nicht«, ruft er seinen Lesern zu, »ein einzigartiges und nützliches Werk, das als erstes Vergleichsstück beim Studium der Menschen dienen kann, einem Stu-

esse Rousseaus an den Verfahren der kulturellen Alterisierung. Der Exklusion durch Infamisierung begegnet Rousseau mit der Strategie einer rückhaltlosen Inklusion, die, u.a. durch die Entfaltung einer komplexen Theorie soziokultureller Evolution, die ihren Ausgangspunkt – wie im Fall der biographischen Entwicklung – in strukturbildenden Zufällen hat, selbst die Mensch/Tier-Unterscheidung relativiert, der Rousseau im Namen des empfindenden Lebewesens widerspricht. Kein geringerer als Claude Lévi-Strauss, der in Rousseau den »Begründer der Wissenschaften vom Menschen« erkannte, hat diese Dimension der »rousseauistischen Revolution« erkannt, »die die ethnologische Revolution präformiert und auslöst«. Sie besteht in der »Zurückweisung erzwungener Identifikationen, sei es einer Kultur mit einer anderen oder eines Individuums als des Angehörigen einer Kultur mit einer bestimmten Rolle oder mit einer sozialen Funktion, in die eben diese Kultur es hineinzwängen will« (Lévi-Strauss 1992, 52). Die Achtung vor dem Anderen sprengt bei Rousseau die Logik zwischenmenschlicher Anerkennung oder Intersubjektivität, auf die zeitgenössische Theorien ihren Begriff der sozialen Welt einschränken.

dium, welches erst beginnen muß« und dann tatsächlich mit all den Maga-
zinen für Erfahrungsseelenkunde und den »Annalen« verirrter und ›gestörter‹
Subjekte beginnt.

Rousseaus Unternehmen ist ein Unternehmen, das entgegen der Behauptung, mit dem das erste Buch der *Confessions* einsetzt, bald jedermann »nach-
ahmen« wird. Man mag ihn in dieser Hinsicht einen Diskursivitätsbegründer
nennen. Die zentrale Aussage, die dem Diskurs, den er stiftet, Existenz verleiht, erscheint auf der Oberfläche des Textes, ein rudimentäres Syntagma,
das nicht einmal das grammatische Kriterium eines vollständigen Satzes oder
Urteils erfüllt: »Moi seul«, »Ich allein« (Rousseau 1981, 9). Rousseaus umfassende Dokumentierung und Prüfung seines eigenen Lebens kündigt die Spiel-
art einer Macht an, für die der individuelle Unterschied ausschlaggebend ist
und die daher aus jedem Individuum einen »Fall« macht, ganz gleich, welchen
Rang, welche Position es in der sozialen Hierarchie einnimmt oder über welche
Autorität es verfügt. Der Fall in diesem Sinne wird durch kein juristisches Tat-
bestandsformular erschöpft, sondern bezeichnet das Individuum selbst, »wie
man es beschreiben, abschätzen, messen, mit andern vergleichen kann – und
zwar in seiner Individualität selbst« (Foucault 1981, 246). Rousseaus autobio-
graphisches Narrativ vereinigt also die Funktion der Monumentalisierung mit
derjenigen einer umfassenden Dokumentierung und Prüfung seiner Existenz
zum Zwecke ihrer systematischen Auswertung für das vergleichende »Studium
der Menschen«. Weil nichts diese Existenz für eine bestimmte Denkwürdigkeit
prädestiniert, weil keine symbolische Ordnung, kein »Name« oder »Stamm-
baum« bereit stehen, die ihr Anerkennung verschaffen würden, sind es allein
die von Rousseau selbst verfassten Wörter, ist es das Rieseln dieser unend-
lichen Rede, das dieses unbedeutende Leben dem Vergessen entreißen könnte,
um es einer zukünftigen unablässig zitierenden und transkribierenden Wiederholung im Leben und Schreiben seiner Leser zu überantworten, die jene
»Kultur des Selbst« hervorbringen, die man ›Rousseauismus‹ genannt hat.[9]

Die »Legenden«, die die Texte (Anklagen, Denunziationen, Befehle oder
Berichte) über die infamen Menschen erzählen, die Existenzen, deren Bild
in wenigen, kurzen Sätzen aufs Papier geworfen wird, trägt »der Zufall« und
zwar, »von Anfang an«: »Es hat zuerst eines Spieles von Umständen bedurft«,

---

9 Dass »Rousseaus Leben und ›Botschaft‹ tatsächlich der vor Napoleon populärste *moderne*
   Mythos Europas geworden war«, stellt Jürgen Link unter Hinweis auf die Rousseau-Bilder
   und Devotionalien fest, die »vermutlich zu Hunderttausenden in ganz Europa im Umlauf«
   waren (Link 1999, 44). Wenn Foucault die Aufgabe seines Essays dahingehend bestimmt, dass
   er »einige Rudimente für eine Legende der obskuren Menschen zusammentragen« wollte und
   wenn er der Legende »eine gewisse Zweideutigkeit des Fiktiven und des Realen« attestiert,
   weil sie die Existenz der Menschen an die wenigen Worte bindet, die von ihnen überliefert
   sind, dann entfaltet der spätere Mythos Rousseaus in seinen vielfältigen diskursiven und pik-
   turalen Motiven die in diesen dürren Legenden praktizierte neue »Kunst des Sprechens«,
   deren Aufgabe nicht mehr darin besteht, »vom Unwahrscheinlichen zu singen, sondern das
   erscheinen zu lassen, was nicht erscheint – nicht erscheinen kann oder darf: die letzten und
   unscheinbarsten Stufen des Wirklichen zu sagen« (Foucault 2001, 18, 45).

schreibt Foucault, »die wider alles Erwarten auf das obskurste Individuum, auf sein mittelmäßiges Leben, auf sein letzten Endes ordinäres Vergehen den Blick der Macht und den Strahl ihres Zorns gezogen haben« (Foucault 2001, 20). »Nichts machte wahrscheinlich«, dass ausgerechnet diese Individuen »aus dem Schatten aufstehen, sie eher als andere, mit ihrem Leben und mit ihren Unglücken«. Das »winzige Übel des Elends und der Schuld«, das einst dem flüchtigen Geständnis der Beichte anvertraut und zum Himmel geschickt worden war, häuft sich »in der Form geschriebener Spuren auf der Erde an«, Spuren, die sich unablässig vermehren und auf die Wirksamkeit einer säkularen Macht und ihrer administrativen Verfahren verweisen, die an einer umfassenden »Durchkämmung« des Alltags und der Aufzeichnung seiner Unregelmäßigkeiten und Gefahrenpotentiale interessiert sind. Der Zufall trägt die weitschweifigen und immer wieder neu einsetzenden[10] Bekenntnisse Rousseaus, die sich nicht länger in Form von flüchtigen Geständnissen vollziehen, sondern dauerhafte und tradierbare und alsbald kanonisierte Textspuren hinterlassen, tatsächlich von Anfang an. Denn Jean-Jacques, der sogar zu glauben »wagt«, »daß ich nicht wie einer der Lebenden gebildet bin« (Rousseau 1981, 20), also im Verhältnis zur menschlichen Gattung eine unerhörte, niemals dagewesene und daher kulturell anstößige Abweichung darstellt, muss gleich eingangs seiner *Bekenntnisse* die ›Unwahrscheinlichkeit‹ seiner Existenz in einem ganz anderen Sinn zu Protokoll geben: »Ich kam fast sterbend zur Welt, und man hatte wenig Hoffnung, mich am Leben zu erhalten.« (Rousseau 1981, 11)
Beinahe also hätte es das ganze diskursive Ereignis Rousseau nicht gegeben, weil er sein Leben bloß einem Zufall verdankt, der ihn ebenso gut auch hätte auslöschen können. Wie die Verzweifelten, die die Bittbriefe an den König aufgeben, stilisiert sich Rousseau als einen, der »zutiefst erniedrigt heute bei Eurer Majestät Zuflucht sucht« (Rousseau 1981, 25), also bis auf weiteres bei seinen Lesern und dereinst bei Gott. Die *Bekenntnisse* sind in die Szene eines imaginären Gerichts eingelassen, die auch die Schreibsituation derer bestimmt, die sich an den König wenden, um gegen Angehörige, die durch ihr Verhalten dem guten Ruf der Familie Schaden zufügen, an den regulären Gerichten vorbei bei ihm Hilfe zu suchen. Anders als bei denen, die sich von ihren Angehörigen als *infam* stigmatisiert sehen und in den überlieferten Texten so gut wie nie selbst das Wort ergreifen, dreht Rousseau den Vorwurf der Infamie um und richtet ihn gegen die Welt, die ihn verurteilt, ohne ihn zuvor *öffentlich* angeklagt und gehört zu haben. Nicht die unter Verdacht stehenden und Anstoß erregenden gewöhnlichen Subjekte, sondern ihre selbsternannten Richter, all die »Polizeileutnants« dieser Welt, sind infam und all diejenigen, die ihnen in die Hände spielen. Rousseau wird wie den infamen Menschen das Gericht verweigert. Er muss daher stellvertretend für die Ankläger und Richter, die ihn bereits verur-

---

10 Neben den *Bekenntnissen* (zwischen 1766 und 1770 geschrieben) selbst sind die drei Gespräche *Rousseau richtet über Jean-Jacques* (zwischen 1772 und 1775 entstanden) sowie die *Träumereien eines einsamen Spaziergängers* (zwischen 1776 und 1778 geschrieben) zu nennen.

teilt haben, ohne dass es je zu einem Prozess gekommen wäre, diesen Prozess organisieren.

Schon eine der Urszenen seiner Autobiographie zeigt ihn als Kind, das unter falschem Verdacht und ohne Anhörung einer schmerzhaften körperlichen Strafe unterzogen wird. Jean-Jacques wird beschuldigt, die Kämme der Mademoiselle Lambercier zerbrochen zu haben. Der »Schein« verdammte ihn, alle Beteuerungen, schuldlos zu sein und den Kamm nie berührt zu haben, fruchten nichts: »Man nahm die Sache ernst«, erinnert sich Rousseau in den *Confessions* und fügt hinzu, »sie verdiente es auch. Die Bosheit, die Lüge, die Hartnäckigkeit schienen gleichermaßen der Bestrafung wert, aber diesmal vollzog sie nicht Fräulein Lambercier an mir. *Man schrieb meinem Onkel Bernard; er kam*« (Rousseau 1981, 22). Rousseau ist sich noch im Moment der Wiedererinnerung dieser Episode mit denen, die ihn zu Unrecht beschuldigen, einig, dass »die Sache«, die lächerlicher nicht sein könnte, *ernst* zu nehmen war. Die kleine Episode gewinnt eine politische Dimension dadurch, dass man sich entschließt – wie im Fall der berüchtigten *lettres de cachet*, die hier parodiert werden – eine ›Bittschrift‹ aufzusetzen, die sich an ein entfernt lebendes Familienmitglied richtet, dem die Bestrafung überantwortet wird und das zu diesem Zweck eigens anreist. Die unschuldige Episode wird auf diese Weise schriftlich dokumentiert und in einen »Vorgang« transformiert, der ihr den Charakter einer ›Polizeisache‹ verleiht. Anders als in seiner Kindheit lassen diejenigen, die ihn längst verurteilt haben, dieses Urteil nicht in der Gegenwart des Angeklagten und noch nicht einmal in Form der physischen Bestrafung wirksam werden. Das ist der Grund, warum Rousseau sein Leben rückblickend selbst einer peinlichen Befragung unterziehen und auch noch die Rolle des Richters über Jean-Jacques übernehmen muss: *Rousseau juge de Jean-Jacques*. Es stellt sich heraus, dass letztlich sogar »die geschlossene Welt des Gefängnisses weniger gefährlich [ist] als der leere Raum, in dem das anklagende Wort auf keinerlei Widerstand stößt, und in dem die Verteidigung niemals überzeugt, weil sie nur auf ein Schweigen antwortet.« (Foucault 2003, 22)

Am Ende ist die geschlossene Welt des Gefängnisses nicht nur weniger gefährlich als der leere Raum der Fama, »in dem das anklagende Wort auf keinerlei Widerstand stößt«. Das Gefängnis erweist sich aus der Perspektive Rousseaus als ein von der individuell unbeeinflussbaren Dynamik der öffentlichen Meinung ausgenommener Ort, eine Heterotopie, die dem anklagenden Wort und dem Skandal der infamisierenden Rede einen effektiven Widerstand entgegen setzt. Durch den *nicht juristisch nachprüfbaren*, auf eine bloße Bitte hin ergehenden Machtspruch der exekutiven Gewalt können beliebige Individuen aus der öffentlich zugänglichen Welt für unbestimmte Zeit entfernt und damit zugleich der kommunikativen Erreichbarkeit durch die Öffentlichkeit dauerhaft entzogen werden. Muss man also »die Intervention einer unbegrenzten politischen Macht in die Verhältnisse des Alltags« (Foucault 2001, 33f.) in jedem Fall fürchten und bekämpfen? Diese Frage wird sich Rousseau vorlegen.

»Die Könige wollen absolut sein«, sie verfolgen daher niemals das »öffentliche Glück«, sondern opfern es stets ihrem Sonderwillen, hatte er im *Gesellschaftsvertrag* das republikanische Credo erneuert. Der *Contral social* versammelt und bekräftigt unübersehbar alle Topoi der antimonarchischen Rhetorik; und doch zeigen die *Bekenntnisse*, dass ausgerechnet Rousseaus innigster Wunsch, sich das Schema des königlichen Siegelbriefes zu Nutze macht, also jenes Medium, in dem sich ein »ausdrücklicher und besonderer Wille des Königs« manifestiert, einen seiner Untertanen *verhaften* zu lassen.

Gegen Ende der *Bekenntnisse*, als Rousseau sein selbstgewähltes »Asyl« auf der Insel Saint-Pierre im Bieler See beschreibt, formuliert er unter dem Eindruck der »süßen Ruhe«, die ihm der Aufenthalt verschafft, eine Bitte, die der Erwartung entspringt, dass diese Ruhe, die ihm das höchste Glück bedeutet, nur allzu bald *gestört* werden könnte. Rousseau richtet in der Erwartung dieser Störung die Bitte an die öffentliche Gewalt, ihn auf der Insel seines Glücks dauerhaft festzuhalten und ihm damit das Schicksal einer erneuten Vertreibung aus dem selbstgewählten Paradies zu ersparen. Was zunächst nur ein Wunsch ist – den Status des ›geduldeten Flüchtlings‹ in ein Bleiberecht oder eine ›Bleibeanordnung‹ umzuwandeln –, wagt Rousseau in einem Brief »auszusprechen und vorzubringen«. Rousseau wendet sich an den lokalen Machthaber, in dessen Belieben es steht, ihn von der Insel zu vertreiben oder sie ihm von Amts wegen als Refugium anzuweisen:

> O wie gern, sagte ich mir, würde ich die Freiheit, die Insel verlassen zu können, an der mir nichts liegt, mit der Gewissheit vertauschen, hier stets bleiben zu können. Warum werde ich, statt hier nur aus Gnade geduldet zu werden, nicht mit Gewalt festgehalten! Die, die mich hier nur dulden, können mich jeden Augenblick verjagen, und darf ich hoffen, dass meine Verfolger, wenn sie mich hier glücklich sehen, mich auch weiter hier glücklich sein lassen? (...) [I]ch wollte dazu verurteilt sein und möchte gezwungen sein, hier zu bleiben, um nicht gezwungen zu werden, die Insel zu verlassen. (Rousseau 1981, 635)

Rousseaus Gedankenspiel verrät etwas über die »originäre juridisch-politische Beziehung«, die Giorgio Agamben zufolge der Logik des »Banns« gehorcht: »Der Bann ist wesentlich die Macht«, so Agamben (2002, 119), »etwas sich selbst zu überlassen, das heißt, die Macht, die Beziehung mit einem vorausgesetzten Beziehungslosen aufrechtzuerhalten. Dasjenige, was unter Bann gestellt wird, ist der eigenen Abgesondertheit überlassen und zugleich dem ausgeliefert, der es verbannt und verläßt, zugleich ausgeschlossen und eingeschlossen, entlassen und gleichzeitig festgesetzt.« Rousseau ruft die souveräne Macht an, um von ihr auf die Insel ›verbannt‹ und dort »der eigenen Abgesondertheit überlassen« (Agamben) zu werden. Er bedarf der souveränen Sanktion, weil der Souverän über die Macht verfügt, einen Raum auszugrenzen, der außerhalb des Gesetzes steht und über diese Herstellung einer juridischen Beziehungslosigkeit zugleich das ihr ausgelieferte Subjekt als ein Ausnahme-Subjekt legitimiert, ein Individuum, das aufgrund seiner »Einzigartigkeit« von dem rechtlichen Gefüge der politischen Gemeinschaft, der es als Bürger angehört, ›ausgenommen‹ ist. »[N]ur weil er in eine Ausnahmesituation zurückgeworfen wurde, weil sein Schicksal singulär und ungeheuerlich ist, hat Jean-Jacques das Recht, es zu genießen.« (Starobinski 1988, 394) In dem »formlosen Tagebuch« der *Träumereien eines einsamen Spaziergängers*, dem letzten Text, an dem er arbeitet, findet Rousseau für die Ausnahmesituation seiner insularen Existenz die prägnantesten Formulierungen: »Alles, was außer mir ist, ist mir nun fremd. Ich habe in dieser Welt weder Nächsten, noch meinesgleichen, noch Brüder mehr. Ich bin wie aus der Welt, die ich bewohne, auf einen fremden Planeten versetzt.« (Rousseau 1978, 633f.) Das Glück der Insel, für das Jean Starobinski (1988, 394) die Formel von der »Exstase der Transparenz« geprägt hat, ist im strengen Sinne nicht zu rechtfertigen, weil es »jenseits jeglicher Regel menschlicher Gerechtigkeit gerechtfertigt ist« (392). Es verdankt sich, anders als die *vita contemplativa* des antiken Philosophen, keineswegs einer freien Entscheidung des Bürgers, der nicht länger am politischen Geschehen der Stadt teilnehmen will, um sich ganz dem Geschäft des Denkens und der Selbstsorge zu widmen, sondern entspringt der *Flucht* vor dem aktiven Leben, dem Rousseau zu entkommen sucht, weil es von seinen Feinden beherrscht wird. In dem ersehnten unmittelbaren Genuss seiner selbst, in der reinen Selbstvergegenwärtigung bleiben daher die Zwietracht und das Wissen, von einer undurchschaubaren Öffentlichkeit als infames Subjekt stigmatisiert zu sein, weiterhin spürbar. Der erzwungene Rückzug auf die Insel ist alles andere als eine Rückkehr zur Natur, in der die schöne Seele sich selbst zurückgegeben worden wäre.

So wie Rousseau weiß, dass er sich nicht aus eigenem Antrieb auf die Insel zurückzieht, so weiß er auch, dass der ersehnte Raum für eine persönliche Erneuerung zwar als ein mögliches Außen der kommunikativen Öffentlichkeit, nicht aber als ein Jenseits von Institutionalität überhaupt vorstellbar ist. Rousseau verspricht sich seine Rettung – den dauerhaften Genuss dieser Ausnahmesituation einer völlig ›losgelösten‹ Existenzform – daher ausgerechnet von der Regierung, die ja eine Gewalt ist, die, so die Definition des *Contral social*, nur aus »einzelnen Akten besteht« und die daher »einen Menschen als Individuum oder eine Einzelhandlung« betrachtet (Rousseau 1977, 40). Er muss sich seine Rettung um so mehr von der Regierung versprechen, als er »anders« als alle anderen ist und niemals einer Gesetzgebung unterliegen kann, die »die Untertanen als Gesamtheit und die Handlungen als abstrakte betrachtet« (Rousseau 1981, 40). Wissenschaftsgeschichtlich handelt es sich beim Einzigartigen im Zeitalter Rousseaus, wie Georges Canguilhem gezeigt hat, um den »Begriff eines Begrifflosen, das nur es selbst ist und sich nur sich selbst zuordnen läßt«. Das Einzigartige »läßt sich nicht klassifizieren, weil es in seiner Klasse einzig ist« (Canguilhem 1979, 62). Im Falle Rousseaus müsste man sagen: Seine Politik besteht im Hinblick auf ihn selbst darin, den Macht-haber zu überreden, für ihn ›eine Klasse‹ einzurichten, in der er das einzige Element ist. Aber der Plan, die Regierung dadurch für sich zu gewinnen, dass man sie dazu bewegt, die Gewalt der Vertreibung durch die Gewalt der Inhaf-tierung zu ersetzen, Jean-Jacques also sein Glück zu gewähren, indem man ihn darin einschließt: dieser Plan scheitert. »Die Antwort aus Bern«, so Rousseau (1981, 636f.), »war ein in den förmlichsten und härtesten Ausdrücken gehal-tener Befehl, die Insel und das ganze mittelbare und unmittelbare Gebiet der Republik innerhalb von vierundzwanzig Stunden zu verlassen und es bei den schwersten Strafen nie mehr zu betreten.«

Der »weiße Blick der Macht«, schreibt Foucault (2001, 37) in seinem Essay über das *Leben der infamen Menschen,* geht eines Tages über »jenen winzigen Turbu-lenzen auf«, die abseits der großen Politik den Alltag der Leute kennzeichnen. Diese »nichtigen Affären« müssen aber, um gesagt und gehört zu werden, mit »großer Rhetorik« umkleidet werden. Die alltäglichsten Geschichten müssen »mit der Emphase der seltenen Ereignisse gesagt werden«. Rousseaus Diskurs ist der Versuch, diese Aussagemöglichkeit *literarisch und politisch anders funk-tionieren zu lassen,* als sie in den überlieferten Dokumenten über die infamen Menschen funktioniert. Rousseau legt seiner Lebensgeschichte die Matrix der »königlichen Ordern« zugrunde.[11] Individuen, die gegen keine Rechtsnorm verstoßen haben, sondern eine bestimmte Normalität herausfordern, weil sie die ›Grenze des Anstands‹ verletzen, verdienen, wenn schon nicht den Zorn, so doch die Aufmerksamkeit oder Sorge des Souveräns, der die Denunzierten weniger bestraft, als vielmehr aus dem Verkehr zieht und damit aktiv an der Erzeugung jenes *bon peuple,* des guten oder wohlanständigen Volkes beteiligt wird, das schließlich den Monarchen in seiner Funktion als des Subjekts der verfassungsgebenden Gewalt ersetzen soll. *Homo homini rex*: der Mensch ist des Menschen König oder, weniger pathetisch, der Mensch ist des Menschen Polizist.

Auch Rousseau bedrängt, wie ich zeigen wollte, den Inhaber der exekutiven Gewalt, weil er das Geheimnis seiner fundamentalen »Anders-« oder »Ein-zigartigkeit« davor bewahren möchte, zum Gegenstand öffentlicher Kontro-versen und Umschriften zu werden und sich selbst das Monopol auf die Dis-kursivierung seiner Lebensgeschichte vorbehalten will. Rousseaus Leben ist

---

11 Auch der Diskurs Rousseaus bedurfte der »gleichzeitig realen und virtuellen Allgegenwart des Monarchen«, der noch den unwesentlichsten und banalsten Ereignissen sein Ohr leihen musste, damit sie gesagt und aufgeschrieben werden konnten. Tracy B. Strong hat in *Jean-Jaques Rousseau. The Politics of the Ordinary* zwar die Bedeutung des Alltäglichen bzw. Gewöhn-lichen oder ›Gemeinen‹ (*common*) für die politische Theorie Rousseaus hervorgehoben und als die Substanz des »allgemeinen Willens« erkannt. Allerdings gelingt es ihm nicht, die Frage des Gewöhnlichen als eine des Wissens und der zu seiner Erzeugung notwendigen diskursiven Praktiken zu stellen. Stattdessen belässt er es bei der pauschalen Identifizierung der moder-nen Politik mit dem Gewöhnlichen – systemtheoretisch gesprochen: der Inklusion aller Bürger ins politische System –, ohne zu erklären, was an dieser Identifizierung spezifisch modern ist: »To be a citizen is to be common, to experience the common, in common.« (Strong 1994, 78)

so außergewöhnlich, so unerhört, dass ihm nur ein Diskurs gerecht werden kann, in dem das Subjekt der Aussage mit dem Subjekt der Äußerung zusammenfällt: Die Singularität dieses Lebens ist verfehlt, sobald es jemand anderes als er selbst durch die »endlose Mühle des Wortes« dreht (Foucault 1977, 31). Wie die Antragssteller der königlichen Bittbriefe will er die befürchtete öffentliche Bloßstellung und Ausnutzung seines Geheimnisses dadurch vermeiden, dass er sich dem souveränen Befehl unterwirft. Das Ausnahmesubjekt, als das sich Rousseau imaginiert – »Ich allein« – ist auf Dauer nur (über)lebensfähig, wenn es von der allgemeinen Gesetzgebung und dem ihr zugrundeliegenden Willen *ausgenommen* wird, wenn es sich in einen Raum einschließen lässt, dessen Grenzen allein durch die Macht des souveränen Befehls garantiert werden können – gegen den Anspruch der öffentlich zirkulierenden Rede und der Kraft ihrer Bloßstellung durch ›willkürliche‹, von niemandem kontrollierbare Quasi-Urteile der ›anständigen Leute‹. Nur ein Ausnahmeindividuum vom Rang eines Königs, der strukturell *hors la loi* steht, weil er den Gesellschaftsvertrag niemals unterzeichnet hat, wie ihm Rousseau im *Contrat Social* vorwirft, kann in letzter Instanz den Raum und damit auch die Identität eines radikal andersartigen Individuums garantieren, das unter dem Gesichtspunkt seiner Zugehörigkeit zum politischen Körper keine Berechtigung hat, aus der Menge des Volkes hervorzutreten. Zum Subjekt der königlichen Ordern zu werden, konnte Rousseau sich deshalb wünschen, weil der souveräne Befehl – anders als die räsonierende Öffentlichkeit – die Schrift seines Geständnisses unangetastet lässt und dem Subjekt die Pflicht zur Reue oder Umkehr nur für den Fall abverlangt, dass es der grundsätzlich unbestimmten Zeit seiner Haft ein Ende setzen will. Rousseau aber wünscht sich, für immer in seinem Inselglück eingeschlossen zu werden. Der König oder – unter republikanischen Vorzeichen – die Gewalt eines Beamten allein konnte aus dieser Sicht die Existenz eines Individuums garantieren, das von sich zu wissen glaubte, »nicht wie einer der Lebenden gebildet« zu sein.

Literatur

Agamben, Giorgio (2002): Homo sacer. Die souveräne Macht und das nackte Leben. Frankfurt a.M.: Suhrkamp.
Althusser, Louis (1987): Über Jean-Jacques Rousseaus «Gesellschaftsvertrag«. Die Verschiebungen. S. 131-172 in: Louis Althusser, Machiavelli – Montesquieu – Rousseau. Zur politischen Philosophie der Neuzeit. Hamburg: Argument.
Balibar, Étienne (1997): Ce qui fait qu'un peuple est un peuple. Rousseau et Kant. S. 101-129 in: Étienne Balibar, La crainte des masses. Politique et philosophie avant et après Marx. Paris: Galilée.
Canguilhem, Georges (1979): Die epistemologische Funktion des «Einzigartigen» in der Wissenschaft vom Leben. S. 59-74 in: Georges Canguilhem, Wissenschaftsgeschichte und Epistemologie. Gesammelte Aufsätze. Frankfurt a.M.: Suhrkamp.
Cassirer, Ernst (1989): Das Problem Jean Jacques Rousseau. S. 7-78 in: Ernst Cassirer/Jean Starobinski/Robert Darnton, Drei Vorschläge, Rousseau zu lesen. Frankfurt a.M.: Fischer.

Foucault, Michel (1977): Sexualität und Wahrheit 1. Der Wille zum Wissen. Frankfurt a.M.: Suhrkamp.
Darnton Robert (1989): Rousseau in Gesellschaft. Anthropologie und der Verlust der Unschuld. S. 104-114 in: Ernst Cassirer/Jean Starobinski/Robert Darnton, Drei Vorschläge, Rousseau zu lesen. Frankfurt a.M.: Fischer.
Derrida, Jacques (1983): Grammatologie: Frankfurt a.M.: Suhrkamp.
Foucault, Michel (2001): Das Leben der infamen Menschen. Berlin: Merve.
Foucault, Michel (2003): Einführung [in Jean-Jacques Rousseau, *Rousseau juge de Jean-Jacques*]. S. 7-27 in: Michel Foucault, Schriften zur Literatur. Frankfurt a.M.: Suhrkamp.
Foucault, Michel (2004): Geschichte der Gouvernementalität I. Sicherheit, Territorium, Bevölkerung. Vorlesung am Collège de France (1977-1978). Frankfurt a.M.: Suhrkamp.
Frage Arlette/Foucault Michel (1989): Familiäre Konflikte. Die »Lettre de cachet«. Frankfurt a.M.: Suhrkamp.
Heidegger, Martin (1976): Einführung in die Metaphysik. Tübingen: Niemeyer.
Kantorowicz, Ernst (1990): Die zwei Körper des Königs. Eine Studie zur politischen Theologie des Mittelalters. München: dtv.
Lévi-Strauss, Claude (1992): Jean-Jacques Rousseau, Begründer der Wissenschaften vom Menschen. S. 45-56 in: Claude Lévi-Strauss, Strukturale Anthropologie II. Frankfurt a.M.: Suhrkamp.
Link, Jürgen (1999): Hölderlin-Rousseau. Inventive Rückkehr. Opladen: Westdeutscher Verlag.
Mercier, Louis Sébastien (1979): Mein Bild von Paris. Frankfurt a.M.: Insel.
Rousseau, Jean-Jacques (1977): Vom Gesellschaftsvertrag oder Grundsätze des Staatsrechts. Stuttgart: Reclam.
Rousseau, Jean-Jacques (1978): Träumereien eines einsamen Spaziergängers, S. 637-760 in: Ders., Schriften, Bd. 2. Frankfurt a.M./Berlin/Wien: Ullstein.
Rousseau, Jean-Jacques (1981): Die Bekenntnisse. München: dtv.
Schmitt, Carl (1983): Verfassungslehre. Berlin: Duncker & Humblot.
Siegert, Bernhard (2006): Passagiere und Papiere. Schreibakte auf der Schwelle zwischen Spanien und Amerika. München: Fink.
Simmel, Georg (1992): Soziologie. Untersuchungen über die Formen der Vergesellschaftung. Frankfurt a.M.: Suhrkamp.
Spaemann, Robert (1980): Natürliche Existenz und politische Existenz bei Rousseau. S. 15-33 in: Ders., Rousseau – Bürger ohne Vaterland. Von der Polis zur Natur. München: Piper.
Starobinski, Jean (1988): Rousseau. Eine Welt von Widerständen. München/Wien: Hanser.
Strong, Tracy B. (1994): Jean-Jacques Rousseau. The Politics of the Ordinary. London et al.: Sage.

Prof. Dr. Friedrich Balke
Bauhaus-Universität Weimar, Fakultät Medien
Bauhausstr. 11, D-99423 Weimar
friedrich.balke@medien.uni-weimar.de

Soziale Systeme 14 (2008), Heft 2, S. 272-293

Ute Tellmann

Figuren der Exklusion: Das (nackte) Leben in der Ökonomie

Zusammenfassung: Die Debatte um Biopolitik hat den politischen Bezug auf das Leben als Signatur der Moderne problematisiert. Während dort der souveräne und gouvernementale Zugriff auf das Leben im Vordergrund steht, geht es in diesem Artikel um den Zusammenhang von Biopolitik und Ökonomie. In einer genealogischen Argumentation wird gezeigt, wie der prominente Rekurs auf die Figur des Lebens das ökonomische Denken formiert. Anhand einer Analyse der Texte von T. R. Malthus lässt sich plausibel machen, dass das Leben in der Ökonomie eine Figur der politischen Exklusion und kolonialen Hierarchisierung ist. Dieses (nackte) Leben wird in der Folge zum epistemischen Grund des ökonomischen Denkens und legt das ökonomische Imaginäre auf eine zivilisatorische Subjektivierungsnorm fest. Die politische Kulturgeschichte des homo oeconomicus ist, so zeigt der Artikel auf, mit dieser biopolitischen Verfasstheit des ökonomischen Denkens verknüpft.

I. Das nackte Leben zwischen Ökonomie und Souveränität

Von dem Begriff des ›nackten‹ oder ›bloßen‹ Lebens scheint eine ungebrochene Anziehungskraft für gegenwärtige Debatten auszugehen. Konnotationen von Auslieferung, schutzloser Materialität und Namenlosigkeit kulminieren in diesem Bild eines reduzierten vegetativen Daseins, das sowohl politische wie ökonomische Exklusion anzuzeigen scheint. Als eines der Leitmotive der Documenta 12, als Schlagwort in der Debatte um souveräne Macht und als Statthalter für die »überflüssigen Körper«, die als »Kollateralverlust wirtschaftlichen Fortschritts« gelten (Baumann 2005, 58ff.; 49), firmiert das bloße Leben als eindringliche Mahnung der Verwundbarkeit.[1] Allerdings ist der Begriff – entgegen den ausstreuenden Konnotationen – eigentlich nur auf einen sehr spezifischen Fall von Exklusion gemünzt. Giorgio Agamben hat den Begriff des »nackten Lebens« in die Debatte um Biopolitik eingeführt, um eine Form der Exklusion aus rechtlichem Schutz zu beschreiben, die der juridisch-territorialen Souveränität immer zu eigen sei.[2] Jene setze, trotz rechtlicher Verfasstheit

---

1   Siehe auch Robert Castells für diese Umschreibung ökonomischer Exklusion, die nicht nur Schutzlosigkeit des Lebens, sondern auch die Eigenschaftslosigkeit des bloßen Lebens betont (2000, 404, 408, 359). Als eines der drei Leitmotive der Dokumenta 12, formuliert Roger Buergel die Frage »Was ist das bloße Leben?« und führt fort, diese zweite Frage gelte der »absoluten Verletzlichkeit und Ausgesetztheit menschlichen Lebens« (Buergel 2005).

2   Die territoriale und juridische Verfasstheit der politischen Sphäre ist ein zentraler Aspekt der Problematisierung Agambens, der leider in der Debatte nicht genügend Aufmerksamkeit fin-

und also vermeintlicher innerer Begrenzung, eine Dynamik der Entgrenzung von souveräner Macht in Gang. Das »nackte Leben« ist in diesem Sinne nicht in erster Linie als eine Markierung irreduzibler Materialität oder Körperlichkeit zu verstehen; vielmehr bezeichnet es einen Zustand radikaler Auslieferung gegenüber einer souveränen Macht über Leben und Tod. Der Begriff des »nackten Lebens« gehört damit, seiner präzisen Bestimmung folgend, in eine Theorie juridischer Souveränität, die dem Bezug zwischen politischer Macht und Leben eine besondere Bedeutung beimisst.

Obwohl das »nackte Leben« als ein explizites Korrelat einer juridisch-territorialen Souveränität bestimmt ist, scheint Agamben sich nicht zu scheuen, diesen Begriff auch auf Phänomene ökonomischer Deprivation oder Sättigung zu übertragen. Er erkennt nacktes oder bloßes Leben in der Bevölkerung der dritten Welt (Agamben 2001, 40); in den Werbekampagnen der humanitären Organisationen, die auf »die flehenden Augen des ruandischen Kindes« setzen (2002, 142f.); in der »fragmentarischen Vielheit bedürftiger und ausgeschlossener Körper«; der Armut (2001, 36, 38); der politischen Sorge um die Pflege, die Kontrolle und den Genuss des Lebens (2001, 130). Ohne Bruch lassen sich »Armenviertel oder Lager« in einer Aufzählung verbinden und die »bedürftigen und ausgeschlossenen Körper« bezeugen dann wie der Lagerinsasse die »ursprüngliche Struktur des Politischen« (2001, 36f.). Diese unvermittelte und inflationäre Verwendung des Begriffs sowie die beschworene Dramatik, die damit einhergeht, hat viel berechtigte Kritik hervorgerufen (Sarasin 2003, 58f.; Lemke 2007, 105ff.). Ohne den unerklärten Verallgemeinerungen und der fehlenden Konkretion Vorschub leisten zu wollen, lässt sich an dieser Stelle allerdings auch anders als mit Kritik anknüpfen. Gäbe es denn, so könnte man fragen, einen triftigen Grund, auch im Feld des Ökonomischen von einer biopolitischen Problematik des »nackten Lebens« zu sprechen? In anderen Worten: Ist die ökonomische Figur eines Körpers, der nichts anderes als die Notwendigkeit des bloßen Lebens ausdrückt, schon ein Effekt einer biopolitischen Grenzziehung?

Diese Fragen stehen im Mittelpunkt der folgenden Ausführungen. Sie verweisen auf den erst wenig bearbeiteten Zusammenhang zwischen Biopolitik und Ökonomie. Der Begriff der Biopolitik – in seiner allgemeinsten Form – sucht in dem Verhältnis zwischen Politik und Leben Aufschluss über die konstitutiven Exklusionen und Dynamiken der Macht in modernen Gesellschaften. Inwiefern sich auch die Ökonomie durch einen spezifischen Bezug auf das Leben konstituiert und welche politischen Akte der Grenzziehung und Exklusion darin eingeschlossen sind, ist dabei bisher oftmals unbeachtet

det. So votiert er explizit für eine politische Formierung, die sich nicht mehr auf »einen homologen nationalen Raum« bezieht, sondern einem Prinzip der »Aterritorialität«, der »Zugehörigkeit ohne topographische Aufteilung« folgt (Agamben 2001, 31f.). Er argumentiert für eine »Politik, die weder staatliche noch juristisch verfasst [ist] und die zu denken noch gänzlich bevorsteht« (107ff.).

geblieben. Ulrich Bröckling (2004, 278) hat zu Recht darauf verwiesen, dass weder Agamben noch Foucault eine systematische Reflexion über die mögliche Verschränkung von Biopolitik und Ökonomie vorlegen.[3] Die Notwendigkeit, sich der ökonomischen Dimension der Biopolitik zuzuwenden, ist bisher hauptsächlich in der Debatte um Biotechnologie und Gentechnik artikuliert worden.[4] Der vorliegende Artikel bemüht sich demgegenüber um eine theoretisch-historische Klärung eines spezifischen Aspekts dieses Zusammenhangs: Anhand einer exemplarischen Analyse der Texte von Thomas Robert Malthus, dem Bevölkerungstheoretiker und Ökonom des 19. Jahrhunderts, soll aufgezeigt werden, wie die Konstitution der modernen (liberalen) Ökonomie als ein Gegenstand des Wissens durch einen biopolitischen Bezug auf die Figur des nackten Lebens gekennzeichnet ist. Analog zum Foucaultschen Diktum, die Sexualität sei nichts als der innerste und spekulativste Fluchtpunkt eines Diskursapparates, lässt sich hier formulieren: die biopolitische Figur des nackten Lebens fungiert als ein ebensolcher innerster und spekulativster Fluchtpunkt des ökonomischen Diskurses. Die Archäologie dieser biopolitischen diskursiven Formation soll zeigen, wie stark ein biopolitisches und kulturelles Imaginäres die Intelligibilitätsraster des ökonomischen Denkens bestimmen. Die »Geschichte der Gegenwart«, die hier erzählt wird, verfolgt also eine politische Genealogie des Lebens, die im Medium des ökonomischen Wissens verläuft und dieses formiert.

Der von Foucault methodologisch inspirierte Blick in das Archiv des ökonomischen Denkens bedarf allerdings zwei flankierender Diskussionen, die ihm vorangestellt werden. Zum einen macht die Frage nach der biopolitischen Zäsur in der Ökonomie im vorhinein theoretische Modifikationen notwendig. Wie die anfängliche Erörterung schon gezeigt hat, birgt die umstandslose Übertragung des »nackten Lebens« von einem souveränen Paradox auf die Ökonomie die Gefahr der unplausiblen und theoretisch nicht aufschlussreichen Verallgemeinerung. Um dieser Gefahr zu entgehen, werden zwei Vorschläge gemacht. Auf der einen Seite soll der Begriff der biopolitischen Zäsur als ein politischer Akt der »Aufteilung des Sinnlichen« im Sinne Jacques Rancières verstanden werden; auf der anderen Seite wird die formale Struktur der Gleichzeitigkeit von Exklusion und Inklusion, die Agamben beschrieben hat, von ihrer Ausrichtung auf das souveräne Paradox gelöst, um es für die Analyse der biopo-

3 Bröckling hat begonnen diese Leerstelle zu bearbeiten, indem er die »Politisierung und Ökonomisierung des menschlichen Lebens« in Theorien des Humankapitals zum einen und der »Menschenökonomie« am Anfang des 20. Jahrhunderts zum anderen untersucht (2004, 278). Die vorliegenden Ausführungen folgen dieser konzeptuellen-historischen Arbeitsweise, die Bröckling vorgestellt hat. Sie versuchen, die Schnittstellen zwischen ökonomischer Kalkulation der Knappheit, Leben und Entwicklungsnarrativ in ihrem Entstehen zu beobachten.
4 Siehe die Sonderausgabe der Zeitschrift *Distinktion* (Mai 2007), die es sich zur Aufgabe gesetzt hat, unter dem Titel »Bioeconomy« die Ökonomie als Teil biopolitischer Formierungen des Lebens zu diskutieren. Ebenso deutlich stellen einzelne Kapitel des Buches *Life as Surplus. Biotechnology and Capitalism in the Neoliberal Era* von Melinda Cooper (2008) diesen Zusammenhang her.

litischen Fassung des ökonomischen Wissens fruchtbar zu machen (II). Die zweite flankierende und vorgeschaltete Diskussion ist einer kurzen, einführenden Einbettung der Figur des Lebens in der Geschichte des ökonomischen Diskurses gewidmet (III). Diese kurze Einführung möchte plausibel machen, dass die Spuren des Lebensbezuges im ökonomischen Diskurs weit über den Beginn des 19. Jahrhunderts reichen. Diese Sicht bedarf der Plausibilisierung, denn für die meisten Ökonomen und Wirtschaftssoziologen hat sich der Begriff der Ökonomie schon längst in ein formales Kalkül verwandelt, das weder Leben noch Tod kennt. Zu zeigen, dass man in der Ökonomie dennoch mit Foucault von einer biologischen Modernitätsschwelle sprechen kann, die nicht umstandslos von einer formalen Definition der Ökonomie aufgehoben wird, ist das Ziel dieser kurzen einführenden Diskussion. Die biologische Modernitätsschwelle beschreibt den Moment, an dem »die Existenz der Gattung selbst« ins Zentrum des politischen Denkens rückt (Foucault 1977, 170). Während Foucault diesen Ausdruck für den Eintritt des Lebens in die Politik am Anfang der Moderne reserviert, geht es hier um den Eintritt des Lebens in die Ökonomie. Die Diskussion der darin wirksamen biopolitischen Zäsuren steht bisher noch größtenteils aus. Der vierte Teil will anhand der exemplarischen Analyse erste Schritte für eine solche Diskussion unternehmen (IV).

II. Biopolitische Zäsuren jenseits der Souveränität

Agambens Figur des nackten Lebens verweist, wie anfänglich schon dargestellt, auf die paradoxe und mörderische Fundierung einer juridisch-territorialen Souveränität. In der folgenden, kurzen theoretischen Diskussion steht allerdings nicht diese biopolitische Fassung des Souveränitätsbegriffs zur Diskussion. Vielmehr geht es darum zu zeigen, dass Agambens Problematisierung der Grenzziehung zwischen Leben und Politik auch über das souveräne Paradox hinaus verweist und insofern instruktive Anknüpfungspunkte für eine Theoretisierung und Analyse der biopolitischen Figur des Lebens in der Ökonomie bereitstellt. Eine solche Anknüpfungsmöglichkeit wird von Agamben selbst bereitgestellt. Denn seine Genealogie des nackten Lebens beginnt mit einer Grenzziehung, die zunächst fern von der Dramatik souveräner Auslieferung ist: es geht um die Trennung zwischen »der einfachen Tatsache des Lebens, die allen Lebewesen gemein ist«, also einem bloß natürlichen, reproduktiven Leben auf der einen Seite und der politischen Verfasstheit des Lebens auf der anderen Seite (2002, 11f.). Diese antike Unterscheidung zwischen *zoe* und *bios*, zwischen *oikos* und *polis* oder *physis* und *nomos* ist die Urszene, von der ausgehend Agamben die Mechanismen juridisch-politischer Exklusion bestimmt. Die Antinomie zwischen *physis* und *nomos* bildet die *Voraussetzung* für das Souveränitätsprinzip, denn die fundamentale ›Leistung‹ – und das »metaphysischen Versagen« – der souveränen Macht sei die Verbindung zwischen *zoe* und *bios,* zwischen Natur und Kultur durch die Produktion nackten Lebens (Agamben 2002, 190). Die souveräne Figur des »nackten Lebens« geht damit noch nicht in dem als natürlich und vorpolitisch bestimmten Leben auf: »[D]ieses Leben ist nicht einfach das natürlich, reproduktive Leben, die *zoe* der Griechen, auch nicht der *bios* als Lebensform, es ist vielmehr das nackte Leben« (2002, 119). Jenes nackte oder tötbare Leben entsteht erst in dem spezifisch juridischen Bezug auf dieses vorgängige, als ›bloß natürlich‹ gesetzte Leben (2002, 18).[5]

Das »nackte Leben« als Figur politischer Exklusion enthält auf der einen Seite nicht zu unrecht die Konnotation des *oikos* und seines Körpers. Aber Agambens ausschließliche Konzentration auf die Logik territorialer und juridischer Souveränität auf der anderen Seite lässt dieses vorgängige, politische Moment der Trennung zwischen *oikos* und *polis* vollständig in der von ihm dramatisch beschriebenen souveränen Logik aufgehen und von ihr heimsuchen.[6] Und so verliert sich – ganz entsprechend dieser Theorielogik – die Problematik der Zäsur von einfachem, biologischen Leben und politischem Leben in dem Begriff des nackten Lebens, das innerhalb Agambens Theorie präzise nur als souveräne Signatur der Tötbarkeit zu lesen ist (2002, 148, 157).[7]

Während die Debatte um Agamben häufiger seine ausschließliche Konzentration auf das souveräne Paradox beklagt, findet man jedoch kaum Versuche, diese differenten Grenzziehungen zu diskutieren.[8] Wenn es aber, wie Thomas Lemke (2007, 109) in seiner Kritik an Agamben formuliert hat, angezeigt ist, die »politischen Ökonomien des Lebens« jenseits der souveränen Entscheidung in Rechnung zu stellen, scheint es wichtig zu sein, jene säkularisierten politischen Zäsuren, die in der Abtrennung eines scheinbar vorpolitischen Lebens wirksam werden, erneut in den Blick zu nehmen. In diesem Sinne lässt sich Agambens Hinweis auf die Notwendigkeit lesen, den biologischen Lebensbegriff selbst

---

5 Diesen Punkt formuliert Agamben in vielfacher Weise: »Das nackte Leben« sei »indes kein natürliches extrapolitische Faktum, welches das Recht nur feststellen oder anerkennen muss; es ist vielmehr im dargelegten Sinn eine Schwelle, auf der das Recht jedesmal ins Faktische und das Faktum ins Rechtliche übergeht und wo die Ebenen dazu tendieren, ununterscheidbar zu werden« (2002, 180).

6 Allerdings scheint er an einigen Stellen diese souveräne Problematik differentieller bestimmen zu wollen: er beschreibt sie auch als eine oikonomia des bloßen Lebens und erkennt das politische Paradigma im Haus. Hier kündigt sich eine Behandlung der Ökonomie an, wie sie in dem noch zu erscheinden Buch *Das Reich und die Herrlichkeit* versprochen wird. Leider konnte für diesen Artikel diese eigene Perspektive Agambens auf die Ökonomie noch nicht berücksichtigt werden.

7 Agamben argumentiert in diesem Sinne mit einer Verschärfung der souveränen Logik, die sich aufgrund der Demokratisierung von der politischen Sorge um das Leben ergibt. Weiterhin verhaftet in dem souveränen Paradox wird für ihn jede Politisierung des Lebens zu einem Ort für diesen Ausnahmezustand. Insofern verspricht die ursprüngliche Trennung zwischen biologischem und politischem Leben, die in der Antike gleichwohl das Paradox in Gang setzte aber auch in Grenzen hielt, eine Limitierung des Ausnahmezustandes.

8 So unterscheidet Zavasky (2007, 65) die Trennung von oikos und polis, um gleich darauf die Unterscheidungen im Sinne Agambens wiederum zu kollabieren, in dem sie diese zusammenfasst in der Figur des Souveräns, der den oikos in der Moderne besetze.

zu hinterfragen und in scheinbar wissenschaftlichen Begriffen des Lebens den »säkularisierten politischen Begriff« oder einen »*avataren*« [Hervorh. i. O.] des nackten Lebens zu erkennen (2002, 128).[9]

Im Folgenden sollen sehr kurz zwei modifizierende Anschlussmöglichkeiten skizziert werden, die erlauben, ausgehend von Agamben, die biopolitischen Zäsuren theoretisch zu fassen, ohne sie im souveränen Paradox aufgehen zu lassen. Zum einen bietet sich an dieser Stelle an, den politischen Akt der Grenzziehung zwischen natürlichem, bloßem Leben auf der einen Seite und der politischen Sphäre auf der anderen Seite mit Rancières Begriff der »Aufteilung« oder »Ordnung des Sinnlichen« zu verbinden und so zu öffnen (Rancière 2002, 35). Die »Aufteilung des Sinnlichen« erfasst, laut Rancière, den kontingenten Akt der Aufteilung, der »die Sichtbarkeit oder Unsichtbarkeit in einem gemeinsamen Raum [definiert] und bestimmt, wer Zugang zu einer gemeinsamen Sprache hat und wer nicht« (Rancière 2006, 26). Die Unterteilung von Sichtbarem und Unsicherbarem, von Rede und Lärm, gehöre zum Feld der Politik. Insofern sei Politik zuerst »der Konflikt über das Dasein einer gemeinsamen Bühne, über das Dasein und die Eigenschaft derer, die auf ihr gegenwärtig sind« (2002, 38).[10] Wichtig ist in diesem Zusammenhang dabei die Tatsache, dass diese Aufteilung für Rancière »Gemeinschaft und Trennung« konstituiert (38). Sie produziert immer auch ein Feld jenseits dieser Intelligibilität, das in der Folge eine politische Namenlosigkeit oder Nicht-Intelligibilität impliziert. Das nackte Leben wäre in diesem erweiterten Sinne eine Figur, die durch diesen Akt der Verteilung oder des Abzugs der politischen Intelligibilität entsteht: Es ist ein Negativum oder eine Kehrseite dieser gesetzten Ordnung der Intelligibilität; es ist ein Dasein ohne die »Befähigung« zur politischen Gemeinschaft; es ist ein Körper, der keine politische Sprache besitzt und von dieser Signatur des Ausschlusses bestimmt wird. An ihm wird nicht körperliche Verwundbarkeit, Materialität oder Bedürfnis sichtbar, sondern die Zäsur, die die politische Intelligibilität bestimmt.

Die zweite, modifizierende Anknüpfung an Agambens Artikulation der biopolitischen Zäsur bezieht sich auf die formale Struktur des Zusammenhangs von Inklusion und Exklusion. Agamben erfasst mit der Figur des nackten Lebens

---

9 Eine solche Fragestellung resultiert natürlich nicht nur aus Agambens politischer Philosophie. Die »kritische Genealogie« eines vermeintlich natürlichen Lebens wurde und wird ebenso von Judith Butler (1993, 59) und vielen anderen eingefordert. Wie die folgenden Ausführungen zeigen wollen, bleibt Agambens Werk dennoch ein spezifischer Ausgangspunkt für ein solches Vorhaben. Zum einen, weil er der biopolitischen Grenzziehung ein so grosses Gewicht einräumt. Zum anderen, weil er eine spezifische Artikulation dieser Grenzziehung anbietet, die die Gleichzeitigkeit von Ausschluss und Einschluss betont.

10 Claude Lefort beschreibt in ganz ähnlichen Worten den Einsatz der Politik als einen Akt des »In-Form-Setzens« und des »In-Szene-Setzens«: »[W]ir können genauso gut sagen, dass eine Gesellschaft in einer Anordnung ihrer Beziehungen nur zu sich kommt, wenn sie die Bedingungen ihrer Intelligibilität instituiert, indem sie sich über zahllose Zeichen eine quasi-Repräsentation ihrer selbst gibt« (Lefort 1999, 39). Siehe auch die Diskussion über Leforts in der Einleitung zu »Das Politische. Figurenlehre der Romantik« (de Mazza / Hebekus 2003, 11ff.).

eine Gleichzeitigkeit von Ausschluss und Einschluss. Denn die Zäsur, die das natürliche Leben von der politischen Ordnung trennt, verweist das Leben nicht in ein Außen, das ohne Bezug bleibt oder abschottet. Im Gegenteil, das Leben verbleibt im Radius der souveränen Macht, die durch eine »Beziehung mit einem Beziehungslosen« gekennzeichnet ist (2002, 42).[11] Es ist damit ausgeschlossen – das heißt durch eine Zäsur vor der Politik getrennt –, aber es bleibt gleichzeitig als solches eingeschlossen und fungiert als konstitutives Element der politischen Ordnung. Diese Figur einer simultanen Exklusion und Inklusion ist spezifisch für Agambens Argumentation und stellt eine eigenständige Fassung des vielfach theoretisierten Aktes der Exklusion und seiner ordnungsbildende Effekte dar.[12] In seiner formalen Struktur, das heißt losgelöst von seiner Zuspitzung auf das souveräne Paradox und den mörderischen Zugriff der souveränen Macht, ist diese Gleichzeitigkeit von Exklusion und Inklusion aufschlussreich für die Frage der Ökonomie. Jene Gleichzeitigkeit erlaubt zu erkennen, wie das nackte Leben als eine Figur politischer Namenlosigkeit sowohl exkludiert ist, aber gleichzeitig den Ausgangspunkt für die Konstitution der Ökonomie bildet und *als solches* inkludiert bleibt.

III. Die biologische Modernitätsschwelle der Ökonomie

Es ist ein verwunderlicher Umstand, dass die hitzige Debatte um das Verhältnis von politischer Rationalität und Leben bisher fast ausnahmslos übersehen hat, wie stark in der Moderne jenes Verhältnis durch die Ökonomie vermittelt ist.[13] Nicht nur der unmittelbare Zugriff auf das Leben – souveräner oder gouver-

11 »Denn eine Norm muss, um sich auf etwas beziehen zu können, das voraussetzen was ausserhalb der Beziehung ist (das Beziehungslose) und trotzdem auf diese Weise eine Beziehung damit herstellen. Die Ausnahmebeziehung führt so einfach die originäre formale Struktur der Rechtsbeziehung vor« (Agamben 2002, 29). Entsprechend formuliert Agamben für die Bedingung der Kritik: »Eine Kritik des Banns muss also notwendigerweise die Beziehungsform selbst zum Problem erheben und fragen, ob das Politische nicht vielleicht jenseits der Beziehung, das heist nicht mehr in der Form eines Verhältnisses gedacht werden kann« (2002, 42).
12 Poststrukturalistischen Theorietraditionen verweisen in zentraler Weise auf einen Akt der Grenzziehung, der als Möglichkeitsbedingung zur Herstellung sozialer Ordnung gilt (Butler 1993; Laclau 2002). Laclaus Diskursbegriff ist hier exemplarisch: Er geht zur Annahme, dass jegliche Form sozialer Objektivität und Ordnung auf einem radikalen konstitutiven Ausschluss aufruht, der einen Bereich der Negativität produziert und auf einer antagonistischen Grenzziehung aufruht. »Im Fall der Ausschliessung haben wir dagegen authentische Grenzen, da die Aktualisierung dessen, was jenseits der Grenze der Ausschließung liegt, die Unmöglichkeit dessen beinhaltet, was diesseits der Grenze liegt« (Laclau 2002, 67). Siehe zur Diskussion der poststrukturalistischen Figur der Exklusion und ihrer sozialtheoretischen Relevanz Opitz 2008.
13 Sicherlich haben sich Hardt/Negri in prominentester Weise um einer Artikulation der Ökonomie und der Biomacht/Biopolitik bemüht – allerdings stellt die von ihnen hergestellte theoretische Verbindung zwischen Souveränität, Macht und Reproduktion eher den Versuch dar, eine produktive Ontologie des Lebens zu denken und nicht das Leben als Figur des Exklusion in der Ökonomie und die Differenzierungen des Sozialen neu zu bearbeiten (Hardt/Negri 2000, 30f). Für eine grundsätzliche Diskussion der Souveränitätskonzeptionen bei Hardt/Negri und Agamben vgl. Opitz/Matthies 2007.

nementaler Art – zeichnet die Moderne aus, sondern ebenso die Delegation des Lebens in die Ordnung der Ökonomie. Sie wird zu einem natürlichen, vor-politischen und selbst-regulativen Bereich, der für die Notwendigkeiten des Lebens und die Knappheit zuständig ist und dem rechtlich oder deliberativ kodierten politischen Bereich gegenübersteht (Wolin 2004, 257ff.; Rothschild 2001). Diese Delegation des Lebens in die quasi-natürliche Ordnung der Öko-nomie erlangte zu Beginn des 19. Jahrhunderts politische Popularisierung als auch wissenschaftliche Institutionalisierung (Schabas 2003a, 170f.; Redman 2002, 275; Halevy 1995b, 66). Thomas Robert Malthus hat diese Trennung der beiden Bereiche – des Lebens und der Ökonomie auf der einen Seite und der Politik auf der anderen Seite – in exemplarischer Weise in Szene gesetzt. Das Leben, so führt er aus, werde von dem unnachgiebigen Gesetz der Natur regiert. Keine politischen Dekrete und kein Recht vermögen das Leben aus der Notwendigkeit und der Ordnung des Mangels befreien. Ob und inwie-fern sich in Malthus Werk der Zusammenhang von biopolitischen und ökono-mischen Fragen aufzeigen lässt, wird im nächsten Teil gefragt. Im Folgenden gilt es zunächst herauszuarbeiten, dass man von einem neuartigen Eintritt der Notwendigkeit des Lebens in die Ordnung der Ökonomie ausgehen kann. Auch wenn eine sorgfältige Kartographie dieser Trennungen und biologischen Schwellen der Ökonomie bisher ausgeblieben ist, lässt sich in den verschie-densten Quellen ebenso etwas über die biologische Modernitätsschwelle erfahren wie über ihre bleibenden Effekte.

Den ersten Anhaltspunkt liefert Foucault in der *Ordnung der Dinge.*[14] Er beschreibt die homologe Formierung der Wissenschaften der Biologie und der Ökonomie am Anfang des 19. Jahrhunderts.[15] Beide modernen diskursiven Formationen haben, so Foucault, ihren epistemischen Grund in einem neuen Begriff des Lebens, der es erlaubt, Endlichkeit, Tod, Selbst-Reproduktion und funktionale Kohärenz systemisch miteinander zu artikulieren. Die Ökonomie findet »ihren Ursprung in jenem gefährlichen Gebiet, in dem das Leben dem Tod gegenübersteht. (...) Sie bezieht sich in der Tat auf die biologischen Eigen-heiten einer menschlichen Art ... Sie bezieht sich auf die Situation jener Lebe-wesen, die Gefahr laufen, in der sie umgebenden Natur nichts mehr zu fin-

14 Selbst Foucault, dessen Analyse der Regierungsrationalität sowohl die Entstehung eines eigenständigen Realitätsfeldes der Ökonomie als auch das biologische Leben der Bevölke-rung prominent einbezieht, verzichtet in diesem Zusammenhang auf eine nähere Betrachtung des Lebensbegriffes für die Formierung der Ökonomie (Bröckling 2004, 277f.).
15 Foucault behandelt durchaus die Konstitution der Ökonomie als ein eigenständiges Realitäts-feld als Effekt der politischen Rationalität (Foucault 2004, 58-79). Ihm geht es aber weniger um die Logik der Zäsur, die die Ökonomie in ihrer Eigenständigkeit bestimmt, als vielmehr um ein Argument, dass den Liberalismus als eine indirekte Regierungsform kenntlich machen will (Fou-cault 2004a, 36). Auch wenn die Bevölkerung als Objekt dieser Regierung in enger Verbindung zur diskursiven Formation der Ökonomie von Foucault angesprochen wird, fehlt in seinen Ausführun-gen zur Gouvernementalität eine genauere Diskussion des biopolitischen Charakters. So gibt er am Ende der Vorlesung zu: »Was jetzt folglich untersucht werden müsste, ist die Weise, in der die spe-zifischen Probleme des Lebens und der Population innerhalb einer Regierungstechnologie gestellt wurden, die ... unablässig von der Frage des Liberalismus beherrscht wurde« (Foucault 2004a, 443).

den, was ihre Existenz sichert ... Der *homo oeconomicus* ist nicht derjenige, der sich seine eigenen Bedürfnisse und die Gegenstände, die sie mildern können, repräsentiert. Er ist derjenige, der sein Leben verbringt, verbraucht und verliert, indem er versucht, der Drohung des Todes zu entgehen« (Foucault 1999, 315). Der »biologische Ursprung der Ökonomie«, den Foucault hier beschreibt, positioniert das Diktat der Notwendigkeit und der Knappheit im Zentrum des Ökonomischen. Die Figur des bedrohten (Über)Lebens und die Knappheit, die so überaus zentral für die Definition des Ökonomischen werden soll, treten simultan auf. In der Tat hat nicht nur Foucault diese historische Spezifizität des endlichen und von der Knappheit heimgesuchten Lebens aufgezeigt. Der Ethnologe Marshall Sahlins hat schon früh bemerkt, dass nur die westlich-moderne Gesellschaft die Erfahrung der Knappheit in den Mittelpunkt des ökonomischen Denkens rückt. Den indigenen Gesellschaften, die in der modernen Perspektive am meisten von dieser anthropologischen Situation betroffen seien müssten, sei diese Zentralität jedoch fremd (Sahlins 1972). In Adam Smiths *Wealth of Nation*, so argumentiert Vivienne Brown, sei das Konzept der Knappheit als Kernelement des ökonomischen Problems noch abwesend; und Baker konstatiert, dass Smiths Verständnis von Ökonomie antithetisch zu der Annahme eines restriktiven natürlichen Gesetzes der Notwendigkeit sei (Brown 1994, 151f.; Barker 1982, 163).

Das biologische Leben im Zeichen der Endlichkeit tritt, so lehrt die Historie, also erst mit dem Beginn des 19. Jahrhunderts in die Episteme der Ökonomie ein. Malthus ist in diesem Sinne in der Tat exemplarisch: Er artikuliert einen epistemischen Bruch, der über ihn und seinen historischen Moment hinausweist. Die bedrohliche Bedürftigkeit des Körpers und die anthropologische Bedingung der Knappheit werden in der Folge für das moderne Verständnis der Ökonomie zentral. Es lässt sich zum einen als Ankerpunkt der Marxschen Kritik entziffern. Denn die Knappheit bleibt die Rückseite des historischen Materialismus, der erst am Ende der technologischen Entwicklung den Ausgang aus der Knappheit in das »Reich der Freiheit« versprechen kann (Marx 1968, 827). Zum anderen ist die Knappheit der Grundstein der liberalen Fassung des Marktes. Denn der Markt gilt als jene Ordnung, die am effizientesten den Mangel verteilt und seine Überwindung verspricht. In den Worten des Ökonomen Lionel Robbins (1932, 15): »Scarcity of means to satisfy given ends is an almost ubiquitous condition of human behaviour. Here, then, is the unity of the subject of Economic Science, the forms assumed by human behaviour in disposing of scarce means«. Auch wenn die heutige ökonomische Wissenschaft – ebenso wie die New Economic Sociology – damit jegliche Nähe zur substantiellen oder materiellen Bestimmung der Ökonomie bestreitet:[16] Es ist

---

16 »It is generally recognized in economic theory as well as in economic sociology that economic action should constitute the basic theoretical building block. Defintions of the economy that focus on the production of material objects – as for example, in the analysis of wealth of the seventeenth century, which preceded ›political economy‹ – are considered unsuitable today.

nicht unangemessen zu sagen, dass diese Wissensformationen dennoch der biologischen Figur des endlichen Lebens durch die Kategorie der Knappheit verhaftet bleiben, die sich zur *conditio sine qua non* der Ökonomie geriert.

Es ist in diesem Sinne bezeichnend, dass jene Denktraditionen, die dem Ökonomismus kritisch begegnen, genau jenen Knappheitsbezug aufgeben, um der Ökonomie zu entkommen oder um einen offeneren Begriff der Ökonomie zu entwickeln. Sie suchen in der Gabe, dem Tod und der Verschwendung den Ausgangspunkt für eine symbolische Ordnung jenseits des Ökonomismus (Baudrillard 1975, 53f.; Mauss 2004).[17] Georges Bataille, der diesen Weg am radikalsten beschritten hat, setzt der Ökonomie im Zeichen der Sorge und der Not folgerichtig die Souveränität des Todes und des Überflusses gegenüber (Bataille 2001, 47, 66f.).[18] Die theoretische Erhebung über das Ökonomische scheint, zugespitzt gesagt, mit der Einschränkung der Knappheit als anthropologischer Konstante zu beginnen. Die gleiche Theoriebewegung lässt sich ebenso noch in Luhmanns Theoretisierung der Ökonomie wiedererkennen. Sein Projekt, eine genuin soziale Perspektive auf die Ökonomie zu entwickeln, korreliert dementsprechend mit einer Re-Artikulation des Knappheitsbegriffes von einer anthropologischen Konstante zu einem sozialen Artefakt (Luhmann 1994, 7f., 177f.).

Wenn es also angesichts dieses Überblicks plausibel ist, von der konstitutiven Verknüpfung des ökonomischen Denkens in der Moderne mit der Figur des Lebens auszugehen; wenn es ferner plausibel ist, die dominante Signatur der Knappheit als einen bleibenden Effekt dieser Überschreitung der biologischen Modernitätsschwelle zu begreifen, bleibt umso mehr eine Frage bestehen: Inwiefern kann diese Anrufung des endlichen Lebens, das von Knappheit bedroht ist, als ein Effekt einer biopolitischen Zäsur gelten? Mit welcher Plausibilität lässt sich Agambens Ahnung fortschreiben, dass in der Figur des biologischen und bedürftigen Überlebens eine Art »nacktes Leben« eingeschrieben ist? Eine solche Frage führt den archäologischen Blick zurück in das Archiv. Dieser Blick ist notwendigerweise begrenzt. Wie schon angekündigt, gilt er T. R. Malthus und der spezifischen Formierung des liberalen ökonomischen Diskurses durch den Bezug auf das Leben. Während der Blick in das 19. Jahrhundert nahe legt, dass die biologische Modernitätsschwelle in der Ökonomie über die liberale Formation hinausgreift, steht im Folgenden nur die liberale Tradition im Vordergrund.

Economic theory and economic sociology also agree in a general way that economic action is a type of behaviour that has to do with choosing among scarce meand that have alternative uses« (Swedberg / Granovetter 1992, 6).

17 Siehe dazu auch die Diskussion Derridas (1993, 86f.; 2000) von Mauss' Konzeption der Gabe und von Batailles generalisierter Ökonomie.

18 Bataille kritisiert die Ökonomie der Knappheit und Rationalität als eine beschränkte Ökonomie, die nicht in der Lage ist, die »allgemeine Ökonomie« der »unproduktiven Verschwendung« zu denken (2001, 12f., 40).

IV. Das (nackte) Leben der Ökonomie

Am Anfang des 19. Jahrhunderts wird die historisch neue Präsenz einer all-
gegenwärtigen Knappheit von dem Ökonomen und Bevölkerungstheoretiker
Malthus wie von keinem anderen für seine Zeitgenossen dramatisiert (Vogl
2002; Halevy 1995, 11; Dupaqier 1983, 196f.). Das Leben sei, so schreibt Malthus, von »[n]ecessity, that imperious, all-pervading law of nature« regiert
(1986a, 8). Wer zu spät an den Tisch der Natur komme, dem droht das Diktum des Todes: »At nature's mighty feast, there is no vacant cover for him ...
She tells him to be gone« (Malthus 1986a, 697). Das Leben sei eben keine
Frage des Rechts, sondern des Vermögens und jenes hänge seinerseits an dem
Gesetz der Notwendigkeit (Malthus 1986a, 505). Dabei gehe es in dem Gesetz
der Notwendigkeit nicht um die allseits bekannte und »abstrakte Wahrheit«,
dass das Leben von der Bereitstellung der Ressourcen limitiert sei (Malthus
1986a, 47, 29). Die Beschwörung des Lebens hat, so kann man Malthus hier
beipflichten, in der Tat eine tiefere politische Textur.

Es lassen sich in Malthus' Text vor allem zwei Inszenierungen des Lebens und
seines Gesetzes finden. Beide Szenen entpuppen sich bei genauerem Hinsehen als eine Dramatisierung von Grenzüberschreitungen. Zum einen besteht
diese Grenzüberschreitung in einem monströsen Einbruch des Lebens in das
politische System; zum anderen findet man das Drama einer zerstörerischen
Grenzüberschreitung in der reproduktiven Dynamik des Lebens selbst verankert: Die katastrophalen Reproduktionen des Lebens im Naturzustand verletzen beständig die Grenzen seiner Erhaltung und führen zur Konfrontation mit
seiner selbstproduzierten Not. Beide Szenen der Grenzüberschreitung sind im
Gestus der nüchternen Erfassung der materiellen Notwendigkeit vorgetragen.
Das Leben selbst, sein Gesetz und seine Realität, scheint den Realitätssinn der
Beobachtung zu verbürgen: »[It is] necessary to awaken to real life and [to]
contemplate the genuine situation of man on earth« ruft Malthus (1986a, 329)
gegen die »Phantome der Imagination« aus. Unbenommen dieses behaupte-
ten Realitätssinns lässt sich in diesen Szenen allerdings eher eine biopolitische
Zäsur erkennen. Wie in einem Spiegel machen diese Szenen der Grenzüberschreitung die biopolitischen Grenzziehungen und »fundierenden Zurückwei-
sungen«, die in der reinen Notwendigkeit des Lebens liegen, sichtbar (Butler
1993, 23).

Das Leben und das harsche Gesetz seiner Notwendigkeit erscheinen in der
ersten Szene in Gestalt einer monströsen Entdifferenzierung zwischen der
Ordnung des Lebens und jener der Politik. In Form eines Mobs betritt das
Leben die politische Bühne, denn dieser ist von nichts anderem als von Hun-
ger und Lebensnotwendigkeit getrieben. »[C]lamouring for want of food«
– so sucht das Leben in der Gestalt des Mob mit seiner Instrumentalität und
mit monströsen Konsequenzen die politische Sphäre heim: »A mob, which is
generally the growth of a redundant population goaded by resentment for real

sufferings but totally ignorant of the quarter from which they originate, is of all monsters the most fatal to freedom« (Malthus, 1986a, 501, 494). Dieser Mob, ein reines Sprachrohr der Notwendigkeiten und Nöte des Lebens, ist vor allem durch seine Unkenntnis gekennzeichnet ob der Gründe seiner Not. Er ist bis zur Blindheit kurzsichtig in seiner politischen Urteilskraft und wird am Ende mit dem Gesetz der Not, trotz aller politischen Träume, konfrontiert: »This beautiful fabric of the imagination vanishes at the severe touch of truth ... the rosy flush of health gives place to the pallid cheek and hollow eye of misery« (334). Nicht nur zeigt sich das Gesetz des Lebens unbeeindruckt von den politischen Versprechen, umgekehrt korrumpiert es mit seiner Unmittelbarkeit und gewaltsamen Bedürftigkeit das politische System. Der rhetorische Exzess des Textes beschwört das Ende des liberalen Systems in den Begriffen einer fatalen und wahrhaft monströsen Reproduktion: »[The mob] fosters a prevailing tyranny and engenders one where it was not; and though, in its dreadful fits of resentment, it appears occasionally to devour its unsightly offspring; yet no sooner is the horrid deed committed, than, however unwilling it may be to propagate such a breed, it immediately groans with a new birth« (501).

Das Gesetz des Lebens auf der politischen Bühne hat also im wörtlichen Sinne monströse Züge. Monstrosität ist, so erinnert uns Foucault, nicht eine a-historische Kategorie. Vielmehr bildet das Monster am Beginn des 19. Jahrhundert das große Außen einer juridisch-politischen Interiorität (Foucault 2003, 76f., 91). Sein Verhältnis zum Gesetz ist nicht durch eine einfache Übertretung bestimmt; es überschreitet und blockiert das Gesetz gleichermaßen, indem es einen Fall darstellt, für den das Gesetz inoperabel wird.[19] Das Monster des Lebens auf der politischen Bühne überschreitet, so ließe sich in Anlehnung sagen, nicht nur die Grenze der juridisch-politischen Interiorität, sondern präsentiert einen unmöglichen Fall für den politischen Bereich. Seine ureigensten Charakteristika machen es antithetisch zur politischen Bühne: es ist unmittelbar, partikular, fehlsichtig und gewaltförmig in seiner Notwendigkeit. Es blockiert oder verunmöglicht damit das politische Spiel – das Leben in Gestalt des Mobs trägt die Signatur einer Zerstörung eines emphatisch bestimmten politischen Bereiches und ist in dessen gegensätzlicher Bestimmung festgeschrieben.

In fast identischer Weise wird diese affektive Entgegensetzung von Politik und Leben in der Mitte des 20. Jahrhunderts von Hannah Arendt wiederholt. In ganz ähnlichen Bildern stellt Arendt die Ereignisse der Französischen Revolution als eine Korrumpierung des politischen Horizonts dar, die die Folge eines unbotmäßigen Eintritts des Lebens in die Politik darstelle: »It was under the

---

19 Foucault (2003, 87) beschreibt die Monstrosität als »jene natürliche Regelwidrigkeit, durch deren Auftauchen das Recht in Frage gestellt wird und nicht mehr walten kann. Das Recht muss seine eigenen Grundlagen oder sogar seine eigene Praxis in Frage stellen oder schweigen oder sich für unzuständig erklären oder ein anderes Bezugssystem anrufen oder sogar eine andere Kasuistik erfinden«.

rule of this necessity that the multitude rushed to the assistance of the French Revolution, inspired it, drove it onward, and eventually sent it to its doom, for this was the multitude of the poor. When they appeared on the scene of politics, necessity appeared with them, and the result was that the power of the old regime became impotent and the new republic was stillborn.« (Arendt 1973, 54) Die Motive der fatalen Reproduktion, der Impotenz und der Totgeburt bestimmen wie in Malthus' Text hundert Jahre zuvor das monströse Zusammentreffen von Politik und Leben.

Während Arendts Texte in der biopolitischen Debatte als eine wichtige Referenz gelten, um den problematischen Bezug zwischen Politik und Leben zu denken, wird hier eher deutlich, dass sie schon innerhalb einer diskursiven Ordnung schreibt, deren Zäsuren und Effekte einer genealogischen Analyse zugänglich gemacht werden können.[20] Denn die Bestimmung des Lebens, das nur die biologischen Notwendigkeiten kennt, lässt sich als eine diskursive De-Humanisierung und Bestialisierung erkennen.[21] Das animalische Bedürfnis, die Blindheit, Unmittelbarkeit und die Notwendigkeit sind Signaturen eines Fehlens, einer Deprivation von politischer Sprache und Urteilskraft, so dass sich in der Figur des Mobs eine negative politische Anthropologie zu erkennen gibt. Die Beobachter der französischen Revolution machen diese negative politische Anthropologie deutlich. So beklagt Adam Ferguson, »every step and every movement of the multitude are made with equal blindness to the future«.[22] Der Finanzminister Jacques Necker artikuliert noch deutlicher die biologische Notwendigkeit als Teil einer negativen politischen Anthropologie. Das Volk, so schreibt er, habe nur »a single sentiment ... the bread which nourishes them, the religion which consoles them (...) they are connected to society only by their pains, and in all this immense space which is called the future, they never see more than tomorrow« (zit. nach Rothschild 2001, 23). Unschwer lässt sich in den Eigenschaften des Lebens jenes »große Tier« erkennen, das in der politischen Philosophie nicht als Subjekt der politischen Ordnung gelten kann (Rancière 2002, 33). Rancière hat in einer Diskussion der philosophisch-politischen Tradition dessen Konturen nachgezeichnet: »Die Metapher des großen Tieres ist nicht einfach eine Metapher. Sie dient ganz genau dazu, diese spre-

---

20 Agamben bezieht sich auf Arendt explizit als eine Vordenkerin der biopolitischen Problematik, denn sie habe »den Prozess analysiert, der den *homo laborans* und mit ihm das biopolitische Leben zunehmend ins Zentrum der politischen Bühne der Moderne rückt. Sogar die Veränderung und den Niedergang des öffentlichen Raumes hat Hannah Arendt auf diesen Vorrang des natürlichen Lebens vor dem politischen Handeln zurückgeführt« (Agamben 2002, 13).

21 Siehe Butlers (2005, 53) Ausführungen zu Guantanamo für die Erfassung dieser Mechanismen der Bestialisierung und De-Humanisierung im Sinne einer Aberkennung des vollen Subjektstatus. Im Gegensatz zu der Argumentation hier beharrt sie darauf, dass diese De-humanisierung kein Teil des Diskurses ist, sondern die Grenze des Diskurses anzeigt.

22 Zitiert nach Emma Rothschild (2001, 123). In ihrer instruktiven Diskussion der Metapher der ›unsichtbaren Hand‹ steht die Frage der Blindheit, der Unsichtbarkeit und der differentiellen Verteilung von Sichtbarkeit im Mittelpunkt. Siehe auch die Diskussion in »Foucault and the Invisble Economy and the limits of governmentality« (Tellmann 2008).

chenden Wesen ohne Eigenschaft ... auf die Seite der Tierheit zurückzuwerfen« (2002, 33f.). Der *Logos* – hier in einem generellen Sinne als kulturell-politische Intelligibilität verstehbar – sei, so Rancière, niemals einfach die Rede, »weil er untrennbar immer die *Rechnung* ist, die von dieser Rede gemacht wird: die Rechnung, wodurch eine lautliche Aussendung als Rede verstanden wird, fähig, das Rechte auszusprechen, während eine andere nur als Lärm wahrgenommen wird, der Freude oder Schmerz, Zustimmung und Revolte signalisiert« (2002, 34; Hervorh. i.O.). Dem bloßen Leben und seinem Lärm auf der politischen Bühne ist damit eine Namenlosigkeit eingeschrieben, die es als Effekt einer politischen Zäsur, eines Ausschlusses vom Logos kenntlich machen.[23] Es ist ein animalisch-körperliches Dasein, das auf sich selbst beschränkt ist und damit als das Außen der politischen Selbstbeschreibung figuriert. Es ist Effekt einer biopolitischen Zäsur, die es als ein politisches Mangelwesen produziert. Während die erste Szene der Beschwörung der eisernen Notwendigkeiten des Lebens eine Exteriorität zur politischen Bühne figuriert, findet die zweite Szene der Beschwörung zunächst fern der Metropole statt. Diese Szene dreht sich um das Leben im Naturzustand, welches allerdings nicht weniger von einer biopolitischen Zäsur gekennzeichnet ist und eine Exteriorität zur sozialen Ordnung in ihrer Gänze anzeigt. Destilliert aus den Reiseberichten der kolonialen Expeditionen und Missionen, wird in langen Passagen das »savage life« als ein Zustand körperlicher und sozialer Zerrüttung markiert.[24] »Their stature« führt Malthus (1986a 23ff.) zu den »Wilden« aus, »seldom exceeds five feet; their bellies are protuberant, with high shoulders, large heads and limbs disproportionably slender«. Weder seien sie groß oder gut gebaut und ihre Kinder seien üblicherweise »deformed, dwarfish, mutilated, blind and deaf«. Sie litten an »indigestions, pleuritic, asthmatic and paralytic disorders« und die Frauen seien »more wrinkled and deformed by age twenty-two than European women at sixty«; sie äßen stinkende Würmer, und ihre Kinder wüschen sich nicht und Gewalt sei ihr Gesetz (Malthus 1986a, 30ff., 97ff., 102). Ein Gesetz der Gewalt, das, wie Malthus sich eilt zu betonen, nicht aus der Bösartigkeit, sondern dem »Stachelstock der Notwendigkeit [the goad of necessity]« rührt (1986a, 37).

Dieses »naked and despicable life« ist nicht das vermeintlich bloße biologische Leben. Es ist zugleich das Leben »at the bottom of the scale of human beings« (Malthus 1986a, 23). Ebenso wie dem monströsen Mob ist diesem Leben eine negative Anthropologie eingeschrieben, die von einer Abwesenheit des Blicks in die Zukunft und der abwesenden Fähigkeit zur inneren Distanz bestimmt ist. So ist es zum einen das Leben selbst, was Malthus in seiner Naturgesetz-lichkeit als eine blinde, animalische Kraft der Prokreation beschreibt (1986a,

---

23 Zum Verhältnis von Namenlosigkeit und Exklusion vergleiche den Beitrag von Frank Ruda in diesem Band.
24 Malthus bezieht sich in prominenter Weise u.a. auf die Reisetagebücher von James Cook (1973) und von Heinrich Alexander von Humboldt (1811).

153): »[It] makes a start forwards at every temporary and occasional increase of food, by which means it is continually going beyond the average increase and is repressed by the periodical returns of severe want« (Malthus 1986b 20; 171). Aber diese Eigenschaften des Lebens selbst sind zugleich jene spezifischen Eigenschaften des unzivilisierten Lebens. Zu beiden gehört jene Blindheit und Unmittelbarkeit, die die katastrophale Not hervorbringt: »As savages are wonderfully improvident, and their means of subsistence always precarious, they often pass from the extreme of want to exuberant plenty, according to the vicissitudes of fortune in the chase, to the variety in the produce of the seasons« (Malthus 1986a, 33).

An dieser Stelle überschneiden sich die beiden Zäsuren, die das Leben als das ›Außen‹ der politischen Sphäre und der Sozialität bestimmen. In diesem Diskurs sind die »Wilden«, die »arbeitende Rasse« sowie die »ignoranten Iren« vor Englands Küste alle gleichermaßen von jener Abwesenheit der Zukünftigkeit und der Fähigkeit, die Unmittelbarkeit des Bedürfnisses zu brechen, bestimmt: Sie leben von der Hand in den Mund, setzen jede weitere Kartoffel in die sinnlose Produktion weiterer Körper um und korrumpieren damit sowohl soziale Ordnung wie Wohlstand (Malthus 1986a, 366, 277, 70). Das innere und äußere Fremde überschneidet sich in einer kolonialen Matrix und bildet ein doppeltes Außen zur politischen Sphäre wie zur sozialen Ordnung. Wie David Spurr in seiner Analyse der rhetorischen Tropen des Kolonialismus gezeigt hat, werden darin körperliches Elend und kulturelle Verworfenheit als auf sich verweisende Zeichen organisiert (1994, 77).

Das bloße oder nackte Leben jenseits der politischen Bühne ist also eine Figur der Zäsur: Es beschreibt die »fundierende Verwerfung« (Butler) der politischen Sphäre. Entscheidend ist nun, dass dieses nackte Leben, das von der Polis ausgegrenzt ist und sich im Naturzustand selbst zerstört, nicht in dieser Binarität des Ausschlusses verhaftet bleibt. Es wird im gleichen Zug zu einem fundierenden Element in der Konstitution des ökonomischen Diskurses. Als namenloses großes Tier steht es nicht einfach außerhalb der Polis, sondern innerhalb des oikos und legt ein Intelligibilitätsraster der Ökonomie fest. *Was also innerhalb einer politischen Semantik als ein konstitutives Außen figuriert wird, wird für den ökonomischen Diskurs zu einem Ausgangspunkt oder Nullpunkt der Ordnungsbildung: Es fungiert als dessen innerer Kern, als dessen beständige Aufgabe und Anreiz.* Denn dem nackten Leben fehlt zwar jenes Element, das in der Lage ist, gleichermaßen Ordnung und Wohlstand zu gerieren: »The providence, foresight and postponement of present gratification for future benefit and profit, which are necessary for this purpose, have always been considered as rare qualities in the savage« (Malthus 1986b, 72). Im Gegenzug greift die ökonomische Rationalität genau jene Blindheit und Unmittelbarkeit korrigierend und modulierend auf. Die ökonomische Rationalität wird als die kognitive und moralische Fähigkeit bestimmt, die Zukunft in die Gegenwart aufzunehmen. Es ist, sagt Malthus, eine »distinctive superiority in his reasoning faculties«, die dem zivilisierten ökonomischen Menschen erlaubt, entfernte Konsequenzen zu kalkulieren (1986a, 14). Diese Verstandesfähigkeit steht dem nackten Leben nicht wie der politische Logos gegenüber, sondern ist Effekt einer affektiven Modulierung des Lebens durch die Gefühle der Furcht und Hoffnung. Schon die bloße Furcht vor dem Verlust der Subsistenz wird als notwendig aber noch nicht hinreichend für den Zivilisationsprozess vorgestellt (Malthus 1986b, 268). Die Hoffnung auf »Tee oder Tabak« vermöge eher die Zukünftigkeit des Denkens und Handelns zu organisieren, als die wenig attraktive »Baumwolle aus Glasgow« (267, 305). Schon Hobbes hatte unterschiedliche Affekte im Hinblick auf die Konstitution von sozialer oder politischer Ordnung klassifiziert und ebenso stand Furcht, Begehren und Hoffnung an oberster Stelle (Hobbes 1968, 188).[25] Malthus nimmt die prominente Position der Affekte in seine projizierte Ökonomie des Begehrens auf. In ihr bildet die negative politische Anthropologie den Anreiz zu einer affektiven Modulation von Zukünftigkeit und Ordnung.

Der ökonomische Mensch und sein Interesse sind demnach nicht einfach gegeben. Er ist nicht als Träger eines »Willens, der zugleich unmittelbar und absolut subjektiv« ist, immer schon als ordnungsbildend gesetzt, wie Foucault es in seiner Analyse der liberalen Regierungstechnik nahelegt (2004a, 375). Der *homo oeconomicus* ist ein Mensch der Zukunft und sein Interesse ist ein sorgfältig gehegtes zivilisatorisches Moment in diesem Diskurs; er wird gegen die innere Bedrohung des animalisierten und unzivilisierten Lebens ins Feld geführt. Der Mensch ist darin ein »Lebewesen, das sich beseitigen oder übersteigen müsste, um menschlich zu werden«, er ist das »anthropomorphe« Tier, das sich transzendieren muss, um dem menschlichen Sein Raum zu geben« (Agamben 2002, 162). Die Ökonomie als eine Epistemologie der Zukünftigkeit wird darin zu einem Supplement der Natur: erst sie überführt die Blindheit in Weitsicht, nackte Körper in Wohlstand und Zerrüttung in Ordnung; erst sie verhindert, dass das Gesetz des Lebens sich gegen sich selbst wendet. Damit ist sie untrennbar mit dem Entwicklungsmotiv der Zivilisation verknüpft. Denn das aufgeschobene Begehren und die Mittelbarkeit, die die Ausrichtung auf die Zukunft bewirkt, ist nicht nur als Teil einer Wohlstandsproduktion, sondern viel grundsätzlicher als Teil einer Menschwerdung und einer Produktion von sozialen Affekten zu begreifen. Das Begehren nach einem Objekt, das nicht sofort zu haben sei, moduliere jenes Begehren zu einer »brighter, purer and steadier flame« (Malthus 1986a, 476). Die Leidenschaften werden freundlicher, »but only where obstacles are thrown in the way of very early and universal gratification« (469).

Dieser Aufstieg zur Sozialität und zur Menschwerdung durch den spezifischen ökonomischen Bruch mit der Unmittelbarkeit lässt sich in ganz analoger Weise

---

25 Das Zitat lautet wie folgt: »The Passions that encline men to Peace, are Feare of Death; desire of such things as are necessary to commodious living; and a Hope by their Industry to obtain them.« (Hobbes 1968, 188)

bei Simmel am Ende des 19. Jahrhundert wiederfinden. Er unterscheidet in der *Philosophie des Geldes* das »menschliche Wesen von seinen Vorstufen im Tierreich« durch den Aufschub von Zwecken: »Dass wir nicht in der Unmittelbarkeit des Begehrens und Genießens hinleben, sondern uns Mittel bereiten ... [,] das ist allerdings die Formel des menschlichen Wesens, und je ausgebildeter und spezifisch »menschlicher« es ist, desto höher wird jener Stufenbau geführt, ein desto reicherer Mechanismus von Mitteln schiebt sich vor unsere Endziele« (Simmel 1992, 529). Umgekehrt wird die Erfüllung aller Bedürfnisse in der Mitte des 20. Jahrhunderts von Alexandre Kojève mit dem Rückfall in die Animalität assoziiert: Überfluss unterbricht den ökonomischen Zukunftsbezug und damit zugleich den unablässigen Garant der Zivilisierung und der Geschichte selbst. Die Amerikaner, die Kojève wie »reich gewordene chinesische Sowjets erscheinen«, präsentierten eine Lebensweise, die die »»ewige Gegenwart‹ der gesamten Menschheit präfiguriert«. So erschien ihm die »*Rückkehr des Menschen zur Animalität* nicht mehr als eine noch ausstehende Möglichkeit, sondern als eine schon gegenwärtige Gewissheit« (Kojève 1947, 436f., zit. nach Derrida 1996, 121; Hervorh. U.T.). Auch wenn Kojève dieses Urteil revidieren wird, gibt die Möglichkeit, das Ende der Ökonomie mit dem Ende der Geschichte und des Menschen zu korrelieren, über die biopolitische und zivilisatorische Ordnung des ökonomischen Diskurses Auskunft.

Der ökonomische Mensch, auf dessen Genealogie sich heute vielfach der kulturwissenschaftliche und sozialtheoretische Blick richtet, ist damit auch innerhalb der kolonialen und zivilisatorischen Matrix zu verorten. Der Ausgang aus der Ordnung des bloßen, blinden Lebens, d.h. aus der katastrophalen und monströsen Körperlichkeit, ist darin immer als ein Aufstieg in der Werteskala des Lebens kodiert. Damit reicht die Zivilisationslogik des Ökonomischen weiter als Albert Hirschmans Genealogie der Zivilisierung der politischen Leidenschaften es nahe legt. Das ökonomische Interesse ist nicht nur die politische Hoffnung einer größeren Berechenbarkeit und Friedfertigkeit, wie Hirschmann es in dem Rückgriff auf das 17. und 18. Jahrhundert gezeigt hat (Hirschman 1997, 103). Der ökonomische Mensch und sein Interesse stehen ebenso im Zentrum einer zivilisatorischen Hierarchisierung des Lebens, die das Imaginäre des ökonomischen Diskurses formiert, d.h. »jene Bilder bestimmen, die als unmittelbaren Antworten auf die Fragen nach Zusammenhalt« und Ordnung ausfließen (Vogl 1994, 15).

Dabei mag die Art, wie Zukünftigkeit regulativ und diskursiv hergestellt wird, historisch unterschiedlich sein. Sie kann heute, wie Ulrich Bröckling es in seinen Studien zum unternehmerischen Subjekt darlegt, durch den permanenten Aufruf der »Selbstüberbietung«, der »Selbstoptimierungsimperative«, die zur »kontinuierlichen Verbesserung« nötigen, produziert werden (Bröckling 2007, 71f.). Gleichermaßen lassen sich die Spuren der Anrufung des entzivilisierenden und bloßen Lebens in den heutigen Debatten noch verfolgen. So ist es sinnfällig, dass die Bilder, die in der Debatte um den Begriff der Unterschicht heraufbeschworen werden, genau jene Koppelung von Armut, Zerrüttung der Sozialität und kulturellem Versagen aktualisieren. Denn die Beschreibungen der Unterschicht, die gegenwärtig Konjunktur haben, erschöpfen sich nicht in der Konstatierung von ökonomischer Deprivation oder der Problematisierung von Gewalt. Sie konstatieren einen drohenden Zivilisationsverlust, der »Unterschichtenfernsehen«, Gewalt gegen Kinder und eine »materielle und kulturelle Einrichtung« in einer Situation der Deprivation umfasst: Es fehle an einem »Willen zum Aufstieg«.[26] In dieser Diagnose verknüpfen sich die Elemente der Not, der Zerrüttung, der Deformation und der mangelnden Selbstüberschreitung entlang der Regelmäßigkeiten einer wirkungsmächtigen diskursiven Ordnung die das »kulturelle Unbewusste« der Ökonomie scheinbar bis heute umschreibt. Darin wird das Ökonomische immer wieder auf eine Subjektivierungslogik und Werteskala gleichermaßen verwiesen.

Die diskursive Anrufung des Lebens sei, so hat Foucault geschrieben, niemals ein Objekt einer reinen und strengen Wissenschaft. Die Möglichkeit der Monstrosität, der Anomalie, des Todes gehöre zu ihm, wie die Annahme der Selbstregulierung und Selbsterhaltung. Das Leben ist ein Gegenstand, der, so scheint Foucault hier nahe legen zu wollen, in besonderem Maße eine Skala der Wertigkeiten produziert und damit mit dem »polemischen« und »politischen« Begriff der Norm untrennbar verknüpft ist.[27] In der ökonomischen Wissenschaft, die das politisch dekonstituierte Leben als ihren inneren Ungrund und Nullpunkt setzt, lässt sich ebenso die Produktion einer Hierarchisierung beobachten. Jene ist aber nicht Teil einer disziplinären und fixierbaren Normierung, ebenso wenig gehört sie der stochastischen Bestimmung des Normalen im Sicherheitsdispositiv an (Foucault 2004, 87ff.).[28] Es handelt sich eher um eine leere Skala der Subjektivierung, die durch die Verwerfung am unteren Ende und ihre Offenheit nach oben hin gekennzeichnet ist. Das Leben funktioniert, ähnlich wie die Sexualität, als der »spekulativste innerste Kern«, von dem ein permanenter Anreiz ausgeht (Foucault 1983, 48). *Die spezifische Anrufungen des nackten Lebens und dessen Gesetzes der Notwendigkeit sind im ökonomischen*

26 Der ehemalige SPD-Vorsitzende Kurt Beck hatte sich in einem Interview in dieser Art geäußert und damit der Debatte um die Unterschicht weiteren Auftrieb gegeben. Siehe http://www.tagesschau.de/inland/meldung94134.html.

27 Mauro Bertani zeigt die Kontinuität der biopolitischen Problematik in Foucaults Schriften auf und verweist in diesem Zusammenhang auf die enge Verbindung zwischen dem biologischen Lebensbegriff und der Gründung der Humanwissenschaft im Feld des Normalen und Pathologischen. Jener Zusammenhang binde das Erscheinen des wissenschaftlichen Gegenstandes unweigerlich an das »stillschweigende« Setzen einer Norm. »Eine Norm, die Canguilhem ... als »polemischen Begriff« definierte und die Foucault in seiner Vorlesung am College de France ... als politischen Begriff zu bezeichnen vorschlägt« (2003, 231). Die nietzscheanische Thematik des Lebens, welches immer ein wertendes Leben sei, lässt sich in diesem analytischen Zugriff durchaus wiedererkennen. Zur Diskussion des »wertenden Lebens« bei Nietzsche im Zusammenhang mit der biopolitischen Debatte siehe Thüring (2003).

28 In dieser Vorlesung geht Foucault auf die unterschiedliche diskursive und regulative Bestimmung der Norm ein, die sich entlang der unterschiedliche Dispositive differenziert. Er unterscheidet die disziplinarische Normalisierung anhand eines optimalen Modells von einer »Differential-Normalität« im Sicherheitsdispositiv (2004, 98).

Diskurs weniger eine Markierung der Materialität, sondern ein Figur der inneren Verwerfung, die das Imaginäre der Ökonomie auf eine zivilisatorischen Subjektivierungsnorm festlegt und gleichzeitig die Trennung und Entgegensetzung zur politischen Sphäre markiert. In foucaultscher Perspektive ließe sich damit nicht nur eine Kartographie jener Subjektformen und der Regierungsrationalitäten erstellen, innerhalb derer sie flottieren, sondern auch eine Genealogie schreiben, die nachvollzieht, innerhalb welchem kulturell-politischen Imaginären überhaupt eine derart prominente Fokussierung auf das Subjekt und sein Interesse als Angelpunkt der Ordnung gestützt wird. Damit kann man die liberale Regierungslogik nicht nur in der Analyse entfalten, wie es innerhalb der Gouvernementalitäts-Studien getan wird, sondern auch in ihrer eigenen Kontingenz und historischen Begrenzung sichtbar machen.

V. Konklusion

Die Frage nach dem Zusammenhang von Biopolitik und Ökonomie verweist auf ein noch zu wenig bearbeitetes Forschungsfeld. Der vorliegende Artikel hat in einem sehr spezifischen Aspekt diesen Zusammenhang anhand einer exemplarischen Analyse beleuchtet: Im Zentrum der Ausführungen stand die biopolitische Fundierung des (liberalen) ökonomischen Diskurses. Der Lebensbegriff, der am Anfang des 19. Jahrhunderts das Diktum der Knappheit in die Ökonomie einführt, ist als eine Figur des biopolitischen Ausschlusses entziffert worden. Nicht die Materialität der körperlichen Bedürfnisse charakterisiert dieses Leben, sondern seine Entgegensetzung zur Intelligibilität und Sichtbarkeit der politischen Sphäre. Es ist die ausgeschlossene Gegenfigur des Politischen, die in der Sprachlosigkeit und Bestialisierung festgeschrieben wird. In der vorliegenden Diskussion ging es aber nicht nur um die Dekonstruktion der Binarität zwischen Politik und Lebensbegriff, als vielmehr um die Triangulation von Politik, Ökonomie und Leben, die am Anfang des 19. Jahrhunderts die Moderne entscheidend geprägt hat. In diesem Sinne blieb die Theoriefigur Agambens relevant: Denn die Trennung zwischen *zoe* und *bios* war Ausgangspunkt und Voraussetzung für den nachfolgenden Einschluss des Lebens in den Diskurs der Ökonomie. Die Fundierung des ökonomischen Diskurses im ›bloßen‹ Leben hat jenen Diskurs, so konnte gezeigt werden, nachhaltig auf ein Zivilisierungsnarrativ festgelegt. Das exkludierte Leben ist somit nicht nur als eine Figur der juridischen Souveränität entzifferbar, wie Agamben ausführt. Es ist ebenso – wie Agamben bloß anzudeuten, aber nicht zu analysieren vermochte – Teil der ›doppelten Konstitution‹ der Moderne, der die Ökonomie auf der kolonialen und biopolitischen Matrix des ›bloßen‹ Lebens aufruhen lässt. Die biopolitische Erkundung der Exklusionsfigur des Lebens schlüsselt die kulturellen und politischen Konventionen des Ökonomischen auf.

Literatur

Agamben, Giorgio (2001): Mittel ohne Zweck. Noten zur Politik. Freiburg/Berlin: Diaphanes.

Agamben, Giorgio (2002): Homo Sacer. Die souveräne Macht und das nackte Leben. Frankfurt a.M.: Suhrkamp.

Arendt, Hannah (1963): On Revolution. New York: Viking Press.

Balke, Friedrich (1998): Politik und Leidenschaft in der neueren französischen Philosophie. Merkur 52, 987-994.

Barker, Francis (Hrsg.) (1982): 1789, Reading, Writing, Revolution: Proceedings of the Essex Conference on the Sociology of Literature, July. University of Essex.

Baudrillard (1975): The Mirror of Production. St. Louis: Telos.

Bauman, Zygmunt (2005): Verworfenes Leben. Die Ausgegrenzten der Moderne. Hamburg: Hamburger Edition.

Bataille, Georges (2001): Die Aufhebung der Ökonomie. München: Matthes & Seitz.

Bertani, Mauro (2003): Zur Genealogie der Biomacht. S. 228-259 in: Martin Stingelin (Hrsg.), Biopolitik und Rassismus. Frankfurt a.M.: Suhrkamp.

Buergel, Roger M. (2005): Documenta 12 Kassel – Leitmotive. http://www.documenta12.de/leitmotive.html (15.11.2007).

Buck-Mross, Susan (1995): Envisioning Capital: Political Economy on Display. Critical Inquiry 21, 434-467.

Butler, Judith (1993): Körper von Gewicht. Frankfurt a.M.: Suhrkamp.

Butler, Judith (2005): Gefährdetes Leben. Politische Essays. Frankfurt a.M.: Suhrkamp.

Brown, Vivienne (1994): Adam Smith's Discourse. Canonicity, Commerce and Conscience. London: Routledge.

Brown, Wendy (1995): States of Injury. Power and Freedom in Late Modernity. Princeton: Princeton UP.

Bröckling, Ulrich (2004): Menschenökonomie, Humankapital. Eine Kritik der biopolitischen Ökonomie. S. 275-296 in: Ulrich Bröckling et al. (Hrsg.), Disziplinen des Lebens. Zwischen Anthropologie, Literatur und Politik. Tübingen: Gunter Narr Verlag.

Bröckling, Ulrich (2007): Das unternehmerische Selbst. Soziologie einer Subjektivierungsform. Frankfurt a.M.: Suhrkamp.

Castel, Robert (2000): Die Metamorphosen der sozialen Frage. Eine Chronik der Lohnarbeit. Konstanz: UVK.

Cooper, Melinda (2008): Life as Surplus. Biotechnology and Capitalism in the Neoliberal Era. Seattle/London: University of Washington Press.

de Mazza, Ethel Matala/Hebekus, Uwe (Hrsg.) (2003): Das Politische. Figurenlehre des sozialen Körpers nach der Romantik. München: Fink.

Derrida, Jacques (1993): Falschgeld. Zeit Geben. München: Fink Verlag.

Derrida, Jaques (2003): Die Schrift und die Differenz. Frankfurt a.M.: Suhrkamp.

Dupaquier, J./Fauve-Chamoux, A./Grebenik, E. (Hrsg.) (1983): Malthus Past and Present: International Conference on Historical Demography. London: Academic Press.

Escobar, Arturo (1995): Encountering Development. The Making and Unmaking of the Thirld World. Princeton: Princeton UP.

Escobar, Arturo (2005): Economics and the Space of Modernity. Tales of Market, Production and Labour. Cultural Studies 19, 2, 139-175.

Foucault, Michel (1983): Der Wille zum Wissen. Sexualität und Wahrheit I. Frankfurt a.M.: Suhrkamp.

Foucault, Michel (1999): Die Ordnung der Dinge. Frankfurt a.M.: Suhrkamp.

Foucault, Michel (1997): Archäologie des Wissens. Frankfurt a.M.: Suhrkamp.

Foucault, Michel (2002): Wachsen und Vermehren. S.123-128 in: Ders., Dits es Ecrits. Schriften. Zweiter Band. Frankfurt a.M.: Suhrkamp.

Foucault, Michel (2003): Die Anormalen. Frankfurt a.M.: Suhrkamp.

Foucault, Michel (2004): Geschichte der Gouvernementalität I. Sicherheit, Territorium, Bevölkerung. Frankfurt a.M.: Suhrkamp.

Foucault, Michel (2004a): Geschichte der Gouvernmentalität II. Die Geburt der Biopolitik. Frankfurt a.M.: Suhrkamp.

Halévy, Elli (1995): La formation du radicalism philosophique. La jeunesse de Bentham 1776-1789 (Vol. 1). Paris: Presses Universitaires de France.

Hardt, Micheal / Negri, Antonio (2000): Empire. Cambridge: Harvard UP.

Hirschman, Albert O. (1997): The Passions and the Interests. Political Arguments for Capitalism before its Triumph. Princeton: Princeton UP.

Hobbes, Thomas (1985): Leviathan. London: Penguin.

Honig, Bonnie (1993): Political Theory and the Displacement of Politics. Ithaca: Cornell UP.

Laclau, Ernesto (2002): Emanzipation und Differenz. Wien:Turia + Kant.

Lefort, Claude (1999): Fortdauer des Theologisch-Politischen? Wien: Passagen-Verlag.

Lemke, Thomas (2007): Gouvernementalität und Biopolitik. Wiesbaden: VS.

Luhmann, Niklas (1994): Die Wirtschaft der Gesellschaft. Frankfurt a.M.: Suhrkamp.

Malthus, Thomas Robert (1986a): An Essay on the Principle of Population. The Sixth Edition (1826). London: William Pickering.

Malthus, Thomas Robert (1986b): Principles of Political Economy. London: William Pickering.

Marx, Karl (1968): Das Kapital. Bd. 3: Der Gesamtprozeß der kapitalistischen Produktion. Werke / Karl Marx und Friedrich Engels, Bd. 25. Berlin: Dietz-Verlag.

Mauss, Marcel (2004): Die Gabe: Form und Funktion des Austausches in archaischen Gesellschaften. Frankfurt a.M.: Suhrkamp.

Mitchell, Timothy (1998): Fixing the Economy. Cultural Studies 12, 82-101.

Mitchell, Timothy (2002): Rule of Experts. Egypt, Techno-Politics, Modernity. Berkeley: University of California Press.

Muhle, Maria (2007): Bio-Politik vs. Lagerparadigma. Eine Diskussion anhand des Lebensbegriffes bei Agamben und Foucault. S. 78-95 in: Ludger Schwarte (Hrsg.), Auszug aus dem Lager. Zur Überwindung des modernen Raumparadigmas in der politischen Philosophie. Bielefeld / Berlin: Akademie der Künste Berlin / transcript.

Opitz, Sven (2008): Exklusion: Grenzgänge des Sozialen. S. 175-193 in: Stephan Moebius / Andreas Reckwitz (Hrsg.), Poststrukturalistische Sozialwissenschaft. Frankfurt a.M.: Suhrkamp.

Opitz, Sven / Matthies, Robert (2007): Interferenzen der Souveränität. S. 195-211 in: Marianne Pieper et al. (Hrsg.), Empire und die biopolitische Wende. Die internationale Diskussion im Anschluss an Negri und Hardt. Frankfurt a.M. / New York: Campus.

Polanyi, Karl (1957): The Great Transformation. The Political and Economic Origins of our Time. Boston: Beacon Press.

Rancière, Jacques (2001): Ten Thesis on Politics. Theory & Event 5, 1-17.

Rancière, Jacques (2002): Das Unvernehmen. Politik und Philosophie. Frankfurt a.M.: Suhrkamp.

Rancière, Jacques (2006): Die Aufteilung des Sinnlichen. Die Politik der Kunst und ihre Paradoxien. Berlin: B-Books.

Redmann, Deborah (2002): The Rise of Political Economy as a Science. Cambridge: MIT.

Robbins, Lionel (1932). An Essay on the Nature and Significance of Economic Science. London: Macmillan.

Rothschild, Emma (2001): Economic Sentiments. Cambridge: Harvard UP.

Sahlins, Marshall (2004): Stone Age Economics. London: Routledge.

Sarasin, Philip (2003): Zweierlei Rassismus? Die Selektion des Fremden als Problem in Michel Foucaults Verbindung von Biopolitik und Rassismus. S. 55-79 in: Martin Stingelin (Hrsg.), Biopolitik und Rassismus. Frankfurt a.M.: Suhrkamp.

Schabas, Mary (2003): British Economic Theory from Locke to Marshall. S. 171-182 in: Ted Porter / Dorothy Ross (Hrsg.), The Modern Social Sciences. Cambridge: Cambridge UP.

Simmel, Georg (1992): Über Geiz, Verschwendung und Armut. S. 529-542 in: Ders., Aufsätze und Abhandlungen 1894-1900. Frankfurt a.M.: Suhrkamp.

Spurr, David (1994): The Rhetoric of Empire. Colonial Discourse in Journalism, Travel Writing and Imperial Administration. Durham: Duke UP.

Stäheli, Urs (2000): Sinnzusammenbrüche. Eine dekonstruktive Lektüre von Niklas Luhmanns Systemtheorie. Weilerswist: Velbrück Verlag.

Swedberg, Richard / Granovetter, Mark (1992): Introduction. S. 1-28 in: Mark Granovetter / Richard Swedberg (Hrsg.), The Sociology of Economic Life. Boulder: Westview.

Tellmann, Ute (2008): Foucault and the Invisible Economy and the Limits of Governmentality. Foucault Studies (im Erscheinen).

Thüring, Hubert (2003): Form und Unform, Wert und Unwert des Lebens bei Nietzsche. S. 27-54 in: Martin Stingelin (Hrsg.), Biopolitik und Rassismus. Frankfurt a.M.: Suhrkamp.

Vogl, Joseph (1994): Einleitung. S. 7-30 in: Ders. (Hrsg), Gemeinschaften. Positionen zu einer Philosophie des Politischen. Frankfurt a.M.: Suhrkamp.

Vogl, Joseph (2002): Kalkül und Leidenschaft. Poetik des ökonomischen Menschen. München: Sequenzia.

Wolin, Sheldon (2004): Politics and Vision. Continnuity and Innovation in Western Political Thought. Princeton: Princeton UP.

Zakravsky, Katherina (2007): Enthüllungen. Zur Kritik des »nackten Lebens«. S. 59-77 in: Ludger Schwarte (Hrsg.), Auszug aus dem Lager. Zur Überwindung des modernen Raumparadigmas in der politischen Philosophie. Bielefeld / Berlin: Akademie der Künste Berlin / transcript.

Dr. Ute Tellmann
Institut für Soziologie, Universität Basel
Petersgraben 27, CH-4051 Basel
ute.tellmann@unibas.ch

Soziale Systeme 14 (2008), Heft 2, S. 294-307

Johannes Scheu

Wenn das Innen zum Außen wird
Soziologische Fragen an Giorgio Agamben

Zusammenfassung: Im Fokus des Beitrags steht ein erklärtermaßen *soziologischer* Verortungsversuch der Politischen Theorie Giorgio Agambens. Agambens mit Blick auf das ›nackte Leben‹ entwickelte Argumentationsfigur des ›einschließenden Ausschlusses‹ wird hierbei zunächst mit Exklusionskonzepten der Systemtheorie, der neueren Armutsforschung sowie der poststrukturalistischen Gesellschaftstheorie kontrastiert und auf ihre soziologische ›Brauchbarkeit‹ hin überprüft. Vor dem Hintergrund der Strukturanalogie zwischen dem ›nackten Leben‹ und der ›Souveränität‹ wird in einem weiteren Schritt aufgezeigt, dass sich der von Agamben gebrauchte Begriff der ›politischen Gemeinschaft‹ allein als ›Exklusionsgemeinschaft‹ ausformulieren lässt, auf die – sofern jegliche Inklusion immer nur als Attribut eines allumfassenden Ausschlusses fungiert – ein biopolitisches Erklärungsmuster anzuwenden unmöglich ist. Im Schlusskapitel wird die in der deutschsprachigen Soziologie bislang weitgehend unbeachtete Sündenbocktheorie René Girards vorgestellt. Diese erlaubt einen nuancierten sozialtheoretischen Blick auf das Wechselverhältnis von Inklusion und Exklusion, mit Hilfe dessen Agambens Politische Theorie konstruktiv zu erweitern wäre.

I.

Als Niklas Luhmann Mitte der 1990er Jahre das Begriffspaar Inklusion / Exklusion zur »Leitdifferenz des nächsten Jahrhunderts« (Luhmann 1996, 228) deklarierte, stieß er in der Systemtheorie eine rege Diskussion an, die bis heute nichts an Aktualität eingebüßt hat (s. Stichweh 2005; Farzin 2006; Nassehi 2006). In Bezug auf den systemtheoretischen Perspektivenwechsel, den Luhmann mit seinen Überlegungen – mitunter auf Kosten theorieimmanenter Widersprüche – einzuleiten suchte, stechen insbesondere zwei Aspekte hervor. Zum einen weist Luhmann die Vorstellung einer infolge funktionaler Differenzierung erreichten »Vollinklusion« vehement zurück: »Funktionssysteme«, so Luhmanns neue These, »schließen, wenn sie rational operieren, Personen aus« (Luhmann 1996, 228). Zum anderen nimmt Luhmann im Zuge dieser Verschiebung ein Phänomen in den Blick, das in seiner Theorie bislang weitgehend unthematisiert blieb: eine bloße, von jeglichem Personenstatus losgelöste *Körperlichkeit*: »Während im Inklusionsbereich Menschen als Personen zählen, scheint es im Exklusionsbereich fast nur auf ihre Körper anzukommen« (Luhmann 1998, 632f.). Exkludiert zu sein geht für Luhmann mit einer »aufs Körperliche reduzierte[n] Existenz« einher, die quasi kommunikationslos allein »den nächsten Tag zu erreichen sucht« (Luhmann 1996, 228).

Es ist dieser Aspekt der ausschließlich körperlichen Existenz, der in abgewandelter Form auch im Zentrum der Politischen Theorie Giorgio Agambens steht. Der Luhmannschen Trennung von ›Körper‹ und ›Person‹ entspricht bei Agamben auf struktureller Ebene die Unterscheidung von *zoé* und *bíos*, von ›natürlicher Existenz‹ und ›politischer Lebensform‹ (s. Agamben 2002a, 11f.), die durch ein in der Moderne zutage tretendes Missverhältnis von Rechtsordnung und Ausnahmezustand zunehmend in eins gefallen, ununterscheidbar geworden sei. Zugleich liegt den Überlegungen Agambens ein komplexes differenztheoretisches Erklärungsmodell zugrunde, das in eminenter Weise auf die Wechselbeziehung von Inklusion und Exklusion bezogen ist. Durch die Politik des permanenten Ausnahmezustands nämlich kann die »souveräne Macht« Agamben zufolge in sich einbeziehen, was im *Normalfall* außerhalb ihres Zugriffbereichs zu liegen scheint: Als eine »Geltung ohne Bedeutung« (Agamben 2002a, 60) greift das Recht auf die *zoé* zu, welche hierdurch als »nacktes Leben« (Agamben 2002a, 16) Einzug in den Bereich politischer Entscheidungsmacht, und dies meint bei Agamben seine ›Biopolitisierung‹, erfährt.

Ziel des vorliegenden Beitrags ist es, das von Agamben aufgespannte Begriffsverhältnis von Inklusion und Exklusion soziologisch zu verorten sowie aus diesem Blickwinkel her kritisch zu hinterfragen.[1] Zur Präzisierung dieser Kritik bietet sich ein Blick auf Luhmann an. So sehr Luhmann und Agamben nämlich das Phänomen der Exklusion gleichermaßen mit dem Aspekt bloßer Körperlichkeit verknüpfen, so diametral entgegengesetzt ist der jeweilige Blickwinkel, von dem aus sie eben dieses Phänomen betrachten: Während der Luhmannsche Exklusionsbegriff als eine nicht zuletzt auch selbstkritische Korrektur am systemtheoretischen Postulat der »Vollinklusion« aufgefasst werden kann, begegnet man bei Agamben umgekehrt – so lautet die freilich noch auszuführende These dieses Beitrags – der Vorstellung einer nicht minder problematischen universalen »Vollexklusion«. In seiner These vom Konzentrationslager als dem neuen »nómos der Moderne« (Agamben 2002a, 175) spiegelt sich diese Vorstellung in letzter Konsequenz wider: »Der Ausnahmezustand, der im wesentlichen eine zeitliche Aufhebung der Rechtsordnung war, wird … [im Lager] eine stabile räumliche Einrichtung, in der jenes nackte Leben wohnt, das in wachsendem Maß nicht mehr in die Ordnung eingeschrieben werden kann. (…) Das Lager … ist der neue biopolitische *nómos* des Planeten« (Agamben 2002a, 184).

---

1 Der Agamben-Kenner mag enttäuscht sein, mit dieser soziologischen Perspektive eine weitgehende Zentrierung des Analysegegenstands auf den ersten Band der ›Homo sacer‹-Tetralogie einhergehen zu sehen – zumal eine solche Selektion dem Stand der gegenwärtigen Agamben-Diskussion hinterherzuhinken scheint. So interessant jedoch etwa Agambens Paulus-Lektüre (s. Agamben 2006; einführend Schneider 2008), sein Konzept der »Lebens-Form« (s. Agamben 1994; einführend Kurotschka 2004) oder den »Zeugen« (s. Agamben 2003; einführend Schmidt 2007) auch sein mag: Im selben Maße, wie Agamben sich mit diesen Themen zunehmend philosophisch-theologischen Fragestellungen zuwendet, nimmt die soziologische ›Brauchbarkeit‹ seiner Theorie drastisch ab. Bezüglich einer umfassenderen Gesamtdarstellung des Agambenschen Œuvres vergleiche Scheu (2006).

Die Leitfrage, die vor diesem Hintergrund an Agambens Theorie gerichtet werden soll, lautet deshalb: Welchen analytischen Ort nimmt der Begriff der »politischen Gemeinschaft« (Agamben 2002a, 190) bzw. der »Gesellschaft«[2] in einer solchen topologischen Konzeption ein? Agambens Theorie soll in diesem Zusammenhang nicht etwa ein starres Homogenitätskonzept von Gemeinschaft oder Gesellschaft entgegengehalten werden. In einer Minimaldefinition wird mit diesen Begriffen allein ein – näher zu bestimmender – *Inklusionsbereich* des politischen Raumes bezeichnet, von dem das nackte Leben – in welcher Form auch immer – ausgeschlossen ist.[3] Denn neben der Systemtheorie hat insbesondere auch die poststrukturalistische Gesellschaftstheorie gezeigt, dass die Dichotomie von Inklusion und Exklusion gerade vor dem Hintergrund einer unmöglichen ›Schließung‹ von Gesellschaft wirksam sein kann (s. Laclau 2002). Im Gegenzug gilt es auf den folgenden Seiten vielmehr nachzuweisen, dass Agamben in seinen Analysen einem solchen Homogenitätskonzept implizit verhaftet bleibt.

II.

Wie gestaltet sich das Begriffsverhältnis Inklusion / Exklusion innerhalb der Theorie Agambens im Genauen? Agambens gesamtes Konzept basiert letztlich – was allein schon ein Blick auf das Inhaltsverzeichnis des ersten ›Homo sacer‹-Bandes (Agamben 2002a) offenbart – auf dem Begriff der »Schwelle«, der eine klare Trennungslinie zwischen Innen und Außen, zwischen Inklusion und Exklusion zu ziehen unmöglicht macht. So besteht Agamben zufolge das »entscheidende Ereignis der Moderne« (Agamben 2002a, 14) gerade darin, dass »im Gleichschritt mit dem Prozess, durch den die Ausnahme überall zur Regel wird … Ausschluß und Einschluß, Außen und Innen … in eine Zone irreduzibler Ununterscheidbarkeit geraten« (Agamben 2002a, 19). Und in Bezug auf das nackte Leben fügt er hinzu: »Es gibt da eine Grenzfigur des Lebens, eine Schwelle, wo sich das Leben zugleich außerhalb und innerhalb der Rechtsordnung befindet, und diese Schwelle ist der Ort der Souveränität« (Agamben 2002a, 37). Die altrömische sowie historiographisch umstrittene (s. Steinhauer 2006, 201) Rechtsfigur des *homo sacer* stellt für Agamben in diesem Zusammenhang nicht nur ein »Paradigma« (Agamben 2002b) des nackten Lebens,

2 Der von Ferdinand Tönnies (1912) ausgearbeiteten Trennung von ›Gemeinschaft‹ und ›Gesellschaft‹ trägt Agamben keinerlei Rechnung. Versteht man ›Gemeinschaft‹ mit Theodor Geiger allerdings als ein »Verschmolzensein von Menschen im Wesen«, ›Gesellschaft‹ hingegen als »ihr Verbundensein durch eine soziale Ordnung« (Geiger 1927, 342), so wird ersichtlich, dass Agamben – obwohl der Begriff der ›politischen Gemeinschaft‹ in seiner Argumentation dominiert und deshalb auch im Folgenden Verwendung findet – seinen rechtstheoretischen Überlegungen streng genommen einen Gesellschaftsbegriff zugrunde legen müsste.
3 Einfacher formuliert leitet sich diese Minimaldefinition von der in Bezug auf den Gemeinschaftsbegriff oft gebrauchten simplen Unterscheidungsmöglichkeit zwischen einem ›Wir‹ und den ›Anderen‹ ab (s. Eßbach 1993, 25).

sondern darüber hinaus auch ein Sinnbild jenes topologischen Ineinanderfallens dar. Der *homo sacer* darf als ›Vogelfreier‹ straflos getötet, aufgrund seiner ›Unreinheit‹ zugleich jedoch nicht geopfert werden (s. Agamben 2002a, 81).[4] Dieser doppelte Ausschluss aus der weltlichen und göttlichen Ordnung wird von Agamben nun in einen doppelten Einschluss übersetzt: Ausgeschlossen in Form einer profanen und religiösen Rechtlosigkeit, bleibt der *homo sacer* gerade durch seinen Ausschluss eingeschlossen in der Sphäre willkürlich an ihm auszuübender Gewalt. Im gleichen Maße wie »bei der souveränen Ausnahme das Gesetz sich auf den Ausnahmefall anwendet, indem es sich abwendet …, so ist der *homo sacer* der Gottheit in Form des Nichtopferbaren übereignet und in Form des Tötbaren in der Gemeinschaft eingeschlossen« (Agamben 2002a, 92).

Im Oxymoron des »einschließenden Ausschlusses« (Agamben 2002a, 21) aber, mit dem Agamben den Status des *homo sacer* im Besonderen sowie des nackten Lebens im Allgemeinen umschreibt, sind die Pole Inklusion und Exklusion bei weitem nicht gleich gewichtet. Entgegen Agambens begrifflicher Vehemenz in der Verwendung von Grenzkategorien ist das nackte Leben primär eine *Exklusionsfigur*, deren Inklusion sich in einer »hierarchischen Opposition« (Stichweh 2005, 62) zu dem von ihr erlittenen Ausschluss verhält, letzterem gegenüber also strukturell untergeordnet ist.[5] Zudem handelt es sich bei der Agambenschen Denkbewegung des ›einschließenden Ausschlusses‹ um eine formallogische Argumentationsfigur, deren vermeintlich paradoxer Gehalt in soziologischen Theorien verschiedenster Couleur aufgegriffen und verhandelt wird. So sprach bereits Georg Simmel Anfang des 20. Jahrhunderts bezüglich des ›Armen‹ von einem »Verhältnis des simultanen Drinnen und Draußen« (Simmel 1992, 547), im Zuge derer der Arme als mündiges Subjekt von der Gesellschaft ausgeschlossen wird, als bloßes Objekt der Fürsorge aber – so wie das nackte Leben bloßes Objekt souveräner Gewalt ist – in ihr eingeschlossen bleibt: »So steht der Arme freilich außerhalb der Gruppe …, aber dieses Außerhalb ist … nur eine besondere Form des Innerhalb« (Simmel 1992, 546).[6] Eine strukturell ähnliche Intention liegt Luhmanns Begriff der »Negativ-Integration« (Luhmann 1996, 229) sowie auch Robert Castels Ausführungen zum Prozess der »désaffiliation« (Castel 1996) zugrunde, denen bei aller analytischen Differenz die basale Feststellung gemeinsam ist, dass Exklusionsprozesse mitunter höchst problematische Einschlusszwänge nach sich ziehen. »Die Exklusion«,

---

4   Zu den religionssoziologischen Implikationen der ›Nichtopferbarkeit‹ des *homo sacer* vergleiche Scheu (2007, 197ff.).
5   Rudolf Stichweh, der in seinen Analysen zur ›Weltgesellschaft‹ freilich das Moment der Inklusion dominieren sieht, definiert ›hierarchische Oppositionen‹ wie folgt: »In einer hierarchischen Opposition fungiert einer der beiden Begriffe einer zweistelligen Unterscheidung zugleich als Oberbegriff, der den Unterschied der beiden Seiten übergreift« (Stichweh 2005, 62).
6   Aus- und Weiterführungen zum Begriffsverhältnis von Inklusion und Exklusion im Werke Simmels finden sich bei Kronauer (2002, 146ff.).

so resümiert Luhmann, »integriert viel stärker als die Inklusion«, wobei er Integration im Gegensatz zur üblicherweise mit diesem Begriff einhergehenden Konnotation negativ als »Einschränkung der Freiheitsgrade für Selektionen« (Luhmann 1998, 631) definiert. Und Castel hält der seiner Meinung nach oftmals zu unreflektierten Verwendung des Exklusionsbegriffs entgegen: »Gewiß gibt es heute Menschen, die ›drin‹ und die ›draußen‹ sind, doch sie bevölkern keine getrennten Universen. Im strengen Sinne lässt sich nie von Situationen außerhalb des Sozialen sprechen« (Castel 2000a, 14; s. a. 2000b, 385).

Über den Bereich ›klassischer‹ Soziologie hinausgehend ist es insbesondere der in weiten Teilen des poststrukturalistischen Theoriefelds verwendete Begriff des »konstitutiven Außen«[7], auf den – gleichwohl er im Duktus Agambens fehlt – der ›einschließende Ausschluss‹ des nackten Lebens rückführbar ist. Gesellschaftliche ›Einheit‹ lässt sich, so wird mit jenem Begriffskonzept betont, per definitionem nur über den Umweg eines Antagonismus ausbilden: Über die Exklusion eines als »reine Bedrohung« (Laclau 2002, 68) stigmatisierten ›Anderen‹, das als Ausgeschlossenes elementar mit dem Innenbereich der Gesellschaft verbunden bleibt. Insofern nun dem nackten Leben »in der abendländischen Politik das einzigartige Privileg zu[kommt], das zu sein, auf dessen Ausschließung sich das Gemeinwesen der Menschen gründet« (Agamben 2002a, 17), geht diese differenztheoretische Perspektive Agambens nahezu vollständig im Konzept des ›konstitutiven Außen‹ auf. Denn nicht jedes ›Außen‹ ist »konstitutiv für Gesellschaft, sondern nur das, wovon eine Gesellschaft sich abgrenzen *muss*, um überhaupt Gesellschaft sein zu können« (Stäheli 2000, 37).

III.

Will man sich einen besseren Überblick darüber verschaffen, welche Personenkreise Agamben unter dem Begriff des nackten Lebens zusammenfasst, bietet sich wiederum eine Bezugnahme auf die Arbeiten Robert Castels an. Um dem Exklusionsbegriff seine analytische Vagheit zu nehmen – die für Castel darin zum Ausdruck kommt, dass sich mit ihm zwar »alle Varianten des Elends der Welt durchdeklinieren lassen«, gerade dadurch aber »das Besondere der jeweiligen Situation verwischt wird« (Castel 2000a, 11) –, nimmt Castel eine dreifache, in ihrem Intensitätsgrad absteigende Unterteilung vor. Zum einen definiert er eine Form des Ausschlusses, die sich als ›*Totalexklusion*‹ insofern bezeichnen ließe, als sie unmittelbar auf den Aspekt der Vernichtung bezogen

---

7   Der Begriff des ›konstitutiven Außen‹ entstammt der Sprachphilosophie Jacques Derridas. Indes ist vor allem Ernesto Laclau dessen analytische Ausweitung auf den Bereich der Gesellschaftstheorie zu verdanken (s. Laclau 1990). Inwieweit das ›konstitutive Außen‹ als eine allgemeine Theoriefigur poststrukturalistischen Denkens bezeichnet werden kann beschreibt Gehring (1994).

ist. »Die ›Endlösung‹ gegenüber Juden und Roma«, so Castel, »stellt die Vollendung dieses Falls der Exklusion dar« (Castel 2000a, 20). Von dieser ›Totalexklusion‹ unterscheidet Castel eine – stark an die Schriften Michel Foucaults erinnernde – ›*räumliche Exklusion*‹, die im »Aufbau geschlossener Räume [besteht], die von der Gemeinschaft abgetrennt sind, sich jedoch innerhalb der Gemeinschaft befinden: Ghettos, ..., ›Asyle‹ für Verrückte, Gefängnisse« (Castel 2000a, 21). Die letzte von Castel dargestellte Exklusionsdimension schließlich könnte dagegen als ›*Partialexklusion*‹ bezeichnet werden, da sie in Formen der Benachteiligung und Diskriminierung zum Ausdruck kommt. Bestimmte Bevölkerungsteile und Personengruppen werden hierbei mit einem »speziellen Status versehen, der ihnen [zwar] ermöglicht, in der Gemeinschaft zu koexistieren, sie aber bestimmter Rechte ... beraubt« (Castel 2000a, 21). Unabhängig von seiner eigenen Argumentation sei an dieser Stelle hinzugefügt, dass in der von Castel vorgenommenen Abstufung überdies auch der Übergang von einer direkten, gar »absoluten Gewalt« (Popitz 1992) im Sinne der Tötung hin zum Phänomen der »strukturellen Gewalt« (Galtung 1993) im Sinne einer Minderung an sozialen Teilhabemöglichkeiten erkennbar ist.[8]

Vor dem Hintergrund dieser Dreigliederung Castels lässt sich eine elementare Begriffsproblematik innerhalb der Theorie Agambens aufzeigen. Unter dem Begriff des nackten Lebens nämlich werden von Agamben all jene soeben dargestellten Exklusionsmodi undifferenziert subsumiert; und im Hinblick auf die ›souveräne Gewalt‹ (s. Agamben 2002a, 37), die sich laut Agamben dem nackten Leben bemächtige, sucht der Leser vergebens nach einer wenigstens im Ansatz getroffenen Unterscheidung zwischen direkten, indirekten, strukturellen oder – mit Bourdieu (1973) gesprochen – »symbolischen« Formen der Gewalt. Zwar soll Agamben nicht dahingehend widersprochen werden, dass es unmöglich sein dürfte, die genannten Gewaltformen mit der Dimension politischer Souveränität in Einklang zu bringen. Wohl aber gehen mit jenen unterschiedlichen Gewaltformen auch differierende Exklusionsmechanismen einher, infolge derer – dies wäre Agamben entgegenzuhalten – auf vollkommen unterschiedliche Weise vermeintlich nacktes Leben hervorgebracht wird. Entgegen Agambens Behauptung handelt es sich beim »Muselmann« (Ryn/Klodzinski 1987; Agamben 2003, 36ff.), dem zerbrochensten Insassen der nazistischen Konzentrationslager, nicht etwa nur um eine graduell, sondern *qualitativ* andere Form des nackten Lebens als beim Gefängnisinsassen oder Flüchtling. Deren fragiler Rechtsstatus wiederum verweist auf eine *qualitativ* andere Form des ›einschließenden Ausschlusses‹ als die von Agamben ins Feld geführte rechtsethische Grauzone des ›Hirntodes‹. Um dies an einem Beispiel zu verdeutlichen: Wenn Agamben den medizinischen Fall Karen A. Quinlans, einer seit 1975 in vegetativem Zustand befindlichen und zehn Jahre

---

8 Zum interessanten, in der Forschung bislang jedoch weitgehend unbeachteten Zusammenhang zwischen einer ›Soziologie der Exklusion‹ und einer ›Soziologie der Gewalt‹ vgl. Schroer (2004). Zur Gewaltsoziologie im Allgemeinen vgl. Trotha (1997).

später verstorbenen Komapatientin, unter dem Aspekt des nackten Lebens den gerade beschriebenen Personengruppen anzugleichen sucht (s. Agamben 2002a, 172f.), so übersieht er hierbei, dass das Schicksal Quinlans zuvorderst in einem Inklusionsbereich, der Zustand letzterer hingegen in einem Exklusionsbereich zu verorten ist. Die ›lebenserhaltenden‹ Maßnahmen moderner Medizin finden in einem Kontext Anwendung, der etwa aus der Perspektive des rechtlosen Flüchtlings ein geradewegs unzugänglicher, im wahrsten Wortsinn *exklusiver* ist.

Bei der Lektüre Agambens begegnet man somit verschiedenen biopolitischen Praktiken, die es nicht übereilt ineinszusetzen, sondern vielmehr in ihren Differenzen zu analysieren gilt (s. Vasilache 2007; Bogdal 2008). Insofern mit einer solchen, für beobachtbare Verschiedenheiten offenen Perspektive die bedeutsame Frage einhergeht, *worauf* sich biopolitische Zugriffsmodi im Einzelnen richten (s. Lemke 2005), böte deren Einnahme nicht nur die Möglichkeit, das Konzept Agambens um ein nuanciertes Analyseraster zu erweitern. Darüber hinaus ließe sich aus jener Fokussierung womöglich sogar ein tragfähiges Instrumentarium ableiten, um der gegenwärtig disziplinübergreifenden Schwammigkeit des Begriffs ›Biopolitik‹ zumindest im Ansatz entgegenwirken zu können.

IV.

Innerhalb Agambens Argumentation findet sich in diesem Zusammenhang eine weitere Nivellierung, die in Bezug auf die eingangs aufgeworfene Leitfrage noch folgenreicher ist. Wenn nämlich das nackte Leben Agamben zufolge im »Innere[n] jedes menschlichen Lebens und jedes Bürgers« (Agamben 2002a, 148) aufzufinden sei, wodurch »in unserer Zeit in einem besonderen, aber sehr realen Sinn alle Bürger als *homines sacri* erscheinen« (121), dann existieren in seinem Konzept letztlich nur noch Nuancen des nacktes Lebens. Diesen wiederum steht ein Souverän gegenüber, der gleichsam alle Menschen zu Ausgeschlossenen macht. Der Begriff der ›politischen Gemeinschaft‹, den Agamben in Bezug auf die gesamte abendländische Politik gebraucht, bezeichnet somit spätestens im neuen *nómos* der Moderne nichts anderes mehr als einen ausnahmslos von nacktem Leben bevölkerten Bannkreis souveräner Macht (s. Werber 2002, 618).[9]

9 Mit dem Begriff des ›Virtuellen‹ (s. Agamben 2002a, 124), welcher in diesem Zusammenhang fällt und der These einer Universalisierung des nackten Lebens zu widersprechen scheint, stiftet Agamben innerhalb seiner Argumentation Verwirrung, wo Klarheit von Nöten wäre. Was hat es zu bedeuten, wenn alle Bürger Agamben zufolge ›nur‹ virtuell *homines sacri* sind? Entweder spiegelt sich im Bürger somit *de facto* kein nacktes Leben wider – dann aber sind die obigen Zitate überflüssig. Oder aber man denkt Agambens Ausführungen zum Lager als dem neuen *nomós* der Erde konsequent zu Ende und hält an der Nivellierung zwischen Bürger und nacktem Leben fest – dann aber wird der Begriff des ›Virtuellen‹ selbst wieder überflüssig; und

Es soll an dieser Stelle nicht auf die politiktheoretische Problematik einge-
gangen werden, die Agambens kryptische Beschreibung souveräner Macht
bisweilen impliziert, denn *wer* oder *was* diese souveräne Macht im Genauen
sein soll, deren Verantwortung für die gegenwärtige politische Katastrophe
Agamben nicht müde wird zu betonen, bleibt in seinem Konzept letztendlich
ungeklärt (s. Sarasin 2003a; Passavant 2007).[10] Hinsichtlich des Begriffspaars
Inklusion/Exklusion bzw. des Verhältnisses, in welchem der Begriff der ›politischen Gemeinschaft‹ zu diesem steht, kommt jedoch insbesondere der *Symmetrie* eine besondere Bedeutung zu, die Agamben zwischen der Figur der
Souveränität und der des nackten Lebens herausarbeitet. An den äußersten
Grenzen der politischen Ordnung begegnen sich Souverän und *homo sacer* in
perfekter Spiegelbildlichkeit (s. Agamben 2002a, 94): Der Souverän – per definitionem über dem Gesetz stehend – entgleitet der Ordnung nach *oben* hin, so
wie ihr das nackte Leben – von jeglichem Recht ausgeschlossen – nach *unten*
hin entfällt. In der aktiv *ausschließenden* Figur der Souveränität zeichnet sich
somit dieselbe soziale Anomalie ab wie in der passiv *ausgeschlossenen* Figur des
nackten Lebens: »Was … den *homo sacer* und den Souverän zu einem einzigen
Paradigma vereint, ist der Umstand, daß wir uns jedes Mal vor einem nackten
Leben befinden, das … mit der menschlichen Welt unvereinbar geworden ist«
(Agamben 2002a, 110).[11]
Vor dem Hintergrund dieses vertikalen Schemas wird ersichtlich, dass der
Raum, der zwischen diesen beiden Extremen – der Übermacht des Souveräns
und der Ohnmacht des nackten Lebens – liegt, von einer geradewegs gäh-
nenden Leere zeugt. Denn insofern Agamben einerseits die Unterscheidung

es stellt sich zudem die Frage, wie dieser mit letzterer Auffassung in Einklang gebracht werden
kann ohne im selben Zuge mit ersterer Auffassung Hand in Hand zu gehen.
10 Zwar mag man einer solchen Auffassung entgegen halten, dass der Begriff souveräner Macht
schlichtweg auf jede Form institutionalisierter Staatsmacht verweist und deshalb nicht näher
definiert werden müsse (s. Werber 2002, 619). Wenn der Souverän für Agamben jedoch
»immer mehr nicht nur mit dem Juristen, sondern auch mit dem Arzt, dem Wissenschaft-
ler, dem Experten und dem Priester symbiotisiert« (Agamben 2002a, 130), dann bleibt hierbei
dennoch vollkommen unklar, inwiefern ein solch aufgeweichtes Souveränitätskonzept mit
einem Ausnahmezustand in Einklang zu bringen ist, der doch stets – auch als Regel – auf
einer souveränen Entscheidung in Form einer Außerkraftsetzung des Rechts beruhen müsste
(s. Düttmann 2004). Mit obigem Zitat nähert sich Agamben im Grunde vielmehr wieder der
von ihm kritisierten Machtkonzeption Foucaults an, welcher in ähnlicher Manier von einer
»Gesellschaft des Richter-Professors, des Richter-Arztes, des Richter-Pädagogen [und] des
Richter-Sozialarbeiters« (Foucault 1976, 393) spricht.
11 Agambens Beobachtung dieser Struktursymmetrie ist theoriegeschichtlich keineswegs neu.
Bereits René Girard stellt in seiner Sündenbocktheorie eine grundlegende Wesensgleichheit
zwischen der Figur des Königs und der des ›Sündenbocks‹ fest: »Der König regiert nur kraft
seines künftigen Todes; er ist nichts anderes als ein Opfer, das seiner Opferung, ein zum Tode
Verurteilter, der seiner Hinrichtung harrt« (Girard 1992, 159). Und Foucault bemerkt hinsichtlich des Zusammenhangs, der »zwischen dem Souverän über dem Gesetz und dem Kriminel-
len unter dem Gesetz« (Foucault 2003, 125) bestehe: »Der Despot ist … derjenige, der durch
seine bloße Existenz das maximale Verbrechen begeht, das Verbrechen schlechthin, den Bruch
des Gesellschaftsvertrags nämlich, kraft dessen der Gesellschaftskörper allein existieren …
kann« (Foucault 2003, 126).

zwischen ›Bürger‹ und ›nacktem Leben‹ einebnet sowie andererseits die Figur
der Souveränität mit letzterem in Symmetrie setzt, löst sich der Innenbereich
der ›politischen Gemeinschaft‹ vollständig im Niemandsland des ›einschließenden Ausschlusses‹ auf.

Das mit jener Leerstelle einhergehende Fehlen eines politischen Kollektivs,
welches in irgendeiner Form noch *diesseits* der Grenze zum Ausschluss zu verorten wäre, hat für die Theorie Agambens eine erhebliche Konsequenz. So ist
auf eben dieses Fehlen zurückzuführen, dass sich der biopolitische Handlungs-
horizont, den Agamben als ›Ursprungsleistung‹ souveräner Macht auffasst (s.
Agamben 2002a, 16), letztendlich nur defizitär in sein Konzept einfügen lässt.
Wenngleich Agamben anmerkt, dass in »der modernen Biopolitik … derjenige
souverän [ist], der über den Wert oder Unwert des Lebens als solches entscheidet« (Agamben 2002a, 151), so sucht man innerhalb seiner Argumentation
dennoch vergebens danach, was sich auch nur im Entferntesten als ›Wert‹ des
Lebens bezeichnen ließe. Agamben ist, wie Philipp Sarasin treffend festhält,
an der »Produktion von Leben jenseits der Tötbarkeit des ›lebensunwerten‹
Lebens nicht interessiert« (Sarasin 2003b, 59). In Foucaults Ausführungen zur
Biopolitik, die Agamben schließlich fortzuentwickeln sucht, fungiert der Rassis-
mus als ein Scharnier, das die biopolitische Lebenssteigerung eines politischen
Kollektivs konstitutiv an die Vernichtung eines anderen, als ›minderwertig‹
imaginierten Kollektivs koppelt: Der »Rassismus … [sichert] die Funktion des
Todes in der Ökonomie der Bio-Macht gemäß dem Prinzip, daß der Tod der
Anderen die biologische Selbst-Stärkung bedeutet, insofern man Mitglied
einer Rasse oder Bevölkerung ist, insofern man Element einer einheitlichen …
Pluralität ist« (Foucault 2001, 305). Fernab eines solch wechselseitigen Bedin-
gungsverhältnisses begegnet man bei Agamben hingegen einer vollständigen
Thanatopolitik, die er jenseits eines vermeintlichen ›Positivums‹, das eine biopolitische Perspektive eo ipso implizieren müsste, allein über den Aspekt des
Todes – den Ausschluss schlechthin – definiert und letztendlich nur auf diese
verkürzte Weise zu definieren imstande ist, da die Foucaultsche Perspektive
einer ›politischen Gemeinschaft‹ diesseits der Exklusion als Aktionsrahmen
biopolitischer Zugriffe bedarf (s. Lemke 2004; Muhle 2007).[12]

Im Schlusskapitel des ersten ›*Homo sacer*‹-Bandes stellt Agamben in einer
Zusammenfassung seiner Ergebnisse fest, dass »jede Möglichkeit, der poli-
tischen Gemeinschaft so etwas wie eine ›Zugehörigkeit‹ zugrunde zu legen«
(Agamben 2002a, 190), fortan grundsätzlich in Frage gestellt werden müsse.
Doch obgleich diese Infragestellung angesichts einer sich verschärfenden
Sicherheitspolitik westlicher Demokratien (s. Agamben 2004a) als zumindest

---

12 Antonio Negri unterstreicht diese Beobachtung nochmals, wenn er auf die fundamentale
Beziehung zum Tode hinweist, die der gesamten Politischen Philosophie Agambens eigen sei.
Agamben »is absolutely convinced that the human is a being-for-death. Such a conception …
is … founded on the idea that the world is continuously and miraculously reborn precicely at
the limit of life, namely, on that threshold which is death« (Negri 2004, 171).

nicht unberechtigt erscheint: Indem Agamben seine Analysen auf die Allgegenwärtigkeit des nackten Lebens zulaufen lässt, trägt er zur oben erwähnten Vagheit des Exklusionsbegriffs bei. Denn nicht nur drohen bei Agamben »[z]weitausend Jahre abendländischer Geschichte ... in der Perspektive der ›universellen Indistinktion‹ immer dieselbe Katastrophe ... gewesen zu sein, während es doch vielmehr auf die verschiedenen Formen ankäme, in denen ... bloßes Leben erzeugt und auf dieses zugegriffen wird« (Menke 2003, 147). Im Agambenschen Ausnahmezustand, der »heute erst seine weltweit größte Ausbreitung erfährt« (Agamben 2004b, 102), meint ›politische Gemeinschaft‹ darüber hinaus in letzter Konsequenz *Exklusionsgemeinschaft*: Das nackte Leben summiert sich zur einzigen Kollektivität des Gemeinwesens überhaupt, zum einzig noch möglichen Leben selbst. Und insofern Agamben es hierbei unterlässt, diese Gemeinschaftskonzeption mit einer – nicht nur als Attribut des Ausschlusses figurierenden – Inklusion zu konfrontieren, bildet die nackte, »aufs Körperliche reduzierte Existenz« (Luhmann 1996, 228) der Ausgeschlossenen selbst wieder eine totalisierende Homogenität.

V.

Kritik haftet oftmals etwas Feindseliges an. Doch sollte mit den vorangegangenen Ausführungen weder die Absicht verfolgt werden, sich in eine radikale Opposition zur Politischen Theorie Agambens zu begeben, noch diese als analytisch vollkommen unbrauchbar zurückzuweisen. Vielmehr galt es – vermittelt über einen *Dissens* im eigentlichen Wortsinn – auf spezifische, in diesem Falle soziologische Problemfelder aufmerksam zu machen, die in eminenter Weise mit Agambens Begriffstopographie von Inklusion und Exklusion einhergehen. Betrachtet man die gegenwärtig in den Sozialwissenschaften geführte Exklusionsdebatte weniger von einem disziplinären Standpunkt aus als vielmehr von der Frage her, über das vermeintliche ›Scheitern‹ welcher sozialen Integrations- und Partizipationsmodi Ausschlussprozesse verlaufen, so stechen insbesondere drei ›Inklusionsinstanzen‹ – und also auch ›Exklusionsinstanzen‹ – moderner Gesellschaften ins Auge: diejenige der *Arbeit* (Castel 2000b), diejenige des *Rechts* (Schnapper 2000) und – etwas abstrakter – diejenige der *Kommunikation* (Luhmann 1995, 1996) bzw. der *Information* (Castells 2004; Lash 1999). Agambens Verdienst für die soziologische Exklusionsforschung besteht zweifelsohne darin, im Hinblick auf das Wesen des Rechts nicht etwa nur auf dessen mangelnde Durchsetzungskraft zu verweisen, die es zukünftig mit allen Mitteln zu stärken gelte. Seines vermeintlich normativen Gehalts entkleidet, wird das Recht – und eben nicht nur sein Fehlen – von Agamben nun selbst als »Exklusionsmaschine« (Wetzel 2004, 411) in nuce begriffen. Dies ist ein Perspektivenwechsel, den einzuleiten Agamben hoch anzurechnen ist, ob man ihm in aller Konsequenz folgen will oder nicht.

Zum Abschluss soll noch eine weitere Theorie vorgestellt werden, die, gerade weil sie weder zum täglichen Brot deutschsprachiger Soziologe[13] noch zum üblichen Anknüpfungsrepertoire der Agamben-Rezeption zählt (s. Scheu 2007), als Korrektiv gegen jene von Agamben konstatierte ›Vollexklusion‹ hilfreich sein kann. Es handelt sich hierbei um die bereits erwähnte Sünden-bocktheorie des französischen Sozialtheoretikers René Girard (1988; 1992). Im Gegensatz zu Agamben beschreibt Girard den Nexus von Gemeinschaft und Ausschluss von keinem rechtstheoretischen, sondern betont sozialtheoretischen Blickwinkel her. Hierbei vertritt er die These, dass den ›Sündenböcken‹ – so Girards Begriffspendant zum nackten Leben – im Vorfeld ihrer Exklusion bereits immer schon Formen sozialer ›Desintegration‹ oder ›Anomalie‹ anhaften, die bestimmte Individuen und Kollektive überhaupt erst für ihre Rolle als Sündenböcke prädestinieren: »Wenn es keine *kulturellen* Zeichen ... gibt, mach[t] sich kollektive ... Feindseligkeit auf der Suche nach Übertragungswegen an ebenso evidenten wie bedeutungslosen *physischen* Zeichen fest« (Girard 2005, 50). *Ausgrenzungsmechanismen,* so ließe sich die Girardsche Argumentation zusammenfassen, folgen in der Regel auf sozialkonstitutive *Abgrenzungsmechanismen,* die – hier liegt der Akzent – zuallererst *gesellschaftsinterne* Zäsuren markieren.[14] Betrachtet man nun Agambens eindrücklichste Beispiele von nacktem Leben – seien es Juden und Roma in den Konzentrationslagern, Flüchtlinge oder zu medizinischen Versuchen missbrauchte Schwerstverbrecher in den USA –, so verweisen all diese Personengruppen gleichermaßen auf eine soziale Randständigkeit, vor deren Hintergrund sie im Folgenden ihre Reduktion auf ein nacktes Leben erfahren. Dass es aber ganz bestimmte Kategorien von Menschen sind, die »den heterogenen ›Zivilisationen‹ auf der Suche nach Sündenböcken ... als Reservoir dienen« (Girard 2005, 49), blendet Agamben zugunsten seiner ostentativen Pointe des Lageruniversalismus vollständig aus. Der Rückgriff auf die Sündenbocktheorie dagegen gestattet die notwendige Fokussierung auf das – sowohl passive wie auch aktive – ›Wer‹ der Exklusion, um die Agambens Konzept zu ergänzen ein analytisch fruchtbares Unterfangen wäre.[15]

Die Perspektive Girards mit derjenigen Agambens zu verbinden wäre insofern von Vorteil, als der ›einschließende Ausschluss‹ des nackten Lebens, den Agamben in einem geradezu blinden Selbsttrieb souveräner Macht begründet sieht, mithilfe der Sündenbocktheorie an gesellschaftspolitischer Kontur

---

13 Eine Beschäftigung mit der – im anglo- und frankophonen Raum stark rezipierten – Theorie Girards steht in der deutschsprachigen Soziologie noch weitgehend aus. Am Rande sei allerdings erwähnt, dass bereits Luhmann Girards Thesen in seine differenztheoretischen Überlegungen miteinbezog (s. Luhmann 2004, 69).

14 Zum analytischen Verhältnis zwischen Ausgrenzungs- und Abgrenzungsmechanismen vergleiche auch Waldenfels (1999).

15 Die vor allem von Seiten der *Postcolonial Studies* gebrauchte Ungleichheitstrias ›Race-Class-Gender‹ sowie die innerhalb der Systemtheorie analysierten Exklusionsursachen der ›ethnischen Segregation‹, ›Migration‹ und ›räumlichen Differenzierung‹ (s. Stichweh 2005, 52ff.) könnten einem solchen Vorhaben ebenfalls behilflich sein.

gewinnen könnte. Der Frage beispielsweise, aus welchem Grund gerade die ›ewig wandernden Juden‹ die *homines sacri* des Dritten Reichs par excellence verkörperten, weicht Agamben – obgleich er sich schließlich im Gros seiner Analysen auf den Nationalsozialismus bezieht – konsequent aus. Eine Ausklammerung indes, die im selben Maße, wie sie angesichts der These des Lageruniversalismus auf theorieimmanenter Ebene strukturell zwingend erscheint, den soziologischen Blick tiefgreifend irritiert.

Literatur

Agamben, Giorgio (1994): Lebens-Form. S. 251-257 in: Joseph Vogl (Hrsg.), Gemeinschaften. Positionen zu einer Philosophie des Politischen. Frankfurt a.M.: Suhrkamp.

Agamben, Giorgio (2002a): Homo sacer. Die souveräne Macht und das nackte Leben. Frankfurt a.M.: Suhrkamp.

Agamben, Giorgio (2002b): What is a Paradigm? Vortrag an der European Graduate School. www.egs.edu/faculty/agamben/agamben-what-is-a-paradigm-2002.html [30.08.2005].

Agamben, Giorgio (2003): Was von Auschwitz bleibt. Das Archiv und der Zeuge. Frankfurt a.M.: Suhrkamp.

Agamben, Giorgio (2004a): Körper ohne Worte. Gegen die biopolitische Tätowierung. Süddeutsche Zeitung, 10.01.2004.

Agamben, Giorgio (2004b): Ausnahmezustand. Frankfurt a.M.: Suhrkamp.

Agamben, Giorgio (2006): Die Zeit, die bleibt. Ein Kommentar zum Römerbrief. Frankfurt a.M.: Suhrkamp.

Bogdal, Klaus-Michael (2008): Die Deterritorialisierten. Agambens Infamien. S. 11-25 in: Eva Geulen et al. (Hrsg.), Hannah Arendt und Giorgio Agamben. Parallelen, Perspektiven, Kontroversen. München: Fink.

Bourdieu, Pierre / Passeron, Jean-Claude (1973): Grundlagen einer Theorie der symbolischen Gewalt. Kulturelle Reproduktion und soziale Reproduktion. Frankfurt a.M.: Suhrkamp.

Castel: Robert (1996): Nicht Exklusion, sondern Desaffiliation. Ein Gespräch mit François Ewald. Das Argument 213, 795-800.

Castel, Robert (2000a): Die Fallstricke des Exklusionsbegriffs. Mittelweg 36, 3, 11-25.

Castel, Robert (2000b): Die Metamorphosen der sozialen Frage. Eine Chronik der Lohnarbeit. Konstanz: UVK.

Castells, Manuel (2004): Jahrtausendwende. Das Informationszeitalter III. Opladen: Leske + Budrich.

Düttmann, Alexander Garcia (2004): Entscheidung und Souveränität. S. 105-116 in: Frankfurter Arbeitskreis für politische Theorie und Philosophie (Hrsg.), Autonomie und Heteronomie der Politik. Politisches Denken zwischen Post-Marxismus und Poststrukturalismus. Bielefeld: transcript.

Eßbach, Wolfgang (1993): Gemeinschaft – Rassismus – Biopolitik. S. 19-35 in: Wolfgang Pircher (Hrsg.), Das Fremde – Der Gast. Wien: Turia + Kant.

Farzin, Sina (2006): Inklusion / Exklusion. Entwicklungen und Probleme einer systemtheoretischen Unterscheidung. Bielefeld: transcript.

Foucault, Michel (1976): Überwachen und Strafen. Die Geburt des Gefängnisses. Frankfurt a.M.: Suhrkamp.

Foucault, Michel (2001): In Verteidigung der Gesellschaft. Vorlesungen am Collège de France (1975-1976). Frankfurt a.M.: Suhrkamp.

Foucault, Michel (2003): Die Anormalen. Vorlesungen am Collège de France (1974-1975). Frankfurt a.M.: Suhrkamp.

Galtung, Johan (1993): Kulturelle Gewalt. Zur direkten und strukturellen Gewalt tritt die kulturelle Gewalt. Der Bürger im Staat 2, 106-112.

Gehring, Petra (1994): Innen des Außen – Außen des Innen. Foucault, Derrida, Lyotard. München: Fink.

Geiger, Theodor (1927): Die Gruppe und die Kategorien Gemeinschaft und Gesellschaft. Archiv für Sozialwissenschaft und Sozialpolitik 58, 338-354.

Girard, René (1988): Der Sündenbock. Zürich: Benziger.

Girard, René (1992): Das Heilige und die Gewalt. Frankfurt a.M.: Fischer.

Girard, René (2005): Gewalt und Repräsentation im mythischen Text. S. 23-53 in: Ders., Die verkannte Stimme des Realen. Eine Theorie archaischer und moderner Mythen. München: Hanser.

Kronauer, Martin (2002): Exklusion. Die Gefährdung des Sozialen im hoch entwickelten Kapitalismus. Frankfurt a.M.: Campus.

Kurotschka, Vanna Gessa (2004): Lebensform, nacktes Leben, Untätigkeit ohne Werk. Deutsche Zeitschrift für Philosophie 52, 929-941.

Laclau, Ernesto (1990): New Reflections on the Revolution of our Time. London: Verso.

Laclau, Ernesto / Mouffe, Chantal (2000): Hegemonie und radikale Demokratie. Zur Dekonstruktion des Marxismus. Wien: Passagen.

Laclau, Ernesto (2002): Was haben leere Signifikanten mit Politik zu tun? S. 65-78 in: Ders., Emanzipation und Differenz. Wien: Turia + Kant.

Lash, Scott (1999): Informationcritique. http://virtualsociety.sbs.ox.ac.uk/nordic/cbslash.htm [21.11.2007].

Lemke, Thomas (2004): Die politische Ökonomie des Lebens. Biopolitik und Rassismus bei Michel Foucault und Giorgio Agamben. S. 257-274 in: Ulrich Bröckling et al. (Hrsg.), Disziplinen des Lebens. Zwischen Anthropologie, Literatur und Politik. Tübingen: Gunter Narr.

Lemke, Thomas (2005): A Zone of Indistinction. A Critique of Giorgio Agamben's Concept of Biopolitics. Outlines. Critical Social Studies 7, 1, 3-13.

Luhmann, Niklas (1995): Inklusion und Exklusion. S. 237-264 in: Ders., Soziologische Aufklärung 6. Die Soziologie und der Mensch. Opladen: Westdeutscher Verlag.

Luhmann, Niklas (1996): Jenseits von Barbarei. S. 219-230 in: Max Miller et al. (Hrsg.), Modernität und Barbarei. Soziologische Zeitdiagnose am Ende des 20. Jahrhunderts. Frankfurt a.M.: Suhrkamp.

Luhmann, Niklas (1998): Die Gesellschaft der Gesellschaft. Frankfurt a.M.: Suhrkamp.

Luhmann, Niklas (2004): Einführung in die Systemtheorie. Heidelberg: Carl-Auer.

Menke, Bettine (2003): Die Zonen der Ausnahme. Giorgio Agambens Umschrift Politischer Theologie. S. 131-152 in: Jürgen Brokoff et al. (Hrsg.), Politische Theologie. Formen und Funktionen im 20. Jahrhundert. Paderborn: Schöningh.

Muhle, Maria (2007): Bio-Politik versus Lagerparadigma. Eine Diskussion anhand des Lebensbegriffs bei Agamben und Foucault. S. 78-95 in: Ludger Schwarte (Hrsg.), Auszug aus dem Lager. Zur Überwindung des modernen Raumparadigmas in der politischen Philosophie. Bielefeld: transcript.

Nassehi, Armin (2006): Die paradoxe Einheit von Inklusion und Exklusion. Ein systemtheoretischer Blick auf die »Phänomene«. S. 46-69 in: Heinz Bude et al. (Hrsg.), Das Problem der Exklusion. Ausgegrenzte, Entbehrliche, Überflüssige. Hamburg: Hamburger Edition.

Negri, Antonio (2004): It's a powerful Life. A Conversation on Contemporary Philosophy. Cultural Critique 57, 150-182.

Passavant, Paul A. (2007): The Contradictory State of Giorgio Agamben. Political Theory 35, 2, 147-174.

Popitz, Heinrich (1992): Phänomene der Macht. Tübingen: Mohr.

Ryn, Zdzislaw / Klodzinski, Stanislaw (1987): An der Grenze zwischen Leben und Tod. Eine Studie über die Erscheinung des Muselmanns im Konzentrationslager. Auschwitz-Hefte 1, 89-154.

Sarasin, Philipp (2003a): Agamben – oder doch Foucault? Deutsche Zeitschrift für Philosophie 51, 348-353.

Sarasin, Philipp (2003b): Zweierlei Rassismus? Die Selektion des Fremden als Problem in Michel Foucaults Verbindung von Biopolitik und Rassismus. S. 55-79 in: Martin Stingelin (Hrsg.), Biopolitik und Rassismus. Frankfurt a.M.: Suhrkamp.

Scheu, Johannes (2006): Überleben in der Leere. Giorgio Agamben. S. 350-362 in: Stephan Moebius et al. (Hrsg.), Kultur. Theorien der Gegenwart. Wiesbaden: VS.

Scheu, Johannes (2007): Heilige Gewalt – Heiliges Leben. Giorgio Agambens homo sacer im Kontext der Opfertheorie René Girards. S. 187-206 in: Frank Meier et al. (Hrsg.), Die gouvernementale Maschine. Beiträge zur politischen Philosophie Giorgio Agambens. Münster: Unrast.

Schmidt, Sybille (2007): Für den Zeugen zeugen. Versuch über Agambens ›Was ist Auschwitz‹. S. 90-106 in: Frank Meier et al. (Hrsg.), Die gouvernementale Maschine. Beiträge zur politischen Philosophie Giorgio Agambens. Münster: Unrast.

Schnapper, Dominique (2000): Qu'est-ce que la citoyenneté? Paris: Gallimard.

Schneider, Manfred (2008): Der Messias und die Reste. Giorgio Agambens Paulus-Lektüre. S. 41-58 in: Eva Geulen et al. (Hrsg.), Hannah Arendt und Giorgio Agamben. Parallelen, Perspektiven, Kontroversen. München: Fink.

Schroer, Markus (2004): Gewalt ohne Gesicht. Zur Notwendigkeit einer umfassenden Gewaltanalyse. S. 151-173 in: Wilhelm Heitmeyer et al. (Hrsg.), Gewalt. Entwicklung, Strukturen, Analyseprobleme. Frankfurt a.M.: Suhrkamp.

Simmel, Georg (1992): Soziologie. Untersuchungen über die Formen der Vergesellschaftung. Frankfurt a.M.: Suhrkamp.

Stäheli, Urs (2000): Poststrukturalistische Soziologien. Bielefeld: transcript.

Steinhauer, Fabian (2006): Geltung des Rechts – Agamben. S. 187-211 in: Sonja Buckel et al. (Hrsg.), Neue Theorien des Rechts. Stuttgart: Lucius & Lucius.

Stichweh, Rudolf (2005): Inklusion/Exklusion, funktionale Differenzierung und die Theorie der Weltgesellschaft. S. 45-66 in: Ders., Inklusion und Exklusion. Studien zur Gesellschaftstheorie. Bielefeld: transcript.

Tönnies, Ferdinand (1912): Gemeinschaft und Gesellschaft. Grundbegriffe der reinen Soziologie. Berlin: Curtius.

Trotha, Trutz von (1997): Zur Soziologie der Gewalt. S. 9-56 in: Ders. (Hrsg.), Soziologie der Gewalt. Opladen: Westdeutscher Verlag.

Vasilache, Andreas (2007): Gibt es überhaupt »Homines sacri«? Das nackte Leben zwischen Theorie und Empirie. S. 58-74 in: Frank Meier et al. (Hrsg.), Die gouvernementale Maschine. Beiträge zur politischen Philosophie Giorgio Agambens. Münster: Unrast.

Waldenfels, Bernhard (1999): Schwellenerfahrung und Grenzziehung. S. 137-154 in: Monika Fludernik et al. (Hrsg.), Grenzgänger zwischen Kulturen. Würzburg: Ergon.

Werber, Nils (2002): Die Normalisierung des Ausnahmefalls. Giorgio Agamben sieht immer und überall Konzentrationslager. Merkur 65, 618-622.

Wetzel, Dietmar (2004): Soziologie der Exklusion. Dominique Schnapper. S. 397-416 in: Stephan Moebius et al. (Hrsg.), Französische Soziologie der Gegenwart. Konstanz: UVK.

Johannes Scheu M.A.
Excellenzcluster »Kulturelle Grundlagen von Integration«
Universität Konstanz, Fach 211
D-78457 Konstanz
johannes.scheu@uni-konstanz.de

Soziale Systeme 14 (2008), Heft 2, S. 308-328

Lars Gertenbach

Ein »Denken des Außen«
Michel Foucault und die Soziologie der Exklusion

> »Nur von ihren Extremen her kann die Wirklichkeit erschlossen werden.«
> Siegfried Kracauer

Zusammenfassung: Der Aufsatz bringt Michel Foucault mit der gegenwärtigen Exklusionsdebatte in Verbindung. Obwohl von Foucault materialreiche Untersuchungen zu Phänomenen des sozialen Ausschlusses vorliegen, blieb er in der bisherigen Diskussion nahezu unberücksichtigt. Vor dem Hintergrund der bestehenden theoretisch-konzeptionellen Unklarheiten ist dies umso erstaunlicher, da deren genaue Gestalt einen Rekurs auf Foucault nahe legt. In einem ersten Schritt skizziert der Text die Themenfelder und Problembereiche der derzeitigen Exklusionsforschung. Das Ziel des Aufsatzes besteht im Folgenden darin, die Stellung des Exklusionsbegriffs wie auch die Zugriffsweisen Foucaults auf Phänomene sozialer Exklusion zu systematisieren und auf die bestehende Forschungsdebatte zu beziehen. Dazu wird vorgeschlagen, innerhalb des Foucaultschen Werkes zwischen drei Mechanismen bzw. Typen von Exklusion zu unterscheiden. Diese lassen sich nicht nur mit verschiedenen Machtformen (Souveränität, Disziplin, Gouvernementalität) in Verbindung setzen, mit ihnen können auch sozialhistorisch divergierende Exklusionspraktiken identifiziert werden. Besondere Bedeutung für die aktuelle Diskussion erlangt der noch weitgehend unausgearbeitete dritte Typus, der für Foucault mit der Formierung einer Sicherheitsgesellschaft verknüpft ist. Dies ist auch der Punkt, der eine Hinwendung zu Foucault für die gegenwärtige Exklusionsdebatte besonders ertragreich erscheinen lässt.

Der Begriff der Exklusion besitzt zwei Eigenschaften, die ihn für die gegenwärtige Debatte gleichermaßen attraktiv wie problematisch machen: Er ist ebenso radikal wie unbestimmt. Zum einen suggeriert er durch die scheinbar klare Binarität des Innen und Außen eine terminologische Präzision, die den meisten anderen soziologischen Fachtermini fremd ist. Er wirkt radikal, indem er auf einen sozialen Extremstatus anspielt: den gänzlichen sozialen Ausschluss, die prinzipielle Nicht-Teilhabe an der Gesellschaft. Zum anderen bleibt er unbestimmt, indem gerade dieser begriffliche Charme vielfältige Verwendungsweisen – und dadurch eben auch Ungenauigkeiten – evoziert und der Begriff in den unterschiedlichsten Kontexten Verwendung findet. Hiervon zeugt auch die gegenwärtige Exklusionsdebatte, in der nicht nur eine häufig konstatierte Kluft zwischen einem (systemtheoretisch-)soziologischen und einem sozialpolitischen Exklusionsbegriff existiert (vgl. Nassehi 2000; Kronauer 2002, 133f.), sondern sich auch eine Differenz zwischen einem eher neutral-analytischen und einem politischen bzw. sozialkritischen Zugriff auf das Phänomen der Exklusion ausmachen lässt.

Angesichts der noch jungen Diskussion innerhalb der Exklusionsforschung sind begriffliche Unklarheiten nicht unbedingt verwunderlich. Weitaus überraschender ist dagegen die genauere theoretische Ausrichtung. Denn sowohl in Deutschland als auch in Frankreich ist die bisherige Forschung nahezu ohne Referenz auf Michel Foucault ausgekommen. Besonders bemerkenswert ist dies deshalb, weil von Foucault nicht nur umfangreiche materiale Forschungen zu sozialen Mechanismen des Ausschlusses und der Ausgrenzung stammen, sondern darin auch eine theoretische Perspektive angelegt ist, mit der die konträren Positionen innerhalb der Exklusionsforschung vermittelt werden können. Unter Rückgriff auf die Arbeiten Foucaults lassen sich – so meine These – einige bisherige Unklarheiten und Probleme der Exklusionsdebatte nicht nur vermeiden, sondern auch überwinden. Es obliegt daher keineswegs einem rein philologischen Interesse, Michel Foucault auf die gegenwärtigen Debatten um das Phänomen der Exklusion zu beziehen. Eine Verortung der Arbeiten Foucaults innerhalb der seit einigen Jahren sich formierenden Soziologie der Exklusion könnte vielmehr einen ersten Schritt dazu leisten, aus den vielbeschworenen Ambiguitäten und »Fallstricken des Exklusionsbegriffs« (Castel 2000b) hinauszuführen.

Eine solche Verortung Michel Foucaults bildet den Fluchtpunkt dieses Beitrages und soll im Folgenden angegangen werden.[1] Das Ziel dieses Aufsatzes besteht aus zweierlei: Zum einen geht es darum, eine Systematisierung der Schriften Foucaults hinsichtlich der Perspektive einer Soziologie der Exklusion vorzunehmen. Hierbei möchte ich vorschlagen, die unterschiedlichen Phasen innerhalb des Foucaultschen Werkes mit divergierenden und historisch variierenden Figuren der Exklusion zu verbinden. Und zum anderen soll mithilfe dieser Ergebnisse eine Neuakzentuierung der derzeitigen Exklusionsdebatte angestoßen werden, die nicht nur einige Lücken, sondern eben auch einige theoretische Probleme aufweist.

Dazu wird es in einem ersten Schritt nötig sein, einen genaueren Blick auf die Kontur der gegenwärtigen Diskussion zu werfen und die Problemfelder und Forschungsdesiderata zu identifizieren (I.). Angesprochen werden hier insbesondere drei theoretische Missstände bzw. Unklarheiten, die jeweils für bestimmte problematische Tendenzen und Vereinseitigungen der gegenwär-

---

1 Dass es sich dabei um eine erste Skizze handelt, wird aus der gegenwärtigen Diskussionslage deutlich. Eine Bezugnahme auf Foucault wurde in systematischer Hinsicht bisher einzig von Sven Opitz und Susanne Krasmann angegangen (vgl. Opitz 2007; Krasmann/Opitz 2007). Darüber hinaus spielt Foucault zwar in verschiedensten Untersuchungen als gelegentlicher Referenzautor eine Rolle (vgl. Castel 1996, 780; Stichweh 2005, 47; Bohn 2006, 15ff.), er wird jedoch weder systematisch noch theoretisch in die Debatte integriert.

tigen Debatte verantwortlich gemacht werden können. Vor diesem Hintergrund werden im zweiten Abschnitt (II.) die verschiedenen Zugriffsweisen Foucaults auf Phänomene sozialer Exklusion herausgearbeitet und in der jeweiligen Historizität systematisiert. Dabei gilt es zu berücksichtigen, dass es die *eine* Foucaultsche Perspektive auf Exklusion nicht gibt, sondern dass sich der Blick Foucaults gerade dadurch auszeichnet, dass er der je unterschiedlichen Bedeutung von Exklusionsformen innerhalb sozialer Praktiken und kultureller Diskurskonstellationen Rechnung trägt. Er implementiert so eine gegenstandsbezogene Beweglichkeit in die Kategorien und begrifflichen Schemata, mit der es nicht zuletzt möglich ist, die derzeitige Debatte um eine historische und genealogische Perspektive zu ergänzen. Der abschließende dritte Abschnitt (III.) dient demgemäß der Rückführung auf die eingangs skizzierten Problemfelder. Die in Rekurs auf Foucault gewonnenen exklusionstheoretischen Überlegungen sollen dabei an diese Fragen adressiert werden, um nicht nur den Beitrag Foucaults zu einer Soziologie der Exklusion auszuloten, sondern auch, um mögliche weitere Forschungsfelder zu identifizieren und so zumindest perspektivisch die angesprochenen Ambiguitäten zu überwinden.

I.

Wirft man einen ersten Blick auf die seit einigen Jahren intensiv geführte Debatte um das Phänomen der Exklusion, so lassen sich vor allem zwei Bezüge ausmachen, die darin eine wesentliche Rolle spielen und zugleich das steigende Interesse am Thema begründen. Offenkundig ist zunächst der Verweis auf die Räumlichkeit von Exklusion, die in der Rede von einem »Exklusionsbereich« (Luhmann 1995b, 250) sowie von »Zonen der Exklusion« (Castel 2000a, 361) nur allzu deutlich hervortritt (vgl. auch Castells 2003, 170ff.). Denn seiner innersten Struktur nach verweist der Exklusionsbegriff auf eine klare räumliche Differenz, ein Innen und ein Außen. Besonders deutlich erscheint dieser topologische Aspekt aus einer gesamtgesellschaftlichen Perspektive: Suggeriert wird eine Zweiteilung des sozialen Raumes, deren wesentliches Kennzeichen es ist, eine radikale Trennlinie innerhalb einer *horizontalen* Strukturierung der Gesellschaft zu vollziehen. Die Rede von Exklusion trennt so topographisch einen Raum des Innen von einer Zone des Außen ab. Exkludiert zu sein evoziert damit die bildliche Vorstellung nicht *in* der Gesellschaft, sondern sprichwörtlich außen vor zu sein, an einem anderen Ort zu stehen.[2] In diesem Sinne

---

2   Die Unmöglichkeit einer solchen Vorstellung eines Exklusionsbereichs *jenseits* der Gesellschaft ist aus systemtheoretischer Perspektive vielfach überzeugend dargelegt worden. Verwiesen sei hier lediglich auf das (auto-)logische Argument, dass Exklusion in dieser Form sowohl für die Gesellschaft als auch für die Soziologie nicht thematisiert werden kann, da ihre Beschreibung bzw. ihr Erkennen einer Inklusion gleichkommt (vgl. exemplarisch Schroer 2001; Nassehi 2006; Farzin 2006, 112).

verbindet sich die Attraktivität und Anschlussfähigkeit des Exklusionskonzepts innerhalb der Soziologie auch mit dem gestiegenen Interesse an raumsoziologischen Fragestellungen (vgl. Schroer 2006). Es scheint, dass die Soziologie der Exklusion in dem Maße an Gestalt gewinnen kann, wie sich die Sozialwissenschaften allgemein dem in den Kulturwissenschaften bereits verkündeten »spatial turn« verschreiben (vgl. Döring/Thielmann 2008). Soll diesem Moment der Räumlichkeit innerhalb der Exklusionsdebatte Rechnung getragen werden, so lassen sich daraus bereits zwei Implikationen ableiten: Zum einen gilt es, die räumliche Struktur der Exklusion genauer zu betrachten und die bestehenden theoretischen Ansätze auf ihre topologischen Implikationen hin zu untersuchen. Zum anderen erfordert dies eine Neubetrachtung derjenigen theoretischen Positionen, die das Phänomen der Exklusion als eine neue Form sozialer Armut prospektieren und Exklusion allzu schnell in ein vertikales Schema sozialer Ungleichheit transferieren. Denn dem wäre gerade mit dem Bezug des Exklusionsbegriffs auf die *horizontale* Differenz zwischen Innen und Außen entgegenzuhalten, dass es sich dabei keineswegs einzig um eine (vertikale) Frage des »unten und oben« handeln kann (vgl. Opitz 2007, 43f.).[3]

Neben dieser räumlichen Dimension ist das Interesse an der Exklusionsdebatte noch deutlicher auf ihre phänomenologische Komponente und den darin enthaltenen Verweis auf die soziale Materialität der Exklusion zurückzuführen. Gegenwärtige sozialstrukturelle Veränderungen, das Anwachsen von sozialer Ungleichheit und die zunehmende Prekarität von Arbeits- und Lebensformen scheinen an der empirischen Evidenz des Exklusionskonzepts kaum Zweifel zu lassen.[4] Mit dem phänomenologischen Bezug zu den Exkludierten und der damit verbundenen Imaginationskraft avanciert der Exklusionsbegriff zunehmend zu einer Leitkategorie verschiedenster sozialer Phänomene. Er bildet die Klammer um all jene aktuell debattierten Sozialfiguren der »Überflüssigen«, »Entbehrlichen«, »Ausgegrenzten« und »Entkoppelten«. Im Konzept der Exklusion bündelt sich somit eine vermeintlich empirische Evidenz mit einer begrifflichen Radikalität, die es ermöglicht, Inklusion/Exklusion zur »Leitdifferenz des nächsten Jahrhunderts« (Luhmann 1995a, 147) zu erklären. In diesem Sinne lässt sich die Debatte um Exklusion und die Exkludierten auch mit dem gegenwärtig ansteigenden Interesse an einer Soziologie des Körpers verbinden. Denn im derart figurierten Außen des Sozialen scheint die Existenz auf die bloße Materialität des Körpers herabgesetzt zu sein. Die nicht nur metaphorische Rede von der Reduktion auf »nacktes Leben« (vgl. Agamben 2002) oder bloße »Körperlichkeit« (vgl. Luhmann 1998, 632f. sowie 1995b, 262f.)

---

3 In diesem Sinne lässt sich auch die Zunahme anerkennungstheoretischer Fragestellungen innerhalb von Gerechtigkeitstheorien verstehen, in welcher sich eine theoretische Umstellung von Fragen der Verteilung auf Fragen der Teilhabe ereignet (vgl. Honneth 1994; Butler 2004; Kronauer 2007).

4 Bekanntlich spricht auch Luhmann davon, dass weltweit »erhebliche Teile der Bevölkerung ihr Leben unter den Bedingungen der Exklusion fristen« (Luhmann 1995b, 259).

vollzieht den Bogen zu der allgemeinen Frage nach der Materialisierung sozialer Verhältnisse. Gerade als sozialer Extremfall versprechen die Prozesse der Exklusion Erkenntnisse darüber, »wie die Machtverhältnisse materiell in die eigentliche Dichte der Körper übergehen« (Foucault 1977, 302).

Diese Bezugspunkte der sozialwissenschaftlichen Exklusionsdebatte sind konzeptionell derzeit noch weitgehend unausgearbeitet. Entsprechend bietet sich bereits hier ein Rekurs auf Michel Foucault an, in dessen diskurs- und machttheoretischen Schriften es vornehmlich um die Trias von Sprache, Raum und Körper geht. Damit gelänge es auch, der Frage nach einer historischen Verortung der Exklusionsphänomene deutlicher Rechnung zu tragen, indem mit Foucault zugleich das Problem einer Kennzeichnung historisch variierender Formen von Exklusion in den Vordergrund rückt.[5] Welche Einsichten damit gewonnen werden können, wird vor allem vor dem Hintergrund dreier wesentlicher Probleme und Unklarheiten der bestehenden Exklusionsdebatte deutlich.[6] Erstens besteht nach wie vor eine Kluft zwischen zwei verschiedenen Prägungen des Exklusionsbegriffs. In kaum einem Bereich innerhalb der Soziologie klafft die Differenz zwischen soziologischer Theoriebildung und Sozialforschung so deutlich auseinander wie in der Exklusionsdebatte. Einerseits wird Exklusion wie in der Systemtheorie vornehmlich als logische Kategorie innerhalb des Begriffspaars Inklusion / Exklusion konzipiert, während sie andererseits wie in der sozialpolitischen Forschung als eine politisch-körperliche Figur begriffen und überwiegend phänomenologisch über den Bezug auf die Exkludierten eingeholt wird. Während vor allem der Systemtheorie vorgeworfen wird, den Phänomenen gegenüber blind zu sein und diese zu entpolitisieren oder gar zu eskamotieren (vgl. Kronauer 1998, 125; 2002, 137), wird an einer auf soziale Ungleichheit fokussierenden Fassung des Exklusionsbegriffs weithin eine unzureichende Theoretisierung bemängelt (vgl. Nassehi 2000). Trotz des zu beobachtenden Versuchs gegenseitiger Annäherungen (vgl. Kronauer 2006; Nassehi 2006) sowie begrifflicher Differenzierungen[7] stehen beide Perspektiven nach wie vor weitgehend konträr zueinander und schließen sich in wesentlichen Punkten gegenseitig aus. Damit zusammenhängend besteht zweitens Unklarheit darüber, wie Exklusion genau figuriert wird und in welcher Beziehung sie zum Phänomen sozialer Ungleichheit steht. Denn wie verhält sich Exklusion gegenüber einer sozialen Schichtung der Gesellschaft? Lässt sich die Annahme eines Oben und Unten ohne weiteres in die Rede von einem Innen und Außen transformieren? Die berechtigten Zweifel an einer solchen Konzeption (vgl. Bude 2008, 257; Kronauer 2002, 123ff.) machen deut-

---

5 Für den Stellenwert der Geschichte bei Foucault vgl. Gertenbach 2008.
6 Zu weiteren Problemfeldern der Debatte bzw. zu Fragen, die eine anspruchsvolle Theoretisierung von Exklusion zu beantworten imstande sein muss, vgl. Opitz 2008.
7 So unterscheidet etwa Castel (2000a, 13) drei Zonen der Exklusion, wobei er sich gleichzeitig vom Begriff der Exklusion aufgrund seiner problematischen politischen Implikationen – vor allem der Gefahr der Stigmatisierung – distanziert (Castel 1996).

lich, dass vor allem der qualitative Einschnitt und damit die Grenz-Logik der Exklusion genauer betrachtet werden muss (vgl. Opitz 2008). Damit wird auch erneut die Frage nach Verräumlichungen und Materialisierungen aufgeworfen. Drittens besteht weiterhin Unklarheit über das Verhältnis zwischen einer logischen und einer historischen Erklärungsweise. Denn es dürfte außer Zweifel stehen, dass die relativ plötzliche Problematisierung von Exklusion und die Emergenz dieses Begriffes selbst kaum aus der allgemeinen Funktionslogik von Diskursen oder sozialen Systemen erklärt werden können. Gleichzeitig überzeugt aber auch eine Rückführung der Exklusionsproblematik auf die gegenwärtigen sozial- und wirtschaftspolitischen Veränderungen kaum. Für eine hinreichende Erklärung bedarf es dagegen einer Perspektive, in der die Frage nach der Historizität sowohl in sozialstruktureller als auch in wissenssoziologischer Hinsicht deutlicher im Zentrum steht. Gegenüber einer systemtheoretischen Perspektive kann dabei eingewandt werden, dass verschiedene historische Ausschlusspraktiken keineswegs immer aus der primären Differenzierungsform der Gesellschaft resultieren (etwa Luhmann 1998, 631), während an der sozialpolitischen Fassung des Exklusionsbegriffs zu bemängeln ist, dass das geschichtliche und gesellschaftstheoretische Moment zu einseitig gefasst wird, wenn Exklusion vorschnell auf polit- und sozialökonomische Umbrüche zurückgeführt wird (etwa Kronauer 2006, 28).

Mit diesen drei Momenten sind vor allem diejenigen Problemfelder der derzeitigen Debatte angesprochen, die einen Rekurs auf Michel Foucault ertragreich erscheinen lassen. Da die bisherige Diskussion jedoch weitestgehend ohne Bezug auf Foucault geblieben ist, wird es zunächst nötig sein, eine Systematisierung seiner auf den ersten Blick nicht immer widerspruchsfreien Aussagen zu Exklusion und sozialen Ausschlusspraktiken zu vollziehen. Dabei gilt es zugleich zu vermitteln, dass der Begriff der Exklusion bei Foucault nicht vorkommt, was natürlich nicht bedeutet, dass seine Arbeiten nicht als Aussagen zum Phänomen der Exklusion reinterpretiert werden können. Angesichts seines systematischen Interesses an sozialen Grenzziehungen und der gesellschaftlichen Ordnungsfunktion von Ausgrenzungen dürfte dabei außer Frage stehen, dass Foucault als ein zentraler Vordenker der Exklusionsthematik angesehen werden muss.

II.

Die Schriften Michel Foucaults lassen sich als ein Versuch verstehen, bestehende Ordnungen des Denkens zu problematisieren und die diskursiv und kulturell vermittelten Grenzziehungen zwischen dem Sagbaren und Unsagbaren zu überschreiten. Diese Grundintention bildet eine Klammer um die verschiedensten Arbeiten Foucaults und platziert den Begriff der Grenze ins Zentrum des Foucaultschen Denkens. Von der an George Bataille adressierten »Vorrede

zur Überschreitung« (Foucault 1963), einem der ersten Texte Foucaults, bis
zu der in den allerletzten Publikationen formulierten Frage, »ob man anders
denken kann, als man denkt, und anders wahrnehmen kann, als man sieht«
(Foucault 1986, 15), ist die Problematik der Grenzziehung und das Interesse
an Transgression durchgängig erkennbar. In diesem Sinne hat Gilles Deleuze
in Bezug auf Foucault von einem »Denken des Außen« gesprochen und damit
die programmatische Nähe wie auch Sympathie Foucaults für den Schriftsteller
Maurice Blanchot angezeigt.[8] Auch wenn es sich hierbei zunächst nicht um Fragen der Exklusion im Sinne des sozialen Ausschlusses von Personen handelt,
sondern vielmehr das Außen der Sprache sowie eine freiheitliche Praxis der
Überschreitung und das »Anders-Werden« im Zentrum steht, ist diese Ausrichtung keineswegs unerheblich. Sowohl für das Foucaultsche Werk als auch für
den Versuch, Foucault als Theoretiker der Exklusion zu behandeln und auf die
gegenwärtige Debatte um Inklusion / Exklusion zu beziehen, lassen sich daraus einige Folgerungen ableiten. Deutlich wird vor allem, dass die Drastik des
Begriffs nicht dazu führen sollte, das Problembewusstsein einseitig auf die Seite
der Exklusion zu beschränken. So sehr die gegenwärtige Dramatik des sozialen Ausschlusses dies nahe zu legen scheint, ist doch mit Foucault darauf zu
insistieren, dass Inklusion keineswegs stets als erstrebenswertes gesellschaftliches Ideal zu begreifen ist. Es gilt daher, aus einer Kritik an sozialen Prozessen
der Exklusion weder Inklusion bzw. gesellschaftliche Integration zu affirmieren,
noch den Prozess und die Bedingungen der Inklusion selbst zu entproblemati-
sieren und aus dem Blick zu verlieren. Diese Tendenz ist vor allem in den sozialpolitisch ausgerichteten Forschungen und der sehr deutlich auf das Problem
der sozialen Kohäsion fokussierenden französischen Debatte präsent.[9]
In dieser notwendigen Ambivalenz zwischen einer Kritik an sozialen Ausschlusspraktiken und kulturell-diskursiven Grenzziehungen einerseits und
dem Versuch, das Außen als Figur der Überschreitung zu denken und damit
die gesellschaftlichen Inklusionsmechanismen zu problematisieren andererseits, müssen die Foucaultschen Überlegungen angesiedelt werden. In diesem Sinne ist es keineswegs übertrieben, Foucault als einen der bedeutends-
ten Theoretiker der Exklusion zu bezeichnen. Doch welchen Stellenwert hat
dies hinsichtlich der Soziologie der Exklusion und der gegenwärtigen Exklusionsphänomene? Sind Ausschluss und Exklusion inhaltlich wie phänomenologisch deckungsgleich oder bezeichnen sie unterschiedliche soziale Prozesse?
Lassen sich die Arbeiten Foucaults überhaupt für die gegenwärtige Debatte

---

8 Vgl. die entsprechende Kapitelüberschrift in Deleuze 1992 sowie Deleuze 1993, 140. Der Ausdruck findet sich bereits bei Foucault (1966) in einem Aufsatz über Blanchot.
9 Die Systemtheorie ist diesem Problem gegenüber bereits durch ihre Theorieanlage einigerma-
   ßen resistent. Dies resultiert daraus, dass einerseits das Begriffspaar Inklusion / Exklusion auf
   einer basalen Theorieebene angesiedelt ist, und zum anderen, dass – wie im Begriff der Exklusionsindividualität deutlich wird – die Systemtheorie durch ihre gegensätzliche Fassung des
   Verhältnisses von Individuum und Gesellschaft ohnehin eine höhere Sensibilität für solche
   Fragen besitzt.

nutzen? Die entscheidende Frage, die sich aus der Perspektive einer Soziologie der Exklusion an das Denken Michel Foucaults stellt, lautet daher, wie der Ausschluss, über den Foucault unablässig spricht, in eine gesellschaftstheoretische Fassung gebracht werden kann. Dafür lassen sich in einem ersten Schritt im Werk Foucaults drei verschiedene Thematisierungen von gesellschaftlichem Ausschluss unterscheiden, die jeweils mit historischen Praktiken der Exklusion verknüpft sind. Es sind dies a) die vormodern-souveräne Praxis der Verbannung, b) der einschließende Ausschluss der Disziplin und c) gegenwärtige Formen des Ausschlusses, die nicht zuletzt mit der Krise der klassischen Einschließungsinstitutionen zusammengedacht werden müssen. Diese drei Typen lassen sich nicht nur jeweils verschiedenen historischen Diskursformationen und Dispositiven der Macht zuordnen, sondern auch mit sozialtheoretischen Schlüsselbegriffen in Verbindung bringen, die bei Foucault selbst anzutreffen sind und für ihn jeweils eine historische Zäsur markieren. Es sind dies: a) Gesetz / Souveränität, b) Norm / Disziplin und c) Sicherheit / Gouvernementalität.[10] Als historisch zurechenbare Praktiken sind die ersten beiden Formen heute zwar nicht obsolet, aber doch zunehmend von dem in den Hintergrund gedrängt, was im Anschluss an Foucault als Aufstieg einer »Sicherheitsgesellschaft« bezeichnet werden kann.

Ausschluss als Verbannung

Die erste dezidierte Beschäftigung mit sozialen Praktiken des Ausschlusses findet sich bei Foucault bereits im Umkreis der Forschungen zu »Wahnsinn und Gesellschaft«. Präsent ist der Ausschluss hier vor allem als eine radikale Trennung. Diese hat nicht nur Konsequenzen für eine Form der sozialen Akzeptabilität der Ausgeschlossenen, sondern erfährt auch eine ausdrücklich räumliche Materialisierung. Ausgeschlossen zu werden bedeutet in dieser Hinsicht immer auch räumlich von den üblichen Orten des Sozialen getrennt zu sein, so dass dieser Ausschluss als eine Art Übergang in den sozialen Tod beschrieben werden kann.[11] Infolge der klaren binären Struktur zwischen einem inneren Raum der Gemeinschaft und einem äußeren Raum des Ausschlusses kommt er einer Ver-

---

10 Dabei gilt es zu berücksichtigen, dass die damit verbundenen Gesellschaftstypen historisch interferieren. Sie folgen weder ohne Friktionen historisch aufeinander, noch bilden sie sich selbst in Reinform ab: »Es gibt kein Zeitalter des Rechtlichen, kein Zeitalter des Disziplinarischen, kein Zeitalter der Sicherheit. Sie haben keine Sicherheitsmechanismen, die den Platz der Disziplinarmechanismen einnehmen, wobei diese den Platz der juridisch-rechtlichen Mechanismen eingenommen hätten. In Wirklichkeit haben sie eine Serie komplexer Gefüge, in denen sich sicherlich die Techniken selbst, die sich vervollkommnen oder sich jedenfalls komplizieren, ändern, doch *was sich vor allem ändert, ist die Dominante* oder genauer *das Korrelationssystem zwischen* den juridisch-rechtlichen Mechanismen, den Disziplinarmechanismen und den Sicherheitsmechanismen« (Foucault 2004a, 23; Hervorh. von mir, L.G.).
11 Diese klare Trennung zwischen (sozialem) Leben und Tod wird vor allem in den Übergangszeremonien deutlich, die den Ausschluss des Wahnsinns zu Beginn der Neuzeit begleiten und die den üblichen Sterbezeremonien gleichkommen (vgl. Foucault 2003, 64 sowie 1993, 33f.).

bannung gleich. Diesem Bild entspricht nicht nur der vormoderne Umgang mit dem Wahnsinn, wie angesichts der zahlreichen Narrenschiffe augenscheinlich wird (vgl. Foucault 1993, 25f.), ihren paradigmatischen Ausdruck findet diese Praxis des Ausschlusses insbesondere in dem mittelalterlichen Umgang mit der Lepra. Denn der Ausschluss der Lepra war, so Foucault, »eine soziale Praxis, die eine rigorose Unterteilung, eine Distanznahme und eine Regel des Nicht-Kontakts zwischen einem Individuum (oder einer Gruppe von Individuen) und einem anderen vorsah. Er bedeutete andererseits die Aussetzung dieser Individuen in eine außerhalb gelegene, ungeordnete Welt jenseits der Mauern der Stadt, jenseits der Grenzen der Gemeinschaft« (Foucault 2003, 63). Das Modell der Lepra besitzt für Foucault hier emblematischen Charakter für diese radikale Form der Grenzziehung. Am Umgang mit der Lepra lässt sich vor allem der juridisch-repressive Grundcharakter dieser Form des Ausschlusses verdeutlichen, denn »der Leprakranke wird verworfen, ausgeschlossen, verbannt: ausgesetzt; draußen läßt man ihn in einer Masse verkommen, die zu differenzieren sich nicht lohnt« (Foucault 1994, 255). In dieser Struktur verweist die Praxis des Ausschlusses auf eine rein unterdrückende und negative Kontur der Macht. Folglich ist Exklusion hier in ihrer vollen negativen Radikalität präsent: der Ausschluss kontinuiert sich nicht nur über den Augenblick hinweg, sondern betrifft auch die Person als Ganzes, die komplette soziale Existenz.

Für eine Soziologie der Exklusion erscheint dieser Extremfall konzeptionell zunächst sehr attraktiv. Bei genauerer Betrachtung zeigt sich aber die historische Beschränktheit dieses Modells. Denn in Bezug auf die Moderne wird deutlich, dass Exklusion in dieser drastischen Form immer mehr zurückgedrängt wird, so dass der Erklärungswert dieses Modells für eine Analyse gegenwärtiger Gesellschaften eher gering ist. Der wesentliche Grund hierfür besteht in der Diskrepanz zu einer der modernen Gesellschaft adäquaten Konzeption der Macht. Denn die beschriebene Verbannung in ein soziales Außen, das einem »ortlosen Ort« (Foucault 1966, 693) gleicht, spiegelt die Dominanz eines vormodernen und gesellschaftstheoretisch unterkomplexen Machttypus wider, der von Foucault als Souveränitätsmacht gekennzeichnet und mit dem Bild des Gesetzes belegt wird (vgl. Foucault 2004a, 19ff.). In dem Maße aber, in dem in der Moderne diese (repressive) Souveränitätsmacht von einer (produktiven) Disziplinarmacht überlagert wird, müssen auch immer mehr Zweifel an der Adäquanz dieses Modells des Ausschlusses aufkommen. Nicht zuletzt mit der aufkommenden Internierung, Therapeutisierung und Medikalisierung des Wahnsinns wird deutlich, dass der Ausschluss in der Moderne keineswegs mehr jenen »absoluten Grenzwert« (Foucault 1993, 449; vgl. auch 1993, 71) bildet, der noch für die mittelalterliche Verbannung leitend war. Paradigmatisch wird als politischer Anspruch und semantische Forderung vielmehr das Modell der Vollinklusion (vgl. Stichweh 2005, 71ff.; Luhmann 1998, 630). Entsprechend lässt sich der Prozess der Ausschließung in der Moderne nicht mehr als radikale Verwerfung und Verbannung begreifen, er nimmt vielmehr die Form

eines »einschließenden Ausschlusses« an. Die gesellschaftstheoretische Folge-
rung aus dieser Tatsache besteht für Foucault in der Infragestellung der Kategorie des Ausschlusses als solcher: Denn wenn die moderne Gesellschaft sich
gerade dadurch auszeichnet, dass sie diejenige Form des Ausschlusses verunmöglicht, die als deren Reinform erscheint, dann wird der Begriff selbst zunehmend fragwürdig. Daher verwundert es nicht, dass Foucault diesen Begriff in
seinen machtanalytischen Schriften zur Disziplinargesellschaft explizit zurück-
weist (vgl. Foucault 1977, 299; 1974, 655f.). Für ihn lässt sich die Kategorie des
Ausschlusses sozialtheoretisch allenfalls auf eine bestimmte historische Epoche anwenden, denn das Leitbild der Moderne ist »nicht Aussetzung, sondern
Einschluß« (Foucault 2003, 67).

Die Disziplin und der einschließende Ausschluss der Moderne

Mit den sozialstrukturellen und semantischen Umbrüchen der Moderne wird
somit deutlich, dass die Kategorie der Exklusion sozialhistorisch eingebettet
werden muss. Im Mittelpunkt dieser Veränderungen steht für Foucault ein
Wandel in der Gestalt der Macht, denn die moderne Gesellschaft ist »von einer
Technologie der Macht, die verjagt, ausschließt, verbannt, marginalisiert und
unterdrückt, zu einer positiven Macht übergegangen, die produziert, beobachtet« (Foucault 2003, 69). Das Modell der Disziplinargesellschaft lässt für Foucault Zweifel an seinem bisherigen theoretischen Vokabular aufkommen. Die
Frage, die sich hieran stellt, ist jedoch, wie und in welchem Maße die Kategorie
der Exklusion davon genau betroffen ist. Denn warum scheint damit Exklusion
als solche verunmöglicht? Und wie funktioniert dieses Modell der Disziplinierung hinsichtlich der Kategorie des Ausschlusses im Einzelnen? Während die
klassische Technologie der Macht, die entlang dem Modell der Souveränität
verlief, auf der einen Seite abschöpfend und repressiv wirkte, waren ihre Eingriffe auf der anderen Seite punktuell und reaktiv. Demgegenüber kennzeichnet die Disziplinarmacht nach Foucault eine produktive und zugleich lücken-
lose Überwachung: sie ist ebenso optimierend wie totalitär. Dies bedeutet zum
einen, dass ein destrukturierter und ortloser Außenbereich der Macht obsolet
wird (vgl. Foucault 1994, 388), und zum anderen, dass die Disziplinartechno-
logien Abweichungen eine besondere Aufmerksamkeit zuteil werden lassen.[12]
Denn indem an die Stelle des Gesetzes die Norm im Sinne eines präskriptiven Richtmaßes tritt, sich also eine disziplinäre Normierung herausbildet[13],

---

12 Während das klassische Modell des Ausschlusses für Foucault auf den Umgang mit der Lepra
   verweist, lässt sich das disziplinäre Modell auf den Umgang mit der Pest übertragen. Hierbei
   geht es weniger um eine Aussetzung, sondern um ein rigoroses Parzellieren des Raumes und
   eine individualisierende Kontroll- und Überwachungstechnik (vgl. Foucault 1994, 251ff.).
13 Zur Diskussion um den Begriff der Normalisierung bei Foucault sowie zu der Differenz zwischen einer disziplinären Normierung und einer gouvernementalen Normalisierung, die bei
   Foucault anhand der Begriffe »normalisation« und »normation« angedeutet wird, vgl. Gertenbach 2007, 150-157.

gerät gerade das Abweichende und Anormale in den Blick. So wird »in einem Disziplinarsystem … das Kind mehr individualisiert als der Erwachsene, der Kranke mehr als der Gesunde, der Wahnsinnige und der Delinquent mehr als der Normale« (Foucault 1994, 248). In der Disziplin wird Einschließung zu einer durchgängigen Vergesellschaftungsform, »das Individuum wechselt immer wieder von einem geschlossenen Milieu zum nächsten über …: zuerst die Familie, dann die Schule …, dann die Kaserne …, dann die Fabrik, von Zeit zu Zeit die Klinik, möglicherweise das Gefängnis« (Deleuze 1993, 254). Dieses »Kontinuum der Inklusivität« (Opitz 2007, 48) macht deutlich, dass die Disziplinargesellschaft den radikalen Ausschluss im Sinne einer Generalexklusion nicht nur obsolet werden lässt, sondern schlicht nicht mehr gestattet. Dem Ausschluss aus dem einen Bereich folgt der Einschluss in einen anderen. Hier findet die systemtheoretische Annahme, dass Prozesse der Exklusion immer von Inklusionen in andere soziale Bereiche konterkariert werden (vgl. Fuchs 2004, 130) ihren sozialhistorischen Ort. Gleichzeitig lässt die totalitäre Struktur der Inklusionsmechanismen auch ersichtlich werden, wieso für Foucault nunmehr Inklusion selbst zum eigentlichen Problem wird. An die Stelle der klaren Grenzziehung und der von der Souveränitätsgesellschaft durchgesetzten räumlichen Absenz tritt so die Idee einer Besserung, Disziplinierung und Optimierung der zuvor ausgesetzten Individuen.

Die konzeptionellen Zweifel Foucaults an der Relevanz der Kategorie des Ausschlusses werden vor diesem Hintergrund und angesichts der Allgegenwart vielfältiger Einschließungsinstitutionen nachvollziehbar. Und auch für eine Soziologie der Exklusion hat die gesellschaftliche Verpflichtung auf die Idee der Vollinklusion weitreichende Folgen. Denn mit der Erkenntnis, dass die disziplinäre Einschließung zur einzig möglichen Form des Ausschlusses wird, muss Exklusion innerhalb der klassischen Moderne anders gedacht werden denn als kommunikativer wie räumlicher Generalausschluss (vgl. auch Stichweh 2005, 52). Zunächst scheint es plausibel, von hochgradig bereichsspezifischen und systemrelativen Exklusionen auszugehen. Damit ließe sich letztlich auch eine Brücke zu systemtheoretischen Überlegungen schlagen, da insbesondere die Annahmen von »Konvertibilitätssperren« (vgl. Stichweh 2005, 175) zwischen den einzelnen Systemen und von auf Exklusionskarrieren spezialisierten (und damit inkludierenden) sekundären Funktionssystemen (vgl. Luhmann 1998, 633) in diese Richtung weisen. Aus foucaultscher Perspektive wäre gegenüber der Systemtheorie jedoch noch ein Punkt genauer zu präzisieren, der mit der Annahme einer »innergesellschaftlichen Exklusion« (vgl. Opitz 2007, 48) einhergeht. Denn der von Foucault konstatierte gesamtgesellschaftliche Prozess der Normierung lässt sich nur sehr beschränkt mit der Prämisse einer zunächst stets systemrelativen Exklusion verbinden. Im Gegenteil lassen sich Mechanismen ausmachen, die diskurs- und systemübergreifend Abweichungsprofile wie den »Delinquenten« (vgl. Foucault 1994, 323), die »Anormalen« (vgl. Foucault 2003) oder das »gefährliche Individuum« (vgl. Foucault 1978a) erzeugen.

Indem diese Mechanismen es ermöglichen, »über die gesamte Biographie ein Kausalitätsnetz zu ziehen« (Foucault 1994, 324), affizieren sie die Person als Ganze und wirken gewissermaßen auf der Ebene der Voraussetzungen systemspezifischer Operationen.[14] Damit gehen sie nicht nur über kommunikative Prozesse im engeren Sinne hinaus, da sie sich zugleich in die Körper einschreiben, vielmehr bilden sie auch eine Art interdiskursives Moment, das sich weder auf einen bereichs- oder themenspezifischen Diskurs noch auf einen systemischen Bereich unter anderen reduzieren lässt. Mit Foucault lassen sich solche Phänomene nun genauer untersuchen, insbesondere wenn es sich dabei um eine Verkettung von verschiedenen diskursiven Aussagesystemen handelt, wie unter anderem am Beispiel des gerichtsmedizinischen Gutachtens deutlich wird (vgl. Foucault 2003, 48ff., sowie allg. 1978b, 615ff.).[15]

Diese Überlegungen lassen es sinnvoll erscheinen, genauere begriffliche Unterscheidungen einzuführen und zumindest graduell zwischen verschiedenen historischen Formen und innergesellschaftlichen Intensitäten von Exklusion zu differenzieren. So ließen sich die berechtigten Zweifel Foucaults am Konzept des Ausschlusses berücksichtigen, ohne damit voreilig den Begriff der Exklusion als solchen ad acta zu legen. Doch trotz allem bleibt weiterhin offen, wie sich dies zur gegenwärtigen Dramatik der Exklusion verhält. Denn wie lässt sich das Ansteigen der Debatten über das Phänomen der Exklusion angesichts dessen erklären, dass die Moderne ein »aus-der-Gesellschaft-Fallen«, wie es der Begriff zunächst suggeriert, eigentlich zu verunmöglichen scheint? Woraus resultieren diese Phänomene und worauf lässt sich die plötzliche Emergenz dieser Problematik zurückführen? Diese Fragen sind von entscheidender Bedeutung, verweisen sie doch nicht nur auf den offensichtlichen Kern der gegenwärtigen Exklusionsdebatte, sondern auch auf die für diese Diskussion ausschlaggebende Stelle innerhalb des Foucaultschen Werkes – die Arbeiten zu Biopolitik, Gouvernementalität und der Kontur einer Sicherheitsgesellschaft.

Exklusion in der »Sicherheitsgesellschaft«

Bisher wurden vor allem diejenigen Schriften Foucaults herangezogen, die sich entweder direkt auf die Kategorie des Ausschlusses beziehen oder sich aus-

14 In dieser diskursanalytischen Perspektive Foucaults liegt ein systematischer Vorteil gegenüber systemtheoretischen Ansätzen, da die konstitutive Verflechtung von Inklusionsmodi und Verfahren der Normalisierung nicht wie in der Systemtheorie von verschiedenen, als relativ stabil vorausgesetzten Grenzziehungen verstellt wird (vgl. Stäheli 2004, 14f.). Dadurch gelangen nicht nur systemübergreifende Inklusions- und Exklusionsmechanismen besser in den Blick. Vielmehr werden Inklusionsmodi auch als soziale Konstitutionsbedingungen sichtbar, so dass sich die Analyse auf diejenigen Mechanismen verlagert, die soziale Akzeptabilität erzeugen (s. im Folgenden).

15 Zum Begriff und Konzept des Interdiskurses vgl. Link 1996, 50f. Während dort bestimmte sprachliche Elemente verschiedener Diskurse gemeint sind, spielt der Begriff in dem hier verwendeten Zusammenhang jedoch vielmehr auf gemeinsame (unexplizierte) Grundannahmen und Grenzziehungen verschiedener Diskurse resp. Systeme an (vgl. dazu Stäheli 2004, 15).

drücklich mit verschiedenen gesellschaftlichen Einschließungsinstitutionen auseinandersetzen. Diesen beiden Kategorien von Exklusionsphänomenen können nicht nur unterschiedliche Phasen im Werk Foucaults zugeordnet werden, sie lassen sich auch historisch mit spezifischen Praktiken der Exklusion und Figurationen der Macht verbinden. Vor diesem Hintergrund gilt es nun zu berücksichtigen, dass Foucault insbesondere mit den Vorlesungen zur »Geschichte der Gouvernementalität« (Foucault 2004a; 2000b) eine erneute thematische Verschiebung vollzieht, die zugleich mit einer gewissen theoretischen Neuausrichtung einhergeht. Foucault versucht dort anhand mehrerer Konzepte, die sich seit den 1970er Jahren abzeichnenden gesamtgesellschaftlichen Veränderungen auf den Begriff zu bringen. Obwohl – oder gerade weil – dies bei ihm nur sehr skizzenhaft geschah und er diese Themen zugunsten der Frage nach einer Ethik des Selbst und dem Versuch einer Subjekttheorie aufgab (oder zumindest zurückgestellt hat),[16] weist der Anschluss an ihn innerhalb der internationalen Forschung gerade an dieser Stelle eine immense Produktivität auf.[17] Neben dem Begriff der Gouvernementalität besitzt das Konzept der Sicherheitsgesellschaft hierbei eine Schlüsselstellung, so dass vor allem daran die Frage adressiert werden muss, in welcher Weise Foucault einen produktiven Beitrag zum Problem der Exklusion beisteuern kann. Foucault hinterfragt damit nicht nur erneut sein Konzept der Macht, sondern geht zugleich von einer veränderten und neuartigen Topographie des Sozialen aus, die sich zumindest auf den ersten Blick unzweifelhaft auf die Exklusionsdebatte wenden lässt.[18] Ausschlaggebend hierfür bleibt jedoch, dass es gelingt, die Ausführungen Foucaults zur Kontur der Sicherheitsgesellschaft – die nicht explizit mit dem Begriffspaar Inklusion / Exklusion operieren – in dieses Konzept zu übersetzen.

Mit dem Konzept der »Sicherheitsgesellschaft« spielt Foucault auf eine erneute Verschiebung innerhalb der Machttechnologien an, die sich sowohl von der Souveränitätsgesellschaft wie von der Disziplinargesellschaft unterscheidet. Entsprechend wirken die Sicherheitstechnologien, die Foucault historisch wie strukturell eng an ein liberales (resp. neoliberales) Regierungskalkül bindet (vgl.

16 Zur Diskussion des Verhältnisses der Gouvernementalitäts-Studien zum Gesamtwerk Foucaults vgl. Gertenbach 2007, 17-36 sowie Sarasin 2006, 176-184 und 2007, 474f.
17 Den deutlichsten Anschluss fand das Konzept der Gouvernementalität, sowohl international als auch – ein wenig verspätet – im deutschsprachigen Raum. Daneben sind vor allem die Forschungen zu Biopolitik und Rassismus zu nennen, Anschlüsse an das Konzept der »Sicherheitsgesellschaft« zeichnen sich dagegen erst seit der Publikation der Vorlesungen zur Gouvernementalität im Jahre 2004 ab (vgl. exemplarisch Purtschert et al. 2008).
18 Thomas Lemke (2007, 114) hat in diesem Zusammenhang auch auf Foucaults Überlegungen zum Rassismus verwiesen. Dieser zunächst vielversprechende Bezug darf aber nicht darüber hinwegtäuschen, dass Foucault in diesen Texten den typisch modernen Rassismus im Blick hat, der eine Art Übertragung der souveränen Trennungs- und Ausschließungsgeste in die aufkommende Biopolitik vollzieht (vgl. Foucault 1999, 297). In dieser Hinsicht ist er das Korrelat zur Disziplinargesellschaft, so dass im Hinblick auf die (postmoderne oder spätmoderne) Transformation von Rassismus und Biopolitik (vgl. Sarasin 2003; Lemke 2006; Gertenbach 2007, 162f.) weitere Überlegungen mit einzubeziehen wären, zu denen bisher noch keine systematische Studie vorliegt.

Foucault 2004a, 77f.), weder im Sinne der radikalen Grenzziehung der Souveränitätsmacht noch der vollkommenen Durchdringung und Optimierung der Disziplinarmacht. Leitend sind stattdessen die Wechselseitigkeit von Sicherheit und Freiheit, die vielfache Gewähr von Mobilitäten und die Idee der Selbstregulierung der Gesellschaft. Die für das Problemfeld Inklusion / Exklusion relevanten sozialen Konsequenzen lassen sich vor allem an drei Momenten festmachen: Erstens verändert sich die Art des gesellschaftlichen bzw. politischen Eingreifens. Während die Disziplin von der Idee einer vollkommenen Durchdringung und Kontrolle der Gesellschaft beseelt war, operieren Technologien der Sicherheit eher indirekt über die Identifizierung von Gefahren für die optimale Selbstregulation der Gesellschaft (vgl. Foucault 2004a, 95f.). Hierzu ist weniger die Proklamation und Ausrichtung an einer rigiden und präskriptiven Norm leitend, sondern vielmehr die Kalkulation von Wahrscheinlichkeiten und das Abschätzen von Gefährdungspotentialen. Zweitens impliziert dieser Wandel in der politischen Technologie einen veränderten Zugriff auf die Individuen, insbesondere auf deren Körper. Die Sicherheitstechnologien fokussieren nicht primär auf die Normierung des Individualkörpers wie die Disziplin. Das regulative Zielobjekt verschiebt sich vielmehr auf den biopolitischen Kollektivkörper der Bevölkerung. Die Individuen sind innerhalb dessen »lediglich als Instrument relevant, als Relais oder Bedingung, um etwas auf der Ebene der Bevölkerung durchzusetzen« (Foucault 2004a, 70). Daraus folgt drittens ein unterschiedlicher Raumbezug. Während die Disziplin den von ihr organisierten und parzellierten Raum idealerweise selbst einrichtet und erschafft, erstrecken sich Technologien der Sicherheit auf einen bereits bestehenden und in vielfältiger Weise genutzten Raum: »Die Disziplin arbeitet in einem leeren, künstlichen Raum, der gänzlich konstruiert wird. Die Sicherheit ihrerseits stützt sich auf eine gewisse Anzahl materieller Gegebenheiten« (Foucault 2004a, 38). Die primäre Angriffsfläche der politischen Technologien liegt daher weniger in der Disziplinierung und Kontrolle der Individuen, sondern eher in der Kontrolle des Raums. Während der Raumbezug innerhalb der Disziplin im Wesentlichen über eine möglichst strikte Festsetzung der Individuen hergestellt wird, beziehen sich Technologien der Sicherheit vielmehr auf einen Raum, innerhalb dessen sich die Individuen prinzipiell frei bewegen können. Paradigmatisch für diese Technologie steht die (neo-)liberale Konzeption des Marktes mit der Idee einer Gewährleistung eines gesicherten und geregelten Verkehrs der Individuen und der Güter (vgl. Gertenbach 2007, 86-99).

In der Konsequenz dient die Sicherheit weniger der strikten Normierung der Individuen bzw. der perfektionistischen Konstruktion des Sozialen, sondern vielmehr der Gewähr und Kontrolle von vielfältigen Zirkulationsräumen (vgl. Opitz 2007, 51; Foucault 2004a, 100), sei es hinsichtlich der Güter und der Individuen oder auch (im negativen Sinne) der Krankheiten und der Kriminalität. Auf eine solche Form des Regierens, die einen politischen Eingriff gerade vor dem Hintergrund eines Nicht-Eingreifens legitimiert, d.h. eine Politik betreibt, die einem indirekten Intervenieren entspricht, spielt auch der Begriff der Gouvernementalität an (vgl. Foucault 2004b, 188, 269). Was auf den ersten Blick wie eine Reduzierung der Regierungsaktivitäten wirkt, indem beispielsweise der Markt und die Bevölkerung als eigengesetzliche und prinzipiell nicht-steuerbare Entitäten konzipiert werden, ermöglicht und erschließt vielfältige und neuartige politische Eingriffsformen. Denn gerade weil die reibungslose Zirkulation und das optimale Funktionieren des sozialen Verkehrs keineswegs bereits aus der proklamierten Eigengesetzlichkeit heraus gewährleistet ist, sondern stets von vielfältigen Momenten gestört, irritiert und verhindert wird, begründet dies gemäß dem Modell der Sicherheit eine Politik vielfältiger indirekter Interventionen – einen »liberalen Interventionismus« (Rüstow 1932, 253).[19]

Diese Überlegungen Foucaults eröffnen trotz ihres noch in vieler Hinsicht schematischen und fragmentarischen Charakters einige Anschlussmöglichkeiten für die Frage nach Praktiken und Prozessen von Exklusion. Vor dem Hintergrund der eingangs skizzierten Kontur der gegenwärtigen Exklusionsdebatte rücken vor allem zwei Momente in den Blickpunkt, die einen Wandel in der sozialen Regulierung von Inklusion und Exklusion nahe legen: der veränderte politische Zugriff auf soziale Räume zum einen und – was vielleicht noch entscheidender ist – die veränderten sozialen Bedingungen von Inklusion zum anderen. Hinsichtlich des veränderten Verhältnisses zur Räumlichkeit lässt sich feststellen, dass Technologien der Sicherheit mit unterschiedlich klassifizierten Räumen und Orten kalkulieren. Insbesondere gegenüber der hochinklusiven panoptischen Überwachung der Disziplin verfahren diese bereichsspezifisch und selektiv, da das Ziel weniger in der lückenlosen und maximalen Überwachung der einzelnen Individuen zu suchen ist, sondern in der effizienten Sicherung gefährdeter und hoch frequentierter Zirkulationsräume besteht (vgl. Foucault 2004a, 102f.). Die Rede von Exklusionsbereichen findet hier möglicherweise eine konkrete Entsprechung und wird in dem Maße plausibel, wie die politische Steuerungsrationalität verschiedene gesellschaftliche Bereiche und Milieus voneinander unterscheidet und gemäß ihrer sozialen und politischen Relevanz kategorisiert.[20] Besondere Bedeutung erlangt dies aber erst vor dem Hintergrund der Frage nach möglichen Veränderungen der Bedingungen von Inklusion, d. h. der Art und Weise, wie die Zurechenbarkeit der Individuen vonseiten des Sozialen geregelt wird. Der Vorteil einer an Foucault orientierten Perspektive liegt hier in dem Interesse für Momente der Interdiskursivität, mit dem – im Gegensatz sowohl zur Luhmannschen Systemtheorie wie auch den Prämissen der sozialpolitischen Exklusionsforschung – eine stärkere Eigenständigkeit der – je nach Begrifflichkeit – kulturellen, semantischen oder diskursiven Sphäre angenom-

---

19 Diese Logik der »indirekten Intervention«, die innerhalb der neoliberalen Gouvernementalität eine entscheidende Rolle einnimmt, kann hier nur angedeutet werden. Genauere Ausführungen zu dieser Art des Eingriffs »nicht entgegen den Marktgesetzen, sondern in Richtung der Marktgesetze« (Rüstow 1932, 252f.) finden sich in Gertenbach 2007, 80ff.
20 Zum Begriff des »Milieus« vgl. Foucault 2004a, 40ff.

men wird. So gerät eher in den Blick, welche Folgen es hat, dass die gesamtgesellschaftlich beobachtbare Umstellung auf Formen neoliberaler Gouvernementalität mit einer Hegemonie eines unternehmerischen Handlungs- und
Rationalitätskalküls und eines entsprechenden Subjekttypus einhergeht (vgl.
Gertenbach 2007, 105-125; Bröckling 2007; Reckwitz 2006, 516ff.). Bereichs-
und systemübergreifend erfasst dies diejenigen Strukturen und Mechanismen,
in denen Individuen kommunikativ adressiert werden, soziale »Akzeptabilität«
(vgl. Foucault 1992, 34) erlangen oder – systemtheoretisch gesprochen – als Personen für relevant erklärt werden. Sichtbar werden damit im Umkehrschluss
nicht nur die Bedingungen, zu denen überhaupt Inklusion gelingen kann, sondern vor allem auch diejenigen, zu denen Exklusion vollzogen wird, ohne dass
eine explizite Kommunikation von Nicht-Relevanz stattfinden muss.[21] Entsprechend wird deutlich, wie sehr Prozesse der sozialen Inklusion gleichermaßen
an individuelle Voraussetzungen wie auch an diskursive Bedingungen gekop-
pelt sind, die sich nicht ohne weiteres in ein historisch-lineares Muster einfügen
lassen, sondern in hohem Maße kulturell variabel sind und von politischen
Kämpfen und Auseinandersetzungen mitbestimmt werden. Für die gegenwärtige Debatte lassen sich daraus einige Folgerungen ziehen, die es abschließend
aufzugreifen und zu resümieren gilt.

III.

Die eingangs aufgestellte Frage nach dem Stellenwert des Konzeptes der Exklusion bei Michel Foucault sowie die Ausarbeitung der verschiedenen Typen von
Exklusion orientierten sich an zwei Aspekten: einerseits am Werk Foucaults,
insofern nach verschiedenen begrifflichen Verwendungsweisen und möglichen
Arten der Konzeptionalisierung von Exklusion gefragt wurde, und andererseits
an bestimmten Problemlagen der bisherigen Debatte. Im Überblick über die
Schriften Foucaults wurden verschiedene Exklusionstypen voneinander unterschieden und mit den Begriffsfeldern Souveränität/Gesetz, Disziplin/Norm
und Gouvernementalität/Sicherheit in Verbindung gebracht. Damit sollte der
Exklusionsbegriff zugleich eine historische Konturierung erfahren, da er auf
bestimmte gesellschaftliche Praktiken hin verortet wurde. In Bezug auf die verschiedenen begrifflichen Verwendungsweisen in den Arbeiten Foucaults wird
deutlich, dass die Abkehr vom Konzept des Ausschlusses, das von Foucault mit
einer anachronistischen und der modernen Gesellschaft inadäquaten Gestalt
der Macht in Verbindung gebracht wird, nicht dazu führen muss, die Kategorie der Exklusion als solche aufzugeben. Im Gegenteil lassen sich gerade in

---

21 Diese Kennzeichnung von Schwellen und Prozessen der Exklusion ohne eine explizit exkludierende Kommunikation eröffnet einen theoretischen Zugriff auf Exklusion, der diese Perspektive vor allem gegenüber der Systemtheorie auszeichnet, die jenseits der expliziten Kommunikation nur eine ungreifbare Leerstelle erblickt (vgl. Nassehi 2000, 19).

seinen Überlegungen zur »Sicherheitsgesellschaft« vielfältige Anschlussmöglichkeiten für die Frage nach Exklusion ausmachen, die sowohl über das souveräne Modell der Verbannung wie auch über den einschließenden Ausschluss der Disziplin hinausgehen. Zudem zeigt sich dort vor allem an der Simultaneität von Freiheits- und Mobilitätskalkülen mit Technologien der Sicherheit, dass eine Abkehr von modernen Einschließungs- und Disziplinarinstitutionen sehr wohl mit einer Restituierung und Wiederaufwertung klassischer Souveränitätskonzepte einhergehen kann (vgl. Butler 2005, 72; Deleuze 1993, 261). Um dies jedoch genauer in den Blick zu bekommen, wird es nötig sein, das Modell der Sicherheitsgesellschaft noch deutlicher auszuarbeiten und präziser auf die Frage nach Exklusion zu beziehen als dies hier geschehen konnte. Drei Bereiche könnten hierbei eine entscheidende Rolle spielen: erstens die Umstrukturierung des Raumes durch neuartige Sicherheitstechnologien, wie sie bspw. aus der zunehmenden öffentlichen Videoüberwachung resultiert (vgl. Hempel/Metelmann 2005), zweitens die Frage nach exkludierenden Effekten gegenwärtiger Körper- und Biopolitiken, die in Zusammenhang mit neuartigen Formen des Rassismus zu bringen sind (vgl. Sarasin 2003, 61; Lemke 2006) sowie drittens die Frage nach der konkreten Bedeutung der gegenwärtigen Hegemonie neoliberal-unternehmerischer Rationalität (vgl. Bröckling 2007) für gesellschaftliche Inklusionsbedingungen und die Schwelle der sozialen Akzeptabilität.

Trotz all dieser noch weitgehend offenen Forschungsfelder lässt sich an einigen Stellen deutlich machen, in welcher Form die gegenwärtige Debatte durch einen intensivierten Bezug auf Foucault konzeptionell und theoretisch profitieren kann. So wird erstens die genaue Prägung des Exklusionsbegriffs systematischer als bislang auf das Moment der Grenzziehung verlagert. Hierbei lassen sich die beiden Pole der bisherigen Debatte – Systemtheorie und sozialpolitische Forschung – in mancher Hinsicht vermitteln, so dass die Foucaultsche Analytik hier eine Art Zwischenposition einnimmt. So kann beispielsweise die angedeutete Problematisierung stillschweigender Grundprämissen eine Öffnung der Systemtheorie bewirken (vgl. Stäheli 2004, 14) und eine höhere Sensibilität für solche Fragen erzeugen, die bisher vor allem innerhalb der sozialpolitischen Forschungen eine größere Rolle gespielt haben. Gleichzeitig lassen sich zweitens mit Rückgriff auf die dezidiert historische Perspektive Foucaults auch die zunächst als logisch konzipierten Fragen der Grenzziehung genealogisch umformulieren, so dass sie als konkrete sozialkulturelle Praktiken sichtbar werden. Damit kann ein detaillierterer Blick auf die Frage nach der Historizität und der plötzlichen Emergenz der gegenwärtigen Exklusionsproblematik geworfen werden, denn während diese Frage innerhalb der sozialpolitisch ausgerichteten Forschung zuvorderst auf sozialstrukturelle und ökonomische Veränderungen – und damit auf ein vertikales Muster der Ungleichheit – zurückgeführt wird, steht aus systemtheoretischer Perspektive zunächst die primäre Differenzierungsform der Gesellschaft im Vordergrund.

Durch ihre Theorieanlage als Differenzierungs- und Evolutionstheorie verstellt die Systemtheorie jedoch voreilig die Frage nach einem grundlegenden Wandel von Gesellschaften (vgl. auch Opitz 2008). Die von Luhmann unterstellte Nachträglichkeit der Semantik gegenüber der Gesellschaftsstruktur (vgl. Luhmann 1998, 556; Stäheli 2000, 185ff.) erweist sich daher als konzeptionelles Hindernis, demgegenüber der genealogische Ansatz Foucaults sowohl historisch als auch phänomenologisch präziser und sensibler erscheint. Er stellt sich so als geeigneter dar, um entscheidende qualitative gesellschaftliche Umbrüche zu erfassen, wie sie angesichts der gegenwärtigen Exklusionsproblematik zu vermuten sind. Auch das Problem der Räumlichkeit und der Konzeptionalisierung der Materialität von Exklusion lässt sich mit einer foucaultschen Perspektive exakter fassen als dies sowohl in der Systemtheorie als auch in der sozialpolitischen Forschung der Fall ist. Während die Systemtheorie über einen metaphorischen Raumbezug nur bedingt hinauskommt, scheint der Bezug zu Räumlichkeit in vielen anderen Beiträgen allzu wörtlich genommen, d. h. ein kaum gesellschaftlich vermitteltes Faktum zu sein. Mit Foucault lässt sich demgegenüber wiederum viel deutlicher die soziale Bedingtheit wie auch umgekehrt die gesellschaftlichen Effekte von Räumlichkeit beobachten und auf konkrete politische Technologien beziehen. Und schließlich gelingt es drittens mit Foucault die historisch variierenden diskursiven Bedingungen von Inklusion zu problematisieren und damit die Frage nach der gesellschaftlich hegemonialen Rationalität und dem damit verbundenen System der Akzeptabilität zu stellen. Es sind diese Schwellen der Verstehbarkeit und die damit verbundene Grenz-Logik des Sozialen, die im Anschluss an Foucault vor allem bei Judith Butler in der Frage nach denjenigen Bedingungen in den Blick rücken, die für eine soziale und diskursive »Intelligibilität« (vgl. Foucault 1982, 293; Butler 1991, 37ff.; 1997, 62)[22] von entscheidender Bedeutung sind. Entsprechend ließe sich die Frage nach Exklusion hieran anschließend deutlicher auf die gesamtgesellschaftlichen Voraussetzungen beziehen, die für den Prozess und die Grenzen der Subjektivierung verantwortlich sind. Auf diese Weise läge in dieser Schwerpunktsetzung letztlich auch die Möglichkeit eines deutlicheren Bezugs auf die Exklusionsphänomene, ohne dabei jedoch naiv den Verlockungen einer empirischen Evidenz und Visualität von Exklusion zu erliegen (vgl. Luhmann 1995a, 147f.).[23]

---

22 Judith Butler (1997, 23) spricht diesbezüglich davon, dass der Prozess der Subjektwerdung »einen Bereich verworfener Wesen hervorzubringen [verlangt], die noch nicht ›Subjekte‹ sind, sondern das konstitutive Außen zum Bereich des Subjekts abgeben.«

23 Obwohl die Formulierung Luhmanns – »wer seinen Augen traut, kann es sehen, und zwar in einer Eindrücklichkeit, an der die verfügbaren Erklärungen scheitern« (1995a, 147) – durchaus wörtlich zu nehmen ist, verweist Luhmann damit auch auf die Grenzen einer diskursiven und kommunikativen Erfahrbarkeit von Exklusion. In diesem Sinne ist es zugleich ein Hinweis auf die Unmöglichkeit einer soziologischen Beschreibung dessen und ein Verweis auf andere, vornehmlich ästhetische Formen der Wahrnehmung (vgl. Farzin in diesem Band).

Mit diesen Ausführungen sind einige Punkte innerhalb der gegenwärtigen Exklusionsdebatte angesprochen, an denen eine Hinwendung zu Foucault sowohl in inhaltlicher wie theoretischer Hinsicht besonders ertragreich erscheint. Inwieweit dies erfüllt werden kann, müssen weitere Forschungen zeigen. Hinsichtlich deren Ausrichtung wäre mit dem Foucaultschen Topos des »Denken des Außen« jedoch daran zu erinnern, dass die Thematisierung von Exklusion nicht im Gegenzug dazu tendieren darf, Mechanismen sozialer Inklusion einseitig zu affirmieren. Es gilt vielmehr, die konkrete und historisch variable gesellschaftliche Praxis des Ausschlusses erkennbar zu machen und »die Abgrenzungs- und Ausschließungssysteme [zu] verstehen, die wir praktizieren, ohne es zu bemerken« (Foucault 1971, 230). Prozesse der Exklusion werden dabei in dem Maße feststellbar, in dem es allgemein gelingt, das »kulturell Unbewusste sichtbar [zu] machen« (230).

Literatur

Agamben, Giorgio (2002): Homo Sacer. Die souveräne Macht und das nackte Leben. Frankfurt a.M.: Suhrkamp.
Bohn, Cornelia (2006): Inklusion, Exklusion und die Person. Konstanz: UVK.
Bröckling, Ulrich (2007): Das unternehmerische Selbst. Soziologie einer Subjektivierungsform. Frankfurt a.M.: Suhrkamp.
Bude, Heinz / Andreas Willisch (Hrsg.) (2008): Exklusion. Die Debatte über die »Überflüssigen«. Frankfurt a.M.: Suhrkamp.
Butler, Judith (1991): Das Unbehagen der Geschlechter. Frankfurt a.M.: Suhrkamp.
Butler, Judith (1997): Körper von Gewicht. Die diskursiven Grenzen des Geschlechts. Frankfurt a.M.: Suhrkamp.
Butler, Judith (2004): Longing for Recognition. S. 131-151 in: Dies., Undoing Gender, Routledge: Taylor & Francis.
Butler, Judith (2005): Gefährdetes Leben. Politische Essays. Frankfurt a.M.: Suhrkamp.
Castel, Robert (1996): Nicht Exklusion, sondern Desaffiliation. Ein Gespräch mit François Ewald. Das Argument 217, 775-780.
Castel, Robert (2000a): Die Metamorphosen der sozialen Frage. Eine Chronik der Lohnarbeit. Konstanz: UVK.
Castel, Robert (2000b): Die Fallstricke des Exklusionsbegriffs. Mittelweg 36, 9, 3, 11-25.
Castells, Manuel (2003): Jahrtausendwende. Das Informationszeitalter, Bd. 3. Opladen: Leske + Budrich.
Deleuze, Gilles (1992): Foucault. Frankfurt a.M.: Suhrkamp.
Deleuze, Gilles (1993): Unterhandlungen 1972-1990. Frankfurt a.M.: Suhrkamp.
Döring, Jörg / Tristan Thielmann (Hrsg.) (2008): Spatial Turn. Das Raumparadigma in den Kultur- und Sozialwissenschaften. Bielefeld: transcript.
Farzin, Sina (2006): Inklusion / Exklusion. Entwicklungen und Probleme einer systemtheoretischen Unterscheidung. Bielefeld: transcript.
Foucault, Michel (1963): Vorrede zur Überschreitung. S. 320-342 in: Ders. (2001), Dits et Ecrits, Bd. I. Frankfurt a.M.: Suhrkamp.
Foucault, Michel (1966): Das Denken des Außen. S. 670-697 in: Ders. (2001), Dits et Ecrits, Bd. I. Frankfurt a.M.: Suhrkamp.
Foucault, Michel (1971): Gespräch mit Michel Foucault. S. 222-235 in: Ders. (2002), Dits et Ecrits, Bd. II. Frankfurt a.M.: Suhrkamp.
Foucault, Michel (1974): Michel Foucault über Attica. S. 653-667 in: Ders. (2002), Dits et Ecrits, Bd. II. Frankfurt a.M.: Suhrkamp.

Foucault, Michel (1977): Die Machtverhältnisse gehen in das Innere der Körper über. S. 298-309 in: Ders. (2003), Dits et Ecrits, Bd. III. Frankfurt a.M.: Suhrkamp.

Foucault, Michel (1978a): Die Entwicklung des Begriffs des »gefährlichen Individuums« in der forensischen Psychiatrie des 19. Jahrhunderts. S. 568-594 in: Ders. (2003), Dits et Ecrits, Bd. III. Frankfurt a.M.: Suhrkamp.

Foucault, Michel (1978b): Wahnsinn und Gesellschaft (Vortrag). S. 608-632 in: Ders. (2003), Dits et Ecrits, Bd. III. Frankfurt a.M.: Suhrkamp.

Foucault, Michel (1982): Subjekt und Macht. S. 269-294 in: Ders. (2005), Dits et Ecrits, Bd. IV. Frankfurt a.M.: Suhrkamp.

Foucault, Michel (1986): Der Gebrauch der Lüste. Sexualität und Wahrheit 2. Frankfurt a.M.: Suhrkamp.

Foucault, Michel (1992): Was ist Kritik? Berlin: Merve.

Foucault, Michel (1993): Wahnsinn und Gesellschaft. Eine Geschichte des Wahns im Zeitalter der Vernunft. Frankfurt a.M.: Suhrkamp.

Foucault, Michel (1994): Überwachen und Strafen. Die Geburt des Gefängnisses. Frankfurt a.M.: Suhrkamp.

Foucault, Michel (1999): In Verteidigung der Gesellschaft. Vorlesungen am Collège de France (1975-1976). Frankfurt a.M.: Suhrkamp.

Foucault, Michel (2003): Die Anormalen. Vorlesungen am Collège de France (1974-1975). Frankfurt a.M.: Suhrkamp.

Foucault, Michel (2004a): Geschichte der Gouvernementalität I. Sicherheit, Territorium, Bevölkerung. Vorlesung am Collège de France (1977-1978). Frankfurt a.M.: Suhrkamp.

Foucault, Michel (2004b): Geschichte der Gouvernementalität II. Die Geburt der Biopolitik. Vorlesung am Collège de France (1978-1979). Frankfurt a.M.: Suhrkamp.

Fuchs, Peter (2004): Der Sinn der Beobachtung. Begriffliche Untersuchungen. Weilerswist: Velbrück.

Gertenbach, Lars (2007): Die Kultivierung des Marktes. Foucault und die Gouvernementalität des Neoliberalismus. Berlin: parodos.

Gertenbach, Lars (2008): Geschichte, Zeit und sozialer Wandel. Konturen eines poststrukturalistischen Geschichtsdenkens. S. 208-225 in: Stephan Moebius / Andreas Reckwitz (Hrsg.), Poststrukturalistische Sozialwissenschaften. Frankfurt a.M.: Suhrkamp.

Hempel, Leon / Jörg Metelmann (Hrsg.) (2005): Bild – Raum – Kontrolle. Videoüberwachung als Zeichen gesellschaftlichen Wandels. Frankfurt a.M.: Suhrkamp.

Honneth, Axel (1994): Kampf um Anerkennung. Zur moralischen Grammatik sozialer Konflikte. Frankfurt a.M.: Suhrkamp.

Krasmann, Susanne / Opitz, Sven (2007): Regierung und Exklusion. Zur Konzeption des Politischen im Feld der Gouvernementalität. S. 127-156 in: Susanne Krasmann / Michael Volkmer (Hrsg.), Michel Foucaults »Geschichte der Gouvernementalität« in den Sozialwissenschaften. Internationale Beiträge. Bielefeld: transcript.

Kronauer, Martin (1998): ›Exklusion‹ in der Armutsforschung und der Systemtheorie. Anmerkungen zu einer problematischen Beziehung. SOFI-Mitteilungen 26, 117-125.

Kronauer, Martin (2002): Exklusion. Die Gefährdung des Sozialen im hoch entwickelten Kapitalismus. Frankfurt a.M.: Campus.

Kronauer, Martin (2006): »Exklusion« als Kategorie einer kritischen Gesellschaftsanalyse. Vorschläge für eine anstehende Debatte. S. 27-45 in: Heinz Bude / Andreas Willisch (Hrsg.), Das Problem der Exklusion. Ausgegrenzte, Entbehrliche, Überflüssige. Hamburg: Hamburger Edition.

Kronauer, Martin (2007): Die Bedeutung der Exklusion für die neue soziale Frage. Anmerkungen zu Robert Castel (Tagung »Die neue soziale Frage«, Jena 2007) http://www.unijena.de/data/unijena_/faculties/fsv/institut_soz/KronauerMartinBE.pdf (10.07.2008).

Lemke, Thomas (2006): Die Polizei der Gene. Formen und Felder genetischer Diskriminierung. Frankfurt a.M. / New York: Campus.

Lemke, Thomas (2007): Gouvernementalität und Biopolitik. Wiesbaden: VS.

Link, Jürgen (1996): Versuch über den Normalismus. Wie Normalität produziert wird. Opladen: Westdt. Verlag.

Luhmann, Niklas (1995a): Jenseits von Barbarei. S. 138-150 in: Ders., Gesellschaftsstruktur und Semantik, Bd. 4. Frankfurt a.M.: Suhrkamp.

Luhmann, Niklas (1995b): Inklusion und Exklusion. S. 237-264 in: Ders., Soziologische Aufklärung, Bd. 6. Opladen: Westdt.Verlag.

Luhmann, Niklas (1998): Die Gesellschaft der Gesellschaft. Frankfurt a.M.: Suhrkamp.

Nassehi, Armin (2000): »Exklusion« als soziologischer oder sozialpolitischer Begriff? Mittelweg 36, 9, 5, 18-31.

Nassehi, Armin (2006): Die paradoxe Einheit von Inklusion und Exklusion. Ein systemtheoretischer Blick auf die »Phänomene«. S. 46-69 in: Heinz Bude / Andreas Willisch (Hrsg.), Das Problem der Exklusion. Ausgegrenzte, Entbehrliche, Überflüssige. Hamburg: Hamburger Edition.

Opitz, Sven (2007): Eine Topologie des Außen. Foucault als Theoretiker der Inklusion / Exklusion. S. 41-58 in: Roland Ahorn / Frank Bettinger / Johannes Stehr (Hrsg.), Foucaults Machtanalytik und Soziale Arbeit. Eine kritische Einführung und Bestandsaufnahme. Wiesbaden:VS.

Opitz, Sven (2008): Exklusion. Grenzgänge des Sozialen. S. 175-193 in: Stephan Moebius / Andreas Reckwitz (Hrsg.), Poststrukturalistische Sozialwissenschaften. Frankfurt a.M.: Suhrkamp.

Purtschert, Patricia / Meyer, Katrin / Winter, Yves (Hrsg.) (2008): Gouvernementalität und Sicherheit. Zeitdiagnostische Beiträge im Anschluss an Foucault. Bielefeld: transcript.

Reckwitz, Andreas (2006): Das hybride Subjekt. Eine Theorie der Subjektkulturen von der bürgerlichen Moderne zur Postmoderne. Weilerswist:Velbrück Wissenschaft.

Rüstow, Alexander (1932): Die staatspolitischenVoraussetzungen des wirtschaftspolitischen Liberalismus. Diskussionsrede auf derTagung desVereins für Socialpolitik über ›Deutschland und die Weltkrise‹ in Dresden am 28.September 1932. S. 249-258 in: Ders. (1963), Rede und Antwort. 21 Reden und viele Diskussionsbeiträge aus den Jahren 1933 bis 1962 als Zeugnisse eines ungewöhnlichen Gelehrtenlebens und einer universellen Persönlichkeit. Ludwigsburg: Hoch.

Sarasin, Philipp (2003): Zweierlei Rassismus? Die Selektion des Fremden als Problem in Michel FoucaultsVerbindung von Biopolitik und Rassismus. S. 55-79 in: Martin Stingelin (Hrsg.), Biopolitik und Rassismus. Frankfurt a.M.: Suhrkamp.

Sarasin, Philipp (2006): Michel Foucault zur Einführung, 2. Aufl. Hamburg: Junius.

Sarasin, Philipp (2007): Unternehmer seiner selbst. Über Michel Foucault: Geschichte der Gouvernementalität, Bd. 1 und 2. Deutsche Zeitschrift für Philosophie 55, 3, 473-479.

Schroer, Markus (2001): Die im Dunkeln sieht man doch. Inklusion, Exklusion und die Entdeckung der Überflüssigen. Mittelweg 36, 10, 5, 33-46.

Schroer, Markus (2006): Räume, Orte, Grenzen. Auf dem Weg zu einer Soziologie des Raums. Frankfurt a.M.: Suhrkamp.

Stäheli, Urs (2000): Sinnzusammenbrüche. Eine dekonstruktive Lektüre von Niklas Luhmanns Systemtheorie. Weilerswist:Velbrück.

Stäheli, Urs (2004): Semantik und / oder Diskurs: ›Updating‹ Luhmann mit Foucault? Kulturrevolution 47, 1, 14-19.

Stichweh, Rudolf (2005): Inklusion und Exklusion. Studien zur Gesellschaftstheorie. Bielefeld: transcript.

Lars Gertenbach, M.A
Institut für Soziologie, FSU Jena
Carl-Zeiß-Str. 2, D-07743 Jena
lars.gertenbach@uni-jena.de

Soziale Systeme 14 (2008), Heft 2, S. 329-348

Vassilis Tsianos / Serhat Karakayali

Die Regierung der Migration in Europa Jenseits von Inklusion und Exklusion

Zusammenfassung: Der Ausgangspunkt des Artikels ist die Beobachtung, dass das Paradigma der Exklusion innerhalb der *Border Studies* tief verankert ist. Gemäß diesem Paradigma wird die Gesellschaft als ein Container konzipiert, der als Apparatur zur Distribution gleicher Rechte firmiert. Der in diesem Ansatz implizite Normativismus wird gewöhnlich in der Behandlung von Migrationsphänomenen auf die transnationale Ebene übertragen. Unter Rückgriff auf die Ergebnisse einer Feldstudie zu Grenz- und Migrationsregimen, welche die Autoren in der Ägäis durchgeführt haben, entwickeln sie einen alternativen Ansatz. Dieser soll in der Lage sein, die Recodierung von Grenzpolitiken zu erfassen, welche die Praxis der Migration selbst bewerkstelligt. Die These ist, dass die Migrationsbewegung konstitutiv an der Herausbildung der liminalen Institutionen einer »Porokratie« beteiligt ist.

Der Ausgangspunkt unserer Überlegungen zur Logik von Grenzregimen ist die Beobachtung, dass im überwiegenden Teil der sozial- und politikwissenschaftlichen Literatur über das europäische Grenzregime mehr oder minder explizit das Exklusionsparadigma eine zentrale Rolle spielt. Ein Indiz dafür ist etwa, wenn Lager zur Festsetzung von illegalen Migranten als totale Exklusionsräume betrachtet werden, wenn nicht ohnehin von der »Festung Europa« gesprochen wird (Lahav/Guiradon 2000; Andreas/Snyder 2000; Libicki 2003; Castels 2004; Dietrich 2005). Wie ist eine solche Konzeptualisierung – in ihrer ganzen Evidenz – zu erklären? Unsere These lautet, dass der Geltungsanspruch des Exklusionsparadigmas nach folgendem Verfahren entsteht: Eine Kategorie wie Exklusion wird aus dem Kontext einer als Container gedachten Gesellschaft entnommen, in der alle Individuen theoretisch gleichen Zugang zu formalen Rechten und Ressourcen haben, dies jedoch aufgrund spezifischer sozialer Realitäten de facto nicht realisieren können, und auf eine spezifisch transnationale Konstellation übertragen. Der Ausschluss fungiert dabei innerhalb eines Modells des Sozialen, das die Gesellschaft als egalitären Distributionsapparat konzipiert. Diese normativistische Vorstellung, die möglicherweise nicht einmal im Zeitalter des Souveränismus widerspruchsfrei funktionieren konnte, kann dies umso weniger in der Ära der suprastaatlichen Institutionen (wie der Europäischen Union) und der Europäisierung der Migrationspolitik auf ihren verschiedenen Pfaden (Budapester Prozess, Schengener Prozess, etc.; vgl. dazu Papadopoulos/Tsianos 2007).

Es ist indes fraglich, ob die normative Dimension, also das Skandalisieren des Ausschlusses und das daran gekoppelte Versprechen der Partizipation den Sozialwissenschaften äußerlich ist (Bourdieu/Wacquant 1996; Kronauer 2002; Demirović 2001; Castel 2000). Die Soziologie als Wissenschaft von einem Objekt namens Gesellschaft entstand in Abgrenzung zu liberalistischen und absolutistischen Wissensregimen gleichermaßen als eine Wissensform, die die Existenz gesellschaftlicher Beziehungen und Verkehrsformen unabhängig von juristischen, kontraktualistischen und ökonomischen Vorstellungen behauptete. Die Individuen sind, jedenfalls tendenziell, in der Soziologie vor allem Mitglieder einer Gesellschaft und werden in erster Linie in der Dimension ihrer Eingebettetheit in den gesellschaftlichen Verkehr konzeptualisiert. Der latente Normativismus der Soziologie, ihre Problematisierung also der »Desintegration«, rührt von dem Wissen her, dass Menschen keine Robinsonaden sind, wie dies Marx ausdrückte. In dem Maße, in dem soziale Gruppen aus dem gesellschaftlichen Interdependenzzusammenhang heraus zu fallen drohen, steht auch das Soziale selbst in Gefahr (Ewald 1993).[1]

Was passiert also, wenn man die latent normativistische Kategorie der Exklusion aus dem Kontext des methodologischen (Wohlfahrts-)Nationalismus an die Grenze trägt? Man kann dort Inklusion einfordern, wo man Exklusion beobachtet – und zwar tendenziell an jedem Punkt der Grenzlinie. Aus dem Blick geraten dabei jene transversalen, mikrosozialen und »porösitären« Praktiken, für die das Problem der Inklusion keines ist – oder die, anders gesagt, die Apparate der Exklusion anders dekodieren, sie »übersetzen«. Wir gehen deshalb von der Behauptung aus, dass eine Praxis der Migration existiert, auch an den Grenzen Europas, die vom Exklusionsparadigma nicht fassbar ist. Es handelt sich um eine Praxis, die in der gegenwärtigen Migrationsforschung durchaus zur Kenntnis genommen wird (Holert/Terkessidis 2006). Insbesondere der Transnationalismus-Ansatz hat diese grenzüberschreitende soziale Praxis konzeptualisiert: Das Transnationalisierungsparadigma wird im US-amerikanischen Kontext seit gut fünfzehn Jahren in der Migrationsforschung diskutiert. Mit ihm können sowohl Entwicklungen auf politischer Ebene als auch Strategien von Migranten in den Blick genommen werden, die vom Mainstream der sozial- und kulturwissenschaftlichen Migrationsforschung in Deutschland konzeptionell nicht erfasst werden konnten und sollten (vgl. Hess/Tsianos 2004).

Die Transnationalisierung von Lebensführungen ist eine Reaktion auf die globale Restrukturierung der Ökonomien, wie der US-amerikanische Stadtsoziologe Mike Davis (1999, 121) am Beispiel der mexikanischen Migration aufzeigt: »Transmigration ist ein neuer Modus der sozialen Reproduktion unter den

---

1 Vgl. auch Stichweh 1997, der auf Parsons und die französische Sozialtheorie verweist, die beide Gesellschaft letztlich mit Solidarität gleichsetzen. Die Systemtheorie nimmt sich aus einer so verstandenen Sozialwissenschaft aus und besteht keineswegs auf der Inklusion als einer egalitären Teilhabe an allen Teilsystemen.

Bedingungen globaler Restrukturierung, die die *communities* zwingt, Besitz und Bevölkerungen zwischen zwei unterschiedlichen örtlichen Existenzen auszubalancieren.« Diese Ressourcenoptimierung bewegt sich zugleich an den Rändern und entlang migrationspolitischer Restriktionen. Studien zur transnationalen Migration zeigen, wie mehrortige Migrationsstrategien neuartige soziale Formationen konstituieren (vgl. Pries 1998, 75). Sie bilden, so geografisch verstreut sie auch immer sein mögen, in zunehmenden Maße die Referenzstruktur der alltäglichen Lebensführung: von ökonomischen und politischen Aktivitäten bis hin zu biografischen Lebensentwürfen. Somit transzendiert der Transnationalismus-Ansatz das national-staatliche Container-Modell von Gesellschaftlichkeit und lenkt den Blick auf post-, und transnationale Lebensverhältnisse, Arbeits- und Reproduktionsweisen (vgl. Hess 2005).

Der soziale Raum der Migration wird mit dem Integrationsdispositiv gleichsam gekerbt, um einen Begriff von Gilles Deleuze und Félix Guattari (1992) zu verwenden. Die Kerbung ist ein Vorgang bei dem der gelebte Raum reterritorialisiert, d.h. zählbar, regierbar und planbar gemacht wird. Dagegen beinhaltet der transnationale Raum Momente der Deterritorialisierung, in denen die Migranten jenen Engpässen gleichsam »fliehen«. Diese Flucht und die institutionalisierten Versuche, die Flucht zu »binden«, sie zu regulieren und in Bahnen zu lenken, konstituieren den Raum der Migration. Deterritorialisierung hängt auf diese Weise intrinsisch mit Reterritorialisierung zusammen.

Das Paradigma der transnationalen Migration »übersieht« jedoch wiederum »strategisch« alle Momente der Exklusion und verhält sich gleichsam spiegelbildlich zum Exklusionismus: Wo dieser Ausgrenzung und Unterdrückung sieht, erkennt der Transnationalismus nur Spuren einer globalen Mobilität und Flexibilität (Ong 2005). Mobile transnationale Migrations- und Haushaltsstrategien erscheinen etwa als Reaktion auf die offizielle Migrationspolitik, wie es Sabine Hess (2003) für osteuropäische Pendelmigranten nach Nordwesteuropa, Rubah Salih für maghrebinische Migrantinnen nach Italien aufzeigt (vgl. auch Morokvasic 1994; Cyrus 1997; Karakayali 2007). Viele dieser Arbeiten beschränken sich jedoch darauf, zwischen den Migrationsstrategien des Pendelns oder des Transits einerseits und den restriktiven Migrationspolitiken andererseits ein nicht weiter zu definierendes Wechselwirkungsverhältnis zu konstatieren. Die mobilen Migrationsstrategien bewerten sie hierbei als kreative Reaktion auf die Aussichtslosigkeit, eine reguläre Niederlassungserlaubnis zu erhalten. Gängigerweise war der Fokus der Transnationalisierungsforschungen bislang vornehmlich auf transnationale Praktiken und Netzwerke von Migrierenden gerichtet, die in den meisten Studien als »counter-hegemonic political space« betrachtet werden (vgl. Appadurai 2000; Augustin 2003). In dieser Perspektive erscheint die Transnationalisierung als widerständige Antwort und zugleich nicht intendiertes Produkt einer restriktiven Migrationspolitik, die sie vorgeblich zu unterbinden versucht – und dabei allerdings scheitert (vgl. auch Rogers 2001, 15). Doch dieses Verständnis des kontrollpolitischen »Scheiterns« verkennt die Produktivität der gegenwärtigen Regierung der Migration, die wir als *liminale Institutionen der Porokratie* innerhalb des Prozesses der europäischen Integration beschreiben möchten (vgl. ausführlicher dazu Papadopoulos / Stephenson / Tsianos 2008, 162-182). Diese Regierungsweise macht gerade die flexible Anpassung der migrantischen Subjektivierungsweisen im Kontext des *bordercrossings* zum Gegenstand ihrer Steuerung und nicht zur Zielscheibe ihrer hermetischen Abschottung. *The making of Schengen* ist die Geschichte der Steuerung dieser Anpassung. Während also das Exklusionsparadigma an die Gründungsprämissen der Soziologie gebunden bleibt und in einem basalen Normativismus die Praxis der Migration ausblendet bzw. sie invisibilisiert, kann der Transnationalismusansatz die Praxis der Migration zwar konzeptionell fassen, ist jedoch blind für die mit neuen Formen der Souveränität einhergehende »porokratische« Regierungsrationalität.

Wenn transnationale Migration auf Grenzen trifft, passiert möglicherweise etwas anderes, als mit dem Exklusionsparadigma thematisiert wird. Die Institutionen der Grenzkontrolle werden, legt man das Exklusionsparadigma zur Seite, als transversale Orte denkbar, da nicht nur die Inklusionsfunktion eines Migrationsystems gesehen wird, sondern das Auftauchen der Kommunikation zweier Systeme – als Aushandlungsrahmen im Migrationsprozess selbst – miteinander. Die Migration erlaubt eine »inklusive« Interpretation der exkludierenden Apparate und institutionellen Praktiken. Unsere These, die wir auf der Grundlage unserer empirischen Forschung zum europäischen Grenzregime aufstellen, vollzieht jedoch einen anderen Schritt. Wir behaupten, dass sowohl die Migration als buchstäbliche soziale Bewegung als auch die Institutionen der Regierung der Migration in ihrer Kommunikation als Systeme nicht statisch bleiben, sondern sich wechselseitig verändern. Diese Überlegung deckt sich mit dem Komplexitäts-Theorem Urrys, nach dem ein System nichts »vergisst« und mikrosoziale Ereignisse bis zum Kollaps oder einer Produktion von Überschuss kumulieren können (Urry 2006).

In einem ersten Schritt werden wir die Europäisierung des Systems der Grenzen rekonstruieren, um auf diese Weise das turbulente Verhältnis zwischen durch Migrationen strukturierten transnationalen Räume und ihrer staatlichen Reterritorialisierung auf dem Terrain der Europäisierung der Migrationpolitik herauszuarbeiten. Damit entwickeln wir die paradigmatische Funktion der Grenzsicherungspolitiken: das Regieren der Grenz-Porosität. In einem weiterem Schritt und auf der Basis unserer ethnographischen Studien zum Schengener Ägäisraum wenden wir uns den lokalisierten Effekten dieser Grenzsicherungspolitiken zu: den Ägäis-Lagern. Und schließlich dekonstruieren wir die weit verbreitete Konzeption der Camps als Orte des »Überwachens und Straffens« der illegalisierten Migration, in dem wir deren Überwachungsfunktion konkretisieren und um eine neue Dimension ihrer Produktivität ergänzen: Überwachen und Entschleunigen. Diese neuartige simultane Transformation der Grenzfunktion mit den damit operierenden migrantischen Praktiken des

Bordercrossings diskutieren wir mit Foucaults Konzeption der Biopolitik und benennen sie als die Biopolitisierung der umkämpften Grenze.

I. Zur Europäisierung des Systems der Grenzen

Die Rekonstruktion der verzweigten Entstehungsgeschichte des gegenwärtigen europäischen Grenzregimes, das wir vorwegnehmend als liminales Institutionengeflecht der Porokratie bezeichnen und das in und außerhalb von EU-Gremien über die letzten 20 Jahre forciert wurde, wollen wir hier nicht im Einzelnen darstellen.[2] Zum zentralen, offiziellen Instrument der Vereinheitlichungs- und Extensionspolitik wurde das Schengener Vertragswerk. Dabei ist die Geschichte des Schengener Abkommens exemplarisch für den Modus der Europäisierung der Migrationspolitik im Allgemeinen. Es geht auf eine informelle Runde von fünf Regierungschefs zurück, die sich 1985 in dem belgischen Städtchen Schengen trafen, um Maßnahmen zur Vereinheitlichung des Binnenmarkts und insbesondere zum Abbau von Grenzkontrollen im Innern zu besprechen (vgl. Tomei 1997; Walters 2002; Anderson 2000). Die Vorverlagerung der Kontrollen ist jedoch nur ein Baustein der hierdurch eingeleiteten Restrukturierungspolitik. Schengen brachte auch eine Ausweitung von Grenzzonen im Innern mit sich. So wurden immer mehr inländische Räume wie Bahnhöfe oder Bundesstraßen zu »Grenzräumen« umdefiniert (s. Lahav / Guiraudon 2000).

Das Regime der liminalen Institutionen der Porokratie ist entstanden in einem langwierigen Europäisierungsprozess der Migrationspolitik, der sich u. a. in der Exterritorialisierung der Bekämpfung der irregulären Migration artikuliert. Der italienische Migrationsoziologe Sciortino (2004) beschreibt Migrations- und Grenzregime als Arrangements der flexiblen Anpassung von Beobachtungen und Eingriffen an die Modalitäten der klandestinisierten grenzüberschreitenden Mobilität. Der Gegenstand von Migrationsregimen, so Sciortino, ist weniger die operative Abwehr des Transit, sondern vielmehr die Etablierung antizipativer Strategien gegen die instabilen, temporären Taktiken des Bordercrossings. Denn gerade die Sicherheitsvorkehrungen des Schengener Grenzraums bringen diese temporären Taktiken der Mobilität hervor: neue Lösungen des Transits, die wieder aufgegeben werden, sobald sie von den Grenzhütern durchschaut und als Probleme der Grenzporösität recodiert werden.

Mit dem Begriff der liminalen Institutionen wollen wir diese institutionalisierten Aggregate des Beobachtens und Eingreifens innerhalb von Migrations- und Grenzregimen fokussieren. Ihre Produktivität besteht darin, die Zirkulation entlang der Grenz-Zonen in Zirkulations-Zonen abgestufter Souveränität zu

---

2 Für eine Genealogie des »Schengenprozesses« siehe ausführlich Walters 2002; Guiraudon 2001; Leuthardt 1999; Busch 1995; Kaufmann 2006.

verwandeln, um ihre Porösität zu regieren. Während die nationale Souveränität eine doppelte Homogenisierung des Raums anstrebte – eine *serielle Homogenität* innerhalb eines Territoriums und eine Homogenisierung der Rechte darin –, lässt sich der Raum der liminalen Institutionen als ein Regime der Differenz auffassen, bei dem die Unterschiedlichkeit von Territorien sowie die Einzigartigkeit von Grenz-Orten und Routen permanent von der Fluidität und Flexibilität der klandestinisierten Mobilitätsströme und Netzwerke als kontingente »border zone« hergestellt werden. Die Absicherung transitorischer Grenz-Räume erfolgt durch Überwachungs- und Kontrollprozeduren, deren Ziel darin besteht, die Fragmentierung des Schengener Raumes territorial zu fixieren und separierte Zonen herzustellen, die sich durch eine jeweils spezifische soziale Kohäsion von Raumpraktiken auszeichnen sollen. Verwirklicht wird somit eine *differentielle Homogenität*, die mit einer Enthomogenisierung von Rechten einhergeht. Gerade die enge Verflechtung von EUROPOL mit zahlreichen Ad-hoc-Komitees der EU und informellen (sogar paramilitärischen) internationalen Kontaktrunden, wie z. B. dem auf Initiative der Nato gegründeten Think-Tank SECI, demonstrieren, wie sich die parlamentarisch schwer zu kontrollierenden liminalen Institution der Flüchtlings- und Migrationspolitik entwickelt haben. Noch deutlicher lässt sich die Verpolizeilichung und die Politik des militärischen Containments der europäischen Flüchtlingspolitik an den Schengener Außengrenzen während des Kosovokrieges in Südosteuropa aufzeigen, etwa am Einsatz der italienischen Marine gegen Flüchtlingsschiffe in der Adria seit März 1997 oder an der Errichtung der mazedonischen und albanischen Flüchtlingslager während der Nato-Bombardierung in unmittelbarer Nähe des Kriegsgebiets. Aber auch die illegalen Massenabschiebungen in Lampedusa und die Einsetzung von Waffen in Ceuta von der mit explizit militärischem Status versehenen Guardia Civil, tragen das doppelte Signum der liminalen Institutionen: Sie sind gleichermaßen Institutionen der europäischen Grenzen und Grenzinstitutionen.

Mit dem partiellen Verlust der Kontroll- und Manipulationsfähigkeit der nationalen Migrationspolitiken und der Zunahme transnationaler Wanderungen verschob sich auch ihr Regulationsschwerpunkt von der nationalen oder bilateralen Kontrolle der angeworbenen »Gastarbeiter« und postkolonialen Migranten im fordistischen Migrationsregime zur Kontrolle einer weitgehend illegalisierten Arbeitsmigration. Die Externalisierung der Migrationsteuerung außerhalb der schengener Grenzen nach Marokko, Mauretanien oder Libyen konstituiert allerdings einen heterogenen und hierarchisierten Zirkulationsraum abgestufter Souveränitätszonen, d.h. ein Ensemble von »Räumen der Steuerung, der Zulassung, der Sicherstellung und Regierung der Zirkulation« (Foucault 2004, 52f.), die weder nach dem binneneuropäischen Prinzip der Schengener Territorialität regiert werden (homogene Räume gleichen Rechts), noch nach dem nationalstaatlichen Prinzip der Staatsbürgerschaft.

Étienne Balibar (2003) spricht in diesem Zusammenhang von der Doppelseitigkeit der »Institution der Grenzen« in Europa, die einerseits als ein staatliches Regulativ von Bevölkerungen und ihren Bewegungen fungiert, andererseits eben eine liminale Institution ist, die nur selten demokratischer Kontrolle unterliegt. Enrica Rigo (2005) hat in ihrer Arbeit zur Vergemeinschaftung der osteuropäischen Grenzpolitik auf die Diffusion und Stratifikation von Grenzen durch die europäische Migrationspolitik hingewiesen. Sie spricht, wie auch eine Reihe anderer Forscher (Walters 2002; Anderson 2000; Lahav / Guivandon 2000) von einer »Deterritorialisierung« staatlicher Souveränität. Durch die Verkettung von Drittstaatenregelungen etwa reiche die »police à distance« (Bigo / Guild 2005) unter Umständen bis nach Asien. Die häufigste Erscheinungsform von »Grenze« in Europa ist nicht die geographische Grenzlinie des Schengener Raumes, sie findet sich vielmehr in den Datensätzen der Laptops von Grenzschützern, den Visadatensätzen der europäischen Botschaften in Moskau, Istanbul, Accra oder Tripolis, in den Check-Points von Heathrow, Tegel, Charles de Gaulle oder Odysseas Elytis, im deutschen Zentralen Ausländerregister (ZAST), in den Eintragungen des Schengener Informationssystems, in dem die Daten von Personen, die ein Einreiseverbot für den Schengen-Raum haben, verwaltet werden (SIS), oder in Eurodac, dem von der Kommission geführten Datensystem, in dem die Fingerabdrücke von Asylbewerbern und festgenommenen illegalen Migranten gespeichert sind.

Der Eintritt in die Mobilität verläuft oftmals über den Bildschirm. Der Begriff der »Flows«, terminus technicus des Schengener »Borderpolicings«, verweist hier auf die »Wahlverwandtschaft« der schnellen Multidirektionalität der mobilen Migration mit den wissens- und netzwerkbasierten Technologien ihrer Überwachung. Die Denaturalisierung der Grenzkontrolle mit ihrer doppelten Funktion als Politik auf Distanz und als virtuelle Erfassung, entwickelt eine Logik des extraterritorialen Netzes der Kontrolle, die nicht nur die Art der Überwachung, sondern auch die Form der Bestrafung denaturalisiert, in dem sie das Risiko der Deportabilität (de Genova 2005) innerhalb der Staatsgrenzen und über sie hinweg ausdehnt. Mit dem Begriff der digitalisierten Deportabilität wollen wir auf diesen wissensbasierten Formwechsel der Technologien der Kontrolle innerhalb des Schengener Kontrollraumes verweisen. Beide Momente, der liminale Charakter der neuen Grenzinstitutionen und die Deterritorialisierung der Souveränität bestimmen zusammen die Verfasstheit dessen, was wir mit dem Begriff der liminalen Institutionen der Porokratie zu umreißen versuchen. Neben dem Moment der Externalisierung[3] ist sein wichtigstes Funktionsele-

---

3 Auch aus Platzgründen können wir hier eine ausführliche Darstellung des Externalisierungsprozesses nicht erbringen. Die Einrichtung von sogenannten »transit processing centres«, gerne auch als »heimatnah« bezeichneten Lagern außerhalb des Rechtsraumes der Europäischen Union hat ihre Vorgeschichte in der »Regionalisierung« der Flüchtlingspolitik und wurde bereits in den 1980er Jahren geplant und seit dem ersten Golfkrieg auch umgesetzt. Die Exterritorialisierung hantiert mit humanistischen Argumenten, z.B. mit dem der Verhinderung von Todesfällen bei der illegalen Seereise. Zudem ist sie eines der zentralen Vehikel der Ausdeh-

ment jenes Dispositiv, das wir »Überwachen und Entschleunigen« nennen und im Folgenden näher untersuchen.

II. Naturalizing the »Camps«: Überwachen und Entschleunigen in der schengener Ägäis-Zone

Heute werden Orte der Grenzüberschreitung, dies gilt für die US-amerikanisch / mexikanische wie auch für die schengener Grenze, mit dem militärischen Bild der Festung assoziiert. So betreibt die Metapher der »Festung Europa« eine Art Synthetisierung aus hochtechnologischer Grenzkontrolle, europäischen Integrationsbestrebungen und den hilflosen kleinen Booten. Es ist der Mythos der Undurchdringlichkeit auf der einen Seite und ein humanisierender Blick auf die Opfer-Subjekte der Migration auf der anderen Seite. Dennoch fällt die wissenschaftliche und politische Debatte um das europäische Grenzregime oft entweder auf eine akribische Deskription der Grenzkontrollpolitiken angesichts wachsender irregulärer Migration oder aber auf die Rekonstruktion der sich etablierenden inter-, trans- und para-staatlichen Erfassungsinstanzen zurück (vgl. Andreas / Snyder 2000; Dietrich 2005).

Die Geschichte der Grenze als ein soziales Verhältnis zu erzählen, bedeutet dagegen, ein komplexeres, anspruchsvolleres Bild von Grenzsituationen zu entwerfen und Grenzen weder als technische Installation noch als natürlichen, unwegsamen Raum zu porträtieren. Wir verfolgen vor diesem Hintergrund daher die Frage, inwiefern Grenzregime gleichzeitig als Regulatoren zur Lenkung, Entschleunigung oder Aussetzung der transnationalen Arbeitskraftmobilität erfasst werden können und als Felder, in die sich die turbulente Dynamik des migrantischen Exodus einschreibt. Versteht man die europäische Außengrenze nicht als den exemplarischen Ort der Exklusion, sondern als das vielfach umkämpfte Konstitutions-Terrain einer liminalen Institution der Porokratie, kann die Ethnographie der Transnationalismusstudien für eine gesellschaftstheoretische Fundierung einer Theorie der Mobilität fruchtbar gemacht werden. Dem dienen die nun folgenden Ausführungen zu unseren Fallstudien im ägäischen Transitraum.

Transitraum Ägäis: Bordercrossing

Das Ägäische Archipel markieren, so wie die Meeresenge von Gibraltar oder die Insel Lampedusa, auf der geographische Karte zwar Orte der nationalstaatlichen Kontrolle, zugleich gewährleisten diese skalierten Räume in ihrer

nung des Policy-Bereiches auch weit außerhalb der Anrainerstaaten der EU. In diesem Kontext wird etwa die Entwicklungszusammenarbeit in den Dienst des Migrationsmanagements gestellt: Während die Übernahme migrationspolitischer Maßnahmen mit der Gewährung von Entwicklungsgeldern belohnt wird, wird die Nicht-Erfüllung durch deren Entzug bestraft.

Definition als internationale Gewässer die unbehinderte Warenzirkulation und Bewegungsfreiheit. Eines der wichtigsten Resultate beim Treffen des Europäischen Rates in Thessaloniki am 19.-20. Juni 2003 war die Hervorhebung der Wichtigkeit der Kontrolle der Meeresgrenzen. Doch laut dem griechischen Ministerium der Handelsmarine birgt der Schutz der griechischen Meeresgrenze einige spezifische Schwierigkeiten. Der Vorgesetzte der Hafenschutzpolizei auf Lesbos erklärte etwa,[4] dass die Hafenschutzpolizei, sobald sie unbekannte Schiffe in griechischen Gewässern entdeckt, diese zurück auf türkische Gewässer zu bewegen versucht. Manchmal folgten die Schiffe einer solchen Aufforderung und kehrten um. Es bleibe jedoch zu vermuten, dass die Schiffe nach der Weiterfahrt der Kontrollstreife an einer anderen Stelle versuchen würden, griechisches Territorium zu erreichen. In anderen Fällen versuchten Migranten auf Schlauchbooten nach Lesbos zu kommen, weil diese Boote nicht von den Sicherheitskameras erfasst werden können. Die Insassen solcher Boote reagierten auf ein drohendes Abdrängen in türkische Gewässer oftmals mit einer riskanten Aktion: Sie bringen ihre Boote zum Kentern bzw. Sinken. Die Aufgabe der Hafenschutzpolizei verwandelt sich in diesem Moment in das »grenzwertige« Problem einer Rettungsaktion, denn sobald ertrinkende Menschen sich in griechischen Gewässern befinden, muss die Küstenwache Hilfe leisten und diese retten. Die Geretteten werden aufs Festland gebracht und der Polizei übergeben.

Die gegenüberliegende türkische Ägäis-Küste ist zu einem transitorischen Ort geworden, in dem diverse Dynamiken dieses transnationalen sozialen Raumes aufeinander prallen. Paradigmatisch für dieses Feld ist die Nutzungsweise von Hotels, wie dem »Hotel Almanya«. Es wird, wie viele kleine und mittlere Pensionen und Hotels an der türkischen Riviera, von den türkischen Behörden genutzt. Es werden dort nicht nur deutsche und russische Touristen beherbergt, sondern auch Transitmigranten von der Polizei festgehalten, bis ihr Status festgestellt und sie entweder frei gelassen oder abgeschoben werden. »Eingecheckt« werden hier auf engstem Raum Migranten aus dem Irak, Afghanistan, Syrien, Liberia und dem Sudan. Viele von ihnen verfügen über ein reichhaltiges Migrationswissen: wie man weiterkommen könnte, wo es sich lohnt, Asyl zu beantragen, und was man dafür berücksichtigen muss. Improvisierte »Deportation Camps« in Schulen, Hotels, leerstehenden Fabrikgebäuden oder Polizeistationen gibt es viele in der Türkei. Sie werden mangels einer staatlichen Migrations- und Asylpolitik und entsprechenden Infrastruktureinrichtungen von den lokalen Vollzugsbeamten als temporäre Haftanstalten genutzt. In diesem unvollständigen System ergeben sich Spielräume. So werden einerseits Migranten nach Syrien verfrachtet, ganz gleich ob sie von dort kamen oder nicht. Andererseits kann unter diesen Bedingungen schon

---

4 Die Recherche in Griechenland und der Türkei führten 2003 und 2004 im Rahmen des Projektes TRANSIT MIGRATION Efthimia Panagiotidis, Vassilis Tsianos, Sabine Hess und Serhat Karakayali durch.

eine kollektive Grippewelle oder eine angebliche Ehe zur Freilassung aus dem Polizeirevier führen. Auch existiert ein Markt für *fakes* und *frauds*: Gehandelt werden gefälschte Fluchterzählungen, Zeitungsartikel und gestellte Foltervideos. Hier werden nicht nur die Kategorien der EU-Migrationspolitik bedient, es wird auch klar, dass es ein verbreitetes Wissen um die Bedingungen der Migration gibt: Wie man es macht, nicht aus einem »sicheren Herkunftsland« zu kommen; wie man den Dokumentationspflichten des europäischen Asylverfahrens genügt.

Mike oder das Rätsel der Immobilität im Transit

Die Figur des »Traffickers« bzw. Schmugglers ist wie ein blinder Fleck in den gegenwärtigen Analysen der migrantischen Netzwerke selten erforscht und am meisten kriminalisiert. Der mafiaartige Schleier, der die Transport-Netzwerke umhüllt, wird in den wenigen Untersuchungen (vgl. Sciortino 2004; Icduygu / Toktas 2002; Nome 2005) als generalisierend kritisiert, in dem Sinne, dass Transitmigranten auf eine Vielzahl von einander abgekoppelten Verbindungen aktiv zurückgreifen, die den Transport schrittweise ermöglichen können, diesen aber nicht systematisch organisieren. Die sozialen Verhältnisse im direkten Grenzraum sind auch mit den gegenwärtigen Entwicklungen in den westtürkischen Metropolen aufs engste verbunden, wie die zufällige Begegnung mit Mike in Bodrum zeigt. Mike lebte einige Jahre als Transitmigrant in Istanbul und begab sich entlang der Küste, mit einem kleinen Bild in der Hand, auf die Suche nach einem vermissten Freund, dessen Spuren er nach einem gescheiterten Grenzübertritt verloren hatte. Als Basketballer war er vor Jahren zusammen mit seinem Freund in den Libanon gegangen. Sie hatten dann auch dort einen Job gefunden, eine temporäre Arbeitserlaubnis war kein Problem. Doch Libanon sei nach den jahrelangen Bürgerkriegen ein chaotisches und hartes Land. Die beiden machten sich auf den Weg nach Europa mit gefälschten Pässen und 1.500 € in der Tasche. Über Syrien kamen sie dann in die Türkei. Von dort aus unternahmen sie drei Versuche der Weiterreise: mit Visa und Linieflug nach Polen bzw. Kroatien und mit dem Schiff nach Griechenland. Alle Versuche scheiterten – vom Geld blieb nicht viel übrig. In Istanbul sei es äußerst schwierig, Geld zu sparen. Mike klagte, dass sie nur selten Arbeit fänden, überhöhte Mieten zahlten und immer wieder Wohnungen wechseln müssten. Die Gegenden, in denen sie wohnten, seien speziell von Razzien betroffen. Oft sitze er für Tage und Monate in Haft. Doch finde er immer Mittel und Wege, aus der Haft entlassen zu werden und das nicht nur, weil die Abschiebeflüge nach Afrika teuer und die staatliche Infrastruktur hierfür noch nicht ausgebaut ist. Er könne sich nicht erinnern, erzählt er lachend, unter wie vielen Namen er bereits verhaftet war.

Lager als Heterotopien der Migration

Auch Luis wurde vor längerem aus der Haft entlassen. Er reiste offiziell mit einem Studienvisum, konnte jedoch bald die Studiengebühren nicht mehr bezahlen, weshalb sein Visum nicht verlängert wurde. Wie viele andere, für die aufgrund ihres gefälschten Passes der Erwerb eines Flugtickets als Option ausscheidet, hatte er sich auf den Weg an die ägäische Küste gemacht, doch der Minibus aus Istanbul wurde vorher abgefangen und die Gruppe in einer leer stehenden Schule inhaftiert. So musste er sich erneut überlegen, in welche Schublade der offiziellen Migrations- und Mobilitätspolitik er sich stecken sollte: ganz in Istanbul bleiben und ein mageres Überleben organisieren, wieder zurück nach Ghana, von dort ein neues Visum oder besser noch gleich Asyl, diesmal in Deutschland, beantragen? Oder auf irregulärem Weg versuchen nach Deutschland zu kommen? Griechenland würde ihm eigentlich schon reichen. Tatsächlich stellt Griechenland den ersten Schengener *point of entry* in der Region, in dem die Knotenpunkte der Migrationsrouten unter neuen Bedingungen verlinkt werden.

In dem erwähnten Lager in Pagani auf Lesbos saßen circa 750 Leute fest – bewacht von acht Polizisten. Eine Kleidersammlungsaktion der örtlichen Flüchtlingsunterstützungsgruppe auf Mitilini bot sich als Gelegenheit, die Flüchtlinge zu besuchen. Der Präfekturbeamte, der den LKW mit den Kleidungsstücken und Medikamenten fuhr, deklamierte beim Anblick des Lagers ernsthaft begeistert: »Hier ist es schön, wie im Gefängnis!« Die Festgehaltenen wussten meist, dass sie noch drei Monate im Lager bleiben und danach nach Athen gehen müssen. Sie fragten nach Telefonkarten und Telefonnummern von NGOs in Athen. Auf die Frage, ob sie etwas benötigen, antwortete Minou mit verblüffender Bestimmtheit: »Ja. Ein englisches Grammatikbuch. (...) Wir wollen doch nach Kanada!«

Auch »Apo« saß in diesem Lager, das als sogenanntes »Aufnahmezentrum« errichtet wurde. Er erzählte, dass er aus Stuttgart komme, wo er seit Anfang der 1980er Jahre mit seinen Verwandten als »Gastarbeiter« lebe. In den 1990er Jahren ging er zurück in die türkischen Berge, um mit der PKK zu kämpfen. Als die PKK einen Waffenstillstand ausrief, zog er sich in den Irak zurück. Seit einigen Monaten sei er nun auf seiner Rückreise und habe endlich über die türkische Küste die ägäische Insel Lesbos erreicht. Denn auf direktem Weg könne er nicht mehr nach Deutschland einreisen, da sei sein legaler Aufenthalt – laut dem deutschen Ausländergesetz – aufgrund seiner langen Abwesenheit annulliert ist. Apo würde also, obwohl er schon 25 Jahre in Deutschland gelebt hatte, illegal sein. Nun versuchte er mit seinen Verwandten in Deutschland Kontakt aufzunehmen, damit sie ihn aus dem Lager und zurück nach Deutschland holten, egal wie. Obwohl er als politisch Verfolgter gelten kann, will er auf Lesbos keinen Asylantrag stellen. Die Prozedur ist ihm zu unsicher und es dauert zu lange. Die Anerkennungsquote lag 2004 bei 0,6 % und Wartezeiten bis zu zwei

Jahren sind keine Seltenheit (vgl. Petracou 2005). Hätte Apo einen Asylantrag in Griechenland gestellt, müsste er sich zudem in Laurio – ein vor 10 Jahre errichtetes Lager für politisch Verfolgte vor allem aus der Türkei – registrieren lassen. Sich als Asylbewerber in Griechenland registrieren zu lassen, würde aber bedeuten, dass seine Erstankunftsdaten im Schengener Informationssystem (SIS) gespeichert werden.[5] Dies wiederum brächte aufgrund der Dubliner First-Country-Regelung mit sich, dass er nicht nach Deutschland weiterreisen könne, da er bei einer Festnahme mit der Rückführung nach Griechenland rechnen müsste. Apo will aber in Deutschland leben und so nimmt er die Gefahren des illegalen *bordercrossings* in Kauf. Er setzt darauf, mit Hilfe seiner Familiennetzwerke Griechenland illegal zu verlassen. In Deutschland will er auch keinen Asylantrag stellen. Denn als Asylbewerber würde er zwangsläufig einem Asylbewerberheim zugewiesen werden, in dem er weder arbeiten noch aufgrund der Residenzpflicht in der Nähe seiner Familienangehörigen wohnen dürfte.

Während der repressionstheoretische Blick der »Festung Europa« in den Lagern den ultimativen Beweis für die Effektivität und das Elend der Abschottung findet, zeugen die Geschichten von Mike, Minu und Apo exemplarisch von der turbulenten Porösität und dem Scheitern dieser als panoptisch und omnipotent apostrophierten »Festung«. Ihre Hartnäckigkeit und Flexibilität, multidirektional ihre Migrationsbiographien zu arrangieren, sowie die aktive Einbettung in kriminalisierte Netzwerke der grenzüberschreitenden Mobilität legen uns im Gegenteil nahe, die Lager mit ihrem Blick als erduldete Transitstationen und Heterotopien[6] der Migration zu begreifen.

Transiträume durch NGOisierung

Apo sowie auch die Transitmigranten, die an den Grenzen festgenommen werden, sitzen, solange nicht genau geklärt ist, aus welchen Ländern sie stammen, in den Lagern auf den Inseln fest. Die Lager entlang der Ägäis fungieren weniger als eine gegen die Migration gerichtete Seeblockade, sondern eher als eine Art Eintrittsticket zur Weiterwanderung. Seit 2001 gibt es auf Druck der EU ein Rückführungsabkommen zwischen Griechenland und der Türkei, das eine bis dahin ineffektive bilaterale Rückführungsvereinbarung ersetzte. Allerdings wird auch dieses faktisch unter anderem durch das etablierte Menschenrechtsregime außer Kraft gesetzt. Die Anwendung des Abkommens weicht somit vom Schengener Abschreckungsszenario radikal ab und muss

---

5 Die Prüfung seiner Fingerabdrücke durch eine im September 2003 in Betrieb genommene EU-weite Datenbank (»Eurodac«) ergäbe, dass er bereits in Griechenland um Asyl nachgesucht hatte.

6 Heterotopien sind im Sinne von Michel Foucault »Orte, die sich allen anderen widersetzten und sie in gewisser Weise sie sogar auslöschen, ersetzen, neutralisieren oder reinigen sollen. Es sind gleichsam Gegenräume.« (Foucault 2005, 10)

analytisch in eine *Praxis der Grenze* übersetzt werden. Die beteiligten Akteure vor Ort sind nicht einfach die Migranten und die militarisierte Grenzschutzpatrouille, sondern auch der dazwischen eingeschaltete Aushandlungsraum, in dem die unterschiedlichen NGOs für die Implementierung des europäischen Asylrechtes agieren (vgl. Hess/Tsianos 2004; Hess/Karakayali 2007).

Diejenigen unter den Lagerbewohnern, die nicht sofort abgeschoben werden, verlassen nach einem dreimonatigen Aufenthalt das Lager mit einem Dokument, das sie auffordert, innerhalb von zwei Wochen das Land »freiwillig« zu verlassen. Dabei ist der Nebensatz interessant, der auf dem »Freilassungsdokument« steht: »in einer Richtung ihrer Wahl«. Apo und die Anderen könnten also, insofern sie es schaffen mit dem »Freilassungsdokument« das Lager zu verlassen, ins Festland weiter reisen. Wer, mündlich oder schriftlich, Asyl fordert, darf laut Gesetz nicht rückgeführt werden. Während die griechische Asyl- bzw. Migrationspolitik zunächst wie ein unkoordinierter selektiver Zugriff seitens der Grenzpolizei erscheint, stellt sie bei genauer Betrachtung eine neuartige Institutionalisierung der Transitmigration im Regulationsmodus des neuartigen, mediterranen »complex migratoire« dar (vgl. Sitaropoulos 2000; King/Lazaridis/Tsardanidis 2000; Sitaropoulos/Skordas 2004). Die Durchsetzung EU-asylrechtlicher Standards sorgt, vermittelt vor allem über die Interventionen von NGOs, für eine Eindämmung der Restriktivität der Grenzkontrollen und verrechtlicht in gewisser Weise die Mobilitätsdynamik der Transitmigration (vgl. Karakayali/Tsianos 2004; Karakayali/Tsianos 2005).

Transitlager markieren also eine vorläufige Topographie von Stationen der jeweiligen Migrationsrouten. Während auf der türkischen Seite, vor den Toren der »Festung«, der Aspekt einer improvisierten Immobilisierung im Vordergrund steht, liegt der Fokus auf der griechischen Seite umgekehrt auf der Institutionalisierung der Mobilität. Die improvisierten Lager auf der türkischen Seite sind jedoch nicht einfach als Effekte der Vorverlagerung oder der Exterritorialisierung des Lagerkordons außerhalb Europas zu verstehen. Sie markieren Orte, in denen die Direktionalität einer Migrationsroute auf dem Weg zu der anderen Seite der griechischen Transitlager temporär »abgelenkt« wird. Diese Ablenkungstaktiken setzen sich im Schengenraum auf der anderen Seite in Lesbos, in London, aber auch in Berlin fort. Hinsichtlich der europäischen Migrationspolitik ist es nicht so, dass Kerneuropa die Eckpunkte festlegt und der Süden in der Pflicht steht, diese lokal zu übersetzen. Die mediterranen EU-Länder gestalten diese zentral und aktiv mit. Der Anfang einer produktiven Transformation der (europäischen) Migrationskontrollen geht u.a. mit dem beschriebenen Funktionswandel der Lager in Südosteuropa einher. Das Migrations- und Grenzregime in der Ägäis-Zone ist keinesfalls als einfaches Produkt von EU-Migrationsbürokraten oder »balkanischer Korruption« zu verstehen. Die Modi der Regulation und weniger die Kontrolle nun des Transits im gesamten südosteuropäischen Raum und seine informellen grenzüberschreitenden Ökonomien werden in den EU-Migrationspolitiken für Südosteuropa implementiert: Die Regulation wechselt dabei ihre Richtung. Diese Beobachtung birgt die Notwendigkeit, sowohl die klassische Migrationstheorie als auch die europäische Integrationsforschung neu zu überdenken. Hierbei muss notwendigerweise der Begriff des »Lagers« mit einbezogen werden.

Überwachen und Entschleunigen

Im ägäischen Meer existiert die höchste Konzentrationsdichte von Lagern in Europa. Was aber ist ein Lager? Die auf beiden Seiten der Debatte – der kritischen, wie der affirmativen – einhellige Rede von einer Festung, die Europa gegen die Migration errichtet habe, erweckt Assoziationen, die an einen Kriegsschauplatz denken lassen. Dieser Assoziationsraum ist vor allem für die ideologische und politische Auseinandersetzung wichtig. Sowohl die Migranten in den Lagern, als auch ihre Kritiker in den Metropolen referieren auf einen Menschenrechtsdiskurs, der gegenwärtig das scheinbar einzige Vehikel ist, mit dem die Interessen von Migranten artikuliert werden können (Karakayali / Tsianos 2007; Panagiotidis / Tsianos 2007).

Der Begriff des Lagers, von Giorgio Agamben (2002) zum Symbol der souveränen Verfügung über das Leben schlechthin erklärt, ist von diesem historischen Assoziationsraum nicht zu trennen. Wenn Agamben von Lagern spricht und die Foucaultsche Forschungsperspektive aufruft, so scheinen Lager nichts anderes als repressive Einschließungsmillieus darzustellen – auch wenn man unserer Einschätzung nach Foucault damit Unrecht tut.[7] Agambens Interesse gilt der Analyse des Politischen vor dem gegenwärtigen Hintergrund der Krise seiner Repräsentation, d.h. jenem neuen politischen Raum, der sich öffnet, wenn das politische System des Nationalstaats in die Krise gerät und die Funktionsweise von Macht bzw. das Verhältnis zwischen Souveränität und Territorium sich verändert. Die Definition von Souveränität als der Macht, über den Ausnahmezustand zu entscheiden, ist zu einem Gemeinplatz geworden. Der Ausnahmezustand als abstrakt rechtliche Dimension bedarf indessen eines Ortes, an dem er konkret wird: Bei Agamben ist es das Lager. Im Lager enthält der Ausnahmezustand, der im Wesentlichen eine zeitweilige Aufhebung der

---

7 In der Einleitung von »Homo sacer« meint Agamben (2002, 19) den »blinden Fleck« der biopolitischen Machtkonzeption Foucaults gefunden zu haben: in seinem Unvermögen, die Verortung des Ausnahmezustandes in eine »Zone irreduzibler Ununterscheidbarkeit« zwischen »zoe« und »bios« zu bestimmen. Doch genau an dieser Stelle tut er Foucault Unrecht. Durch die Konzentration der Argumentation Agambens auf die totalitären politisch-rechtlichen Mechanismen der Biopolitik, welche die angeblich verborgene Seite der Souveränität ausmacht bzw. deren existentiellen Grundlage bildet, bleibt seine Konzeptualisierung der Biopolitik schlechthin nur negativ auf die Form der Souveränität bezogen, während sie im Gegenteil bei Foucault ein Ensemble neuer Machttechniken darstellt, die neben und in Auseinandersetzung mit der Souveränitätsmacht selbst operieren. Damit verkennt Agamben die produktive und keinesfalls verborgene Seite der biopolitischen Machtkonzeption Foucaults, oder noch schlimmer – bzw. positiv ausgedrückt: auf diese Weise gelingt es ihm, sie als bloße Chiffre für die in der Form immer andere, aber zugleich ewige Wiederkehr des gleichen Katastrophismus zu recodieren.

Ordnung war, eine permanente räumliche Verortung. Lager sind Ausnahmebereiche innerhalb eines Territoriums, die sich außerhalb des Geltungsbereiches des Gesetzes befinden. Das Lager ist eine Art Katalysator, der die Aufhebung der Ordnung in eine neue permanente räumliche und rechtliche Ordnung überführt. Die Aussetzung der Ordnung verwandelt sich von einer provisorischen Maßnahme in eine permanente Technik des Regierens.

Analog zu dem Scheitern des »Rotationsprinzips« der fordistischen Gastarbeiterära auf Grund u.a. der Unkontrollierbarkeit der migrantischen Mobilität, dem die Institutionalisierung eines Kompromisses der temporalisierten Inklusion der Gastarbeiter folgte (Karakayali/Tsianos 2002), ist das »Scheitern« des Lagerkordons ein postfordistisches Laboratorium für die Institutionalisierung eines neuen Kompromisses innerhalb der flexiblen Inklusionslogik eines »irregulären europäischen Migrationsregimes«. In diesen verrechtlichten Orten vollzieht sich die Transformation der undokumentierten Arbeitsmigration in Fluchtmigration, d.h. der Prozess, der in Anlehnung an De Genovas Forschungen zur US-mexikanischen Grenze »die Produktion der Klandestinisierung als *deportability*« genannt wird. In diesem Sinne sind die Lager in Südosteuropa omnifunktionale Institutionen der Migrationspolitik, weil sie die flexible Trennung von Aufenthalts- und Arbeitsrechten und die Auslagerung der Reproduktionskosten der undokumentierten Arbeitskraft »produzieren«. Sie sind keineswegs Orte der totalitären Immobilisierung. Ihre relative Durchlässigkeit gibt ihnen die Funktion der Zwischenstation. Die Lager sind Räume, in denen Kraftfelder wirken, welche die Migrationspolitik der EU-Länder auf verschiedenen Achsen durchziehen. Die Migranten unterliegen dort einem auf den ersten Blick rigiden System der Kontrolle von Mobilität, das sie aber, wo sie es vermögen, mit »mikroskopischen« Listen zu hintergehen versuchen. Das Lager gilt uns weniger als das paradigmatische Einschließungsmillieu im Zeitalter der autoritären Neoliberalismus, sondern als der verräumlichte Versuch, Bewegungen temporär zu beherrschen, d.h. Verkehrswege, Routen zu verwalten, die regulierte Mobilität produktiv zu machen. Die Durchlässigkeit ist daher Ausdruck einer institutionalisierten Grenzporösität, die durch Kräfteverhältnisse entstehen.

Wie bereits erwähnt, bilden die Lager ein Element nicht nur der Migrationsregime unserer Gegenwart, sondern auch der politischen und philosophischen Debatten um Souveränität und Bürgerschaft. Unsere Perspektive, die Dynamiken von Mobilität und Immobilisierung zu untersuchen, weisen in eine andere Richtung. Die deutlichen Abgrenzungsbemühungen gegenüber der Debatte, in deren Zentrum Agambens *homo sacer* steht, verfolgen dabei ein doppeltes Ziel. Zum einen sollen sie die von uns bislang entwickelte Perspektive verdichten, zum anderen gilt es, eine weniger katastrophische Lesart von Biopolitik vorzuschlagen. Die Konzentration Agambens auf die »negative Grenze der Menschheit« reduziert Biopolitik lediglich auf die verborgene Seite der politischen Souveränität, welche ihre existenzielle Grundlage bildet. Die

Biomacht ist bei Agamben also negativ auf die juridische Form der Souveränität bezogen, während sie bei Foucault ein Ensemble neuer Machttechniken darstellt, die neben und in Auseinandersetzung mit der Souveränitätsmacht operieren.

Kann man aber Lager »von unten« denken? Mit Paul Virilio kann der katastrophologische Funktionalismus des »Ausnahmezustandes« bei Agamben insofern infrage gestellt werden, als der disziplinarpolitischen Konnotation des »Lagers« zur »Einsperrung« und Ausgrenzung, die kontrollpolitische Figur der entschleunigten »Zirkulation«, der Mobilität entgegensetzt wird:

> [D]ie Tore der alten Stadt, ihre Zollämter und Grenzen sind Staudämme und Filter gegen die Fluidität der Massen und das Eindringen der wandernden Meuten. Die alten sumpfigen und ungesunden Gestade, welche die befestigte Stadt umgaben, die *congoplains* des amerikanischen Sklaven, die alten Befestigungen, Zonen, Barackenviertel und *favelas*, aber auch Hospiz, Kaserne und Gefängnis sind weniger ein Problem der Einschließung oder der Ausgrenzung als ein Problem der Zirkulation; sie alle sind ungewisse Orte, denn da sie zwischen zwei Durchgangsgeschwindigkeiten liegen, wirken sie auf die Durchdringung und deren Beschleunigung als Bremsen. (Virilio 1980, 14)

Die Schengener Lager sind in diesem Sinne weniger panoptische Gefängnisinstitutionen der Überwachung, sondern in Anlehnung an Virilio »Geschwindigkeitsboxen«. Es sind Orte der medizinischen Versorgung, der Hygiene und Disziplin. Sie sind auch Markierungen auf der Landkarte der Reise, Kommunikation- und Informationszentren, Rasthäuser und nicht selten kleine Banken der undokumentierten Mobilität.

Vor dem Hintergrund der Lektüre von Foucaults »Überwachen und Strafen« (1976) scheint es zudem wichtig, die kontrollpolitische Figur der entschleunigten »Zirkulation« hinsichtlich ihres veränderten Verhältnisses von Zeit und Körpern zu betrachten. Dies ist auch dadurch begründet, dass das Zeitregime des Lagers sich gerade dadurch auszeichnet, dass die Körper / Zeit-Beziehungen und deren ökonomische Ausnutzung nicht mehr miteinander verkoppelt sind, wie in den ersten »Ausländerwohnheimen« der Gastarbeiterära (vgl. Oswald 2002). Wie ist aber dann das Warten, sich Verstecken, wie sind die unkalkulierten Umwege, Zwischenstationen und Niederlassungsorte, das Zurückgewiesen werden und Wiederkommen, und nicht zuletzt: das mögliche tödliche Ende der Reisenden zu verstehen? Ist die Entschleunigung der Migration durch die Politik der Lager und der Grenzkontrollen wirklich produktiv für den europäischen Arbeitsmarkt?

Die Heterotopik der Lager, welche die Zirkulation verzögert, scheint die Umherschweifenden wieder in eine zeitliche Ökonomie zu fügen, die sie auf ihrem Weg längst verlassen haben. Sie ist mithin Ausdruck genau jener »Autonomie der Migration«, in der es dem »undokumentierten« Leben der Transitmigranten gelingt, temporär und unerwartet andere Nutzen, Temporalitäten und turbulente Mobilitätsgeographien durchzusetzen – und zwar dort, wo »Festungen« lauern. Wie Elis Island, in deren Wartesälen Migrationsbiographien gebastelt, Namen und Alter erfunden, weitere Routen geplant wurden, sind diese neuartigen Heterotopien der transnationalen lebendigen Arbeit als Entschleunigungsmaschinen zu fassen, die Geschwindigkeiten der Ankunft temporär bremsen und dabei Subjektivitäten des Eintritts produzieren. Das Regieren über Migrationsbewegungen bedeutet, ihre Dynamik in Zeit-Zonen abgestufter Mobilität zu lenken, so dass aus unregierbaren Strömen regierbare Mobilitätssubjekte gemacht werden. Zeit ist Mobilität. Das »humanitäre Dilemma« des europäischen Grenzregimes, welches darin besteht, die an bestimmten asylrechtlichen Bedingungen gebundene Unterscheidung zwischen einer sanktionierten, grenzüberschreitenden Arbeitsmigration und der Schutzgewährleistung vor Flucht zu institutionalisieren, generiert Heterotopien der Souveränität, in denen aus kriminalisierten Arbeitskräften Flüchtlingsbiographien neu »subjektiviert« werden. In dieser Hinsicht besteht die produktive Funktion des Grenzregimes, wie zahlreiche Forschungen an der US-amerikanisch-mexikanischen Grenze (vgl. De Genova 2005; Davis / Akers / Chancon 2007) und auch im südosteuropäischen Raum (vgl. Transit Migration Forschungsgruppe 2005) zeigen, weniger in der Stilllegung der Migrationsbewegungen. Die effektive »Regierung« der Grenzporösität operiert vielmehr durch die Registrierung von Bewegungen (Dromokratie) und die »Disziplinierung« der MigrantInnen in den »lagerartigen« Stationen ihrer De-Subjektivierung als Arbeitssubjekte (Topokratie). »Regierung« ist also etwas, das mit Kräfteverhältnissen zu tun hat und mit der Organisation von Kompromissen. Entscheidend für dieses im Anschluss an Foucault verwendete Konzept der Regierung ist die Überlegung, dass sie über keine transzendente oder unabhängige Quelle der Macht verfügt, sondern ihre Kraft und Legitimität aus dem bezieht, was sie zu lenken beabsichtigt. Die staatlichen Maßnahmen zur Regulierung der Bevölkerung und der Widerstand dagegen operieren auf dem gleichen Feld.

Der kanadische Politologe William Walters spricht in Anlehnung an Foucault von einer Biopolitisierung der Grenze, die gerade in der Filterfunktion der Grenzkontrolle besteht: »Die Grenze kann als privilegierter institutioneller Raum aufgefasst werden, in dem die politischen Autoritäten biopolitisches Wissen über Bevölkerungen erlangen – über ihre Bewegungen, Gesundheit, Reichtum. In diesem Sinne trägt die Grenze zur Produktion einer Bevölkerung als eine bekannte, zu regierende Einheit bei.« (Walters 2002, 573) Diese Beobachtung birgt die Notwendigkeit, sowohl den Souveränismus der klassischen Migrationstheorie (vgl. Karakayali / Tsianos 2005), als auch den funktionalistischen Transnationalismus neu zu überdenken und den Begriff der Grenze mit einzubeziehen (Römhild 2007). Es ist also nicht das »nackte Leben«, das zum Gegenstand der biopolitischen Form des Regierens der transnationalen Migration gemacht wird, sondern die wahrlich entsubjektivierte nackte Arbeitskraft, die auf der Flucht und an den porösen Grenzen Europas regiert wird.

Literatur

Agamben, Giorgio (2002): Homo sacer. Frankfurt a.M.: Suhrkamp.

Anderson, Malcom (2000): The Transformation of Border Controls: A European Precedent? S. 15-30 in: Peter Anderson / Timothy Snyder (Hrsg.), The Wall around the West. London: Routledge.

Andreas, Peter / Snyder, Timothy (2000): The Wall around the West. State Borders and Immigration Controls in North America and Europe. New York / Oxford: Oxford University Press.

Appadurai, Arjun (2000): Grassroots Globalisation and the Research Imagination. Public Culture: Alternative Globalisation, Capitalism, Cosmopolitanism 12, 1, 1-19.

Augustin, Laura Ma (2003): Forget Victimization: Granting agency to migrants. Development 46, 3, 30-36.

Balibar, Etienne (2003): Sind wir Bürger Europas? Politische Integration, soziale Ausgrenzung und die Zukunft des Nationalen. Hamburg: Hamburger Edition.

Bigo, Didier / Guild, E. (2005): Policing in the name of freedom. S.1-13 in: D. Bigo / E. Guild (Hrsg.), Controlling frontiers. Free movement into and within Europe. Aldershot: Ashgate Publishing.

Bourdieu, Piere / Wacquant, Loic J.D. (1996): Reflexive Anthropologie. Frankfurt a.M.: Suhrkamp.

Busch, Heiner (1995): Grenzenlose Polizei? Neue Grenzen und polizeiliche Zusammenarbeit in Europa. Münster: Westfälisches Dampfboot.

Castel, Robert (2000): Die Metamorphosen der sozialen Frage. Konstanz: Edition discurs.

Castels, Stephen (2004): Why Migration Policies Fail. Ethnic and Racial Studies 27, 2, 205-227.

Chacon, Justin Akers / Davis, Mike (2007): Crossing the Border: Migration und Klassenkampf in der US-amerikanischen Geschichte. Hamburg / Berlin: Assoziation a.

Cyrus, Norbert (1997): Den Einwanderungskontrollen entgangen. S. 35-56. In: Barbara Dankwort / Claudia Lepp (Hrsg.), Von Grenzen und Ausgrenzung. Wiesbaden: VS.

Davis, Mike (1999): Magischer Urbanismus. Die Lateinamerikanisierung der US-Metropolen. S. 213-236 in: Dario Azzelini / Boris Kanzleiter (Hrsg.), Nach Norden. Berlin: Assoziation A.

De Genova, Nikolas (2005): Deportability, Detainability, and the politics of space in the Aftermath of »Homeland Security«. Paper presented to the conference »Homelands, Borders, and Trade in Latin America: Freedom, Violence, and Exchange After 9-11«, University of California – San Diego (La Jolla, CA).

Deleuze, Gilles / Guattari, Félix (1997): Tausend Plateaus. Kapitalismus und Schizophrenie. Berlin: Merve Verlag.

Demirović, Alex (2001): Komplexität und Emanzipation. Kritische Gesellschaftstheorie und die Herausforderung der Systemtheorie Niklas Luhmanns. Münster: Westfälisches Dampfboot.

Dietrich, Helmut (2005): Das Mittelmeer als neuer Raum der Abschreckung. Forschungsgesellschaft für Flucht und Migration: Ausgelagert. Exterritoriale Lager und der EU-Aufmarsch an den Mittelmeergrenzen, H. 10, 29-99.

Ewald, François (1993): Der Vorsorgestaat. Frankfurt a.M.: Suhrkamp.

Foucault, Michel (1976): Überwachen und Strafen. Frankfurt a.M.: Suhrkamp.

Foucault, Michel (2004): Geschichte der Gouvernementalität I: Sicherheit, Territorium, Bevölkerung. Vorlesung am College de France 1977-1978. Frankfurt a.M.: Suhrkamp.

Foucault, Michel (2005): Die Heterotopien. Der utopische Körper. Frankfurt a.M.: Suhrkamp.

Guiraudon, Virginie (2001): De-nationalising control. Analysing state responses to restraints on migration control. S. 29-64 in: Virginie Guiraudon / Christian Joppke (Hrsg.), Controlling a new migration World. London: Routledge.

Hess, Sabine (2005): Globalisierte Hausarbeit. Au-pair als Migrationsstrategie von Frauen aus Osteuropa. Wiesbaden: VS.

Hess, Sabine/Karakayali, Serhat (2007): New Governance oder die imperiale Kunst des Regierens. Asyldiskurs und Menschenrechtdispositiv im neuen EU-Migrationsmanagement. S. 39-56 in: Transit Migration Forschungsgruppe (Hrsg.), Turbulente Ränder. Neue Perspektiven auf Migration in Europa. Bielefeld: transcript.

Hess, Sabine/Tsianos, Vassilis (2004): »Killing me softly?«: »Festung Europa« oder Grenzregime als soziales Kräfteverhältnis? http://www.transitmigration.org/db_transit/ausgabe.php?inhaltID=80.

Hess, Sabine/Tsianos, Vassilis (2007): Europeanizing Tranationalism! Provincializing Europe! Konturen eins neuen Grenzregimes. S. 23-38 in: Transit Migration Forschungsgruppe (Hrsg.), Turbulente Ränder. Neue Perspektiven auf Migration an den Grenzen Europas. Bielefeld: transcript.

Holert, Tom/Terkessidis, Mark (2006): Fliehkraft. Gesellschaft in Bewegung – Von Migranten und Touristen. Köln: Kiepenheuer & Witsch.

Icduygu, Ahmet/Toktas, Sule (2002): How Do Smuggling and Trafficking Operate Via Irregular Border Crossings in the Middle East? International Migration 40, 6, 25-54.

Karakayali, Serhat/Tsianos, Vassilis (2002): Migrationsregimes in der Bundesrepublik. Zum Verhältnis von Staatlichkeit und Rassismus, S. 246-267 in: Alex Demirović/Manuela Bojadzijev (Hrsg.), Konjunkturen des Rassismus. Münster: Westfälisches Dampfboot.

Karakayali, Serhat/Tsianos, Vassilis (2004): Wilde Schafsjagd in Aigais und die transnationalen »mujahideen« von Rastanski Lojia. Über Grenzregime an der Südostgrenze Europas. Die Springerin X, 3, 28-31.

Karakayali, Serhat/Tsianos, Vassilis (2005): Mapping the Order of New Migration. Undokumentierte Arbeit und die Autonomie der Migration. Peripherie 97/98, 35-64.

Karakayali, Serhat/Tsianos, Vassilis (2007): Movements that matter. Eine Einleitung. S. 7-22 in: Transit Migration Forschungsgruppe (Hrsg.), Turbulente Ränder. Neue Perspektiven auf Migration an den Grenzen Europas. Bielefeld: transcript.

Karakayali, Juliane (2007): Mit und ohne Papiere. Migrantinnen aus Osteuropa als Haushaltshilfen in Haushalten mit Pflegebedürftigen. 48-56 in: Bartholomäus Figatowski/Kokebe Haile Gabriel/Malte Meyer (Hrsg.), The Making of Migration. Repräsentationen, Erfahrungen, Analysen. Münster: Westfälisches Dampfboot.

Kaufmann, Stefan (2006): Grenzregimes im Zeitalter globaler Netzwerke. S.32-65 in: Helmuth Berking (Hrsg.), Die Macht des Lokalen in einer Welt ohne Grenzen. Frankfurt a.M.: Campus.

King, R./Lazaridis, G./Tsardanidis, Ch. (Hrsg.) (2000): Eldorado or Fortress. Migration in Southern Europe. London: Macmillan.

Kronauer, Martin (2002): Exklusion. Die Gefährdung des Sozialen im hoch entwickelten Kapitalismus. Frankfurt a.M.: Campus.

Lahav, Gallya/Guiradon, Virginie (2000): Comparative Perspectives on Border Control: Away from the Border and Outside the State S. 55-77 in: Peter Andreas/Timothy Snyder (Hrsg.), The Wall around the West. New York/Oxford: Rowman and Littlefield.

Leuthardt, Beat (1999): An den Rändern Europas. Berichte von den Grenzen. Zürich: Rotpunktverlag.

Libicki, Martin (2003): Toward a theory of border control. S. 101-116 in: L. Latham (Hrsg.), Bombs and Bandwidth. The emerging of Relationship between Information Technology and Security. London: Routledge.

Morokvasic, Mirjana (1994): Pendeln statt Auswandern. Das Beispiel der Polen. S. 166-187 in: Mirjana Morokvasic/Rudolph Hedwig (Hrsg.), Wanderungsraum Europa. Berlin: edition sigma.

Nome, Frida (2005): Entlang der Schmugglerroute. München: Wilhelm Heyne Verlag.

Ong, Aihwa (2005): Flexible Staatsbürgerschaften. Die kulturelle Logik von Transnationalität. Frankfurt a.M.: Suhrkamp.

Oswald von, Anne (2002): Volkswagen, Wolfsburg und die italienischen »Gastarbeiter«. Archiv für Sozialgeschichte 42, 55-79.

Panagiotidis, Efthimia / Tsianos, Vassilis (2007): Denaturalizing »Camps«: Überwachen und Entschleunigen in der schengener Ägäis-Zone. S. 57-86 in: Transit Migration Forschungsgruppe (Hrsg.), Turbulente Ränder. Neue Perspektiven auf Migration an den Grenzen Europas. Bielefeld: transcript.

Papadopoulos, Dimitris / Tsianos, Vassilis (2007): How to do Sovereignty without People? The Subjectless Condition of Postliberal Power. boundary 34, 1, 135-172.

Papadopoulos, Dimitris / Stephenson, Niamh / Vassilis, Tsianos (2008): Escape Routes. Control and Subversion in the 21st Century. London: Pluto Press.

Petracou, Electra (2005): The socioeconomic situation of rejected asylum seekers in Greece. S. 122-156 in: Nikolaos Tatsis / Athanasios Kontis et al. (Hrsg.), Aspects of asylum polica in EU and Greece. Immedia, Equal program, thematic field 5, anadrasiistos.

Pries, Ludger (1998): Transnationale soziale Räume. S. 55-86 in: Ulrich Beck (Hrsg.), Perspektiven der Weltgesellschaft. Frankfurt a.M.: Suhrkamp.

Rigo, Erica (2005): Citizenship at Europe's Borders: Some Reflections on the Post-colonial Condition of Europe in the Context of EU Enlargement. Citizenship Studies 9, 1, 3-22.

Rogers, Alisdaire (2001): A European Space for Transnationalism? Working Paper. www.transcomm.ox.ac.uk / working-papers (Stand 2002).

Römhild, Regina (2007): Alte Träume, neue Praktiken: Migration und Kosmopolitismus an den Grenzen Europas. S. 211-229 in: Transit Migration Forschungsgruppe (Hrsg.), Turbulente Ränder. Neue Perspektiven auf Migration an den Grenzen Europas. Bielefeld: transcript.

Sciortino, Guiseppe (2004): Between Phantoms and Necessary Evils. Some Critical Points in the Study of Irregular Migrations to Western Europe. S. 17-43 in: IMIS-Beiträge. Migration and the Regulation of Social Integration, Bd. 24. Osnabrück.

Sitaropoulos, Nikos (2000): Modern Greek Asylum Policy and Practice in the Context of the Relevant European Developments. Journal of Refugee Studies 13, 1, 105-117.

Sitaropoulos, Nikos / Skordas, Andreas (2004): Why Greece is not safe host country for refugees. International Journal of Refugee Law 16, 1, 25-52.

Stichweh, Rudolf (1997): Inklusion / Exklusion und die Theorie der Weltgesellschaft. S. 599-607 in: Karl-Siegbert Rehberg (Hrsg.), Differenz und Integration. Die Zukunft moderner Gesellschaften. 28. Kongress der Deutschen Gesellschaft für Soziologie-Dresden 1996. Kongressband II. Opladen: Westdt. Verlag.

Tomei, Veronica (1997): Europäische Migrationspolitik. Zwischen Kooperationszwang und Souveränitätsansprüchen. Bonn: VS-Verlag.

Transit Migration Forschungsgruppe (Hrsg.) (2005): Turbulente Ränder. Neue Perspektiven auf Migration an den Grenzen Europas. Bielefeld: transcript.

Urry, John (2006): Globale Komplexitäten. S. 87-102 in: Helmuth Berking (Hrsg.), Die Macht des Lokalen in einer Welt ohne Grenzen. Frankfurt a.M.: Campus.

Virilio, Paul (1980): Geschwindigkeit und Politik. Berlin: Merve Verlag.

Walters, William (2002): Mapping Schengenland: Denaturalizing the Border. Environment & Planning D. Society & Space 20, 5, 561-580.

Dr. Vassilis Tsianos / Dr. Serhat Karakayali
Preclab
Susannenstraße 14 d, D-20357 Hamburg
tsianos@niatu.net / kara@niatu.net

Soziale Systeme 14 (2008), Heft 2, S. 349-369

Oliver Eberl

Zwischen Zivilisierung und Demokratisierung: Die Exklusion der »Anderen« im liberalen Völkerrecht

Zusammenfassung: Die von Derrida ausgemachte Formierung der internationalen Politik anhand der Figur des »Schurkenstaates« ist Teil der liberalen Revolution des Völkerrechtsdiskurses. Die Stigmatisierung vormals formal gleicher Staaten als nunmehrige »Schurkenstaaten« wird geradezu zur Signatur des Völkerrechts im Zeitalter der Globalisierung. Ein historischer Vergleich kann zeigen, dass die Exklusion der jeweils »Anderen« aus dem Geltungsbereich des Völkerrechts immer dazu diente, koloniale Praktiken der europäischen Expansion zu gestatten und diese selbst zu rechtfertigen: Der Ausschluss von Individuen aus dem Völkerrecht diente der Landnahme in Amerika, der Ausschluss von »anderen« staatlichen Gemeinschaften als »unzivilisiert« der Okkupation Afrikas. In der »Epoche der Schurkenstaaten« werden die betroffenen Staaten vom gleichen Zugang zu den Partizipations- und Schutzrechten des Völkerrechts ausgeschlossen, das ihnen nunmehr als imperiales Recht der liberalen Staaten entgegentritt. Zeigt sich in diesem Prozess liberaler Ausgrenzung nun die paradoxale Struktur des Liberalismus, der Universalismus immer auch mit Exklusion verbinden muss oder ist dies auf diesen speziellen Diskurs beschränkt, der demnach als pathologischer auszuweisen wäre?

Unter Exklusion verstehe ich den Ausschluss von Akteuren aus dem Geltungsbereich von Verhaltensregeln, die von Mitgliedern einer Gruppe für den Verkehr untereinander anerkannt werden. Diese Regeln sind in dem hier behandelten Fall das Völkerrecht; die entsprechende Gruppe wird aus den Staaten gebildet, die über die Geltung dieser Regeln und über weitere Mitglieder der Gruppe entscheiden. Historisch waren die europäischen Staaten diese Gruppe, ab dem 19. Jahrhundert gehörte auch die USA dazu. Recht meint hier Regeln für den Verkehr von Gleichen untereinander. Dieses regelt nicht automatisch den Verkehr mit dem »Außerhalb« dieser Ordnung, vielmehr kann durch die imaginäre Trennung von »innen« und »außen« die Nicht-Geltung der vereinbarten Regeln für das »Außen« erreicht werden. Während die innere Zone eine Zone des Rechts und der geteilten Werte und Standards und damit zugleich eine des tendenziellen Friedens ist, ist die Zone außerhalb des Rechts eine der Gewalt, in der Herrschaft, Religion, Handel und Regierungsform von außen (also aus dem Zentrum) erst noch eingeführt werden müssen. Da im Völkerrecht dessen Mitglieder die Definitionsmacht über die für die Mitgliedschaft vorausgesetzten Qualitäten und Kriterien haben, ist der Spielraum für Willkür im Völkerrecht besonders groß, wenn sich die wichtigsten Akteure über solche

Kriterien und Anerkennung bzw. Nichtanerkennung einig sind.[1] Ausgeschlossen aus der Geltung für den nach den Regeln des Völkerrechts üblichen Verkehr werden die jeweils »Anderen«, also jene, die man wirksam stigmatisieren kann (Minnerop 2004, 11-76). Je nach Typ und Interessen der Hauptakteure sind die »Anderen« in den einzelnen Epochen ganz verschieden: Ich unterscheide hier nicht-staatlich verfasste (meist nomadisch lebende) Völkerschaften, nicht-europäisch-staatlich verfasste, in den Augen Europas »unzivilisierte«, aber dennoch hochorganisierte Stammes- oder Staatsgebilde, und nicht-demokratisch verfasste staatliche Regime, die von liberalen Staaten als »Schurkenstaaten« bezeichnet werden. Diese Typen des jeweils »Anderen« gehören drei Epochen an: der europäischen Landnahme im amerikanischen Doppelkontinent vom 16. bis zum 18. Jahrhundert, der Kolonialisierung Afrikas im 19. und 20. Jahrhundert und der liberalen Weltordnung im 21. Jahrhundert.

Dass ich diese unterschiedlichen Formen der Exklusion als konstantes Phänomen einer jeweiligen Politik der Ermächtigung gegenüber dem »Anderen« verstehen kann, wird aufgrund einer Annahme der postkolonialen Theorie möglich. Diese sieht den Prozess der Kolonisierung nämlich zugleich als einen Prozess der »fortwährenden Dekolonisierung und Rekolonisierung«. Ihr geht es nicht allein um »militärische Besetzung und Ausplünderung«, sondern auch um die »Produktion epistemischer Gewalt« (Varela/Dhawan 2005, 8). Bereits die definitorische Exklusion der »Anderen« ist demzufolge eine Form der – kolonialen und postkolonialen – Gewalt und kann im Falle des hier untersuchten Völkerrechts mit der Ermächtigung zu physisch-militärischer Gewalt verbunden gesehen werden. »Tatsächlich beruht der koloniale Diskurs essentiell auf einer Bedeutungsfixierung, die in der Konstruktion und Fixierung der ausnahmslosen *Anderen* zum Ausdruck kommt. Die gewaltvolle Repräsentation der *Anderen* als unverrückbar different war notwendiger Bestandteil der Konstruktion eines souveränen, überlegenen europäischen Selbst« (Varela/Dhawan 2005, 16; Hervorh. i.O.). Diese Bedeutungsfixierung des »Anderen« führt bei gleichzeitiger Selbstimmunisierung zur kolonialen Ermächtigung. Das jeweilige Selbstbild ist zunächst von der christlichen, dann von der eigenen zivilisatorischen und schließlich der demokratisch-liberalen Qualität und Mission bestimmt. Daher werden Zivilisierung und Demokratisierung seit dem 19. Jahrhundert zu Figuren der Rechtfertigung von Exklusion und Gewalt. Sie haben eine lange Tradition im Völkerrecht und sind Teil seines Schwankens zwischen dessen universalistischen und exkludierenden Prämissen (Simpson 2001, 571).

Auch wenn das klassische Völkerrecht Krieg, Eroberung und Strafe zwischen den Staaten in Europa erlaubt hat, so wurde doch immer um die rechtliche Einschränkung dieser Praktiken gerungen: Welcher Kriegsgrund, welche Mit-

---

1 Daher ist es Lauterpacht (1944) so wichtig, dass es eine völkerrechtliche Pflicht zur Anerkennung gibt.

tel, welche Ziele waren erlaubt, legitim und anerkannt? Indem die Qualität des Akteurs zur Bestimmung seiner Rechtsfähigkeit herangezogen wird, kommt ein Kriterium ins Spiel, das den etablierten Akteuren eine Definitionsmacht über die Festlegung der Behandlungsregeln einräumt: Nun gilt der Ausschluss aus den Verhaltensregeln des Völkerrechts jeweils gegenüber einem »Anderen«, der vom Subjekt der Verhandlung zum Objekt der Behandlung wird. Es geht mir dabei nicht um die Frage, inwiefern Völkerrecht, Völkerrechtslehre und -praxis unterschieden werden müssen. Dass die Europäer also, indem sie mit amerikanischen Stammeshäuptlingen Verträge abschlossen, diese bereits als vertragsfähige Partner anerkannten und somit in das Völkerrecht einbezogen, wenn sie auch in der Folge diese Anerkennung wieder rückgängig machten (Fisch 1984, 40f.), ist zwar als Frage nach der Existenz eines Völkerrechts durch Interaktion möglich (Minnerop 2004, 6ff.), wird aber hier zu Gunsten der Frage nach dem willentlichen Ausschluss aus dem gleichberechtigten Verkehr vernachlässigt. Diese Form der widerrufenen Teilinklusion widerspricht meinem Argument ebenso wenig wie die Tatsache, dass es etwa bei der spanischen *conquista* um die Inklusion Südamerikas in den spanisch-portugiesischen Herrschaftsbereich in einer Art Nachvollzug ging, da die spanischen Könige die vom Papst anerkannte Oberherrschaft über dieses Gebiet schon voraussetzten, also nur eine bereits virtuell bestehende Inklusion manifestierten. Doch werden die in dieser Inklusion angewandten Praktiken wie Raub, Betrug, Mord und Versklavung erst durch die spezielle Exklusion rechtlich möglich, die im Ausschluss der betroffenen Gemeinwesen aus der Gleichstellung des Völkerrechts besteht. So erweist sich an der Exklusion aus dem Völkerrecht erst die Möglichkeit einer ganz bestimmten »Inklusion« in andere, z. B. wirtschaftliche oder herrschaftsbezogene Kreisläufe und Systeme. Dies war auch der Fall bei den »ungleichen Verträgen« im 19. Jahrhundert und ist in ähnlicher Form auch im 21. Jahrhundert zu beobachten.

In dem Moment, in dem das Völkerrecht mit der westfälischen Epoche der Staatlichkeit etabliert wird, wird die Nicht-Anerkennung als Völkerrechtssubjekte einer ersten großen Gruppe manifestiert: Individuen und nicht-staatlich lebende Gruppen werden nicht mehr als Akteure des Völkerrechts anerkannt; das alle Akteure umfassende *ius gentium* wird durch ein begrenzendes *ius inter gentes* ersetzt. Der Staat verdrängt die Individuen als Rechtssubjekte des neuen Völkerrechts, der ganze Raum wird nun von Staaten besetzt (Scheuner 1964, 226). Staaten sind die einzigen Subjekte des Völkerrechts, sie agieren miteinander, sie handeln, führen Krieg und schließen Verträge. Wer nicht Subjekt des Völkerrechts ist, kann auch nicht durch dieses geschützt werden. Damit beginnt die europäische Expansion in die von Menschen bewohnten Räume Amerikas, die nicht als Subjekte des Völkerrechts in Erscheinung treten, sondern der Behandlung der Völkerrechtssubjekte unterliegen. Im 19. Jahrhundert werden die Stammesgesellschaften Afrikas als »unzivilisiert« abgewertet und europäischer Herrschaft unterworfen, China und Japan wird mittels »ungleicher Verträge« die Zustimmungen zu Handelsbeziehungen und die Öffnung ihrer Häfen auch für Missionare und Gesandte militärisch aufgezwungen. Heute wird die Geltung des völkerrechtlichen Interventionsverbotes gegenüber »Schurkenstaaten« von liberalen Völkerrechtlern bestritten. Wenn ich im Weiteren vom heutigen »liberalen« Völkerrecht spreche, so beziehe ich mich in erster Linie auf einen von Politikern, Juristen und Völkerrechtsphilosophen angestrengten Prozess der Wandlung des Völkerrechts in der Epoche nach dem Sieg des Liberalismus (Krisch 2004). All diese Bemühungen verstehen sich selbst explizit als liberale und finden ihre Entsprechung in verschiedenen Politiken, vor allem aber in der des *Blamings* und Bestrafens von Staaten als »Schurkenstaaten« (Chomsky 2001).

Solchen Praktiken der Exklusion stehen jedoch immer auch Formen der völkerrechtlichen Inklusion (zumindest auf Ebene der Theorie und des rechtlichen Wortlauts) gegenüber, auf die wiederum die Exklusionsbestrebungen mit Anpassungen reagieren. So wie also die Geschichte des Völkerrechts eine Geschichte der Exklusion ist, so ist seine Geschichte zugleich eine der immer wieder erfolgten Inklusion bisher ausgeschlossener Akteure: Kant entwickelt gegen den Ausschluss von Individuen und Völkerschaften aus völkerrechtlicher Regulierung das Weltbürgerrecht und weist ihnen einen Platz in der Rechtsordnung zu ebenso wie er China und Japan das Recht zur Abweisung von Handels- und Siedlungsinteressen einräumt (Niesen 2007; Eberl 2008a). Auch formuliert er den Grundsatz der Staatengleichheit. Im 20. Jahrhundert beendet die UN-Charta die Ungleichbehandlung der Staaten und weitet den Geltungsbereich des Völkerrechts auf alle Staaten aus (Kelsen 1944; Kingsbury 1998; Fassbender 2004). Diese Gegenreaktionen gegen die Exklusion sind selbst als liberale Bestrebungen zu verstehen, so dass es zutreffend ist, von zwei Liberalismen – einem universalistischen und einem partikularistischen – zu sprechen, die miteinander im Widerstreit liegen (Simpson 2001). Das »liberale Völkerrecht« gehört dem partikularistischen Strang an und erweist sich als illiberal, weil es den Rechtsgehalt des genuin liberalen Rechts: die Gleichheit der Rechtsunterworfenen und ihr Recht auf Selbstbestimmung, aufheben will.

Aus diesem Sachverhalt ergibt sich der folgende Gang der Darstellung: Zunächst beschreibe ich kursorisch zwei historische Formen der Exklusion der »Anderen« im Völkerrecht: von (nomadisch lebenden) Völkerschaften (I) und »unzivilisierten« Staaten (II) und die jeweiligen *remedies*: das antikoloniale Weltbürgerrecht (I) und die UN-Charta (II). Anschließend beschreibe ich den Prozess aktueller Exklusion von »Schurkenstaaten« als »Andere« der sich selbst als liberal verstehenden Staaten (III).

I. Exklusion der Völkerschaften im Völkerrecht und ihre Wieder-Inklusion durch das Weltbürgerrecht

In Südamerika, dem Hauptobjekt der europäischen Expansion vom 16. bis zum 18. Jahrhundert, war der Ausgangspunkt spanischen Vorgehens »die vollständige Nichtanerkennung aller möglichen Rechte der Indianer. Die Souveränität mit allen Herrschaftsrechten lag a priori bei der spanischen Krone. Die Eigentumsrechte am Boden wurden nicht anerkannt: Das Land wurde unter die spanischen Kolonisten verteilt« und die Indianer praktisch versklavt (Fisch 1984, 40). In Nordamerika wurde das Land meist käuflich erworben, wenn auch dieser »Handel« als Betrug gelten kann. Doch auch die Errichtung der Souveränität und vor allem die damit verbundenen neuen Eigentumstitel mussten gerechtfertigt werden. Die militärischen Erfolge legten die Versuchung nahe, dazu die faktische Eroberung heranzuziehen. In der Logik des Völkerrechts dieser Epoche folgt Eroberung auf Krieg. Ein regulärer Krieg aber kann nur mit einem regulären Gegner, also mit einem anerkannten Völkerrechtssubjekt geführt werden. Die Eroberung hätte also die amerikanischen Einwohner als gleichberechtigte Akteure anerkannt, mit und gegen die das Völkerrecht zu beachten sei. Da die Europäer genau dies zu vermeiden suchten, bevorzugten sie die Okkupation oder Entdeckung als Rechtstitel. Dadurch »wurden die Bewohner des Gebiets statt als politisch organisierte Gemeinschaft als Individuen behandelt« (Fisch 1984, 180). Und erst mit diesem Schritt konnte die Exklusion der Bewohner des amerikanischen Kontinents aus den Behandlungs- und Verkehrsregeln des existierenden Völkerrechts bewerkstelligt werden.

Auf diese Weise begründete das »Recht der Entdeckung« die spanische Herrschaft in Amerika, bevor dieses von Francisco de Vitoria mit Verweis auf das Eigentumsrecht der Einwohner zurückgewiesen und als Recht zum Handel neu begründet wurde.[2] Für die Scholastik war das *ius gentium* universal ausgerichtet und vom Naturrecht unterschieden, es umfasste für alle Völker einleuchtende Normen; seine Gegenstände sind Besitzergreifung, Sklaverei, Kriegsrecht, Gesandtenrecht, Eherecht, Kauf- und Tauschverträge (Höffner 1969, 311). Francisco de Vitoria verlässt den bis dahin vorwiegend missionarisch geprägten Diskurs und behandelt die Besitzergreifung als eigentumsrechtliches Problem. Gleichzeitig ist er es jedoch, der das *ius gentium* zu einem *ius inter gentes* formt (Fischer-Lescano 2005, 78). Hätten die »Barbaren« kein rechtmäßiges Eigentum gehabt, dann hätten die Spanier einen »herrenlosen« Raum vorgefunden (Decker 1991, 230; vgl. Vitoria 1997, Erster Teil, Erste Abteilung). Vitorias Ansicht ist, dass Eigentum (*dominium*) »ein natürliches sub-

---

2 Vitoria 1997, Erster Teil, Dritte Abteilung Satz 10: »Da nun die Spanier die ersten waren, die jene Provinzen entdeckten und in Besitz nahmen, folgt, daß sie diese zu Recht besitzen, so als ob sie eine bis dahin unbewohnte Einöde entdeckt hätten.« Dies war der Rechtsgrund, auf den sich Kolumbus bezog.

jektives Recht jedes Menschen darstellt«, die Zivilisiertheit des *individuellen* Eigentümers also keine Rolle spielt (Decker 1991, 234). Auf dieser Grundlage entfallen alle weltlichen oder geistlichen Begründungen einer universalen Oberherrschaft (Vitoria 1997, Erster Teil, Zweite Abteilung, Sätze 1-9; vgl. Höffner 1969, 264-303). Vitoria postuliert stattdessen »ein Recht auf Handel als Teil des *jus gentium*« (Decker 1991, 263) und entfaltet dieses im Rahmen der Eigentumsproblematik der *conquista*. Die Spanier haben nach Vitoria kein Recht zur Besitzergreifung des Landes, aber sie haben aufgrund der natürlichen Gemeinschaft der Menschen ein Recht zum Aufenthalt und zum Handel. Wird den Spaniern das Recht auf Handel ohne gerechten Grund verweigert, so hätten sie das Recht, dieses gewaltsam durchzusetzen (vgl. Vitoria 1997, Erster Teil, Dritte Abteilung, Sätze 5-7; vgl. Decker 1991, 268). Auch wenn Vitoria also den Einwohnern der Neuen Welt ein Eigentum an dem Boden, auf dem sie leben, zuerkennt, so beinhaltet dies nicht das Recht, »andere Menschen und Völker von Reise, Aufenthalt und Handel in ihren Ländern auszuschließen« (Decker 1991, 269), sofern den Einwohnern dadurch kein Schaden entsteht.

Vitoria löst 1539 mit seiner Vorlesung »Über die kürzlich entdeckten Inder« eine mehr als 100 Jahre dauernde Diskussion über die Eroberung Amerikas aus. Jörg Fisch (1984) beschreibt, wie dieses Thema im 17. Jahrhundert aus der Diskussion der Völkerrechtswissenschaft verschwand und schließlich lediglich instrumentelle Wiederaufnahme findet. Wird es wieder aufgenommen, so lediglich zur weiteren Rechtfertigung der nun auch in Nordamerika verwirklichten Landnahme. Nach Emer de Vattels Hauptwerk von 1758 (1959) können sogar Individuen unbewohnte Gebiete in Besitz nehmen. Dieser zunächst wie eine Verteidigung der Eigentumsansprüche der eingeborenen Bewohner klingende Satz wird durch die weitere Bestimmung entscheidend umgewertet. Denn nach Vattel muss die Okkupation effektiv sein. Umherstreifende Völker können »nicht mehr Land für sich allein beanspruchen, als sie nötig haben, bewohnen und bebauen können. Ihr Aufenthalt in diesen weiten Landstrichen kann nicht als eine effektive und legitime Besitzergreifung gelten. Die zu dicht zusammengedrängten Völker Europas waren daher berechtigt, einen Landstrich zu okkupieren und zur Kolonie zu machen, an dem die Wilden keinen besonderen Bedarf hatten und von dem sie keinen wirklichen und anhaltenden Gebrauch machte.« (Vattel 1959, § 209, 142). Effektive Inbesitznahme meint bei Vattel – in der Tradition von John Locke – in erster Linie Bebauung, während das 19. Jahrhundert darunter vor allem effektive Beherrschung versteht. Damit werden die nicht Ackerbau betreibenden indianischen Nomaden praktisch enteignet. Denn Vattels Unterscheidung von Nomaden in drei Klassen führt letztlich zu einem ausdifferenzierten Kultivationsargument, nach dem einem Volk nicht mehr Land zusteht, als es für eine sesshafte Lebensweise braucht (Fisch 1984, 278).

Auf diese Problemlage reagiert Kant, wenn er das zu stiftende Völkerrecht daran bestimmt, »daß im Völkerrecht nicht bloß ein Verhältnis eines Staats gegen den andern im ganzen, sondern auch einzelner Personen des einen gegen einzelne des anderen, imgleichen gegen den ganzen anderen Staat selbst in Betrachtung kommt« (Kant 1997, § 53, 466). Dazu gehören auch die Konflikte einzelner Personen, die keinem Staat angehören, mit Angehörigen eines fremden Staates oder diesem Staat selbst. Kant verurteilt in diesem Kontext eindeutig den Kolonialismus, dessen Protagonisten in den neu »entdeckten« Ländern die Einwohner »für nichts« rechnen und im Umgang mit ihnen »Unrecht wie Wasser trinken« (Kant 1996, 216). Er wendet sich nicht nur gegen koloniale Interessen (Gewinnung von Land und Reichtum), Methoden (Eroberung, Raub oder Betrug) und Folgen (Kriege, Hungersnot, Aufruhr), sondern auch gegen jegliche Rechtfertigung gewaltsamer Kulturbotschafter (Christianisierung, Zivilisierung) (Kant 1996, 214ff.; Kant 1997, § 62, 467). Auch die Einführung eines gesetzlichen Zustands zum Wohle der Menschheit in entfernten Erdteilen kann keine Rechtfertigung für die dabei gebrauchte Gewalt sein, denn »alle diese vermeintlich guten Absichten können doch den Flecken der Ungerechtigkeit in den dazu gebrauchten Mitteln nicht abwaschen« (Kant 1996, § 62, 477).

In seinem neuen Weltbürgerrecht behandelt Kant die Inbesitznahme »entdeckten« bewohnten Landes und die Okkupation »herrenlosen« Landes, die Errichtung von Handelsstützpunkten in beherrschtem Gebiet, den Umgang mit Händlern und in Not geratenen Seefahrern und die Bedeutung von Verträgen zwischen Bewohnern und Fremden (Kant 1996, 214). Das Weltbürgerrecht formuliert Kant als ein Recht, das die transnationale Bewegungsfreiheit auf die »Bedingungen der allgemeinen Hospitalität« einschränkt (Kant 1996, 213). Der inklusionsrelevante Stellenwert des Weltbürgerrechts liegt darin, asymmetrische vor-rechtlich vermachtete Beziehungen in vertraglich geregelte Beziehungen formal gleichgestellter Vertragspartner zu überführen. Denn obgleich Kant sich keine Sekunde über das von Europäern verübte Unrecht im Unklaren ist, gibt er den Verkehr zwischen den Erdteilen und Menschen keineswegs als unregulierbar auf. »Dieser mögliche Mißbrauch kann aber das Recht des Erdbürgers nicht aufheben, die Gemeinschaft mit allen zu versuchen und zu diesem Zweck alle Gegenden der Erde zu besuchen, wenn es gleich nicht ein Recht der Ansiedelung auf dem Boden eines anderen Volks (*ius incolatus*) ist, als zu welchem ein besonderer Vertrag erfordert wird« (Kant 1997, § 62, 476). Besuchen kann also nicht untersagt sein, wenn es ohne Schaden möglich ist, aber Ansiedeln erfordert einen eigenen Vertrag. Und ein solcher Vertrag kann nach dem Weltbürgerrecht nicht erzwungen werden. Auch in Gebieten von Hirten- oder Jagdvölkern, »deren Unterhalt von großen öden Landstrecken abhängt«, kann die Ansiedlung »nicht mit Gewalt, sondern nur durch Vertrag« (Kant 1997, § 62, 476) geschehen. Und Kant verbietet auch die Form des »ungleichen Vertrages«, der sich nicht die militärische Schwäche, sondern die »Unwissenheit jener Einwohner« (Kant 1997, § 62, 477) zu Nutze macht. Wenn aber ein Vertrag erforderlich ist, so bestimmt der Besuchte die Konditionen des Aufenthalts (mit). Eben diese (Mit-)Bestimmung in Form rechtlicher

Gleichstellung als Inklusion zu erreichen, ist der Zweck des Weltbürgerrechts (vgl. Eberl 2008a, 243f.).

Diesen Zweck der rechtlich-vertraglichen Einschränkung der Selbstermächtigung der Besucher übersieht Derrida, wenn er die Hospitalität als ethisches Prinzip der antiken Gastfreundschaft reaktualisieren will. Derrida beurteilt Kants Forderung nach einem besonderen Vertrag über die Bedingungen des Besuches als Bruch mit dem »absolute(n) Recht der Gastfreundschaft« zugunsten einer nur bedingten Gastfreundschaft (Derrida 2001, 26f.). Derrida stellt das Prinzip der Gastfreundschaft über das Recht: »Das Gesetz der absoluten Gastfreundschaft gebietet, mit der rechtlich geregelten Gastfreundschaft, mit dem Gesetz oder der Gerechtigkeit als Recht zu brechen.« (Derrida 2001, 27) Das ethische Gesetz der absoluten Gastfreundschaft steht also über den Gesetzen des Territorialstaates. Derrida artikuliert das Unbehagen an einem Territorialprinzip, das erneut den europäischen Akteuren die willkürliche Gestaltung der Außenverhältnisse gestattet.

Doch übersieht Derrida gezwungenermaßen systematisch den rechtlichen Wert dieses »eingeschränkten« Hospitalitätsrechts. Die Praxis der »ungleichen Verträge«, mittels derer die ungleiche Inklusion Japans und Chinas in das Handelssystem westlicher Staaten im 19. Jahrhundert allein nach den Bedingungen der westlichen Staaten erzwungen wird, wäre im Weltbürgerrecht Kants unmöglich gewesen: Im 1. Opiumkrieg (1840-1842) wurde dem chinesischen Kaiserreich eine Öffnung gewaltsam im Vertrag von Nanking abgepresst. Dieser Vertrag von 1842 war der erste der sogenannten ungleichen Verträge, die neben China auch Japan und Persien aufgezwungen wurden und neben der Handelsöffnung auch die Öffnung für Missionare vorsah.[3] Die Folge war eine uneingeschränkte Ansiedlung, die das Weltbürgerrecht niemals erlaubt hätte: »The treaty ports became the permanent residence of increasing numbers of Westerners, the centers for trade and commerce, the home stations of the western gunboats, and the sites of consulates and military barracks, protected as semi-autonomous units with their own tax and legal-judicial systems and thereby exempt from Chinese jurisdiction.« (Gong 1984, 177) 1854 wurde in Japan von US-amerikanischen Kriegsschiffen der Vertrag von Kanagawa erzwungen, der die Öffnung zweier Häfen festlegte, die Sicherheit schiffbrüchiger Walfänger garantierte und einen ständigen US-Konsul in Japan etablierte. Damit war auch für Japan die Zeit »ungleicher« Verträge angebrochen, die bis ins 20. Jahrhundert andauerte (Suganami 1984).

---

3 Dazu gehörten übrigens auch der deutsche Pachtvertrag für Kiautschou und der britische für Hongkong, siehe Conrad 1999.

II. Exklusion der »unzivilisierten« und »ungleichen« Staatsgebilde und ihre Gleichstellung durch die UN-Charta

Eine solche gewaltsame Praxis der ungleichen Verträge wird durch die Praxis der Expansion in Afrika noch weit überboten. Dort wurden im 19. Jahrhundert Protektoratsverträge mit den einheimischen Mächten geschlossen. In diesen wird die äußere Souveränität an die Europäer übertragen, innere Staatsgewalt und Eigentumsrechte sowie Persönlichkeitsrechte bleiben aber erhalten. Weitergehend als die Protektoratsverträge, die sich lediglich auf die Oberherrschaft beziehen, sind die Unterwerfungsverträge, mit denen die gesamte Staatsgewalt abgetreten wird. Im Laufe des 19. Jahrhunderts werden dann auch frühere Protektoratsverträge als Unterwerfungsverträge gehandhabt. Die mangelnde Erfüllung völkerrechtlicher Kriterien führt zur Aufhebung der Geltung des Völkerrechts für diese Akteure und begründet in der Folge den Herrschaftsanspruch europäischer Staaten. Weniger entwickelte Staaten galten dem früheren Völkerrecht immer noch als souverän. Nun werden die Akteure an einem Set neuer Kriterien geprüft. Zum Unterscheidungsmerkmal und Abgrenzungskriterium wird die »Zivilisiertheit« der betreffenden Staaten (vgl. Simpson 2001, 544-549; Minnerop 2004, 42ff.). Die Ausübung von Rechten der Souveränität wird zur Bedingung des Vorhandenseins der Souveränität. Sind die Bedingungen effektiver Herrschaftsausübung nicht erfüllt, handelt es sich um ein nicht hinreichend zivilisiertes Gebilde, dessen Souveränität »herrenlos« ist – und daher von den Europäern aufgenommen werden kann. Dabei sind die Kriterien keineswegs selbstlos den »höheren Werten« der Zivilisation abgeschaut, sondern entsprechen handfesten eigenen Interessen, die mit der Aufnahme von Beziehungen zu den Stämmen Afrikas überhaupt bestehen: »One attribution of civilization was the possession of a liberal or at least pseudo-liberal legal order in which alien (read Western) nationals would be afforded full liberal rights. Those entities excluded from the system were thought incapable of ensuring this level of protection and were thus deprived of certain sovereign rights and jurisdictional immunities in ›unequal treaties‹ and capitulations.« (Simpson 2001, 544) Das daraus folgende Modell sieht eine Mitgliedschaft vor, die aber nicht das Recht des privilegierten inneren Völkerrechtskreises umfasst und in drei konzentrischen Kreisen angelegt ist: zivilisierte europäische Staaten im Zentrum, dann barbarische Türken in der Mitte und schließlich im Außenbereich Wilde, denen überhaupt keine Anerkennung zuteil wird (Simpson 2001, 545f.).

Als Beweis für die rückständige Entwicklungsstufe Afrikas diente der Völkerrechtsgemeinschaft ausgerechnet der immer noch vorhandene Sklavenhandel in Afrika. 1834 wurde die Sklaverei im britischen Empire verboten, 1866 hob das 13. Amendment der US-Verfassung auch in den USA die Sklaverei auf. In Afrika waren durch islamische Revolutionen neue Staaten wie das Kalifat von Sokoto entstanden, die eine groß angelegte Sklavenwirtschaft einführten. »Die

Berichte über die tyrannischen Sklavenhalter lieferten überdies den auf koloniale Expansion drängenden Kräften in Frankreich, England und Deutschland ein Argument, die koloniale Aufteilung auch noch als humanitären Kreuzzug gegen die Unfreiheit auszugeben. Die starke Hand des Kolonialstaates schien vonnöten, ja sie schien die einzige Chance zu sein, um die Afrikaner gleichsam vor ihrer eigenen Gewalt zu schützen und nebenbei den Kontinent auch wirtschaftlich für Europäer zu ›öffnen‹.« (Eckert 2006, 63)

Die »Rettung« des afrikanischen Kontinents führte zu seiner fast vollständigen Aufteilung unter die europäischen Mächte. Die Berliner Kongo-Konferenz von 1884/85 wird zum Zeichen des einmütigen europäischen Herrschaftsanspruchs. Statt Aufklärung bekamen die Afrikaner Regime gnadenloser Ausbeutung und härtester Interessendurchsetzung. Kriege gegen die aufständische Bevölkerung Afrikas waren begleitet von Massenmord und wurden zum Vorschein sowohl eines zweiten totalen Weltkrieges (Künzi 2006) als auch des späteren Völkermords an den europäischen Juden (Wojak/Meinl 2004). Daher erscheint der ungeheuerliche Verdacht, den Aimé Césaire, der Dichter der Négritude, in seinem »Discours sur le colonialisme« in den 1950er Jahren äußerte, nicht wirklich abwegig. Die Weißen, so Cesaire, könnten Hitler nicht die Verbrechen an der Menschheit nicht verzeihen, sondern »daß es die Demütigung des Weißen ist und die Anwendung kolonialistischer Praktiken auf Europa, denen bisher nur die Araber Algeriens, die Kulis in Indien und die Neger Afrikas ausgesetzt gewesen waren« (Césaire 1968, 12). Tatsächlich war der deutsche Großraum von seinem Vordenker Carl Schmitt als koloniales Imperium gedacht und nahm auch dessen Praktiken Ausbeutung, Sklavenarbeit, die Ideologie des Herrenmenschentums an (siehe zu den kolonialen Praktiken Césaire 1968; zu Carl Schmitt Eberl 2008).

Der dem belgischen König Leopold II. persönlich gehörende Kongo wird um die Jahrhundertwende zum herausragenden Beispiel einer ungehemmten europäischen Ausbeutungsherrschaft. Leopold II. rechtfertigt seine Herrschaft mit der zivilisatorischen Mission: »Our refined society attaches to human life (and with reason) a value unknown to barbarous communities. When our directing will is implanted among them its aim is to triumph over all obstacles, and results which could not be attained by lengthy speeches may follow philanthropic influence. But if, in view of this desirable spread of civilisation, we count upon the means of action which confer upon us dominion and the sanction of right, it is not less true that our ultimate end is a work of peace.« (Leopold II. 2005, 119) Leopolds Regierung im Kongo wird zum Gegenstand kritischer Untersuchungen und internationaler Skandalisierungen (Casement 2005; Williams 2005), welche schließlich zur »Verstaatlichung« des Kongos als belgische Kolonie führen.

Die Reaktionen des Völkerrechts auf die koloniale Praxis kommen mit einiger Verzögerung und tragen ambivalente Züge. Noch in der Völkerbundsatzung wird der Anspruch zivilisatorischer Führung der europäischen Mächte in Artikel 22 aufrechterhalten. Das »Wohlergehen und die Entwicklung« jener Völker in den alten Kolonien, »die noch nicht imstande sind, sich unter den besonders schwierigen Bedingungen der heutigen Welt selbst zu leiten, ... bilden eine heilige Aufgabe der Zivilisation«. Besonderes Augenmerk liegt auf Afrika: »Die Entwicklungsstufe, auf der sich andere Völker, insbesondere die mittelafrikanischen befinden, erfordert, daß der Mandatar dort die Verwaltung des Gebiets übernimmt.« Aufgabe der Mandatarmächte ist das Abstellen von Missbräuchen, wie Sklaven-, Waffen- und Alkoholhandel und die »Aufrechterhaltung der öffentlichen Ordnung und der guten Sitten.« Europäischer Anspruch und das koloniale Selbstverständnis sind noch deutlich in diesen Formulierungen zu erkennen. Dennoch ist der rechtliche Charakter der Völkerbund-Satzung ganz auf die formale Gleichheit der Staaten ausgerichtet und macht, obgleich der Zivilisationsartikel auf der Annahme einer dreistufigen Entwicklung beruht, keine Zivilisationsstufe zur Bedingung der Mitgliedschaft (Minnerop 2004, 56-58). Erst die UN-Charta formuliert die völkerrechtliche Dekolonialisierung und bereitet damit die politische vor (Paech / Stuby 2001, 252-269). Artikel 73 der UN-Charta entschärft die Mandatarregelung und verpflichtet die »Mitglieder der Vereinten Nationen, welche die Verantwortung für die Verwaltung von Hoheitsgebieten haben oder übernehmen«, auf den Grundsatz des Vorrangs der »Interessen der Einwohner dieser Hoheitsgebiete« – die fehlende Selbstregierung wird nur als zeitlicher und nicht mehr als substantieller Abstand beschrieben.

Wesentlicher ist, dass die UN-Charta den Gleichheitssatz unter den Staaten der Welt unmissverständlich etabliert. Bereits auf der Moskauer Konferenz von 1943 bekräftigten die Vertreter der USA, Großbritanniens und der Sowjetunion in Punkt 4 der Abschlusserklärung für die Gestaltung der Nachkriegsordnung: »Daß sie [die Unterzeichnerstaaten; O.E.] die Notwendigkeit anerkennen, in möglichst kurzer Zeit eine allgemeine internationale Organisation für die Aufrechterhaltung des Weltfriedens und der internationalen Sicherheit zu errichten, die auf dem Grundsatz der souveränen Gleichheit aller Nationen beruht und deren Mitglieder alle Nationen – große und kleine – sein können.« (Ministerium für Auswärtige Angelegenheiten der UdSSR 1988, 242) Mit dieser Formulierung betont die Charta die Gleichheit gegenüber der Souveränität, die als eigenes Merkmal gar keine Erwähnung mehr findet (Fassbender 2004, 10). Eben diese Gleichheit der Staaten hinsichtlich ihres Schutzes ist derzeit positives Völkerrecht. Kapitel 1, Artikel 2 (1) der UN-Charta bestimmt: »Die Organisation beruht auf dem Grundsatz der souveränen Gleichheit aller ihrer Mitglieder.« Und Kapitel 2, Artikel 4 (1) erläutert die Aufnahmebedingungen künftiger Mitglieder: »Mitglied der Vereinten Nationen können alle sonstigen friedliebenden Staaten werden, welche die Verpflichtungen aus dieser Charta übernehmen und nach dem Urteil der Organisation fähig und willens sind, diese Verpflichtungen zu erfüllen.« Weiter besagt Kapitel 1, Artikel 2 (6), dass die UNO anstrebt, dafür Sorge zu tragen, »dass Staaten, die nicht Mitglieder der Vereinten Nationen sind, insoweit nach diesen Grundsätzen handeln, als dies zur Wahrung des Weltfriedens und der internationalen Sicherheit erforderlich ist.« Dies hebt die Trennung von Mitgliedern und Nicht-Mitgliedern auf und gilt auch für das Interventionsverbot. »For one of the most important rights is the one stipulated in Article 2, paragraph 7, constituting immunity from intervention of the organization in matters of domestic jurisdiction. This right is conferred not only upon members but upon ›any state‹ and, consequently, is not affected by ›expulsion‹.« (Kelsen 1946, 430) Dennoch wurden in den Jahren nach Gründung der UNO eine Reihe Aufnahmeanträge durch den Sicherheitsrat abgelehnt (Irland, Portugal, Mongolei, Österreich, Italien, Finnland und andere). Erst mit dem *Admission Case* von 1948 setzte sich das universelle Mitgliedschaftsprinzip endgültig auch gegen politische Widerstände durch (ICJ Reports 1948). Das freie Recht zum Kriege wird mit der UN-Charta endgültig aufgehoben und der Krieg als bewaffneter Konflikt verstanden, der nicht mehr nach dem Belieben der Konfliktparteien durch den Einsatz militärischer Macht gelöst werden kann, sondern in die Zuständigkeit des Systems der kollektiven Sicherheit fällt, das mit der Charta errichtet wurde. Damit hat die UN-Charta die rechtliche Gleichheit der Staaten und eine bedeutende normative Schwelle gegen jede Intervention etabliert (Kingsbury 1998, 618). Die antikolonialen Kämpfe waren in ihrem Bemühen um Staatlichkeit und die Anerkennung als völkerrechtlich gleichgestellte Staaten auf Grundlage der UN-Charta letztlich erfolgreich. In der »Friendly Relations Declaration« der UN-Generalversammlung von 1970 heißt es in diesem Sinne, souveräne Gleichheit besteht »ungeachtet aller Unterschiede wirtschaftlicher, gesellschaftlicher, politischer oder anderer Natur« (A/RES/2625 (XXV), 7). Eine politische Ungleichheit wird allerdings auch in der UN-Charta in eine rechtliche übersetzt, wenn im Sicherheitsrat als dem entscheidenden Beschlussgremium der UN für Sicherheitsfragen einige wenige Staaten ein Vetorecht erhalten (Fassbender 1998). Doch diese Privilegierung besteht nur gegenüber Mitgliedern und nicht mehr als prinzipielle Ermächtigung der Mitglieder gegenüber Nicht-Mitgliedern. Die Entwicklung der UN-Treuhandverwaltung wie etwa im Kosovo kann als neue Form der Kolonialverwaltung verstanden werden. Doch auch diese begründet sich nicht mehr auf dem prinzipiellen Anspruch von zivilisatorischer Überlegenheit.

III. Exklusion der »Schurkenstaaten« im liberalen Völkerrechtsdiskurs

Entscheidendes Merkmal des europäischen Völkerrechtsverkehrs bis zur UN-Charta war die Bestimmung der Völkerrechtsubjektivität. Dabei war ein Wandel der Argumentation bis zum 19. Jahrhundert deutlich geworden: Gehörten zuerst alle Bereiche in den Geltungsbereich des Völkerrechts, in dessen Rahmen Eingriffsrechte mit der Herrenlosigkeit von Land begründet wurden, so wurde später die Herrenlosigkeit von Souveränität zur Grundlage der Souveränitätsausübung. Die aus Sicht des Völkerrechts zu erfüllenden Pflichten wurden dabei von der Einhaltung von Verträgen („pacta sunt servanda«) auf innere Angelegenheiten ausgedehnt. Dieses Kriterium wird von der UN-Charta ausdrücklich überwunden. Es ist daher umso bemerkenswerter, dass es eine Renaissance im gegenwärtigen liberalen Völkerrechtsdiskurs erlebt. Denn dieser macht gegen geltendes Völkerrecht die innere Verfassung von Staaten zum Kriterium der Anerkennung als Vollmitglieder im Völkerrecht.

Nach Auffassung des »liberal international law« beruht die Gleichheit der Staaten auf einem mangelhaften Begriff des traditionellen »statist« Völkerrecht und geht mit dem politikwissenschaftlichen Realismus einher (Tesón 1998, 39-54). Das Problem sei, dass dieser Realismus keine Unterscheidung des inneren Zustands der Staaten erlaube, weil er alle Staaten ungeachtet ihres tatsächlichen Standards als gleich betrachte. In Anlehnung an die Ergebnisse des »demokratischen Friedens« (Doyle 1983) erscheint den neuen Völkerrechts-Liberalen Frieden bzw. Völkerrecht nur in einer aus liberalen Demokratien gebildeten »zone of peace« möglich. Wo der Frieden nicht als intraliberaler etabliert wird, bestehen demzufolge die »zones of war« weiter, worauf auch der entscheidende Unterschied in den Beziehungen zu nicht-liberalen Staaten beruht (Russett 1993). Im Verkehr mit dem »Außen« dieser liberalen Großräume führt die Aufhebung des Gleichheitsgrundsatzes zu einer Aufhebung des Interventionsverbotes für jene Staaten, die den liberalen Kriterien Demokratie, Menschenrechte und Marktwirtschaft nicht entsprechen.

Die Völkerrechtlerin Anne-Marie Slaughter lehnt sich an die Unterscheidung einer »zone of peace« und einer »zone of war« an und spricht von einer »zone of law« zwischen liberalen Staaten und eine verbleibenden »zone of politics« außerhalb dieser Friedens- und Rechtszone (Slaughter 1992, 1907ff.). Nur liberale Staaten können aufgrund ihrer internen Institutionen und Normen zur Stabilität der Ersteren beitragen, während zwischen nicht-liberalen Staaten kein stabiles Recht zu errichten sei. »The most distinct aspect of Liberal international relations is that it permits, indeed mandates, a distinction among different types of States based on their domestic political structure and ideology.« (Slaughter 1995, 504) Das liberale Projekt, das Slaughter entwickelt, besteht ausdrücklich darin, »to reimagine international law based on an acceptance of this distinction and an extrapolation of its political implications« (Slaughter 1995, 505). Diese politischen Implikationen sind solche der Exklusion und Sanktionierung, abweichend von den für Mitglieder geltenden Regeln: Diese Implikationen sind Slaughter selbst als eine Wiederkehr der Zivilisations-Rhetorik erschienen. Ihre Antwort kann das erweckte Unbehagen keinesfalls beruhigen: »The very idea of a division between liberal and non-liberal States may prove distasteful to many. It is likely to recall 19th century distinctions between ›civilised‹ and ›uncivilised‹ States, rewrapped in the rhetoric of Western political values and institutions. Such distinctions summon images of an exclusive club created by the powerful to justify their dominion over the weak. Whether a liberal/non-liberal distinction is used or abused for similar purposes depends on the normative system developed to govern a world of liberal and non-liberal States. Exclusionary norms are unlikely to be effective in regulating that world.« (Slaughter 1995, 506) Der Versuch Slaughters, der neuen liberalen Exklusion einen Unbedenklichkeitsnachweis mit Verweis auf die Normen dieses liberalen Systems auszustellen, muss als Selbsttäuschung verstanden werden. Die Normen des Christentums und der Zivilisation waren ebenfalls keine per se schlechten Normen. Das grundlegende Problem dieser Argumentation besteht nicht im Inhalt der Normen, sondern darin, dass sie sich gegenüber dem rechtlichen System verselbständigen können, was alle guten Absichten konterkariert und die Bindung der Gewalt durch positives Recht unterläuft (Maus 1999). Es ist daher unbedeutend, ob man mit Slaughter »non-liberal« durch das Fehlen von repräsentativem Regierungssystems und Marktwirtschaft gekennzeichnet sieht oder dies für eine zu enge Definition des Begriffs »liberal« hält (vgl. Slaughter 1995, Fn. 57). Nicht die Normen, sondern die Gestaltung der Verfahren entscheidet über die Inklusivität des Normensystems und die effektive Bindung der Akteure. Dieser liberale Grundsatz wird vom neuen Liberalismus gänzlich zu Gunsten einer Logik der Unterscheidung aufgegeben, die immer mit einer exkludierenden Folge und einer Rechtfertigung von Selbstermächtigung verbunden ist.

Fernando Tesón entwickelt die Logik der Exklusion aus dem liberalen Völkerrecht vollständig. Für ihn steht das Individuum und sein Schutz gegen den Staat im Mittelpunkt eines liberalen (er nennt es Kantischen) Völkerrechts. In diesem Zusammenhang spricht er ganz unbefangen von »zivilisierten Staaten«: »Observance of human rights is a primary requirement to join the community of civilized nations under international law.« (Tesón 1992, 69) Tesón führt auch den Begriff des »gerechten Krieges« in die liberale Völkerrechtslehre ein: Nicht mehr wie in der alten (vormodernen) Lehre des gerechten Krieges entscheiden der Anlass (*iusta causa*) und die regelkonforme Kriegsführung, ob der Krieg gerecht ist, sondern die Verfassung des Staates. Während das klassische (westfälische) Völkerrecht nur »gerechte« Gegner (*iusti hostis*) kannte, weil es alle Staaten als gleichberechtigt ansah, und die UN-Charta den Gewalteinsatz mit Ausnahme der Selbstverteidigung und der kollektiven Maßnahme ächtet, will das liberale Völkerrecht den »ungerechten« Gegner an der Regierungsform bestimmen. Damit wird suggeriert, dass die »gerechte« Verfassung automatisch den Status als »gerechter« Gegner garantiere. In der Lehre des gerechten Krieges mussten sich gerechte Feinde aber immer auch an ihrem Verhalten als solche beweisen. Erst wenn beide Staaten prinzipiell gleichberechtigt sind, kommt das Kriterium ihres konkreten Verhaltens *im Krieg* ins Spiel, das sie gegebenenfalls zu disqualifizieren geeignet ist. Die Umpolung auf einen Zustand statt auf akutes Verhalten von Staaten zur Bestimmung des »ungerechten« Gegners ist die entscheidende Änderung der Lehre des liberalen gerechten Krieges. Daraus folgt der Kernsatz des neuen liberalen Völkerrechts: »non-intervention holds *only* among liberal states« (Téson 1998, 21; Hervorh. i.O.). Der Schutz vor Intervention richtet sich nicht mehr nach dem Prinzip der Ermöglichung der Bildung von liberalen Staaten, sondern der Schutz vor Intervention folgt auf die liberale Qualität eines Staates, d.h., liberale Staaten führen den Schutz vor Intervention immer schon als »gerechte« Staaten mit sich, während die anderen nicht-liberalen, »ungerechten« Staaten, prinzipiell zur Intervention durch »gerechte« Staaten freigegeben sind. Liberale Programme leiten aus dem Recht zum Verfassungseingriff gegen den »Schurkenstaat« ab, alle Staaten, die über keine liberale Verfassung verfügten, seien mit Kants Begriff »ungerechte Feinde« (Kant 1997, § 60, 473), denen man durch Intervention zur gerechten Verfassung verhelfen dürfe und solle. So erscheint der »ungerechte Feind« als der heutige Schurkenstaat, als der »Andere« der Demokratien (Müller 2006). Jedoch zeigt sich bei genauer Lektüre, dass Kant die Selbstermächtigung im Umgang mit dem »ungerechten Feind«, den er als Feind *aller* Staaten qualifiziert, gerade einschränkt und den unilateralen *regime change* unterbindet (Eberl 2007; 2008a, 207-219).

Eine liberale Begründung zum unilateralen Vorgehen gegen »Schurkenstaaten« betrifft auch den Besitz von Massenvernichtungswaffen. Lee Feinstein und Anne-Marie Slaughter formulieren eine «Duty to prevent» gegenüber Staaten, die über Massenvernichtungswaffen verfügen und ohne interne – demokratische – Kontrolle sind und wollen diese Pflicht im Völkerrecht verankert sehen (Feinstein/Slaughter 2004). Diese sei komplementär zur »Responsibility to Protect«, die im Report der »International Commission on Intervention and State Sovereignty« 2001 (ICISS 2001) formuliert wurde. Dieser macht Vorschläge zur künftigen Regelung der »humanitären Intervention«, während die »Duty to Prevent« von Feinstein/Slaughter den Umgang mit Staaten zum Thema hat, die als »rogue states« oder »outlaws« oder in der zurückhaltenderen Clinton-Sprache des Sommers 2000 als »States of concern« bezeichnet werden und angeblich über Massenvernichtungswaffen (WMD) verfügen. »After all, the danger posed by WMD in the hands of governments with no internal checks on their power is the prospect of mass, indiscriminate murder.« (Feinstein/Slaughter 2004, 3) Staaten ohne interne Kontrolle, die den Besitz von Massenvernichtungswaffen anstreben, seien besonders gefährlich, wenn sie im Verdacht stehen, Terroristen zu beherbergen. Feinstein/Slaughter ergreifen damit Partei im Streit um den Umgang mit dem Irak, der vor der Invasion im Jahr 2003 den »Schurkenstaat«-Diskurs und die transatlantischen Beziehungen bestimmt hat (vgl. Saunders 2006, 26-29). Und sie lassen keinen Zweifel daran, dass sie auf dem Boden der US-amerikanischen Irak-Politik stehen: «In truth, the use of force to preempt an imminent threat has always been part of international law, and has been an option that the United States has held in quiet reserve and occasionally used.« (Feinstein/Slaughter 2004, 5) Wenn Feinstein/Slaughter im Anschluss an dieses Bekenntnis den Sicherheitsrat als erste Entscheidungsinstanz anerkennen, so läuft ihr Argument doch darauf hinaus, dass bei Ausfallen des Sicherheitsrates die »unilateral action or coalitions of the willing« berechtigt seien, die »Duty to Prevent« zu erfüllen (Feinstein/Slaughter 2004, 6). Letztendlich wird also die Selbstermächtigung der hegemonialen Supermacht zur unilateralen Maßnahme mit diesem Argument des »liberalen« Völkerrechts gerechtfertigt. Diese Argumentation richtet sich explizit gegen den Charta-Liberalismus, der sich durch Toleranz und moralischen Agnostizismus, gleicher Inklusion und dem Interventionsverbot auszeichnet. »In international law, it differs from the Charter liberalism identified above most obviously in its lack of tolerance for non liberal regimes.« (Simpson 2001, 539) Der neue liberale Antipluralismus unterscheidet in Entgegensetzung zum Prinzip der rechtlichen Gleichstellung der UN-Charta Staaten anhand ihres Regimetyps.

Da sich Politik und Wissenschaft in dieser Intoleranz einig sind, spricht Derrida zu Recht von einer »Epoche der Schurkenstaaten«. Und weil wir zugleich in einem liberalen Zeitalter leben, ist es eine überaus dringliche Frage, wer diese »Anderen« der Demokratie eigentlich sind. Die »Anderen« der Demokratie (Derrida sagt »das Andere«) in unserer historischen Situation »vermeintlicher Modernität«, in der sich alle Staaten als Demokratien bezeichnen, sind »die einzigen und sehr wenigen Regime, die *sich nicht* als demokratisch ausgeben [se présentent], Systeme islamischer theokratischer Herrschaft« (Derrida 2006, 48, Hervorh. i. O.). Sie verletzen damit das demokratische Selbstverständnis doppelt: einmal als Verweigerung der Aufklärung und als Ablehnung der Demokratie. Alle anderen Staaten, die westlichen, die asiatischen, die postkolonialen, geben sich, so Derrida, als demokratische aus. »Der Islam, ein bestimmter Islam, wäre also die einzige religiöse oder theokratische Kultur, die noch imstande ist, der Demokratie Widerstand zu leisten.« (Derrida 2006, 48) Dieser »Andere« ist somit ein politisch-religiöser Anderer, der sich aber selbst so definiert und deshalb auch als solcher wahrgenommen wird.

Der Politik der liberalen Staaten aber geht es um die völkerrechtliche Diskriminierung dieser »Anderen«, die *sie* bestimmen. Die Epoche der Schurkenstaaten begann mit der Rhetorik nach dem Ende des kalten Krieges besonders ab 1993 unter US-Präsident Clinton. Der Grund für die Schurkenstaat-Rhetorik ist der Versuch, gewisse Staaten als Bedrohung »*sämtlicher* Staaten« darzustellen (Derrida 2006, 138). Der Schurkenstaat gehört nach Derrida zur »Strategie des Krieges, den die Amerikaner durch die Anprangerung von *rogue States* gegen die Achse des Bösen, und den sogenannten ›internationalen Terrorismus‹, führen« (17). Der Begriff »Schurke« dient dabei einer tiefgreifenden Abwertung, der intuitiv zugestimmt und Folge geleistet wird: Die Bezeichnung »Schurke« ist das »Schandmal«, welches »diskriminiert durch eine erste exkludierende Verbannung, die den Ausgeschlossenen auf die Anklagebank setzt« (133). Der Schurke ist die »Unordnung«, »Schurkenherrschaft ist ein Prinzip der Unordnung« (97). Wird ein Staat mit dem Begriff Schurke belegt, so ist mit der Denunziation auch die Klage und die Anklage, mithin die notwendige

Reaktion mitgesetzt: Entweder ist der Staat »substantiell« ein Schurke, der es verdient »als Unrechtsstaat zu verschwinden«, oder er legt »gelegentlich« »schurkisches Verhalten« an den Tag und missachtet das Völkerrecht, in jedem Fall werden »die sogenannten rechtmäßigen, die Gesetze achtenden Staaten unter Berücksichtigung ihrer eigenen Interessen diese Regeln auslegen; das heißt diejenigen Staaten, die, da sie über die größte Macht verfügen, willens sind, die Schurkenstaaten zur Ordnung oder zur Vernunft zu rufen, notfalls auf dem Wege einer bewaffneten – bestrafenden oder präventiven – Intervention.« (Derrida 2006, 113f.).

Die Epoche der Schurkenstaaten endete, so Derrida, mit dem 11. September 2001, der zugleich den Höhepunkt der Epoche darstellt: An diesem Tag wurde der bereits zuvor erklärte Unilateralismus der USA von der UNO legitimiert und die USA »von der UNO offiziell ermächtigt, als Schurkenstaat zu handeln, das heißt, alle für notwendig erachteten Maßnahmen zu ergreifen, um sich überall auf der Welt vor den sogenannten ›internationalen Terrorismus‹ zu schützen« (Derrida 2006, 146). Darin zeige sich eine Grundlage des Völkerrechts, die selbst zur Ursache des Problems werde. Denn das Völkerrecht beruht auf Staatlichkeit und das Prinzip der Staatlichkeit auf Souveränität. Staaten haben Macht und »Machtmissbrauch ist die Grundlage aller Souveränität« (143). Staaten, die mit »rogue states« Krieg führen können, müssen selbst die Qualitäten von »rogue states« haben. »Es gibt also nur Schurkenstaaten, *in potentia* oder *in actu*. Der Staat ist schurkisch.« (144) Aus Sicht der liberalen Interventionisten ist genau dies falsch: Das Problem ist allein der nicht-liberale Staat und seine Herrscher: »It is not states that are the danger, but their rulers« (Feinstein/Slaughter 2004, 2).

Doch die »Schurkenstaaten« und ihre Herrscher müssen identifiziert werden, die Intervention muss sich gegen bestimmte Staaten richten. Aber die Anschläge vom 11. September und seine Urheber haben deutlich gemacht, dass künftig nicht mehr einzelne Staaten die absolute Bedrohung darstellen, sich also gar keine Schurkenstaaten mehr identifizieren lassen. Wenn Derrida sagt, letztlich sei jeder Staat ein potentieller Schurkenstaat, eben weil er als Staat die absolute Macht in Händen hält, dann überführt er damit eine absichtsvolle politische Rhetorik in eine Paradoxie: Wenn alle Staaten Schurkenstaaten sind, kann nicht ein einzelner ein solcher sein, wenn der Staat, der einen anderen Staat zum Schurken erklärt, damit selbst Schurkenstaat wird, gibt es keine sinnvolle Anwendung des Begriffs mehr.

Doch aus Sicht des liberalen Völkerrechts macht die Einführung eines »Außen« und eines »Anderen« durchaus Sinn. Dieser Unterscheidung geht es nicht allein um die moralische Abwertung eines Staates, sondern um die Außerkraftsetzung von Rechtsregeln, um die Selbstermächtigung zu einer Intervention, zu der das Völkerrecht nicht ermächtigt. Es geht den Liberalen daher um das Außerkraftsetzen der geltenden rechtlichen Regeln für dieses als »außerhalb« stehenden bestimmten Staaten. Immerhin heißt es in der Deklaration von 1970 auch: »Kein Staat und keine Staatengruppe hat das Recht, unmittelbar oder mittelbar, gleichviel aus welchem Grund, in die inneren oder äußeren Angelegenheiten eines anderen Staates einzugreifen. Folglich sind die bewaffnete Intervention und alle anderen Formen der Einmischung oder Drohversuche gegen die Rechtspersönlichkeit eines Staates oder gegen seine politischen, wirtschaftlichen und kulturellen Teileelemente völkerrechtswidrig.« (A/RES/2625 (XXV), 5) Der Bruch des Gewaltverbotes kann daher nur mittels einer moralischen Abwertung und einer überbetonten Bedrohung plausibel gemacht werden. Insbesondere der letzte Teil gehört unserem Zeitalter des »Krieges gegen den Terror[ismus]« seit 2001 an, der erste Teil aber findet sich bereits in der Logik der Exklusion, die auch die Christianisierung und Zivilisierung rechtfertigte. Das liberale Programm der Demokratisierung folgt dieser Logik und erscheint daher als zeitgenössische Form des multilateralen Kolonialismus bzw. unilateralen Imperialismus.

Abhilfe gegen diese Formen der Selbstermächtigung verspricht nur ein ernstgenommener Universalismus. Die im Recht gespeicherte Gewalt, die Derrida anprangert, ist außerhalb dieses Rechts noch um Vieles gewalttätiger. Es gibt keinen Weg aus dem Recht. Dies bedeutet nicht die These einer »Hegung des Krieges«, die möglich wird, weil sich die Gewalt »Außen« ungehemmt verwirklichen kann. Vielmehr geht es um die Hemmung der Gewalt gerade gegenüber diesem Außen, die nur durch volle Inklusion in das Recht gelingen kann. Denn in der Trennung von »Innen« und »Außen«, von Zentrum und Peripherie, liegt das Potential einer ungleich ungehemmteren Entfesselung der Gewalt. Das einzige Gegengift ist die universale Inklusion in das gleichstellende Recht. *Remedy* gegen die liberale Selbstermächtigung ist nur die ebenfalls liberale universelle Vollinklusion, ungeachtet der Unterschiede hinsichtlich der Verfassung. Die Sanktionierung von völkerrechtsbrechendem Verhalten, sei es die Nichtbeachtung von Auflagen gegen die atomare Aufrüstung oder eine militärische Intervention, muss innerhalb des Rechts geschehen. Sie wird dann »Polizeiaktion«, die man nicht wie Derrida im Benjaminschen Sinne, sondern wie Brunkhorst (1996) als der Rechtsstaatlichkeit unterstehende Maßnahme begreifen muss, die vor allem dafür steht, dass die Gewalt, welche mit der Außenpolitik verbunden war, in einem gewissen Sinne zivilisiert – verbürgerlicht – wird, indem sie verpolizeilicht wird. Dass damit nicht die bessere Seite der bürgerlichen Selbstbestimmung getroffen wird, ist eine andere Paradoxie des Liberalismus.

Literatur

A/RES/2625 (XXV): Deklaration über die Prinzipien des Völkerrechts betreffend freundschaftliche Beziehungen und Zusammenarbeit zwischen den Staaten in Übereinstimmung mit der Charta der Vereinten Nationen vom 24.10.1970, http://www.un.org/depts/german/gv-early/ar2625.pdf (15.7.2008).

Brunkhorst Hauke (1996): Paradigmenwechsel im Völkerrecht? Lehren aus Bosnien. S. 251-271 in: Matthias Lutz-Bachmann/James Bohman (Hrsg.), Frieden durch Recht. Kants Friedensidee und das Problem einer neuen Weltordnung. Frankfurt a.M.: Suhrkamp.

Casement, Roger (2005): The Congo Report. S. 131-160 in: Paul B. Armstrong (Hrsg.), Joseph Conrad. Heart of Darkness. A Norton Critical Edition, 4th Edition. New York/London: Norton.

Césaire, Aimé (1968): Über den Kolonialismus. Berlin: Wagenbach.

Chomsky, Naom (2001): War against People. Menschenrechte und Schurkenstaaten. Hamburg/Wien: Europa Verlag.

Conrad, Jan-Hendrik (1999): Die Geschichte der ungleichen Verträge im neueren Völkerrecht. Marburg: Tectum.

Decker, Daniel (1991): Gerechtigkeit und Recht. Eine historisch-kritische Untersuchung der Gerechtigkeitslehre des Francisco de Vitoria (1483-1546). Freiburg (Schweiz): Herder.

Derrida, Jacques (2001): Von der Gastfreundschaft. Wien: Passagen Verlag.

Derrida, Jacques (2006): Schurken. Zwei Essays über die Vernunft. Frankfurt a.M.: Suhrkamp.

Doyle, Michael W. (1983): Kant, Liberal Legacies, and Foreign Affairs, Part 1. Philosophy and Public Affairs 12, 3, 205-235.

Eberl, Oliver (2007): Kant's »Unjust Enemy«: Regime Change, Collective Security, and the UN-System. Paper presented at the UK Kant Society's section of the 2007 ECPR Conference in Pisa, 6.-8. September 2007.

Eberl, Oliver (2008): Großraum und Imperium. Die Entwicklung der »Völkerrechtlichen Großraumordnung« aus dem Geiste des totalen Krieges. S. 185-206 in: Rüdiger Voigt (Hrsg.), Großraum-Denken. Carl Schmitts Kategorie der Großraumordnung. Stuttgart: Steiner.

Eberl, Oliver (2008a): Demokratie und Frieden. Kants Friedensschrift in den Kontroversen der Gegenwart. Baden-Baden: Nomos.

Eckert, Andreas (2006): Kolonialismus. Frankfurt a.M.: Fischer.

Fassbender, Bardo (1998): UN Security Council Reform and the Right of Veto. A Constitutional Perspective. The Hague/London/Boston: Kluwer Law International.

Fassbender, Bardo (2004): Die souveräne Gleichheit der Staaten – ein angefochtenes Grundprinzip des Völkerrechts. Aus Politik und Zeitgeschichte B 43, 7-13.

Feinstein, Lee/Slaughter, Anne-Marie (2004): A Duty to Prevent. Foreign Affairs 83, 1 (www.foreignaffairs.org/20040101faessay83113/lee-feinstein-anne-marie-slaughter/a-duty-to-prevent.html).

Fisch, Jörg (1984): Die europäische Expansion und das Völkerrecht. Stuttgart: Steiner.

Fischer-Lescano, Andreas (2005): Globalverfassung. Die Geltungsbegründung der Menschenrechte. Weilerswist: Velbrück.

Gerrit W. Gong (1984): China's Entry into International Society. S. 171-184 in: Hedley Bull/Adam Watson (Hrsg.), The Expansion of International Society. London: Oxford University Press.

Höffner, Josef (1969): Kolonialismus und Evangelium. Spanische Kolonialethik im Goldenen Zeitalter. Trier: Paulinus.

ICISS (2001): Report »The Responsibility to Protect«. www.responsibilitytoprotect.org/ (24.11.2007).

ICJ Reports (1948): International Court of Justice: Admission of a State to Membership in the United Nations (Article 4 of the Charter). www.icj-cij.org/docket/index.php?p1=3&p2=4&k=2e&case=3&code=asun&p3=4 (15.7.2008).

Kant, Immanuel (1996): Zum ewigen Frieden. Ein philosophischer Entwurf. Werkausgabe Bd. XI., Hrsg. von Wilhelm Weischedel. Frankfurt a.M.: Suhrkamp.

Kant, Immanuel (1997): Die Metaphysik der Sitten. Werkausgabe Bd. VIII., Hrsg. von Wilhelm Weischedel. Frankfurt a.M.: Suhrkamp.

Kelsen, Hans (1944): The Principle of Sovereign Equality of States as a Basis for International Organization. The Yale Law Journal 53, 2, 207-220.

Kelsen, Hans (1946): Sanctions under the Charter of the United Nations. The Canadian Journal of Economics and Political Science 12, 4, 429-438.

Kingsbury, Benedict (1998): Sovereignty and Inequality. European Journal of International Law 9, 599-625.

Krisch, Nico (2004): Amerikanische Hegemonie und liberale Revolution im Völkerrecht. Der Staat 43, 267-297.

Künzi, Gulia Brogini (2006): Italien und der Abessinienkrieg 1935/36. Kolonialkrieg oder Totaler Krieg? Paderborn: Ferdinand Schöningh.

Lauterpacht, H. (1944): Recognition of States in International Law. The Yale Law Journal 53, 3, 385-458.

Leopold II. (2005): The Sacred Mission of Civilization. S. 119-120 in: Paul B. Armstrong (Hrsg.), Joseph Conrad. Heart of Darkness. A Norton Critical Edition, 4th Edition. New York/London: Norton.

Maus, Ingeborg (1999): Menschenrechte als Ermächtigungsnormen internationaler Politik oder: der zerstörte Zusammenhang von Menschenrechten und Demokratie. S. 88-116 in: H. Brunkhorst/W.R. Köhler/M. Lutz-Bachmann (Hrsg.), Recht auf Menschenrechte. Menschenrechte, Demokratie und internationale Politik. Frankfurt a.M.: Fischer.

Müller, Harald (2006): Kants Schurkenstaat: Der »ungerechte Feind« und die Selbstermächtigung zum Kriege. S. 229-249 in: Anna Geis (Hrsg.), Den Krieg überdenken. Kriegsbegriffe und Kriegstheorien in der Kontroverse. Baden-Baden: Nomos.

Ministerium für Auswärtige Angelegenheiten der UdSSR (1988): Die Moskauer Konferenz der Außenminister der UdSSR, der USA und Großbritanniens (19.-30. Oktober 1943). Dokumentensammlung, hrsg. von der Akademie der Wissenschaften der DDR. Moskau/Berlin.

Minnerop, Petra (2004): Paria-Staaten im Völkerrecht? Berlin/Heidelberg/New York: Springer.

Niesen, Peter (2007): Colonialism and Hospitality. Politics and Ethics Review 2, 90-108.

Paech, Norman/Stuby, Gerhard (2001): Völkerrecht und Machtpolitik in den internationalen Beziehungen. Hamburg: VSA.

Russett, Bruce (1993): Grasping the Democratic Peace. Principles of a Post-Cold War World. Princeton: Princeton University Press.

Scheuner, Ulrich (1964): Die großen Friedensschlüsse als Grundlage der europäischen Staatenordnung zwischen 1648 und 1815. S. 220-250 in: Konrad Repgen/Stephan Skalweit (Hrsg.), Spiegel der Geschichte. Münster: Aschendorff.

Simpson, Gerry (2001): Two Liberalisms. European Journal of International Law 12, 3, 537-671.

Slaughter, Anne-Marie (1992): Law Among Liberal States: Liberal Internationalism and the Act of State Doctrine. Columbia Law Review 92, 1907-1996.

Slaughter, Anne-Marie (1995): International Law in a World of Liberal States. European Journal of International Law 6, 503-539.

Suganami, Hidemi (1984): Japan's Entry into International Society. S. 185-199 in: Hedley Bull/Adam Watson (Hrsg.), The Expansion of International Society. London: Oxford University Press.

Tesón, Fernando R. (1992): The Kantian Theory of International Law. The Columbia Law Review 92, 1, 53-102.

Tesón, Fernando R. (1998): A Philosophy of International Law. Boulder, Co.: Westview Press.

Vattel, Emer de (1959): Le Droit des Gens ou Principles de la Loi Naturelle (Das Völkerrecht oder Grundsätze des Naturrechts, 1758). Tübingen: Mohr Siebeck.

Varela, Mariá do Mar Castro/Dhawan, Nikita (2005): Postkoloniale Theorie. Eine kritische Einführung. Bielefeld: transcript.

Vitoria, Francisco de (1997): Relectio de Indis (Über die Indianer). S. 370-541 in: Ulrich Horst/Heinz-Gerhard Justenhoven/Joachim Stüben (Hrsg.), Vorlesungen II (Relectiones): Völkerrecht, Politik, Kirche. Stuttgart: Kohlhammer.

Williams, George Washington (2005): An Open Letter to His Serene Majesty Leopold II. S. 120-131 in: Paul B. Armstrong (Hrsg.), Joseph Conrad. Heart of Darkness. A Norton Critical Edition, 4th Edition. London/New York: Norton.

Wojak, Irmtrud/Meinl Susanne (2004) (Hrsg.): Völkermord und Kriegsverbrechen in der ersten Hälfte des 20. Jahrhunderts. Frankfurt a.M./New York: Campus.

Dr. Oliver Eberl
Technische Universität Darmstadt, Institut für Politikwissenschaft
Residenzschloss, D-64283 Darmstadt
eberl@pg.tu-darmstadt.de

Soziale Systeme 14 (2008), Heft 2, S. 370-396

Oliver Marchart

Ungesellschaftliche Gesellschaftlichkeit: Exklusion und Antagonismus bei Lévi-Strauss, unter Berücksichtigung von Lacan, Laclau und Luhmann[1]

> »Die vielfältigen Regeln, die bestimmte Arten von Gattinnen
> verbieten oder vorschreiben, sowie das Inzestverbot, das sie
> alle umfaßt, werden in dem Augenblick klar, da man
> voraussetzt, daß die Gesellschaft existieren muß.
> Aber die Gesellschaft hätte auch nicht existieren können.«
> (Lévi-Strauss 1993, 654)

Zusammenfassung: Der Artikel geht von der Überlegung aus, dass zwei Formen der Exklusion voneinander unterschieden werden müssen. Zum einen jene Formen der Exklusion, die für das exkludierende System *nicht* konstitutiv sind, zum anderen ein Modus von Exklusion, der für das System eine sehr wohl konstitutive, d.h. notwendige Funktion erfüllt und daher als dessen Möglichkeitsbedingung zu gelten hat. Die Laclau'sche Diskurstheorie belegt diese Form eines radikaleren Ausschlusses, der Gesellschaft als solche überhaupt erst ermöglicht, indem er paradoxerweise die vollständige Konstitution von Gesellschaft verunmöglicht, mit dem Konzept des *sozialen Antagonismus.* Im Abgleich der Diskurstheorie mit der strukturalen Anthropologie Lévi-Strauss' erweist sich, dass der Gesellschaftseffekt aus einer strukturell unüberschreitbaren Heterogenitätsregel hervorgeht (bei Lévi-Strauss das Inzestverbot), die zugleich die selbstidentitäre Schließung von Gesellschaft strukturell verhindert. Soziale Exklusion und Antagonismus – und damit die Frage nach Möglichkeit oder Unmöglichkeit von Gesellschaft – können aber nicht allein aus dieser Heterogenitätsregel heraus erklärt werden, die zu sehr dem Erklärungsmodell eines »Gründungsmythos« verhaftet bleibt, sondern müssen differenztheoretisch abgeleitet werden. Eine Relektüre der Lévi-Strauss'schen Interpretation dualer Organisationen erweist dessen Kategorie der »Null-Institution« als diskurstheoretisch anschlussfähig und vergleichbar der Laclau'schen Kategorie des leeren Signifikanten, dessen Funktion gleichfalls darin besteht, Systematizität zu garantieren und letztlich Gesellschaft zu possibilisieren.

Einleitende Bemerkung

Die folgende Untersuchung geht im Anschluss an die Arbeiten der »vier L« (Lévi-Strauss, Lacan, Laclau und Luhmann) von der Überlegung aus, dass

---

1 Dieser Text entstand im Rahmen des gesellschaftstheoretischen Projektteils des Projekts »Protest als Medium – Medien des Protests«, gefördert vom Schweizerischen Nationalfonds.

– auf der allgemeinsten, wenn man so will: quasi-transzendentalen Ebene der Theoriebildung – zwei Formen der Exklusion voneinander unterschieden werden müssen. Zum einen jene Formen der Exklusion, die für das exkludierende System – sei es ein soziales System, sei es ein diskursives System – nicht konstitutiv sind. In diesen Fällen wird die Möglichkeit des Systems nicht durch die entsprechenden Exklusionsformen bedingt, das Exkludierte erfüllt daher keine notwendige Funktion für das System. Der zweite Modus von Exklusion hingegen, der uns hier interessieren soll, erfüllt für das System eine sehr wohl konstitutive, d.h. notwendige Funktion und soll daher als dessen Möglichkeitsbedingung gelten. Dieser grundlegendere Modus wird in der Systemtheorie üblicherweise nicht mit dem Konzept der Exklusion bzw. Inklusion belegt, welches innergesellschaftliche Zuordnungsfunktionen übernimmt, sondern wird vor allem über das Spencer-Brown'sche Formenkalkül erfasst. Aus Überlegungen, die noch deutlich werden sollten, schlagen wir dennoch vor, die Rede von Ausschluss nach wie vor für jenen Sonderfall eines Systems paradox aufrecht zu erhalten, aus dem Ausschluss im ersten Sinne – jedenfalls der Ausschluss von Personen – überhaupt nicht möglich ist: nämlich für das Gesellschaftssystem. Die Laclau'sche Diskurstheorie belegt diese Form eines radikaleren Ausschlusses, der Gesellschaft als solche überhaupt erst ermöglicht, indem er paradoxerweise die vollständige Konstitution von Gesellschaft verunmöglicht, mit einem genau definierten Konzept und spricht von sozialem Antagonismus.

Um diesen Punkt plausibel machen zu können, werden wir im Folgenden zuerst die prekäre Situation des Gesellschaftssystems genauer bestimmen müssen. Die Diskussion des Inzestverbots in der strukturalen Anthropologie Lévi-Strauss' wird – über den Umweg der Lévi-Strauss-Lektüren Derridas und Lacans – erweisen, dass der Gesellschaftseffekt aus einer strukturell unüberschreitbaren Heterogenitätsregel hervorgeht, die zugleich die selbstidentitäre Schließung von Gesellschaft strukturell verhindert.[2] Soziale Exklusion und Antagonismus – und damit die Frage nach Möglichkeit oder Unmöglichkeit von Gesellschaft – können aber nicht allein aus dieser Heterogenitätsregel heraus erklärt werden, die zu sehr dem Erklärungsmodell eines »Gründungsmythos« verhaftet bleibt, sondern müssen differenztheoretisch abgeleitet werden. Eine Relektüre des »Geheimnisses dualer Organisationen«, die Lévi-Strauss Rätsel aufgaben, wird uns in die Lage versetzen, zwei verschiedene Arten von Konflikt zu unterscheiden: innergesellschaftliche, letztlich auf Reziprozität ausgelegte Konflikt- und Exklusionsverhältnisse einerseits und einen, wenn

---

2 Diese Lektüren – und aus diesem Grund wird auch für uns den Arbeiten Lévi-Strauss' deutliches Gewicht zugestanden – haben die gewaltigen Theorieressourcen ausgeschildert, die Lévi-Strauss' Arbeiten nach wie vor bergen. Diese erweisen ihre Anschlussfähigkeit an eine poststrukturalistische, differenztheoretische Sozialtheorie und politische Theorie, weil sie an einer Bruchstelle lokalisiert sind, an der der Strukturalismus, kaum »erfunden«, sich gewissermaßen selbst zu überholen beginnt.

man so will, *trans*-sozialen Antagonismus andererseits, der jeder Reziprozität entkommt. Dieser fundamentale Antagonismus wird schließlich in der Diskurstheorie Ernesto Laclaus eine differenztheoretische Erklärung finden.

I. Das Unmöglichkeitstheorem

Jede Theorisierung von Gesellschaft schwankt zwischen den beiden Polen des Banalen und des Absurden. Dieses Apodiktum, das den folgenden Überlegungen als Leitplanke dienen soll, stützt sich auf eine Bemerkung aus Lévi-Strauss' *Strukturaler Anthropologie*. Dort heißt es: »Denn zu sagen, eine Gesellschaft funktioniere, ist eine Banalität; aber zu sagen, alles in einer Gesellschaft funktioniere, ist eine Absurdität« (Lévi-Strauss 1977a, 25). Dieses gegen den Funktionalismus in der Sozialanthropologie gerichtete Bonmot erweist seine ganze Tragweite, bedenkt man, dass Lévi-Strauss damit das Problem der Möglichkeit bzw. Unmöglichkeit von Gesellschaft schlechthin thematisiert. Dass Gesellschaft möglich ist, ist eine Banalität,[3] doch zu sagen, sie sei *schlechthin* möglich, wäre eine Absurdität. Denn wollte man diese Absurdität ernsthaft vertreten, so wäre man gezwungen, Gesellschaft als reine Objektivität oder als reibungsverlustlosen Funktionszusammenhang zu konzipieren. Nun scheint der klassische Strukturalismus, und nicht nur der Funktionalismus, in der Tat selbst von der ständigen Versuchung einer solchen Absurdität geplagt. Doch indem Lévi-Strauss zugleich nahelegt, ein Stein sei ins Getriebe des gesellschaftlichen Funktionszusammenhangs geraten, untergräbt er den eigenen strukturalistischen Anspruch, die Transformationsregeln eines geschlossenen Systems angeben zu können, und öffnet selbst bereits das Tor zu einer *post*-strukturalistisch informierten Sozialtheorie. Diese wird gerade danach fragen, was im Spielraum zwischen dem Banalen und dem Absurden zu erwarten ist; sie wird fragen, *worin jener Rest besteht*, der dem funktionablen »alles« entkommt, und wie sich das Nicht-Alles der Gesellschaft, welches offenbar die Totalität des Gesellschaftsganzen untergräbt, theoretisieren lässt. Damit aber wäre ein grundsätzlicher Perspektivenwechsel gegenüber Funktionalismus und Strukturalismus eingeleitet. Nicht die »banale« Tatsache des Funktionierens von Gesellschaft wäre zuallererst erklärungsbedürftig, sondern jene Momente wären es, die Gesellschaft am vollständigen Funktionieren hindern. Und womöglich, so die weiterführende Vermutung der Dekonstruktion, wird sich erweisen, dass sich die Möglichkeit des Funktionierens von Gesellschaft paradoxerweise genau aus der Notwendigkeit einer unüberwindbaren Dys-

---

3 Eine solche Banalität ist nicht unzutreffend, sie besitzt nur die wenig ergiebige Eigenschaft, auf eine Weise zuzutreffen, die weder Erkenntnisgewinne noch theoretisch sinnvolle Anschlusskommunikationen ermöglicht. Gesellschaft funktioniert, doch daraus folgt nichts. Erst aus der Tatsache, dass Gesellschaft *nie ganz* funktioniert, lassen sich einige Aussagen über den Rest dessen, was möglicherweise doch funktioniert, wagen.

funktion von Gesellschaft, aus ihrer letztinstanzlichen Unmöglichkeit erklären lässt.

Lévi-Strauss selbst hat diesen Weg bekanntlich nicht beschritten und hielt standhaft an den Grundpositionen seines Strukturalismus fest, wiewohl dessen nicht weniger »absurde« Vorstellung von sozialen Systemen als geschlossenen Permutationstotalitäten sich selbst untergrub, wie Jacques Derrida (1992) in einer berühmten Studie nachwies. Schließlich wurde durch radikalisierte differenztheoretische Angebote der traditionell objektivistische, essentialistische, funktionalistische und strukturalistische Gesellschaftsbegriff endgültig in Mitleidenschaft gezogen. Unter diese Angebote fällt gleichermaßen der Poststrukturalismus – in den Spielarten der Dekonstruktion, des sozialtheoretisch gewendeten Lacanianismus (Stavrakakis 1999; 2007) und der diskurstheoretischen Hegemonietheorie (Laclau/Mouffe 1991) – wie die Luhmann'sche Systemtheorie. So versteht Niklas Luhmann (1998, 78ff.) bekanntlich unter Gesellschaft jenes umfassende soziale System unter anderen, welches diese anderen, zu denen es zählt, zugleich qua Differenzierung in sich einschließt. Nicht zuletzt aufgrund dieser Paradoxie der sich selbst einschließenden Einheit kann Gesellschaft nicht durch Reduktion auf ein sie bestimmendes Wesen erschlossen werden. Vielmehr gilt: »Die Einheit des Gesellschaftssystems liegt also lediglich in der Abgrenzung nach außen, in der Form des Systems, in der operativ laufend reproduzierten Differenz« (90). Durch Orientierung des Systems an der selbstgesetzten Differenz zwischen System und Umwelt kommt es zum »re-entry« der Unterscheidung in die Unterscheidung und damit zu einer »unresolvable indeterminacy« des Systemzustands. Luhmann (1998, 866) spricht im Falle eines solchen Versagens der systemreproduzierenden Operationen in Anlehnung an einen von Peter Fuchs (1992) geprägten Ausdruck von der »kommunikativen Unerreichbarkeit von Gesellschaft«. Da Gesellschaft sich mit ihren Operationen nie selbst erreichen könne und deshalb, so Luhmann (1996, 866-7) in einer vielzitierten Wendung, keine Adresse besitze, wichen Selbstbeschreibungsversuche des Gesellschaftssystems notwendigerweise aus auf »imaginäre Konstruktionen der Einheit des Systems, die es ermöglichen, in der Gesellschaft zwar nicht *mit* der Gesellschaft, aber *über* die Gesellschaft zu kommunizieren«.

Peter Fuchs geht sogar einen Schritt weiter mit seinem Vorschlag, den Begriff der Gesellschaft nur noch unter Durchstreichung zu verwenden. Gesellschaft sei »kein *Ding*, kein *Täter*, kein *Subjekt* und kein *Objekt*«, sondern vielmehr ein »*Un-jekt (ein Un-Ding)*«, das die Eigenschaft habe, keine Eigenschaften zu haben (Fuchs 2001, 110). Mit der Systemtheorie werden also Einheits- und Totalitätsunterstellungen in Hinsicht auf das (paradoxe) Objekt Gesellschaft unhaltbar. In Anlehnung an ein Konzept Lacans spricht Fuchs daher von Gesellschaft als einem *extimen* System, wobei der Lacan'sche Kunstbegriff der Exitimität ein selbstfreies Selbstverhältnis bezeichnet, welches, ähnlich zum Möbiusband, vom paradoxen Bezug zu einem Außen, das sich im Innersten des Systems befindet, definiert wird. Gesellschaft besitzt keine Außenhalte, an denen sie befestigt und damit in ihrem Wesen oder Umfang bestimmt werden könnte. Das sie einzig bestimmende Außen befindet sich in ihrem Inneren und verhindert zugleich *als Außen* für immer ihre Selbstidentität. Ein durchaus analoges Argument lässt sich mit der Dekonstruktion führen: Jedes System konstituiert sich aus dekonstruktiver Sicht in Bezug auf ein *konstitutives Außen*, welches ein Innen und damit die Existenz des Systems überhaupt erst ermöglicht, zugleich aber *als reine Interiorität* – d. h. als von jeglicher Störung oder Verunreinigung abgeschirmte Selbstidentität – verunmöglicht (Staten 1984).

Es mag eingewandt werden, dass es sich bei Lacanianismus und Dekonstruktion um keine genuin sozialtheoretischen Ansätze handelt, sondern im besten Fall um Reflexionsangebote aus Psychoanalyse, Philosophie und Literaturwissenschaft. Mit der Entwicklung einer Diskurstheorie der Gesellschaft, wie sie Ernesto Laclau und Chantal Mouffe vorantrieben, würde dieser Einwand aber hinfällig. Denn die in der Systemtheorie vertretene These von der Unerreichbarkeit des Gesellschaftssystems wurde unter Einbeziehung der kombinierten theoretischen Ressourcen von Dekonstruktion und Lacanianismus durch Laclau und Mouffe ausgebaut und radikalisiert.[4] Die Pointe ihres Ansatzes findet sich in der provokanten und oft missverstandenen These von der *Unmöglichkeit von Gesellschaft* (Laclau 1990, 98-92). In ihrem Hauptwerk *Hegemonie und radikale Demokratie* (1991) plädieren sie dafür, auf »die Konzeption der ›Gesellschaft‹ als fundierende Totalität ihrer Teilprozesse zu verzichten«:

> Wir müssen folglich die Offenheit des Sozialen als konstitutiven Grund beziehungsweise als »negative Essenz« des Existierenden ansehen sowie die verschiedenen »sozialen Ordnungen« als prekäre und letztlich verfehlte Versuche, das Feld der Differenzen zu zähmen. Demnach kann die Vielgestaltigkeit des Sozialen weder als ein System von Vermittlungen noch die »soziale Ordnung« als ein zugrundeliegendes Prinzip begriffen werden. Es gibt keinen »der Gesellschaft« eigentümlichen genähten Raum, weil das Soziale selbst kein Wesen hat. (Laclau / Mouffe 1991, 142-3)

So sprechen Laclau und Mouffe von der »Unmöglichkeit des Objekts ›Gesellschaft‹ als einer rational einheitlichen Totalität« (1991, 148):

> Der unvollständige Charakter jeder Totalität führt uns notwendigerweise dazu, als Terrain der Analyse die Prämisse von »*Gesellschaft*« als einer genähten und selbstdefinierten Totalität aufzugeben. »Gesellschaft« ist kein gültiges Objekt des Diskurses. Es gibt kein einfaches Grundprinzip, das das ganze Feld der Differenzen fixiert und deshalb konstituiert. Die unauflösliche Spannung zwischen Interiorität und Exteriorität ist die Bedingung jeder sozialen Praxis (…). Genau auf diesem Terrain, wo weder

---

4 Ohne dass das Verhältnis zur Systemtheorie für Laclau und Mouffe dabei jemals thematisch geworden wäre; für einen ausführlichen Abgleich s. vor allem Stäheli 2000 und Andersen 2003.

eine totale Interiorität noch eine totale Exteriorität möglich ist, wird das Soziale konstituiert. Aus dem gleichen Grund, aus dem das Soziale nicht auf die Interiorität eines fixierten Systems von Differenzen reduziert werden kann, ist auch reine Exteriorität unmöglich. (1991, 162)

Innen und Außen der Gesellschaft, so das dekonstruktive Argument, sind miteinander auf eine Weise verschränkt, die jede Schließung von Gesellschaft zu einer selbstidentischen Totalität prinzipiell unmöglich macht. Doch bedeutet das keinesfalls, dass *partielle* Gesellschaftseffekte unmöglich wären. Im Gegenteil, das Soziale – als unterschieden von *der* Gesellschaft – besteht nur in Orientierung auf die Totalität eines Objekts Gesellschaft, das ihm notwendigerweise entkommt: »Auch wenn das Soziale sich nicht in den intelligiblen und instituierten Formen einer *Gesellschaft* zu fixieren vermag, so existiert es doch nur als Anstrengung, dieses unmögliche Objekt zu konstruieren« (1991, 164). Der Gesellschaftsbegriff wird also nicht einfach hinfällig, sondern bleibt der Theorie notwendig erhalten als ein Grenzbegriff, der einen unmöglich zu erreichenden Zustand bezeichnet, ein – in Anlehnung an Lacans *objet petit a* – unmögliches Objekt: die Identität eines sozialen Systems bzw. bei Laclau: eines Diskurssystems mit sich selbst.

Diese erste Annäherung an das Laclau'sche Unmöglichkeitstheorem bleibt unzweifelhaft abstrakt und erfordert in einem späteren Schritt eine detailliertere diskurstheoretische Ableitung. Halten wir jedoch vorerst fest, dass jede differenztheoretische Fassung von Gesellschaft – sei sie nun von Lévi-Strauss, Lacan, Laclau oder Luhmann inspiriert – ihren Ausgang von einem solchen Postulat der Unerreichbarkeit, ja gar Unmöglichkeit von Gesellschaft zu nehmen scheint. Bevor wir aber dieses Argument exklusions- bzw. antagonismustheoretisch stützen, empfiehlt sich der Umweg über Lévi-Strauss, denn in dessen Werk findet sich, soweit ich sehe, die historisch erste sozialwissenschaftliche Formulierung des Unmöglichkeitstheorems.

II. Die Negativität im Inneren der Objektivität: Inzestverbot und *das Ding*

Die Bedingung der Möglichkeit – wie auch die der Unmöglichkeit – von Gesellschaft hat bei Lévi-Strauss einen Namen: er lautet Inzestverbot. Diese Tatsache mag als bekannt vorausgesetzt werden, ob sie aber als verstanden vorausgesetzt werden kann, darf bezweifelt werden, bedenkt man, dass von ethnographischer Seite die Universalität des Inzestverbots oft angezweifelt wurde. Die Lévi-Strauss'sche These vom Inzestverbot lässt sich jedoch empirisch genauso wenig widerlegen wie sich Freuds Mythos vom Mord am Urvater historiographisch widerlegen ließe. Es handelt sich beim Inzestverbot um eine strukturelle Implikation, die sich aus dem Gesellschaftsfaktum einerseits (der »Banalität«, dass Gesellschaft funktioniert) und den theoretischen Prämissen des Lévi-Strauss'schen Ansatzes andererseits (im Besonderen den Theorien von Tausch und struktureller Permutation) mit Notwendigkeit ergibt. Denn worum handelt es sich beim Inzestverbot? Um nichts anderes als um eine unumgehbare soziale Heterogenitätsregel, die verhindert, dass Gesellschaft – auf welcher Ebene auch immer – mit sich selbst identisch wird. Diese Regel ist in ihrem Erscheinen kontingent (»die Gesellschaft hätte auch nicht existieren können«), hingegen in Bezug auf den Gesellschaftseffekt notwendig. Aus diesem Grund besteht die elementare soziale Einheit, die von Lévi-Strauss als *Verwandtschafts-atom* bezeichnet wird, nicht etwa aus Vater, Mutter und Kind, sondern aus einem Mann, seiner Frau, deren Kind, sowie einem »Vertreter der Gruppe, von der der Mann die Frau empfangen hat« (1977d, 85). Die elementare Einheit der Verwandtschaft impliziert also für Lévi-Strauss nicht nur, in Anlehnung an Marcel Mauss, die Position eines heterogenen »Objekts« des Tauschs – eine Position, die im Falle von Verwandtschaftsbeziehungen von der »Frau« eingenommen wird, die zwischen den Gruppen zirkuliert –, sondern auch die eines *Repräsentanten* der anderen Gruppe.[5] Zu jeder Gruppe gehört (zumindest) ein Vertreter einer anderen Gruppe: die Selbstidentität der Gruppe wird im gleichen Moment unterlaufen, in dem ein soziales Band zwischen Gruppen etabliert wird. Daher besteht das eigentliche Ziel der vom Inzestverbot erzwungenen Exogamie nicht in der biologischen Fortpflanzung, sondern in der sozialen *Verschwägerung*. Inzest wäre weder ein Verrat am Genpool, noch wäre er unschicklich im Sinne viktorianischer Sexualethik, sondern er wäre schlichtweg »sozial absurd« (648). Lévi-Strauss kann auf Aussagen von Informanten verweisen, die keine für Inzest vorgesehenen sozialen Sanktionen anzugeben wüssten, sondern Inzest nur als ausgesprochen unpraktisch erachten: Denn wollte ich meine Schwester heiraten, so der Informant, müsste ich auf einen Schwager verzichten. Aber mit wem sollte ich dann fischen und jagen gehen? An diesem schlagenden Argument wird deutlich, dass der eigentliche Wert der Heirat in der Verschwägerung besteht, d.h. im Aufbau sozialer Organisation, und zugleich im Durchkreuzen der Tendenz zur Selbsteinschließung in konsanguine, monadische Binnenfamilien.

So wird Lévi-Strauss nicht müde zu betonen, dass das Inzestverbot nichts im banalen Sinne Negatives an sich hat, sondern als Verbot einen positiven und produktiven Zwang ausübt. Zirkulation und Repräsentation, also der Gesellschaftseffekt, werden überhaupt erst in Gang gesetzt durch das Verbot unmittelbar konsanguiner Heirat. Lévi-Strauss besteht darauf, dass Exogamie »der Archetypus aller anderen auf Gegenseitigkeit beruhenden Ausdrucksformen

---

5 Ohne dass sich dies hier weiter ausführen ließe, sei die Relevanz dieser Lévi-Strauss'schen Erkenntnis unterstrichen, beschreibt sie doch die elementare, »atomare« Ebene des Sozialen in Form von Repräsentationsverhältnissen. Aus dem Heterogenitätsgebot folgt nämlich die Unmöglichkeit jeglicher Immanenz und sozialer »Unmittelbarkeit«, was wiederum die Notwendigkeit von Repräsentation impliziert (vg. Laclau 2002, 125-149; Marchart 2005).

ist und daß sie die fundamentale und unwandelbare Regel liefert, welche die Existenz der Gruppe als Gruppe sichert« (1993, 642). Vielleicht ließe sich sogar sagen, dass das Inzestverbot eine noch radikalere Negativität darstellt, deren Einführung die Vorbedingung abgibt für das gesellschaftlich Positive: soziale Objektivität. Soziale Objektivität ginge dann aus einer grundsätzlicheren Negativität, einem Verbot wie keinem anderen hervor: »es ist das Verbot in seiner allgemeinsten Form, vielleicht dasjenige, auf das sich alle anderen ... als ebenso viele Sonderfälle zurückführen lassen« (1993, 658). Die Implikationen dieses seltsamen Sonderfalls des Inzestverbots – als Verbot in seiner reinen Form unter Abzug jeglichen Inhalts und damit als negatives Gesetz aller positiven Gesetze – konnte den beiden wichtigsten Vertretern des Poststrukturalismus nicht verborgen bleiben, denn an dieser Stelle beginnt der klassische Strukturalismus, wie wir eingangs formulierten, sich selbst zu überholen.

Jacques Derrida erkannte, dass der Status jener Kategorie, welche erst die Unterscheidung zwischen Kultur und Natur einführt, selbst unentschieden bleiben muss. Das Inzestverbot ist jene Quasi-Kategorie, die sich der Kategorisierung durch Grundunterscheidungen wie Kultur und Natur entzieht und ihnen »zweifellos – wahrscheinlich als ihre Möglichkeitsbedingung – vorausgeht. Man könnte vielleicht sagen, daß die ganze philosophische Begrifflichkeit, die mit dem Gegensatz Natur/Kultur in einem systematischen Zusammenhang steht, darauf angelegt ist, das, was sie ermöglicht, im Ungedachten zu lassen: den Ursprung des Inzestverbots« (Derrida 1992, 429). Insofern das Inzestverbot quer zur Unterscheidung zwischen Natur und Kultur steht, da es in gewissem Sinne beiden angehört – da universell, kann man es als natürlich bezeichnen, als System von Normen und Verboten hingegen als kulturell[6] –, entkommt es selbst der Unterscheidung, die es zuallererst bewirkt. Wenn nun aber, so das dekonstruktive Argument, das an diese Beobachtung Derridas angeschlossen werden müsste, die Instanz des Inzestverbots, die als Ermöglichungsbedingung einer jeden Gesellschaft gilt, selbst unentscheidbar in Bezug auf die gesellschaftskonstitutive Unterscheidung zwischen Kultur und Natur bleiben muss, dann konstituiert sich jede Gesellschaft auf einer selbst unentscheidbaren Unterscheidung und muss folglich mit dieser grundlegenden Instabilität leben lernen. Das Inzestverbot wäre also jenes Gesetz, das Gesellschaft ermöglicht, ihrer endgültigen Stabilisierung und Entparadoxierung aber zugleich im Wege steht.

Auch dem psychoanalytischen Blick blieb diese Paradoxie des Inzestverbots nicht verborgen. Jacques Lacan erkannte, dass der Inzest auf etwas im strengen Sinn Unmögliches abzielt und folglich das Inzestverbot einem Verbot des

---

6 So heißt es über das Inzestverbot, das offenbar alles zugleich und nichts davon ist: »Als eine Regel, die das umfaßt, was ihr in der Gesellschaft am fremdesten ist, doch zugleich als eine gesellschaftliche Regel, die von der Natur das zurückhält, was geeignet ist, über sie hinauszugehen, ist das Inzestverbot gleichzeitig an der Schwelle der Kultur, in der Kultur und, in gewissem Sinne ..., die Kultur selbst« (1993, 57).

Unmöglichen gleichkommt (des Unmöglichen als einer Erscheinungsform des *Realen* als eines Unsymbolisierbaren, welches für Lacan im eigentlichen Sinne »außerhalb« der Kultur lokalisiert ist). Wäre der Inzest möglich, so liefe er auf die Wiederherstellung einer verloren geglaubten imaginären Einheit hinaus, doch bleibt diese Wiederherstellung strukturell selbst dort unmöglich, wo sie in der Wirklichkeit vollzogen wird. Denn eine ursprüngliche Einheit hat es nie gegeben und kann es nicht geben. Jede Subjektivierung ist gleichursprünglich mit der Einschreibung des Subjekts in die symbolische Ordnung, die das Subjekt von seiner Selbstidentität entfremdet, welche dem Subjekt von da an nur noch als phantasmatische, in ihrer Wirklichkeit uneinholbare Rückprojektion zu Verfügung steht. Dieser Mangel, der Lacan zufolge jedes Subjekt kennzeichnet, ließe sich selbst durch wirklichen Vollzug des Inzest nicht beheben, da seine Aufhebung dem Verschwinden des Subjekts gleichkäme: dessen Fall aus der symbolischen Ordnung.[7]

Weshalb dann das Verbot von etwas, was strukturell ohnehin unmöglich ist? Hieße dies nicht, einem Adressaten in der symbolischen Ordnung sagen zu wollen: »Du sollst nicht aus der symbolischen Ordnung fallen!«, während der Adressat dies ohnehin nicht könnte, selbst wenn er es wollte? Ähnlich wie Lévi-Strauss erklärt Lacan die Existenz eines solch paradoxen Gesetzes mit dessen Produktivität für das soziale Band, welches bei Lacan durch die Dialektik des *Begehrens* geknüpft wird. Gesetz und Begehren sind gleichursprünglich. Dies erklärt den Sonderstatus eines unübertretbaren Gesetzes, das alle positiven, übertretbaren Gesetze – einschließlich des Begehrens nach ihrer Übertretung – gründet. So macht Lacan die alles andere als triviale Beobachtung, dass unter den Zehn Geboten der Inzest überhaupt nicht erwähnt wird: »in diesen Zehn Geboten heißt es nirgends, daß man nicht mit seiner Mutter schlafen dürfe« (1996, 86). Daher stellen die Zehn Gebote keineswegs die »Bedingung allen gesellschaftlichen Lebens« (87) dar, gehört doch gerade ihre Verletzung – im Ehebruch, im Diebstahl, etc. – zu unseren alltäglichsten sozialen Gewohnheiten: Denn wie sollte man nicht bemerken, »daß sie in gewisser Weise Katalog und Gegenstand unserer Transaktionen in jedem Augenblick sind? Sie bringen die Dimension unserer Handlungen als eigentlich menschlicher Handlungen zu Entfaltung. Anders gesagt, wir verbringen unsere Zeit damit, die Zehn Gebote zu verletzen, und eben deshalb ist eine Gesellschaft möglich« (87). Daraus lässt sich folgern, dass die alltägliche Überschreitung der ganz gewöhnlichen positiven Moralgesetze ihre gesellschaftserzeugende

---

7 Diese entfremdende Einschreibung in die symbolische Ordnung der Sprache – bei Lévi-Strauss etwa die elementaren Strukturen der Verwandtschaft und ihre Gesetze – ist jedem Subjekt in seiner realen Existenz (und damit auch jedem »Bewußtsein«) vorgängig. So können der elterliche Wunsch nach einem Kind, besonders die Suche nach einem Namen für das Kind – und damit dessen Einschreibung in die symbolische Ordnung – nicht nur der Geburt, sondern selbst der Zeugung des Kindes lange vorausgehen; umkehrt bleibt das Subjekt auch nach seinem Tod der symbolischen Ordnung eingeschrieben, was sich an den Inschriften jedes Grabsteins nachprüfen lässt.

Kraft nur unter der Bedingung der Nicht-Überschreitung des *einen* Gebots entfaltet, welches auf den Gesetzestafeln unerwähnt bleibt. Anders formuliert: die ganz gewöhnlichen Objektursachen des Begehrens – bei Lacan als *objet petit a* bezeichnet, z. B. »deines Nächsten Weib« oder »deines Nächsten Haus« – entfalten ihre begehrensgenerative Kraft nur unter der Bedingung, dass das *eine* inzestuöse Objekt, das Lacan in Abgrenzung vom *objet petit a* als *das Ding* bezeichnet, dass also »die Mutter, die Objekt des Inzests ist, ein verbotenes Gut ist und daß es kein anderes Gut gibt« (88). Die imaginäre Fülle des Inzest-phantasmas – und jedes Phantasma partizipiert zu einem gewissen Ausmaß am Unmöglichen des Inzests – erweist sich als eine retrospektive Illusion, die durch das Gesetz selbst hervorgebracht wurde und dennoch, wiewohl ohnehin unerreichbar, nicht erreicht werden *darf*, weshalb andere Objekte den Platz des unerreichbaren *das Ding* einnehmen.[8]

Diese Logik Lacans ist exakt dieselbe, mit der poststrukturalistische Sozialtheorien die Luhmann'sche These von der »Unerreichbarkeit von Gesellschaft« ausdeuten. Übersetzt in die Lévi-Strauss und schließlich Laclau interessierende Problematik heißt dies: zu Gesellschaftseffekten kann es nur unter der Bedingung kommen, dass *die Gesellschaft* (*das Ding* im inzestuösen, d. h. selbstidentischen Sinn) unmöglich bleibt, dass Gesellschaft sich aber zugleich im Imaginären über ihre eigene Unmöglichkeit operativ hinwegtäuscht, indem Substitute für *das Ding* produziert werden, die der Gesellschaft vorübergehend ein gewisses Maß an Selbstermöglichung zu sichern scheinen.[9] In schlagender Differenz zu den Spielarten des sozialen Objektivismus (Positivismus, Funktionalismus, Ökonomismus, etc.) kann es ein gewisses Maß an sozialer Objektivität aus der Perspektive der Laclau'schen Diskurstheorie nur deshalb geben, weil der Zugang zu *das Ding* – dem Gesellschaftsobjekt bzw. der sozialen Objektivität an sich – versperrt bleibt. Der Genuss von *das Ding* würde die soziale Integration nicht stärken, sondern das soziale Band vielmehr auflösen – psychoanalytisch gesprochen käme er der Verwerfung des Namens-des-Vaters, i. e. des symbolischen Gesetzes gleich. Resultat wäre die Psychose, verstanden als konstitutive Unfähigkeit, den Fluss des Signifikanten zu stoppen und soziale Bedeutung durch Herstellung eines, und sei es noch so geringen Ausmaßes an Systematizität zu generieren. Zugang zur *der* Gesellschaft lässt

---

8   Die imaginäre Objekturache des Begehrens, das *objet petit a* (»deines Nächsten Weib«, »deines Nächsten Haus«, etc.), ist nach Lacan dennoch nicht weniger unerreichbar. Als Antrieb des Begehrens entgleitet es dem Begehren und ist daher grundsätzlich metonymisch strukturiert (begehrenswert ist immer *des Nächsten* Weib, *des Nächsten* Haus, etc.). Wird es tatsächlich erreicht, so verschwindet mit dem errungenen Objekt nicht die Ursache des Begehrens, sondern die Investition in dieses *bestimmte* Objekt wird zurückgezogen und auf ein anderes verschoben.

9   Diese von Laclau beschriebene Substitutionslogik des leeren Signifikanten, auf die wir noch zu sprechen kommen werden, entspricht in dieser Hinsicht Punkt für Punkt der Lacan'schen Dialektik des Begehrens: »In geschichtlich und gesellschaftlich spezifizierten Formen überdecken und täuschen die Elemente *a*, die imaginären Elemente des Phantasmas, das Subjekt im Punkt von *das Ding* selbst« (Lacan 1996, 123).

sich nur auf Kosten des Verlustes *alles* Gesellschaftlichen – der Auftrennung der symbolischen Ordnung – gewinnen.[10] Dies würde aber nichts weniger implizieren als die unumschränkte Herrschaft von Identität und das Ende der Differenz, mithin das Verschwinden von Gesellschaft.

Halten wir fest: Mithilfe der kombinierten Bezugnahme auf Derrida, Lacan und Laclau sind wir einer Antwort auf unsere Eingangsfrage nach dem Rest zwischen der »Banalität« des Funktionierens von Gesellschaft und der »Absurdität« ihres vorgeblich totalen Funktionierens um einen Schritt näher gekommen: Lévi-Strauss' Theorie des Inzestverbots besagt, dass Gesellschaft funktioniert, *insofern sie nicht funktioniert*. Ein Stein wird in ihr Getriebe geworfen, der das Naheliegendste, die unmittelbare konsanguine Reproduktion, verunmöglicht und dadurch den Aufbau ausgreifender gesellschaftlicher Beziehungen erzwingt. Nach Lacan wissen wir, dass dieser Stein im Getriebe der Gesellschaft aber nicht der Inzest selbst – als Unmögliches – sein kann, sondern erst die reine Form des Gesetzes als Verbot des Unmöglichen Gesellschaft antreibt. Das Inzestverbot ist somit kein beliebiges Gesetz innerhalb der Gesellschaft, sondern *es ist die Gesellschaft selbst* hinsichtlich ihrer Unterscheidung vom Naturzustand. »Wenn unsere Interpretation richtig ist, hat nicht der Gesellschaftszustand die Regeln der Verwandtschaft und der Heirat erforderlich gemacht. Sie sind der Gesellschaftszustand selbst, der die biologischen Beziehungen und die natürlichen Gefühle umformt und sie in Strukturen zwingt, die sie zusammen mit anderen implizieren, und sie nötigt, ihre ursprünglichen Merkmale zu überwinden« (Lévi-Strauss 1993, 654). Indem dieses Gesetz der Gesetze die »Absurdität« verhindert, dass Gesellschaft sich zu einer selbstidentischen Totalität (zu *das Ding*) schließt, ermöglicht es zugleich jenen zutiefst »banalen« Zustand, in dem Gesellschaft zwar funktioniert, aber *nie ganz*. Damit wird Gesellschaft zum paradoxen Objekt einer *partiellen Totalität*, einer Totalität also, die kein bloßer Teil eines Ganzen ist (denn es gibt kein gesellschaftliches Außen der Gesellschaft) und dennoch als *Totalität* immer nur *partiell* herzustellen bleibt, es sei denn auf Kosten ihres *gänzlichen* Verschwindens.

Und doch bleibt diese Antwort ein wenig unbefriedigend. Vor allem ließe sich der Einwand vorbringen, der Rekurs auf Anthropologie und Psychoanalyse sei zu voraussetzungsvoll. Denn liefert er denn wirklich eine wissenschaftliche Erklärung des Unmöglichkeitstheorems, oder sucht er nicht vielmehr – ähnlich wie Freud in *Totem und Tabu* – Zuflucht in der Erfindung eines Urmythos? Um diesem Einwand zu begegnen, müssen wir einerseits die Ebene der Theorisierung verschieben – von der quasi-mythologischen zur differenztheoretischen Ableitung des Unmöglichkeitstheorems – und zweitens die Untersuchungsperspektive erweitern. Denn bislang, so könnte weiters eingewandt werden, blieb die Diskussion der Heterogenitätsregel auf die Ebene der *Gruppe* fokus-

10 Oder systemtheoretisch gesprochen: »Erreichbar« wäre nur eine Gesellschaft, die nicht mehr auf der Unterscheidung ihrer selbst von ihrer Umwelt basierte, die also ihre selbstidentische Objektivität gefunden hätte, was sie aber genau zum Verschwinden brächte.

siert. Zwar kann sich diese elementare Gruppe – das »Verwandtschaftsatom« – nur bilden über den Einschluss eines heterogenen Repräsentanten einer anderen Gruppe, bleibt also in ihrer Identität instabil, doch das würde eine nach wie vor dem Objektivismus verfallene gruppensoziologische Konzeption von Gesellschaft als *stabiler* Totalität, die sich mosaikartig aus in sich instabilen Gruppen zusammensetzt, nicht unbedingt ausschließen. Wir werden also die Perspektive erweitern müssen und untersuchen, wie sich auf Basis der Heterogenitätsregel größere soziale Organisationseinheiten konstituieren, ohne dass dabei ein stabiles Equilibrium des Gesellschaftsganzen erreicht werden könnte. Zu diesem Zweck werden wir uns Lévi-Strauss' Diskussion des rätselhaften Phänomens dualer Gesellschaften zuwenden.

III. Das Geheimnis dualistischer Gesellschaften: von der binären zur ternären Spaltung

Auf den ersten Blick könnte es scheinen, sogenannte dualistische Gesellschaften besäßen für unsere weiterführende Diskussion einen wesentlichen Vorteil. Man könnte nämlich annehmen, hier handelte es sich um den einfachsten Fall einer segmentären Gesellschaft, differenziert in zwei Hauptsegmente, und darüber hinaus ließen sich am Beispiel dualistischer Segmentierung die Konflikt- bzw. Ein- und Ausschlussverhältnisse dieser Gesellschaften deutlich illustrieren. Bedauerlicherweise ist beides nicht der Fall. Nur bei oberflächlicher Betrachtung kann die Strukturierung solcher Gesellschaften als simpel erscheinen, in Wahrheit gaben dualistische Organisationen der Anthropologie Rätsel auf, mit denen Lévi-Strauss in vielen seiner wichtigen Arbeiten rang. Solche Segmentierungsweisen sind in nahezu allen Teilen der Welt aufzufinden, ohne deshalb schon universal zu sein; ihre Funktion ist nicht vollständig geklärt – und Lévi-Strauss versucht, in Abgrenzung von rein funktionalistischen Erklärungen oder gar Rückführungen auf eine Urgesellschaft, Gemeinsamkeiten durch strukturale Modellbildung auszumachen. Dennoch verlässt ihn in diesen Diskussionen gelegentlich die unbestechliche Klarheit, die ansonsten sein Werk bestimmt – Zeichen, dass er hier an eine Grenze des Erklärens, zumindest an eine Grenze des innerhalb seines strukturalistischen Theorierahmens Erklärbaren angelangt ist? Schon der Titel seines zentralen Aufsatzes zu diesem Thema – *Gibt es dualistische Organisationen?* – stellt die eigentliche Existenz dessen, was auf hier auf 32 Seiten ausführlich diskutiert wird, in Frage, da »die Untersuchung der sogenannten dualistischen Organisationen so viele Anomalien und Widersprüche in Bezug auf die geltende Theorie aufgedeckt hat, daß man ein Interesse daran haben müßte, auf diese Theorie zu verzichten und die hauptsächlichen Formen des Dualismus als oberflächliche Verdrehungen von Strukturen, deren wirkliche Natur ganz anders und weit komplizierter ist, zu behandeln« (1977c, 179). Lévi-Strauss versucht dieser weit komplexeren, wirklichen Natur dualistischer Gesellschaften, soweit ich sehe, an zumindest vier zentralen Stellen des Gesamtwerks auf die Spur zu kommen (ich vernachlässige die weniger signifikanten Erwähnungen in den *Mythologica*, etwa 1976, 60ff.):

1. In den *Elementaren Strukturen* wird die dualistische Organisation vor allem in Verhältnis zu Kreuzkusinenheirat und Inzestverbot eingeführt. Im Zentrum des Interesses steht die Exogamiefunktion dieser beiden Hälften. Hier findet sich eine der klarsten Definitionen der dualistischen Gesellschaft als »ein System, in dem die Mitglieder der Gemeinschaft – Stamm oder Dorf – in zwei Sektionen geteilt sind; diese unterhalten komplexe Beziehungen zueinander, die von erklärter Feindschaft bis zu sehr enger Vertrautheit reichen, bei denen gewöhnlich jedoch verschiedene Formen von Rivalität und Zusammenarbeit nebeneinander bestehen« (1993, 128). Wie Lévi-Strauss hinzufügt, setzt sich der Dualismus der sozialen Organisation häufig in weiteren soziologischen und in kosmologischen Zweiteilungen fort, sodass die Hälften mit weiteren Gegensatzpaaren verknüpft werden: »Rot und Weiß, Rot und Schwarz, Hell und Dunkel, Tag und Nacht, Winter und Sommer, Nord und Süd oder Ost und West, Himmel und Erde, Festland und Meer oder Wasser, Links und Rechts, Flußabwärts und Flußaufwärts, Oben und Unten, Gut und Böse, Stark und Schwach, Älter und Jünger.« (ibid.)
2. In einer Reihe von Aufsätzen aus den 1950er Jahren (1977b; 1977d), versammelt in *Strukturale Anthropologie I* und *II*, vertieft Lévi-Strauss die Analyse und antwortet Kritikern. Sein Aufsatz »Gibt es dualistische Organisationen?« (1977c), in dem seine Lösungsvorschläge systematisch unterbreitet werden, kann als definitives Statement zum Thema betrachtet werden. In diesen Untersuchungen zeigt sich, dass scheinbar duale Gesellschaften durch mehr als eine segmentäre Trennungslinie bestimmt sowie von einer tiefgreifenden Instabilität gezeichnet sind.
3. In *Das wilde Denken* (1973) werden dualistische Organisationen anhand des Verhältnisses von Synchronie und Diachronie: dem ständigen »Kampf zwischen der Geschichte und dem System« (183) diskutiert. Auch hier beschreibt Lévi-Strauss, wie der Dualismus mancher Gesellschaft reale oder imaginierte historische Ereignisse, die seine Symmetrie durcheinanderbringen, absorbiert, ohne deshalb an endgültiger Stabilität gewinnen zu können. Im Resultat stellt sich das System dar als »gleichzeitig historisch und struktural; binär und ternär; symmetrisch und asymmetrisch; stabil und wacklig ...« (87).
4. Der, wie ich denke, Schlüssel zu den Lévi-Strauss'schen Erklärungsvorschlägen findet sich schließlich in *Traurige Tropen* (1978), und zwar getarnt als Reisebericht und vorgetragen im scheinbar harmlosen narrativen Plauderton.

Gehen wir von einem typischen Beispiel für jene dualistische Gesellschaftsform aus, deren Existenz, dem Lévi-Strauss'schen Titel zufolge, dennoch in Frage steht. Der Fall einer dualistischen Organisationsform, an dem Lévi-Strauss alle anderen Fälle immer wieder zu misst, da er sie in seiner eigenen Feldforschung der 1930er Jahre studiert hatte, ist der Fall der brasilianischen Bororo-Dörfer. Bei den Bororo trennt parallel zum Verlauf des Flusses, an dem das Dorf liegt, eine imaginäre Ost-West-Achse die Bevölkerung in zwei Hälften. Das im Norden gelegene Segment wird von der Gruppe der Cera bewohnt, das im Süden gelegene von der der Tugaré. Die Filiation ist matrilinear, die Wohnweise matrilokal, die Männer gehören der Hälfte der Mutter an, und vor allem sind die Hälften exogam strukturiert: Ein Mann heiratet nur eine Frau der jeweils anderen Hälfte. Da die kreisförmig um ein Zentrum, in dem das Männerhaus steht, angeordneten Hütten im Besitz der Frauen bleiben, muss der heiratende Mann also »die Seite wechseln«, um zu seinem neuen Domizil zu gelangen. Das Männerhaus »mildert diese Entwurzelung«, wie Lévi-Strauss (1978, 213) anmerkt, »da es dank seiner zentralen Lage auf das Territorium beider Hälften übergreift«. Auf einer sehr basalen Ebene bedeutet eine solch duale Organisation, dass Inklusion in die eine Hälfte in wesentlicher Hinsicht Exklusion aus der anderen gleichkommt. So gehört zu den wichtigsten Konsequenzen der dualen Organisation, »daß sich die Individuen hauptsächlich nach ihrer Zugehörigkeit oder Nichtzugehörigkeit zu ein und derselben Hälfte in bezug aufeinander definieren« (1993, 131).[11]

Dennoch wird es nie zu Totalinklusion und Totalexklusion kommen, denn dann würde es sich natürlich nicht um *eine* Organisation handeln, sondern um zwei voneinander unabhängige. Beide Hälften müssen auf irgendeine Weise miteinander vermittelt werden, etwa durch einen bestimmten Modus der Grenzziehung (Reziprozität), sowie durch *Verkreuzungen* mehrfacher Grenzlinien. Dies würde das Modell jedoch unweigerlich verkomplizieren. So konfrontiert Lévi-Strauss dieses scheinbar unkomplizierte Gesellschaftsmodell in einem ersten Schritt mit einer nordamerikanischen Anomalie, die er als »Winnebago-Widerspruch« (1992, 87) bezeichnet. Von Paul Radin Anfang des 20. Jahrhunderts befragt, gaben die Informanten der Winnebago divergierende Angaben bezüglich ihrer Dorfgrundrisse. Die Mehrzahl beschrieb das Runddorf – dem Bororo-Dorf vergleichbar – als in zwei Hälften durchschnitten. Doch eine andere Gruppe von Informanten beschrieb das Dorf als konzentrisch strukturiert mit einem inneren Kreis, »der die Gesamtheit der Hütten dem urbar

---

11 So heißt es demgemäß auch in Luhmanns Diskussion segmentärer Gesellschaften: »In segmentären Gesellschaften ergibt sich die Inklusion aus der Zugehörigkeit zu einem der Segmente. Es gab begrenzte Möglichkeiten der Mobilität, kaum aber Überlebenschancen als Einzelner außerhalb jeder sozialen Zuordnung. Die Inklusion war folglich segmentär differenziert und schloß Exklusion mehr oder weniger effektiv aus« (1998, 622).

gemachten Gelände entgegenstellt, das sich seinerseits dem das Ganze einschließenden Urwald entgegenstellt« (1977c, 151).[12]
Nun hat die von Radin beobachtete und von Lévi-Strauss diskutierte Anomalie jüngst Anstoß zu Vermutungen gegeben, an die hier angeschlossen werden soll. Slavoj Žižek verglich die beiden unterschiedlichen Perspektiven der Winnebago-Informanten mit modernen konflikt- bzw. konsensorientierten Gesellschaftskonzeptionen, namentlich der politischen Links / Rechts-Unterscheidung: »a Leftist and a Rightist behave exactly like members of the opposite sub-groups of the Lévi-Straussian village. They not only occupy different places within the political space; each of them perceives differently the very disposition of the political space – a Leftist as the field that is inherently split by some fundamental antagonism, a Rightist as the organic unity of a community disturbed only by foreign intruders« (2005, 264). Problematisch an dieser Interpretation ist nicht so sehr ihr Anachronismus. Schon Lévi-Strauss (1993, 136) hatte angemerkt, die Frage, ob das amerikanische Zweiparteiensystem einen Ansatz von Dualismus im Sinne dualer Organisationen bilde, sei alles andere als absurd, denn schließlich handle es sich bei dualistischen Organisationen um ein Organisationsprinzip, das unterschiedlich angewandt oder entwickelt sein könne, um eine heterogene »Methode zur Lösung vielfältiger Probleme«, nicht hingegen um eine Institution mit präzisen Merkmalen. Problematisch ist Žižeks (Fehl-)Lektüre, weil ihr entgeht, dass – wie Lévi-Strauss schreibt – »der Dualismus in sich doppelt ist« (1977c, 155). Denn auch das konzentrische Modell zeichnet einen Dualismus: nämlich den zwischen Zentrum und Peripherie (einerseits zwischen bewohntem Innenkreis und gerodetem Außenkreis, und darüber hinaus zwischen diesen beiden und dem Wald, der das Dorf umgibt), weshalb Lévi-Strauss von zwei Gegensatzpaaren spricht: einem symmetrisch-diametralen und einem asymmetrisch-konzentrischen.
Darüber hinaus handelt es sich gerade bei der Struktur des diametralen Dualismus um keine Gesellschaftskonzeption, die eine inhärente Spaltung durch einen fundamentalen Antagonismus markieren würde. Die diametrale Organisation repräsentiert – entgegen Žižeks Interpretation – in erster Linie keinen grundlegenden Konflikt oder Antagonismus zwischen den beiden Hälften, sondern »eine Modalität des Prinzips der Gegenseitigkeit« (1993, 147). Die diametralen Hälften sind auf reziproke Weise miteinander verbunden: dies betrifft in erster Linie den Frauentausch, aber ebenso rituelle Spiele oder Wettläufe, welche »die doppelte Haltung der Rivalität und der Solidarität« (1993, 128f.) widerspiegeln, sowie wechselseitige Rituale wie jene der Bestattung der Toten der einen Hälfte durch die jeweils andere. Jedesmal, so Lévi-Strauss (1978, 213), »wenn einem Mitglied einer Hälfte ein Recht oder eine Pflicht zufällt,

---

12 Einer der Gründe für die Diskrepanz, so Lévi-Strauss, könnte darin bestehen, dass die Struktur des Dorfes in Wahrheit zu komplex war, um von einem einzigen Modell abgedeckt zu werden, und die Beziehung zwischen den Hälften nie so statisch ist, dass sie keine alternativen Beschreibungsmöglichkeiten zuließe.

verwirklichen sich diese immer zugunsten oder mit Hilfe der anderen Hälfte«, so dass er vorschlägt, wir mögen uns ein soziales Leben »nach dem Muster zweier Fußballmannschaften« vorstellen, »die, statt ihre jeweiligen Strategien durchkreuzen zu wollen, versuchen würden, sich gegenseitig zu helfen und den Vorteil am Grad der Vollkommenheit und Großzügigkeit messen würden, den jede von ihnen zu erreichen vermag« (213). Man könnte im Sinne Chantal Mouffes (2007; 2008) also im besten Fall von *Agonismus* sprechen, d.h. von einem symbolisch, d.h. institutionell geregelten Konflikt. Agonismus ermöglicht soziale Inklusion, indem Gruppen einer nur vorübergehenden und/oder partiellen Exklusionserfahrung ausgesetzt werden, die dennoch dem Reziprozitätsprinzip gehorcht. In solchen Fällen verstehen sich die Angehörigen der beiden Seiten als komplementäre Gegner oder Rivalen, nicht hingegen als Feinde. Die Konflikte, denen das duale System ausgesetzt ist, zwingen es zwar zur ständigen Neuorganisierung der Strukturen, doch bleiben diese »trotz allen Zwischenfällen, Konflikten und Zerstörungen Strukturen der Gegenseitigkeit. Ihre wahre Natur beruht auf den Faktoren, die sie als solche fortbestehen lassen, und nicht auf der anekdotischen Geschichte, die ihnen eine ständige Anstrengung der Wiederanpassung abverlangt« (Lévi-Strauss 1993, 142). Nur aufgrund der vielfachen symbolischen Regulierungen dieses wechselseitigen Verhältnisses zerbrechen die dualen Organisationen nicht an ihrer Dualität.[13]
Bedeutet dies, dass Žižek Unrecht hat und kein Antagonismus – im Unterschied zu reziproken *Agonismen* – in den entsprechenden Gesellschaften ausgemacht werden kann? Nicht ganz, denn er übersieht, dass Lévi-Strauss selbst einen solchen radikalen Antagonismus, ja sogar eine Art Klassenspaltung diagnostiziert, die das duale System zwar ebenfalls zu Wiederanpassungen nötigt, aber zugleich einem sehr viel stärkeren Exklusionskriterium gehorcht, welches dem zweiseitigen Verhältnis von Rivalität und Solidarität zwischen diametralen Hälften zu entkommen scheint. Diese Spaltung läuft entlang *dreier* Exklusionslinien. Sie setzt dem exogamen binären Modell also ein *ternäres* entgegen, welches mit ersterem grundsätzlich interferiert, da die drei delimitierten Klassen *endogam* strukturiert sind. Die diametrale Teilung erweist sich in Hinsicht auf die »wahren« Heiratsverhältnisse als *pseudo*-exo-

---

13 Ähnlich wiederum hält Luhmann (1998, 649ff.) fest, es gehe »bei der Grundnorm der Reziprozität um ein internes Regulativ segmentärer Gesellschaften und zwar um ein Regulativ, das sowohl den Fall der Kooperation als auch den Fall des Konflikts erfaßt, also auch diesen lebenspraktisch so wichtigen Unterschied noch mit Normen für Tausch und für Rachebeschränkung ausstattet. Offensichtlich korreliert die Vorstellung der Reziprozität mit der durch die Differenzierungsform gegebenen Gleichheit der Teilsysteme auf allen Ebenen der Inklusion. Wie groß auch immer die Einheiten: Beziehungen zwischen ihnen müssen symmetrisch und umkehrbar gebaut sein, denn anderenfalls würde die Asymmetrie im Laufe der Zeit Ungleichheiten generieren und die Differenzierungsform ändern.« Luhmann unterschätzt hier allerdings die Asymmetrien, die dauernd verhandelt werden müssen (etwa im konzentrischen Modell) und mit den Symmetrien in Übereinstimmung gebracht, was, wie wir noch sehen werden, zu neuen Asymmetrien entlang unterschiedlicher dualer Achsen führen kann und evolutive Veränderungen anstoßen.

gam.[14] Die wesentliche Heiratsvorschrift lautet, dass nur innerhalb dreier, womöglich auf frühere Kasten zurückgehenden Klassen geheiratet werden darf, die alle Clans durchschneiden und von Lévi-Strauss als »obere«, »mittlere« und »untere« bezeichnet werden – gemäß der Regel, »nach der ein Oberer der einen Hälfte notwendigerweise eine Obere der anderen Hälfte heiratet, ein Mittlerer eine Mittlere, ein Unterer eine Untere« (1977c, 160). Zwar wurde die Teilung in erbliche endogame Klassen bei den Bororo und anderen Gesellschaften dadurch abgemildert, dass eine Zweiteilung die Dreiteilung überschnitt. Wieso aber spielt diese triadische Organisation in den Ritualen sowie im Raumsystem der symbolischen Ordnung eine kaum bemerkbare Rolle, während sie die Gesellschaft doch mit eiserner Logik in drei *Parallelgesellschaften* aufspaltet? Oder umgekehrt gefragt, weshalb, so Lévi-Strauss (1977b, 147), »haben Gesellschaften, die durch einen kräftigen Endogamiekoeffizienten gekennzeichnet sind, ein solch dringendes Bedürfnis, sich selbst zu mystifizieren und sich als von exogamen Institutionen klassischer Form, die ihnen aber nicht unmittelbar bewußt sind, beherrscht zu begreifen?«

Lévi-Strauss Antwort, deren für das richtige Verständnis notwendige Theoriereferenzen in den auf größere Wissenschaftlichkeit bedachten Artikeln nur angedeutet werden, gewinnt erst in ihrer narrativ gehaltenen Version aus *Traurige Tropen* an Konturen. Denn dort lässt die Antwort erkennen, dass Lévi-Strauss die ternäre Heiratsklassenlogik nach dem Modell des Marx'schen Klassenantagonismus konstruiert (bekanntlich zählte Lévi-Strauss Marx, neben Freud und der Geologie, zu seinen drei frühen Referenzpunkten). Lévi-Strauss argumentiert nämlich ganz im Geiste und in der Diktion der Marx'schen Ideologiekritik, dass es den Bororo mithilfe ihrer Rituale der Pseudo-Exogamie gelungen sei, »den Widerspruch in ihrer sozialen Struktur durch wahrhaft soziologische Methoden zu lösen (oder zu verschleiern)« (1978, 188). Diese Funktion der *Verschleierung* gesellschaftlicher Spaltungen vergleicht Lévi-Strauss mit der Mär vom Weihnachtsmann: »Wenn wir bei unseren Kindern den Glauben an den Weihnachtsmann pflegen, so nicht nur, um sie hinters Licht zu führen: ihre Begeisterung wärmt uns und hilft uns, uns selbst zu täuschen und zu glauben – weil jene daran glauben –, daß eine Welt voller Großzügigkeit und ohne Gegenforderung nicht gänzlich unvereinbar sei mit der Realität« (1978, 236). Folglich ist den Informanten, die uns vom Weihnachtsmann erzählen, bezüg-

---

14 Die These von der *Pseudo*-Exogamie des diametralen Dualismus wurde von Lévi-Strauss in der Antwort auf einen Kritiker mit dem Hinweis spezifiziert, »daß die Teilung des Dorfs in exogame Hälften zu einer symbolischen Ordnung gehört, da ihre praktische Wirksamkeit durch eine tatsächliche Endogamie gewissermaßen annulliert wird. Hingegen verdient der konzentrische Dualismus des Bororo Dorfs, der profane Kreislinie und heiliges Zentrum einander entgegenstellt, daß man ihm eine größere objektive Realität zuerkennt, weil ihm in dem System nichts widerspricht und er folglich alle seine Konsequenzen sowohl auf der Ebene des sozialen Lebens wie auf der des religiösen Denkens zu entfalten vermag« (1992, 98).

lich der realen sozialen Spaltungen nicht zu trauen. Denn was diese beschrieben, sei vielmehr ein »Ballett«,

> in dem zwei Dorfhälften sich bemühen, füreinander und durch einander zu leben und zu atmen; indem sie Frauen, Güter und Dienstleistungen in einem eifrigen Bemühen um Gegenseitigkeit austauschen, ihre Kinder miteinander verheiraten, gegenseitig ihre Toten begraben und sich wechselseitig versichern, daß das Leben ewig, die Welt hilfreich und die Gesellschaft gerecht ist. Um diese Wahrheiten zu beweisen und lebendig zu halten, haben ihre Weisen eine grandiose Kosmologie erarbeitet; sie haben sie im Plan ihrer Dörfer und in der Verteilung der Wohnstätten niedergelegt. Die Widersprüche, an denen sie sich stießen, haben sie immer wieder aufgenommen und einen Gegensatz nur akzeptiert, um ihn zugunsten eines anderen aufzuheben; sie haben die Gruppen längs und quer gespalten, sie miteinander verbunden und einander entgegengestellt und ihr gesamtes gesellschaftliches und geistiges Leben in eine Art Wappen verwandelt, bei dem sich Symmetrie und Asymmetrie die Waage halten (236).

Doch was bleibt am Ende des Tages von all diesen Versuchen der sozialen Sublimierung, Harmonisierung und Pazifizierung, die durch die Spiele eines vorgeblichen Dualismus erzielt werden soll? Lévi-Strauss' quasi-marxistische Antwort lautet: Der Antagonismus, d.h. das Exklusionsprinzip endogamer Heiratsklassen. Dies bedeute,

> daß sich das Bororo-Dorf hinter dem Deckmantel brüderlicher Institutionen letztlich auf drei Gruppen reduzieren läßt, die ausschließlich untereinander heiraten. Drei Gesellschaft, die, ohne es zu wissen, für immer voneinander verschieden und getrennt bleiben, jede die Gefangene eines Dünkels, der sich durch irreführende Institutionen den eigenen Blicken entzieht, so daß eine jede das unbewußte Opfer von Ränken ist, deren Zweck sie nicht mehr durchschauen kann. (236-7)

So schließt Lévi-Strauss die Diskussion mit Bezug auf die Beerdigungsrituale der Bororo (und zugleich in Bezug auf die diametrale Reziprozität, da ja die eine Hälfte die Toten der anderen begräbt) mit einer Anmerkung, die von Marx hätte stammen können, dass es nämlich dieser Gesellschaft ebensowenig wie jeder anderen Gesellschaft gelungen sei, »jene Wahrheit zu widerlegen, daß nämlich die Vorstellung, die sich eine Gesellschaft von den Beziehungen zwischen den Lebenden und den Toten macht, sich auf das Bemühen reduziert, die realen Beziehungen, die zwischen den Lebenden bestehen, auf der Ebene des religiösen Denkens zu verbergen, zu beschönigen oder zu rechtfertigen« (237).

Die obigen Passagen aus *Traurige Tropen* zeigen auf, dass die ideologiekritische Semantik von Klassenantagonismus und ideologischer Verbrämung – anachronistisch – das Lévi-Strauss'sche Erklärungsmodell durchtränkt. Das hat erkennbar mit den objektivistischen Restbeständen des Lévi-Strauss'schen

Strukturalismus zu tun, denn unbekümmert postuliert Lévi-Strauss die Existenz »einer untergründigen Wirklichkeit«, deren »ungeschickte und fragmentarische Übertragungen« (1977b, 141) durch die dualen Hälften auf die Ebene des Überbaus relegiert werden (so spricht er (1977c, 160f.) explizit von einem »Epiphänomen«). Diese Suche nach einer objektivistisch gefassten, tieferen Wirklichkeit in all ihren Formen – dem Freud'schen Unbewussten, der Marx'schen Basis, den geologischen Tiefenschichten und letztlich den universalen Strukturen des Geistes – durchzieht das ansonsten durchwegs sozialkonstruktivistische Werk Lévi-Strauss'. Jede Kritik, die von poststrukturalistischer und anderer Seite – letztlich bereits von Nietzsche – an den Vorannahmen der Ideologiekritik vorgetragen wurde (die Annahme eines *chorismos* zwischen wirklicher Tiefe und scheinbarer Oberfläche, die Unausgewiesenheit der Beobachterposition, etc.), muss deshalb notwendigerweise auch den objektivistischen Strukturalismus Lévi-Strauss' treffen. Doch sind die Ressourcen dieses Werks damit nicht erschöpft, und an einigen, zweifellos grandiosen Stellen, zu denen wir abschließend kommen wollen, überholt es sich selbst und seinen eigenen Objektivismus.

IV. Die gespiegelte Gesellschaft und die Null-Institution

Gegen unsere Vermutung einer krypto-marxistischen Interpretation der Klassentrennung durch Lévi-Strauss könnte eingewandt werden, dass der Klassenantagonismus zwischen Bourgeoisie und Proletariat bei Marx natürlich einer binären und keiner ternären Logik gehorcht. Nun scheint sich Lévi-Strauss aber tatsächlich so lange nicht mit der triadischen Klassenlogik zufrieden zu geben, bis er auch diese wiederum auf einen Dualismus zurückgeführt hat.[15] Zuhilfe kommt ihm folgende Beobachtung: Jeder Clan ist in die drei nebeneinander liegende Klassen der Oberen, Mittleren und Unteren differenziert, deren Reihenfolge beibehalten wird, so dass (im Uhrzeigersinn gesehen) an jede untere Klasse des einen Clans wieder eine obere des benachbarten Clans anschließt. Diese Alternationslogik macht hingegen dort halt, wo die äußersten Clans jeder Hälfte an der Ost-West-Achse aufeinandertreffen. An die Unteren des letzten Clans der Südhälfte schließen nicht etwa wieder die Oberen des ersten Clans der Nordhälfte an, sondern wiederum die Unteren dieses Clans. Das hat folgende Konsequenz: staucht man die Halbkreise und fädelt die jeweils vier Clans jeder Hälfte horizontal entlang der Ost-West-Achse auf, so ergibt sich eine Spiegelbeziehung zwischen den Heiratsklassen. Jede der drei Heiratsklassen sieht sich auf der anderen Seite der Achse genau derselben Klasse des dortigen Clans gegenüber: die Oberen den Oberen, die Mittle-

---

15 Dies ist umso erstaunlicher, als die Interferenz von geraden (symmetrischen) mit ungeraden (asymmetrischen) Ordnungsstrukturen für Lévi-Strauss' Analysen eine wichtige Rolle spielt.

ren den Mittleren und die Unteren den Unteren: »die Symmetrie der Klassen im Vergleich zu den Hälften ist *spiegelbildlich*« (161). Die Ost-West-Achse, so könnte man sagen, fungiert also in dieser Hinsicht als ein Spiegel, der in Bezug auf die Klassentrennung jeder Hälfte das eigene Bild zurückwirft und sie damit von der anderen Hälfte mehr trennt als verbindet. Es ist wohl dieser Umstand, der Lévi-Strauss zu einer, wie so oft in seinem Artikel nicht weiter ausgeführten Schlussfolgerung veranlasst: »Aus dieser bemerkenswerten Anordnung scheint sich zu ergeben, daß die Eingeborenen ihr Dorf trotz seiner Rundform nicht als ein einziges Objekt denken, das in zwei Teile zerlegbar ist, sondern eher als zwei verschiedene und aneinandergeklebte Objekte« (162).
Nimmt man diese Beobachtung ernst, dann wird man – über Lévi-Strauss hinausgehend – schließen müssen, dass sich die ternäre Klassenspaltung implizit spiegelt in einer imaginären Spaltung: die jeweiligen »Klassengesellschaften« der beiden Hälften sehen in der anderen Hälfte jeweils nur die eigene Klasse. Das hätte zum Ergebnis, dass die Ost-West-Achse die Funktion eines doppelseitigen Spiegels annimmt und die beiden Hälften, die von dieser Achse eigentlich rituell (oder »ideologisch«) miteinander vermittelt werden sollten, erneut auseinanderfielen. Jenes Medium, dessen Aufgabe es eigentlich wäre, die Gesellschaft über ihre eigene Spaltung hinwegzutäuschen, würde nur eine erneute Spaltung produzieren – diesmal jedoch nicht im Bereich der vorgeblich »objektiven« Wirklichkeit (der Klassengesellschaft), sondern in einer potenzierten imaginären Verspiegelung derselben, die eine für die Gesellschaft ebenso effektive Spaltung produziert. Das Register des *Imaginären*, in welchem Reziprozität entlang der Versöhnungs- und Pazifizierungsachse hergestellt werden sollte, erwiese sich nun selbst als eigentlicher Spaltpilz dieser Gesellschaft. Damit aber würde Lévi-Strauss' objektivistisches Basis-Überbau-Modell – »eigentliche« Klassenspaltung hier, »epiphänomenale« Versöhnungsideologie dort – hinfällig. Zumindest ginge die Spaltung der Gesellschaft in gleichem Ausmaß aus dem Bereich des Ideologischen hervor, wie sie aus dem Bereich »objektiver Beziehungen« hervorginge.
Lévi-Strauss' Suche nach immer weiteren Dualismen bringt sein Projekt also zunehmend ins Schlingern. Statt zu Lösungen des Rätsels dualistischer Organisationen kommt es zu immer größeren Verstrickungen der verschiedenen Demarkationslinien, was Prioritätsbeziehungen kaum noch denken lässt. Vor allem wird immer fraglicher, was denn überhaupt die Einheit einer solchen Gesellschaft garantiert. Die Ost-West-Achse scheint es nicht sein zu können, insofern die Herstellung von Einheit im Register des Imaginären nur auf eine noch radikalere Spaltung zwischen den Klassen und schließlich zwischen den Hälften hinausläuft. An dieser Stelle wartet Lévi-Strauss mit einer nicht-objektivistischen Lösung auf, die den Vorteil besitzt, die Frage der Einheitskonstruktion vom Imaginären ins Symbolische zu verlagern und damit zugleich »Einheit« auf andere, nicht-imaginäre Weise fassen zu können. Diese neue Instanz belegt Lévi-Strauss mit dem Namen der *Null-Institution* und macht sie in einem

weiteren Dualismus aus: der in unserer Darstellung bislang nicht erwähnten Nord-Süd-Achse. Gemäß ihrer Lokalisierung in Bezug auf die Nord-Süd-Achse werden die beiden vertikal differenzierten Gruppen als die »stromaufwärts« und die »stromabwärts« bezeichnet. (Das impliziert, dass die Bevölkerung von der vertikalen Achse nun in vier Segmente unterteilt wird: Cera und Tugaré werden nochmals in je zwei Sektionen zu je vier Clans differenziert). Allerdings sei die Funktion dieser Achse »dunkel« (176), denn »[l]eider ist es bisher noch keinem Beobachter gelungen, die genaue Bedeutung dieser zweiten Spaltung zu erfassen« (1987, 214). Lévi-Strauss eigener Vorschlag muss als paradox bezeichnet werden. Er vermutet, ihre Funktion könnte darin bestehen, »daß die Nord-Süd-Achse überhaupt keine Funktion hat, es sei denn die, der Bororo-Gesellschaft die Existenz zu ermöglichen« (1977c, 177).

> Die Dreiteilung entspricht keinem einigenden Prinzip, insofern sie auch – weil sie die Unmöglichkeit der Heirat wiedergibt – einen negativen Wert des Systems zum Ausdruck bringt. Das einzig verfügbare einigende Element wird also durch die Nord-Süd-Achse geliefert, auch dies noch unter Vorbehalt: denn auch wenn sie eine Bedeutung für den Wohnort hat, bleibt diese doch zweideutig; sie hat Bezug auf das Dorf, hat aber seine Teilung in zwei getrennte Gebiete zur Folge. (177)

Obwohl also die Nord-Süd-Achse wiederum nur einen weiteren Dualismus produziert, ermöglicht gerade die Funktionslosigkeit dieses Dualismus der von Spaltungen geprägten Klassengesellschaft – die in drei Parallelgesellschaften oder in zwei Spiegelgesellschaften zu zerfallen droht – ein gewisses Ausmaß an Kohärenz und Totalität. Deren Existenz als Gesamtgesellschaft wird allerdings nicht länger auf imaginäre Weise gesichert, wie dies die Ost-West-Achse zu tun vorgibt, indem sie Reziprozitätsbeziehungen zwischen den beiden pseudo-exogamen Hälften herstellt, sondern wird von der Nord-Süd-Achse paradoxerweise genau deshalb ermöglicht, weil diese *keine* imaginär einigende Funktion besitzt. Die Einheit des Ganzen wird somit von einem im Verhältnis zum Ganzen wie zur Teilung *überschüssigen* Element garantiert:

> Aber es ist nicht das erstemal, daß die Forschung uns institutionellen Formen gegenüberstellt, die man *Null-Typus* nennen könnte. Diese hätten keine andere Eigenschaft als die, die vorläufigen Existenzbedingungen des sozialen Systems einzuführen, von dem sie abhängen und dem ihr – an sich bedeutungsloses – Vorhandensein gestattet, sich als Ganzheit zu setzen. Die Soziologie würde damit auf ein wesentliches Problem stoßen, das sie mit der Sprachforschung gemein hat, das ihr aber auf ihrem eigenen Gebiet anscheinend noch nicht völlig bewußt geworden ist. Dieses Problem besteht in dem Vorhandensein von Institutionen ohne allen Sinn, es sei denn den, der Gesellschaft, die sie besitzt, einen zu geben. (177)

Lévi-Strauss führt, wie so oft, den Gedanken nicht weiter aus, obwohl dessen Relevanz offensichtlich ist, hängt doch von dieser Institution die Existenz der

Gesamtgesellschaft ab, ja in gewisser Hinsicht *ist die Null-Institution die Gesellschaft*. (Die Analogie zum Inzestverbot ist mit Händen zu greifen: Wie das Inzestverbot die Regel in ihrer reinen Form darstellt, so stellt die Null-Institution die Institution in ihrer reinen Form unter Absehung von jeder Funktion dar). Auch bemüht er sich kaum, ihn irgendwie zu plausibilisieren. Immerhin findet sich an prominenter Stelle in Lévi-Strauss' Werk eine weiterführende Erklärung solch institutioneller Formen des Null-Typus, die an Erkenntnisse der Phonologie angelehnt ist. In seiner Einleitung zum Werk von Marcel Mauss bezieht sich Lévi-Strauss auf Roman Jakobsons Konzept des Null-Phonems, das im Unterschied zu allen anderen kein differentielles Merkmal besitzt. Das von Mauss untersuchte Konzept des *mana* (ein nicht weiter bedeutsames symbolisches Zirkulationsobjekt, dem etwa in der französischen Sprache ein universal einsetzbares Wort wie *truc* entsprechen würde) wird von Lévi-Strauss dahingehend interpretiert, »daß die Funktion der Begriffe vom Typus *mana* darin besteht, sich der Abwesenheit von Sinn entgegenzusetzen, ohne selbst irgendeinen bestimmten Sinn mitzubringen« (1999, 40). Ein solcher Begriff sei, so vermutet Lévi-Strauss, »bloße Form oder genauer Symbol im Reinzustand und deswegen in der Lage, einen wie immer gearteten symbolischen Inhalt aufzunehmen«. Und weiter: »In diesem für jede Kosmologie konstitutiven System von Symbolen wäre es einfach ein *symbolischer Nullwert*, das heißt ein Zeichen, das die Notwendigkeit eines supplementären symbolischen Inhalts markiert« (40).

V. Antagonismus und leerer Signifikant

Damit hätte uns Lévi-Strauss den entscheidenden Hinweis gegeben, wie Gesellschaft als umögliches Objekt (als *Ding*) denn nun diskursiv possibilisiert wird und wie eine entsprechende diskurstheoretische Ableitung dieser Möglichkeits-/Unmöglichkeits-Dialektik vorgestellt werden kann. Kehren wir zurück zum Konzept des Antagonismus. Lévi-Strauss selbst, wir hatten es angedeutet, bleibt zuallererst auf der Suche nach systeminternen Dualismen: nach Konflikt- und Exklusionslinien, die auf Basis von Reziprozitätsbeziehungen gemildert werden. Was aber, wenn der Antagonismus, der sich auf das Gesellschaftssystem als solches bezieht, nicht innerhalb der Gesellschaft – in Form von Dualismen – abbildbar wäre? An dieser Stelle nehmen wir einen weiteren, produktiveren Vorschlag Slavoj Žižeks auf. Die verschiedenen imaginären oder objektivistisch vorgestellten Dualismen sind nichts anderes als innergesellschaftliche Symptome eines fundamentaleren Antagonismus, der die Gesellschaft selbst betrifft und undargestellt bleibt:

> the very splitting into the two ›relative‹ perceptions implies the hidden reference to a constant – not the objective, ›actual‹ disposition of buildings

but a traumatic kernel, a fundamental antagonism the inhabitants of the village were not able to symbolize, to account for, to ›internalize‹, to come to terms with, an imbalance in social relations that prevented the community from stabilizing itself into a harmonious whole. The two perceptions of the ground-plan are simply the two mutually exclusive endeavours to cope with this traumatic antagonism, to heal its wound via the imposition of a balanced symbolic structure. (Žižek 2005, 264)

Die Null-Institution, die nach Lévi-Strauss die Existenz der Gesellschaft ermöglicht, bezöge sich dann nicht so sehr auf interne Klassenspaltungen als auf diesen externen Antagonismus. Es trifft sich, dass die Laclau'sche Diskurstheorie nicht nur eine exaktere Theorisierung des Antagonismus erlaubt (die gleichsam der mythologisch-psychoanalytischen Vorstellung eines traumatischen Kerns des Realen durch ihre größere sozialwissenschaftliche Operationalisierbarkeit überlegen ist), sondern auch eine exaktere Theorisierung der Null-Institution. Obwohl an dieser Stelle nicht alle theoretischen und methodischen Implikationen der Diskurstheorie entwickelt werden können, sollen zumindest ihre Umrisse abschließend dargestellt werden.

Laclaus Ausgangsproblem besteht darin, die Herstellung der Kohärenz diskursiver Systeme zu theorisieren, inklusive der *Ermöglichung* jenes unmöglichen Objekts *der Gesellschaft.* Laclaus Lösungsvorschlag besteht in seinem Konzept des leeren Signifikanten. Der leere Signifikant ist für Laclau jenes Element, das diese Kohärenz eines Diskurssystems (wenn auch immer nur partiell) zu gewährleisten in der Lage ist. Laclaus Argumentation lässt sich in sechs Schritte zusammenfassen, an deren Ende die Theorie des leeren Signifikanten stehen wird. Ich bringe sie hier aus Platzgründen in die Form thesenhafter Postulate:

1. *Signifikation bedingt Systematizität.* Das folgt für Laclau aus den Grundannahmen Saussures, denn in jedem Bezeichnungsakt ist die Totalität aller Differenzen implizit anwesend. Dazu Laclau (2002, 66): »Von Saussure wissen wir, daß Sprache (und in Verlängerung: alle Signifikationssysteme) ein System von Differenz ist, daß linguistische Identitäten – Werte – rein relational sind und daher die *Gesamtheit* von Sprache in jedem einzelnen Akt der Bezeichnung involviert ist. Nun, in diesem Fall wird klar, daß Totalität essentiell notwendig ist: Würden die Differenzen sich zu keinem System zusammenschließen, dann wäre überhaupt keine Signifikation möglich.«

2. *Es gibt keine Totalität und kein System ohne Grenzen;* denn wenn die eigentliche Voraussetzung der Signifikation das System ist, dann besteht die eigentliche Voraussetzung des Systems in dessen Grenzen. Diese sind aber nur angebbar, wenn ihr Jenseits einsichtig ist: »Wir können mit Hegel sagen, daß das Denken der Grenzen von etwas darauf hinausläuft, das zu denken, was jenseits dieser Grenzen liegt« (66). Was aber ist dieses Jenseits? Kann es eine weitere Differenz sein? Offenbar nicht, denn in diesem Fall wäre diese Differenz Teil des Systems selbst, das ja nichts anderes ist als die Totalität

aller Differenzen. Eine bloß weitere Differenz wäre ununterscheidbar vom System der Differenzen und somit kein »Jenseits«. Daraus folgt:

3. *Das Jenseits des Systems hat den Charakter der* Ausschließung. In anderen Worten: Das Außen des Systems steht nicht in einem differentiellen, sondern in einem *antagonistischen* Verhältnis zum Innen, das wiederum nur durch jenes Außen konstituiert wird. Laclau geht also davon aus, »daß echte Grenzen nie neutrale Grenzen sein können, sondern einen Ausschluß voraussetzen. Eine neutrale Grenze wäre eine, welche essentiell mit dem zusammenhinge, was an ihren beiden Seiten liegt: und diese beiden Seiten wären einfach voneinander unterschieden. Wenn eine bezeichnende Totalität aber genau ein System von Differenzen ist, dann bedeutet das, daß beide Teil desselben Systems sind und daß die Grenzen zwischen den beiden nicht die Grenzen des Systems sein können. Im Fall einer Ausschließung haben wir dagegen authentische Grenzen, da die Aktualisierung dessen, was jenseits der Grenze der Ausschließung liegt, die Unmöglichkeit dessen beinhaltet, was diesseits der Grenze liegt. Wahre Grenzen sind immer antagonistisch.« (66f.)

4. Antagonismus heißt: *die Bedingung der Möglichkeit von Differenz ist Äquivalenz*. Denn worin sie sich auch sonst unterscheiden mögen, im Verhältnis zu ihrem Außen sind alle inneren Differenzen *äquivalent*. Allerdings untergräbt diese Äquivalenz zugleich deren differentiellen Charakter. Dies bedeutet, dass Äquivalenz nicht nur Bedingung der Möglichkeit von Differenz ist, sondern auch Bedingung ihrer Unmöglichkeit (also der Unmöglichkeit *totaler* Differenz, i.e. eines beliebigen Pluriversums ohne Grenzen). Dazu Laclau: »Einerseits drückt sich jede Differenz selbst *als* Differenz aus, andererseits löscht sich jede selbst als solche aus, indem sie in ein Äquivalenzverhältnis mit allen anderen Differenzen des Systems eintritt. Und wenn wir davon ausgehen, daß es nur dort System gibt, wo es radikale Ausschließung gibt, dann ist diese Spaltung oder Ambivalenz konstitutiv für jede systemische Identität« (67). Jede Identität konstituiert sich um diese unauflösbare Spannung zwischen Differenz und Äquivalenz. Das System als Totalität wird somit zu einem unmöglichen aber dennoch notwendigen Objekt.

5. *Das unmögliche Objekt des Systems kann nicht adäquat repräsentiert werden, und zwar genau deshalb, weil ihm kein mögliches Objekt direkt korrespondiert.* Die Grenzen des Systems – insofern sie dem System selbst gegenüber radikal heterogen sein müssen, um es zu konstituieren – können nicht direkt aus dem Inneren des Systems heraus signifiziert werden. In einem Rückgriff auf ein Wittgenstein'sches Motiv sagt Laclau, dass sich die Grenzen der Signifikation zwar nicht bezeichnen lassen, aber selbst »zeigen« – und zwar im Moment des Zusammenbruchs von Signifikation: »Aber wenn wir über die Grenzen eines *Bezeichnungssystems* sprechen, ist klar, daß dessen Grenzen nicht selbst bezeichnet werden können, sondern sich selbst *zeigen* müssen als die *Unterbrechung* oder der *Zusammenbruch* des Prozesses der Signifikation« (66).

6. Insofern aber die Grenzen des Systems dieses nicht nur unmöglich macht, sondern eben auch möglich, *ist Repräsentation von Systematizität* nicht gänzlich *unmöglich*. Allerdings: Jede Repräsentation ist konstitutiv verzerrt oder opak. Die Mittel der Repräsentation können nur aus den system-internen Differenzen gewonnen werden, die ihrem Zweck – der Repräsentation von Äquivalenz – notwendigerweise unangemessen bleiben müssen. Sie können diese Rolle nur übernehmen, wenn sie sich spalten: Auf der einen Seite behalten sie ihren differentiellen Charakter zumindest teilweise, auf der anderen Seite repräsentieren sie die unmögliche Totalität. Was Laclau und Mouffe eine *hegemoniale Relation* nennen, ist genau das: eine bestimmte Partikularität übernimmt mehr oder weniger vorübergehend und mehr oder weniger erfolgreich eine universale Funktion, ohne ihr jedoch je voll genügen zu können.

7. *Die Repräsentation der Systematizität des Systems (also auch der »Gesellschaftlichkeit« der Gesellschaft) wird von einem leeren Signifikanten übernommen.* Die Logik, die dahintersteht, ist eine Logik der Entleerung des diese unmögliche Aufgabe übernehmenden Signifikanten von seinen partikularen Signifikaten. Um möglichst viele Differenzen in eine Äquivalenzkette – ein diskursives System – zu bringen, muss sich der leere Signifikant – als der Name für die Kette selbst – von seinen konkreten Inhalten entleeren. Je umfassender die Kette bzw. das System, desto leerer der Signifikant. Die Kohärenz eines diskursiven Systems wird somit gewährleistet durch die Übernahme der allgemeinen Repräsentationsfunktion durch ein partikulares Element dieses Systems. Der symbolhafte Charakter dieses Elements besteht nicht in seiner *konkreten* Bedeutung, sondern darin, dass er diese Repräsentationsfunktion für das Gesamtsystem übernehmen kann und darin sich von seinen konkreten Bedeutungen gerade entleert.

Diese Lösung steht der Diskurstheorie offen, weil sie die Frage nach der Kohärenz diskursiver Systeme zu beantworten weiß mit der Einführung der Kategorie *antagonistischer Äquivalenz*. Ein Feld der Differenz *kohäriert* alleine gegenüber einer allen Differenzen radikal heterogenen Instanz, die ein Prinzip der *Äquivalenz* in das Feld der Differenz einführt. Diese Instanz, die Instanz des Antagonismus, *negiert* den differentiellen Charakter der Signifikanten, wodurch gegenüber diesem negatorischen Außen sich Äquivalenz- und damit Kohärenzeffekte im Feld der Differenzen bilden. Das – an sich unmögliche – System wird possibilisiert. Ein Signifikant aus dieser Kette übernimmt nun die Aufgabe des »allgemeinen Äquivalents«, also die Aufgabe, die Systematizität des Systems als solche zu repräsentieren. Genau diese universale Aufgabe als allgemeines Äquivalent erfordert aber seine Entleerung von partikularen Inhalten. Der Signifikant wird zur *Null-Institution*. Er wird, mit Lévi-Strauss gesprochen, zur *Institution als Institution, zu ihrer leeren Form*. Somit handelt es sich bei diesem leeren Signifikanten um nichts anderes als um jenen Rest, welcher der

»Absurdität« einer vollständig funktionierenden Gesellschaft entkommt und Gesellschaft dennoch gerade *als Rest* ermöglicht.

Literatur

Åkerstrøm Andersen, Niels (2003): Discursive Analytical Strategies. Understanding Foucault, Koselleck, Laclau, Luhmann. Bristol: Policy.

Derrida, Jacques (1992): Die Schrift und die Differenz. Frankfurt a.M.: Suhrkamp.

Fuchs, Peter (1992): Die Erreichbarkeit der Gesellschaft: Zur Konstruktion und Imagination gesellschaftlicher Einheit. Frankfurt a.M.: Suhrkamp.

Fuchs, Peter (2001): Die Metapher des Systems. Studien zu der allgemein leitenden Frage, wie sich der Tänzer vom Tanz unterscheiden lasse. Weilerswist: Velbrück.

Lacan, Jacques (1988): Radiophonie/Television. Weinheim/Berlin: Quadriga.

Lacan, Jacques (1996): Die Ethik der Psychoanalyse. Das Seminar Buch VII. Weinheim/Berlin: Quadriga.

Lacan, Jacques (2004): Le Séminaire livre X. L'angoisse. Paris: Seuil.

Laclau, Ernesto (1990): New Reflections on the Revolution of Our Time. London/New York: Verso.

Laclau, Ernesto (2002): Emanzipation und Differenz. Wien: Turia+Kant.

Laclau, Ernesto/Chantal Mouffe (1991): Hegemonie und radikale Demokratie. Wien: Passagen.

Lévi-Strauss, Claude (1973): Das wilde Denken. Frankfurt a.M.: Suhrkamp.

Lévi-Strauss, Claude (1976): Mythologica I. Das Rohe und das Gekochte. Frankfurt a.M.: Suhrkamp.

Lévi-Strauss, Claude (1977a): Einleitung: Geschichte und Ethnologie. S. 11-40 in: Ders., Strukturale Anthropologie I. Frankfurt a.M.: Suhrkamp.

Lévi-Strauss, Claude (1977b): Die sozialen Strukturen in Zentral- und Ostbrasilien. S. 135-147 in: Ders., Strukturale Anthropologie I. Frankfurt a.M.: Suhrkamp.

Lévi-Strauss, Claude (1977c): Gibt es dualistische Organisationen? S. 148-180 in: Ders., Strukturale Anthropologie I. Frankfurt a.M.: Suhrkamp.

Lévi-Strauss, Claude (1977d): Sprachwissenschaft und Anthropologie. S. 80-94 in: Strukturale Anthropologie I, Frankfurt a.M.: Suhrkamp.

Lévi-Strauss, Claude (1978): Traurige Tropen. Frankfurt a.M.: Suhrkamp.

Lévi-Strauss, Claude (1992): Sinn und Gebrauch des Modellbegriffs. S. 87-98 in: Ders., Strukturale Anthropologie II. Frankfurt a.M.: Suhrkamp.

Lévi-Strauss, Claude (1993): Die elementaren Strukturen der Verwandtschaft. Frankfurt a.M.: Suhrkamp.

Lévi-Strauss, Claude (1999): Einleitung in das Werk von Marcel Mauss. Pp. 7-41 in: Marcel Mauss, Soziologie und Anthropologie 1. Frankfurt a.M.: Fischer.

Luhmann, Niklas (1998): Die Gesellschaft der Gesellschaft. Frankfurt a.M.: Suhrkamp.

Marchart, Oliver (2005): Don Alejandros Problem. Zum Verhältnis von Souveränität, Repräsentation und radikaler Demokratie. S. 68-95 in: DemoPunK (Hrsg.), Indeterminate! Kommunismus. Texte zu Ökonomie, Politik und Kultur. Münster: Unrast.

Marchart, Oliver (2007): Post-foundational Political Thought. Political Difference in Nancy, Lefort, Badiou and Laclau. Edinburgh: Edinburgh University Press.

Mouffe, Chantal (2007): Über das Politische. Wider die kosmopolitische Illusion. Frankfurt a.M.: Suhrkamp.

Mouffe, Chantal (2008): Das demokratische Paradox, Wien: Turia+Kant.

Stäheli, Urs (2000): Sinnzusammenbrüche. Eine dekonstruktive Lektüre von Niklas Luhmanns Systemtheorie. Weilerswist: Velbrück.

Staten, Henry (1984): Wittgenstein and Derrida. Lincoln/London: University of Nebraska Press.

Stavrakakis, Yannis (1999): Lacan & the Political. London / New York: Routledge.
Stavrakakis, Yannis (2007): The Lacanian Left. Psychoanalysis, Theory, Politics. Edinburgh: Edinburgh University Press.
Žižek, Slavoj (1998): Jenseits der Diskursanalyse. S. 123-132 in: Oliver Marchart (Hrsg.), Das Undarstellbare der Politik. Zur Hegemonietheorie Ernesto Laclaus. Wien: Turia+Kant.
Žižek, Slavoj (2005): Interrogating the Real. London / New York: Continuum.

Prof. Dr. Oliver Marchart
Soziologisches Seminar, Universität Luzern
Postfach 7456, CH-6000 Luzern 7
oliver.marchart@unilu.ch

Soziale Systeme 14 (2008), Heft 2, S. 397-417

Alex Demirović

Reibungen an der Normalität
Exklusion und die Konstitution der Gesellschaft[1]

Zusammenfassung: Im ersten Teil des Beitrags wird diskutiert, dass eine moralphilosophische und demokratietheoretische Forderung nach mehr Inklusion von durch Exklusion betroffenen Individuen theoretisch unzulänglich und politisch hilflos ist. Das grundlegende Problem, dass sich moderne Gesellschaft nur in der Binarität von Inklusion und Exklusion konstituieren kann, wird dabei ignoriert. Dort, wo diese Einsicht zur Geltung gelangt – in der Theorie von Luhmann –, fehlt allerdings der herrschaftssoziologische Aspekt. Erst eine kritische Wendung, die die Unterscheidung von Inklusion und Exklusion selbst in Frage stellt, führt weiter. Ob eine solche Infragestellung überhaupt möglich ist, ist Gegenstand der Auseinandersetzung mit der Theorie von Laclau, der ebenfalls einen die Gesellschaft konstituierenden Ausschluss annimmt. Es wird, gestützt auf Überlegungen Freuds und Adornos, der Nachweis geführt, dass Laclaus Argumente für die konstitutive Notwendigkeit von Exklusion Ergebnis von Naturalisierungen sind, die theoretisch nicht begründet werden können. Die These ist, dass Laclaus ontologisierende Argumentation durchaus den realen Gehalt der modernen Gesellschaft trifft und Gesellschaft als ökonomisch, politisch und kommunikativ erzeugte Totalisierung mit ihren ausschließenden Folgen als Form menschlichen Zusammenlebens selbst zur Disposition gestellt werden muss.

Müssen wir eine Gesellschaft, müssen wir Gesellschaft überhaupt hinnehmen, die uns eine Normalität zumutet, zu der maßloser Reichtum und sinnloser Konsum ebenso wie der Wahnsinn, die Armut, die Gewalt, die Benachteiligung, die Ausgrenzung und Marginalisierung gehört – von der Ausbeutung noch nicht zu sprechen? Der überwiegende Teil der soziologischen Fachwelt wird die Ansicht vertreten, dass es romantisch und wenig lebenstüchtig wäre, sich das anders vorzustellen. Die Exklusion gehört zur Gesellschaft wie das Amen zum Gebet. Irgendwann allerdings hat die aufgeklärte Menschheit aufgehört zu beten. Es stellt sich also die Frage, ob es weiterhin sinnvoll ist, vor der Gesellschaft niederzuknien, wenn sie so fatale und fatalistische Folgen hat. Diese Problematisierung möchte ich im Folgenden plausibilisieren. Im ersten Abschnitt soll gezeigt werden, dass es nicht ausreicht, der Exklusion moralphilosophisch oder demokratietheoretisch die Inklusion entgegenzustellen, da Inklusion und Exklusion einen gesellschaftskonstitutiven Binarismus darstellen, der herrschaftlich hergestellt wird. Die Schlussfolgerung ist, dass die

---

1 Für ihre Hinweise danke ich zwei anonymen Gutachtern.

Logik der Unterscheidung von Exklusion und Inklusion selbst kritisch zur Diskussion steht. Im zweiten Abschnitt wird argumentiert, dass eine Befragung der Unterscheidung von Exklusion und Inklusion zu der Frage nach Gesellschaft selbst führt. Dies geschieht in einer Auseinandersetzung mit den Überlegungen Ernesto Laclaus, der den Zusammenhang von Exklusion und Konstitution der Gesellschaft als Totalität expliziert. Laclau greift zur Begründung auf identitätstheoretische Annahmen zurück, die in der weiteren Argumentation mit Überlegungen von Freud und Adorno konfrontiert werden. Insgesamt zielt die Argumentation des vorliegenden Artikels darauf, den Syllogismus zu dekonstruieren, der nahelegt, dass, wenn Gesellschaft sich nur durch Exklusion bilden kann, letztere hinzunehmen und erstere nicht in Frage zu stellen sei. Gezweifelt wird also an der aprioristischen Einstellung, die immer dem Kollektiv den Vorrang vor den Einzelnen einräumen will.

I. Der Binarismus Exklusion und Inklusion

Exklusion ist ein Begriff, der der Kritik der Gesellschaft seit den 1960er Jahren in einem erheblichen Maße Impulse gegeben hat. Es lassen sich mindestens drei teilweise ineinandergreifende Bedeutungen und Dynamiken von Exklusion unterscheiden. Erstens meint der Begriff der Exklusion eine soziale Lage, die dadurch charakterisiert ist, dass Individuen in einer Reihe von sozialen Aspekten benachteiligt sind. Berufliche Situation, Einkommen, Bildung, Wohnung und Wohnort, Konsum sind derart, dass für einzelne Gruppen eine Teilhabe an einem normalen, sprich: durchschnittlichen gesellschaftlichen Leben in erheblichen Maße erschwert oder unmöglich wird. Exklusion ist demnach eine zwangsläufige Folge der sich alltäglich vollziehenden Reproduktion moderner, kapitalistischer Gesellschaften.

Eine zweite Form der Exklusion ergibt sich aus Mustern kollektiver Gewohnheit und Lebensführung, die mit rechtlicher Normierung eng verbunden sein können. Auch nachdem Frauen im formellen Sinne rechtlich gleichgestellt sind, sind sie überdurchschnittlich häufig von vor allem informell wirkender Ausschließung aus der Sphäre der Öffentlichkeit und der Politik sowie einem erschwerten Zugang zu den gehobenen und einkommensstarken Berufen betroffen. Eine weitere von Ausschluss betroffene Gruppe sind Migranten oder Individuen mit migrantischem Hintergrund. Ihnen werden Staatsbürgerschaftsrechte vorenthalten. Damit gelangen sie in die Situation, je nach Dauer der Einwanderung über viele Jahre in einer Gesellschaft zu arbeiten, zu konsumieren, dem Recht Folge zu leisten und Steuern zu zahlen, und doch nicht in den Genuss der Partizipation an den demokratischen Willensbildungsprozessen oder an den kulturellen Praktiken zu gelangen. Informelle, soziale Prozesse bewirken Exklusionen hinsichtlich des Wohnens, der schulischen Abschlüsse, der Teilhabe an Kultur.

Eine dritte Form von Ausschluss wird insbesondere in den Schriften von Foucault thematisiert. Ihnen zufolge bildet sich seit dem 17. und 18. Jahrhundert in Europa eine Reihe von Institutionen, die die Machttechnologien der Ausgrenzung und Einsperrung zur Anwendung bringen. Es werden Individuen als Irre, Kranke oder Delinquente ausgegrenzt, die als nicht normal, abweichend oder pathologisch gelten. Die Exklusion schafft keine Zone der Unbestimmtheit, kein wildes Außen, in dem es keine Regeln und Normen, keine Kontrolle, keine Regelmäßigkeiten gäbe. Der Ausschließung entspricht vielmehr eine Einschließung, eine Einsperrung in die Gefängnisse, die Arbeits-, Irren- oder Krankenhäuser. Die Ausgegrenzten werden ihrerseits Objekte des Wissens, der Klassifikation, der Beobachtung, der Überwachung, der Lenkung, der Bearbeitung durch Strafe, Therapie, Sozialarbeit oder Erziehung.

In jedem Fall dieser drei Formen der funktionalen, der strukturellen und der institutionellen Exklusion – wenn es überhaupt sinnvoll ist, sie in dieser Weise zu unterscheiden – lässt sich die sozialtheoretische, politische und moralische Frage stellen, ob die Exklusion notwendig ist, in welcher Weise sie sich vollzieht oder ob es nicht richtiger wäre, dass es sie nicht gäbe. Mit Blick auf systematisch eintretende Exklusionslagen, die sich als Ergebnis von Klasse (Armut, Bildungsbenachteiligung), Geschlecht und sexueller Orientierung, nationaler und zugerechneter biologisch-kultureller Herkunft (›Ethnie‹, ›Rasse‹), aufgrund von Alter oder Krankheit einstellen, wird immer wieder soziale Öffnung und Inklusion gefordert. Die Frage stellt sich, wie weit eine solche Forderung gehen kann. Berührt sie die jeweils konkrete Ausschließung oder die Ausgrenzung selbst, also die Logik der Exklusion, so dass am Ende niemand und in keiner Hinsicht mehr überhaupt ausgeschlossen werden könnte? Mit Blick auf den politischen Raum argumentiert Seyla Benhabib für die zweite und radikalere Version. »Nach der französischen Revolution und amerikanischen Revolution erweitert sich der Umfang des Öffentlichen mit dem Eintritt jeder neuen Gruppe in den öffentlichen Raum der Politik.« (Benhabib 1991, 152) Die Ausdehnung des Öffentlichen betrifft die Gesellschaft als Ganze, denn der Raum der Politik soll nicht von dem der Gesellschaft unterschieden werden, weil es nicht möglich sei, in irgendeiner Weise vorab festzulegen, was als politisch und als Gegenstand der Politik gelten kann. Diese Überlegung erweitert den Begriff der Partizipation auf alle gesellschaftlichen Sphären und legt damit nahe, dass es zu einer Vollinklusion in allen gesellschaftlichen Bereichen kommen sollte. Denn wenn alle diejenigen über die Sachverhalte zu diskutieren – und vielleicht sogar zu entscheiden – berechtigt sind, die sie betreffen, dann wird es sinnlos, von Exklusion zu sprechen. Jede Person hat das Recht, ihre Exklusionslage zum Gegenstand des öffentlichen Diskurses zu machen und auf Inklusion zu drängen. »Demokratisierung in gegenwärtigen Gesellschaften kann als die Zunahme und das Wachstum von autonomen öffentlichen Sphären zwischen Beteiligten angesehen werden.« (1991, 158) Bemerkenswert ist, dass es Benhabib offenkundig nicht gelingen will, die Grenzlinie von Gesellschaft und politischem Raum derart zu thematisieren, dass Exklusion tatsächlich aufgehoben wird. Unter der Hand setzt sich in ihrer Argumentation die Logik der Exklusion auf zweierlei Weise erneut durch: a) Soll zunächst der öffentliche Raum sich dadurch ausdehnen, dass es zu Auseinandersetzungen um das kommt, was als öffentlich gilt, verschiebt sich unversehens der Akzent, wenn Benhabib – wie zitiert – davon spricht, dass es zu einer Zunahme und einem Wachstum öffentlicher Räume kommt, also von Öffentlichkeit im Plural. Das ist keine grammatikalische Spitzfindigkeit, sondern betrifft eine wichtige politische Frage: In diesem Fall wird zwar vielleicht vieles oder alles öffentlich verhandelt, aber in verschiedenen öffentlichen Räumen. Es reproduziert sich das Problem der Inklusion und Exklusion insofern, als man nun zu der einen und nicht zur anderen Öffentlichkeit gehört und folglich aus einzelnen Öffentlichkeiten ausgeschlossen ist. Es stellt sich die Frage danach, auf welche Weise die Grenzen dieser Öffentlichkeiten gezogen werden. Auch jene Grenzen müssten wiederum Gegenstand von öffentlichen Diskursen werden. Dies legt als Konsequenz nahe, dass es am Ende zu einer allumfassenden Öffentlichkeit kommen müsste, die tatsächlich keine Ausschlüsse mehr kennt. b) Offenkundig schreckt Benhabib vor dieser Konsequenz zurück und macht einen Rückzieher. Die Unterscheidung und Trennung des Privaten vom Öffentlichen sei Teil eines Herrschaftsdiskurses. Die Forderung, Aspekte des privaten Lebens öffentlich zu verhandeln, kann entsprechend als Akt der Emanzipation verstanden werden. Doch meint Benhabib dies lediglich im Sinne einer Neuaushandlung der Trennungslinie zwischen privat und öffentlich. Diese Grenze soll durch einen radikalen Prozeduralismus öffentlicher Diskussion entzaubert und befragt, für selbstverständlich gehaltene normative Dualismen sollen geprüft, die Grenze zwischen Inklusion und Exklusion soll verflüssigt werden. Diese Überlegung ist folgenreich. Auch dann, wenn es nicht zu askriptiven Verfestigungen kommen wird, weil alles diskursiv verflüssigt ist, bleibt die Grenze als solche bestehen; ständig wird sich die Aufgabe von neuem stellen, Fixierungen und Ausschlüsse vermittels Diskursen zu verflüssigen. Systematisch bedenkt Benhabib nicht, dass es sich um eine Zwei-Seiten-Form, um einen Binarismus handelt. Sie ist aufgrund normativer Vorentscheidung so sehr mit der Dynamisierung und Verflüssigung der Grenze zwischen privat und öffentlich beschäftigt, dass sie aus dem Blick verliert, dass und wie sich Exklusionen immer wieder neu ausbilden. Es drängt sich die Frage auf, ob dies nicht zuletzt auch durch Öffentlichkeit geschieht. So bildet sich der Status der Exklusion einfach deswegen heraus, weil einmal Ausgeschlossene Gegenstand von Verwaltung und Entmündigung werden können und oftmals nicht über die Ressourcen verfügen, selbst einen diskursiven Prozess anzustoßen. Am Ende würde vielleicht nicht einmal mehr die Trennungslinie von Inklusion und Exklusion skandalisiert, weil diejenigen, die es tun müssten, dazu nicht oder nur in minderem Maße fähig wären. Im Unterschied zu gut ausgebildeten und kommunikativ kompetenten Frauen der Mittelklasse, die Benhabib vor Augen hat, ist ein Problem von Irren, von

Arbeitslosen und Leiharbeitern, von migrantischen Schulabbrechern oder Ghettobewohnern, dass ihr Zugang zu öffentlichen Diskussionen, ihre Selbstorganisationsfähigkeit und ihre Kompetenzen, wie zu sprechen sei, gering sind.

Niklas Luhmann (1997) hat die Vorstellung einer Überwindung der Exklusion zurückgewiesen. Wenn sich, worauf er hinweist, die Exklusionen der verschiedenen Funktionssysteme, die nach jeweils spezifischen Operationskriterien über Inklusion und Exklusion entscheiden, kumulieren und wechselseitig verstärken, kommt es in der Folge zu besonderen Lebenslagen, die Individuen aus dem Gesellschaftsprozess insgesamt herausfallen lassen: keine Arbeit und kein Geldeinkommen, kein Ausweis, keine stabile Intimbeziehung, keine Bildung, keinen Rechtsschutz. Doch aus einer solchen Dynamik der Exklusion folgt für Luhmann keineswegs die Forderung nach Inklusion. Menschenrechte würden in der funktional differenzierten Gesellschaft die Chance gewähren, an allen Funktionssystemen teilnehmen zu können; eine daraus folgende menschenrechtliche Inklusionssemantik hält Luhmann aber für irreführend, da sie nahelege, Exklusion sei lediglich ein im weiteren Zeitverlauf zu überwindendes Restproblem. Durkheim radikalisierend, hält Luhmann es für sozialtheoretisch wenig sinnvoll, die beiden Terme Inklusion und Exklusion mit einem moralischen Index derart zu versehen, dass erstere moralisch gut und letztere moralisch schlecht ist. Inklusion und Exklusion lassen sich, Luhmann zufolge, als eine Zwei-Seiten-Form begreifen: Die Innenseite bezeichnet die Chance der sozialen Berücksichtigung von Personen, die Außenseite bleibt unbezeichnet. Mit dem Aufbau sozialer Ordnung stellt der Bereich der Exklusion den Sinn und die Begründung der Form sozialer Ordnung dar (1997, 621). Aus diesem Blickwinkel erweist sich der Ausschluss als notwendig für die Konstitution sozialer Ordnung. Die Ausgeschlossenen müssen demnach weder biologisch, noch psychologisch noch moralisch als minderwertige Individuen stigmatisiert werden, und ebensowenig stellen sie – wie das in den Analysen Foucaults der Fall ist – einen Bezugspunkt dar, den Grenz- oder Ausnahmefall, von dem her die Gesellschaft zu kritisieren wäre.

Die Forderung nach Inklusion gilt Luhmann als totalitär: die Gesamtheit der Gesellschaft müsste zugänglich gemacht und vereinheitlicht werden, wenn alle diejenigen, die von den jeweiligen Funktionssystemen nach ganz verschiedenen Hinsichten exkludiert werden, in die Gesellschaft insgesamt wieder inkludiert werden sollen. Ähnlich wie die Behauptung, die Exklusion sei Ergebnis von Klassenherrschaft, hält Luhmann solche Überlegungen für unterkomplex, weil sie die Eigendynamik der Funktionssysteme, ihre Nichtsteuerbarkeit ignorieren. Luhmann interessiert sich für das Problem der Exklusion, weil im Fall sich wechselseitig verstärkender Exklusionen die Funktionssysteme zu stark integriert würden. Überstiege die Zahl der mehrfach Exkludierten einen kritischen Wert, würde die Optionenvielfalt der Funktionssysteme begrenzt, da Individuen ihre funktionsspezifischen Rollen nicht übernehmen könnten.

Drei Fragen stellen sich an diese Überlegungen von Luhmann: a) Beschreibt er
Exklusion angemessen, wenn er nahelegt, Individuen würden aus den Funktionssystemen herausfallen? Geht das überhaupt? Ist das, was die Exklusion für
die Betroffenen so dramatisch werden lässt, nicht gerade die Tatsache, dass sie
als Exkludierte im Wirtschaftssystem, im politischen System, im Rechtssystem
bleiben, aber hier nicht mehr spezifisch kommunizieren können: die notwendigen Lebensmittel kaufen, die Miete zahlen, den Rechtnormen folgen, sich
politisch organisieren (vgl. Kronauer 2002, 131)? Ist es nicht gerade der Prozess der den Systemen immanent bleibenden Häufung von Störungen, die es
rechtfertigen, von Krise zu sprechen? b) Warum nimmt Luhmann an, dass die
Exklusion von Personen zur Integration der Systeme führt und ihre Selektivität einschränkt? Empirisch überzeugt das nicht, denn es gelingt den Verwer-
tungskreisläufen des Kapitals seit dem 19. Jahrhundert immer wieder große
Anteile der Bevölkerung aus seinem Verwertungsprozess (nicht aus der Wirtschaft) zu stoßen und sie der Verarmung zu überantworten; für die in Parteien
organisierte demokratische Politik, die in Deutschland drei Prozent der Bevölkerung umfasst, würde es eine große Herausforderung darstellen, wenn alle
Wahlberechtigten in die Parteien eintreten und mitsprechen wollten. c) Wechselt Luhmann, so ist zu fragen, nicht gegen seine Absicht auf die Ebene einer
Theorie gesamtgesellschaftlicher Krise und Steuerung, wenn er die Nähe
und Distanz von Funktionssystemen unter dem Gesichtspunkt ihrer Opera-
tionsfähigkeit in den Blick nimmt? Beansprucht er also nicht eine utopische
Sprecherposition, die dem Staat und etatistischen Theorien vorbehalten war,
wenn er in den exkludierten Lebenslagen eine Bedrohung der Gesellschaft
sieht, da sich die Exklusionen krisenhaft verdichten und die Funktionssysteme
in ihrer autopoietischen Operationsweise stören oder gar blockieren können?
Mit welchen Argumenten entscheidet sich Luhmann dafür, sich der Auflösung dieses Exklusion induzierenden Gesellschaftssystems entgegenzustellen,
anstatt – wie etwa Marx – für alternative Formen der Differenzierung einzutreten, die weder Inklusion noch Exklusion kennen? Der Einwand hier ist, dass
sich die Luhmanns Theorie bestimmende Kryptonorm, nämlich Grenzlinien
von Funktionssystemen zu ziehen und derart zu konzipieren, dass sie dem
demokratischen Zugriff und der Selbstveränderung der Gesellschaft entzogen
sind, auch an diesem Punkt zur Geltung bringt und ihn veranlasst, in seiner
Argumentation von der Ebene der Funktionssysteme auf die Ebene der Grenzen und der Gliederung aller Funktionssysteme zu wechseln (vgl. Demirović
2001). Anstatt in Begriffen von Alternativen zu denken, rettet sich Luhmann
zur Lösung des Krisenproblems lieber in die Annahme, dass sich ein neues,
sekundäres Funktionssystems herausbilden könnte, das sich mit den Exklu-
sionsfolgen funktionaler Differenzierung befassen würde (vgl. Luhmann 1997,
633) – auch wenn diese Überlegung den grundlegenden Annahmen seiner
Theorie insgesamt entgegensteht, denen zufolge Funktionssysteme nicht aufgrund externen Bedarfs, sondern autopoietisch entstehen.

II. Der ausgeblendete Herrschaftsaspekt

Alltagsverständlich könnte die Exklusion als eine spezifische und aus der Sache selbst hervorgehende soziale, im einen oder anderen Fall vielleicht bedauerliche, aber unvermeidliche, quasi-technische Praxis verstanden werden. Hinsichtlich des Wahnsinns, des abweichenden Verhaltens, der Krankheit erscheint es schlicht als notwendig, eine Grenze zu ziehen und Institutionen zu schaffen, die das Personal, das Wissen und die Infrastrukturen zur Verfügung halten, die es ermöglichen, kranken Menschen zu helfen, sie zu versorgen, zu behandeln oder Delinquenten zu bestrafen und zu resozialisieren. Für all diese Aktivitäten stellt die Gesellschaft einen gewissen und jeweils auszuhandelnden Anteil ihrer Wertschöpfung zur Verfügung, der es erlaubt, alle notwendigen Vorkehrungen zu treffen. Für die Art und Weise der Vergesellschaftung aber hätte all dies keine Folgen. Eine solche Perspektive ist für die Soziologie jedoch unbefriedigend. Sie hat früh auf einen engen und inneren Zusammenhang zwischen der Gesellschaft, der von ihr praktizierten Exklusion und der Inklusion hingewiesen. Aus der Sicht Durkheims kommt es zu Exklusion, weil einzelne durch ihre Handlungen kollektive Normen und Gefühle verletzen. Durkheim meint damit aber nicht bestimmte Normen und Gefühle, vielmehr argumentiert er formal in dem Sinne, dass wenn nicht dieses Gefühl, dann eben ein anderes verletzt werden würde. In jeder Gesellschaft gibt es deswegen ein bestimmtes Normalmaß von Kriminalität eines bestimmten Typs, der der vorherrschenden Normalitätserwartung entspricht. Mithin vollzieht sich die Exklusion von der Mehrheitsgesellschaft her, ihre Mitglieder bestätigen sich wechselseitig die Richtigkeit ihrer Kollektivgefühle und damit den Bestand der Gesellschaft selbst. Deswegen kann Durkheim die Exklusion für normativ wünschenswert halten: »Das Verbrechen unter die Erscheinungen der normalen Soziologie einzureihen, bedeutet nicht bloß, die Ansicht vertreten, dass es eine unvermeidliche, wenn auch bedauerliche Erscheinung ist, die der unverbesserlichen Böswilligkeit der Menschen zugeschrieben werden muss; es schließt auch die Behauptung ein, dass es einen Faktor der öffentlichen Gesundheit, einen integrierenden Bestandteil einer jeden gesunden Gesellschaft bilde.« (Durkheim 1895, 157)

Luhmann verallgemeinert die Überlegung Durkheims, dass abweichendes Verhalten und Exklusion deswegen normal sind, weil eine Gesellschaft, die davon frei wäre, ganz und gar nicht möglich wäre. Bei Luhmann konstituieren sich die Funktionssysteme durch die Unterscheidung jeweils einer bezeichneten Innenseite, die den Menschen als Personen eine Adresse im System gewährt, von einer unbezeichneten Außenseite. Mit dieser Überlegung ist die Analyse aber soziologisch insofern unterbestimmt, als ein wichtiger Gesichtspunkt gesellschaftstheoretischer Analyse die Verteilung der Wahrscheinlichkeiten ist, mit denen Individuen von solchen systemischen Dynamiken betroffen sind oder nicht. Dies wurde von Durkheim durchaus in den Blick genommen. Denn er weist darauf, hin, dass nicht nur die Kollektivgefühle sich ändern, die verletzt werden können, sondern auch die Normalverteilungen der Verletzungen. Bedenklich ist aus seiner Sicht allein ein erhöhtes Maß abweichenden Verhaltens. Solche Individuen, die abweichen, sind Täter, aber sie erfüllen für die Gesellschaft selbst eine nützliche Funktion, und insofern sind sie wiederum Opfer, ihre Zahl darf nicht überhand nehmen. Trotz aller soziologischen Objektivierung der Exklusion wird diese hier mit einer verblüffenden normativen Bewertung verbunden. Die Exklusion erscheint als bestandsnotwendig und für die Konstitution der Gesellschaft unvermeidlich; eine oben schon angesprochene Konsequenz ist, dass die Exkludierten nicht abgewertet werden müssen.

Der Ausschluss gilt also als gerechtfertigt, weil es die Gesellschaft und ihre Funktionssysteme gibt. Mit dieser normativen Unterstellung verbindet sich eine weitere. Denn von der Soziologie werden solche Individuen als Exkludierte betrachtet, die die im Kollektiv vorherrschenden Maßstäbe nicht erfüllen oder aus systemischen Prozessen negativ herausfallen. Doch ist das soziologisch nicht angemessen, eine Exklusion findet auch dort statt, wo Normen übererfüllt werden. Das Exklusive – also ein Aspekt der Semantik von Exklusion – wird von denen vertreten, die besonders viel Vermögen haben, in besonders hohem Maße gebildet oder religiös oder verrechtlicht oder machtkommunikativ sind. In den Begriffen der Theorie Luhmanns gesprochen, tragen auch in solchen Fällen Individuen dazu bei, die Selektivität von Funktionssystemen einzuschränken, weil sie mit Geld Bildung oder Macht kaufen, mit Macht ihre Vermögensbestände vermehren, mit Bildung eher an Geld und Macht gelangen.[2] Im Sinne Durkheims müsste man sagen, dass solche Individuen oder sozialen Gruppen auch ihrerseits Regeln des Kollektivs verletzen: Sie schädigen Unternehmen, hinterziehen Steuern, bestechen Politiker, manipulieren die Öffentlichkeit, kaufen wissenschaftliche Gutachten, haben Sex mit Zwangsprostituierten. Doch werden diese Regelbrüche vom Kollektiv offensichtlich selten und wenig nachhaltig als verletzend empfunden oder geahndet (interessant wäre in dieser Hinsicht eine Rekonstruktion der augenblicklichen Erregung über Managergehälter). Regelwidrigkeiten schaden diesen privilegierten Gruppen kaum, eine

2 Zu Recht verweist Kronauer (2002, 130, 132) darauf, dass Luhmann Macht- und Ungleichheitsprozesse nicht analysieren und deswegen nicht in den Blick nehmen kann, dass, wenn sich Exklusionslagen bündeln können, dies auch für Inklusionslagen gelten muss. Kronauer unterscheidet zwei Arten von Exklusion, die bei Luhmann unvereinbar nebeneinander stehen: Exklusion I meint jene Art von Exklusion, die notwendig ist, damit Individuen in jeweils spezifischen Rollen an mehreren Funktionssystemen teilnehmen können. Während diese Art der Exklusion für die Funktionssysteme unvermeidlich ist, stellt sich das Problem, wie die Exklusion II, also eine solche, die, wie Armut oder Bildungsmangel, nur Teile der Bevölkerung trifft, systemtheoretisch begründet werden kann. Während es Kronauer um den Nachweis geht, dass die Systemtheorie diese Art der Exklusion II nicht erklären kann, geht es mir um das Problem der Konstitutionslogik der Gesellschaft selbst. Die hier vertretene und an Laclau anschließende These geht dahin, dass an den Exkludierten II sich vollzieht, was die Gesellschaft an Exklusion I notwendigerweise verlangt, um sich konstituieren zu können.

Exklusion findet selten statt, sie werden nicht exkludiert, sondern leben exklusiv und legen zudem noch die Maßstäbe für Inklusion fest, an denen sich die unteren sozialen Klassen (zumindest in den Jahrzehnten nach dem 2. Weltkrieg) orientieren. Die Soziologie thematisiert diese Art der Exklusion und Selbstexklusion nicht oder wenig (neuerdings verstärkt wieder in der Forschung zu Eliten). Dies legt nahe, dass der Binarismus von Inklusion und Exklusion nach der Logik der Herrschaft funktioniert; Herrschaft freilich nicht im naiven Sinn einer personalen Abhängigkeit und Befehlsbefugnis, sondern in der Weise, dass kollektive Lebensgewohnheiten besondere Gruppen von Individuen privilegieren und diesen wiederum die Handlungsmöglichkeiten geben, diese kollektiven Gewohnheiten zu ihren Gunsten zu beeinflussen. Sie gelangen in den Genuss der Möglichkeiten, die Wahrscheinlichkeit, von einer negativen Exklusion betroffen zu werden, auf andere abzuwälzen – und sie eignen sich derart viele kollektive Ressourcen an, dass für die anderen die Wahrscheinlichkeit der Exklusion dadurch wächst. Dem oben in Anspruch genommenen Begriff der durchschnittlichen Lebensbedingungen, an dem die Exklusion gemessen wird, haftet selbst etwas Fiktives an, da er eine mittlere Lebenslage unterstellt, die sich nur als Mittelwert einer mehr oder weniger breiten Streuung von individuellen und Gruppenpositionen im sozialen Zusammenleben ergibt und de facto nur von einem kleinen Teil eingenommen werden kann. Die Linie der Exklusion wird von solchen definiert, die Macht dazu haben.

Ist aus der Sicht Luhmanns oder Durkheims die Exklusion eher positiv für die Konstitution der Gesellschaft zu bewerten und nur ein bestimmtes Übermaß schlecht, so argumentiert Foucault macht- und herrschaftskritisch gegen die Logik der Exklusion. Er kehrt in gewisser Weise die Perspektive Durkheims um. Von der Exklusion her erschließt sich, was als das normale Kollektiv gilt. Durch die Konstruktion des Anderen – das Delirium des Irren, die monströsen Abweichungen der Kranken, die Exzesse der sexuell aus der Art Geschlagenen – formiert sich die normale Gesellschaft, die zwanghafte Gemeinschaft der Übriggebliebenen. Was bei Durkheim noch unterstellt wird, wird bei Foucault zum Gegenstand der Analyse. Es bilden sich seit dem 17. Jahrhundert Machttechnologien heraus, die die Erzeugung des Normalen und der Normalisierung zur Aufgabe haben. Die Disziplinartechniken machen den Körper zum Gegenstand einer politischen Anatomie des Details. Nach einer Norm wird der Körper in bestimmte Verhaltensweisen eingeübt, die als normal gelten. Die Norm selbst kann ein Minimum, ein Maximum oder ein Durchschnitt sein. Ergänzend zu der Mikrophysik der Macht entsteht als eine weitere Machttechnologie die Gouvernementalität, die die Bevölkerung, die kollektiven Regelmäßigkeiten zum Gegenstand hat: Todes- und Geburtsraten, Häufigkeiten von Krankheiten, Bevölkerungsbewegungen, Export- und Importanteile. Normalität und Normalisierung nehmen nun, Foucault zufolge, eine etwas andere Bedeutung an. Die moderne Gesellschaft ist durch statistische Regelmäßigkeiten bestimmt. Diese werden nicht mehr normativ in dem Sinne

bewertet, dass man bestimmte Vorkommnisse und Ereignisse verhindern oder
ausgrenzen möchte; vielmehr werden sie positiv unterstellt: sie finden statt,
man kann sich auf diese Ereignisse des Verbrechens, des Wahnsinns, der
Geburtenrate, der epidemischen Verbreitung von Krankheiten, der Teuerung
oder der Inflation stützen. Das Verhältnis zu den Ereignissen ist derart, dass
Normalitätsklassen gebildet und Normalitätsdifferentiale beobachtet werden.
Die Exklusion trifft den negativ bewerteten Randbereich der Normalitätskurve,
alle anderen gelten als normal. Normalität und Anormalität sind jedoch nicht
lediglich nachträgliche Feststellungen. Foucault geht es insbesondere um den
konstruktiven Prozess, der von der Machttechnologie der Gouvernementalität in Gang gesetzt wird. Sie erzeugt statistische Normalverteilungen, indem
sie Einzelereignisse beobachtet, klassifiziert, zusammenfasst, mit Maßnahmen
verbindet und entsprechende Dispositive aufbaut, die mutmaßliche Einfluss-
faktoren auf Dauer stellen oder zurückdrängen. Ohne hier näher in Details
gehen zu können, legen Foucaults Überlegungen zur Exklusion nahe, dass er
auf die Analyse von Logiken der Exklusion zielt, die er für fragwürdig und historisch in einem radikalen Sinn für überwindbar hält.

> Diejenigen, die gegen eine Form der Macht Widerstand leisten oder sich
> gegen sie auflehnen, können sich nicht damit begnügen, die Gewalt
> anzuprangern oder eine Institution zu kritisieren. Es genügt nicht, der
> Vernunft im Allgemeinen den Prozess zu machen. Was man in Frage stellen
> muss, ist die vorhandene Form der Rationalität. Die Kritik der Macht, die
> auf Geisteskranke oder die Verrückten ausgeübt wird, kann sich nicht auf
> die Institution der Psychiatrie beschränken; genauso können jene, die die
> Macht zu strafen bestreiten, sich nicht damit begnügen, die Gefängnisse
> als totalitäre Institutionen anzuprangern. Die Frage ist: Wie werden die
> Machtverhältnisse rationalisiert? Diese Frage zu stellen, ist die einzige
> Möglichkeit, zu verhindern, dass andere Institutionen mit denselben Zielen
> und denselben Wirkungen ihren Platz einnehmen. (Foucault 2005, 197f.)

Das Bemerkenswerte an den Fragen, die Foucault aufwirft, und den Hinwei-
sen, die er gibt, ist, dass es theoretisch nicht hinreicht, sich mit der Feststellung
zu bescheiden, dass die Inklusion immer mit der Exklusion verbunden, also
eine Zwei-Seiten-Form ist, und ebensowenig, eine bestimmte Art der Exklusion zu skandalisieren, um dieser moralisch die Inklusion entgegenzustellen
und demokratietheoretisch auf eine mehr oder weniger vollständige inklusive
Demokratie hinzuarbeiten, sondern die Logik von Inklusion und Exklusion
selbst zum Gegenstand der Analyse und Kritik zu machen, indem die Rationalität in Frage gestellt wird, die die Bedingungen der Möglichkeit der Unterscheidung von Inklusion und Exklusion hervorbringt und ihr jeweiliges Verhältnis zueinander reguliert.

III. Die Psychopathologie der Exklusion und Gesellschaftskonstitution

Nach den Bedingungen der Möglichkeit der Unterscheidung von Inklusion und Exklusion zu fragen, ist – anders als die kantianisierende Formulierung vielleicht nahelegen könnte – nicht erkenntnistheoretisch, sondern in einem materiellen Sinn gemeint und zielt auf die Praktiken, die diese Unterscheidung als eine Form, Gesellschaft zu konstituieren, erzeugen und reproduzieren. Auch ist damit impliziert, es könnte anders sein, es müsste nicht notwendigerweise zu Exklusion – und entsprechend ebensowenig zu Inklusion – kommen. Auf dem Umweg über eine Kritik an Ernesto Laclaus Überlegung zu einer semiologischen Theorie der Gesellschaft soll dieser Frage nachgegangen werden.
In Ernesto Laclaus deontologisierender und antifundationalistischer Gesellschafts- und Demokratietheorie stellt die Exklusion die grundlegende Bedingung dafür dar, dass sich Gesellschaft konstituieren kann. Damit schreibt er sich in die soziologische Tradition seit Durkheim ein; wie diese darf er nicht unterstellen, dass der Grund für die Exklusion bei den Exkludierten zu finden wäre. Für die Exklusion gibt es also keine substantiellen Kriterien. Seine Begründung für die Notwendigkeit von Exklusion beginnt mit kritischen Überlegungen zu Foucaults Diskursbegriff. Laclau hat einen sehr weit verstandenen Begriff von Diskurs: Er ist definiert als strukturierte Totalität, die aus einer artikulatorischen Praxis hervorgeht, die die Relation zwischen Elementen derart verknüpft, dass deren Identität sich erst aus dieser artikulatorischen Praxis selbst ergibt. Der Diskurs ist demnach kein bloß geistiges Phänomen, sondern hat einen materiellen Charakter und durchzieht die gesamte materielle Dichte von Gegenständen, Institutionen und Praktiken. Dieser Diskurs ist durch die Merkmale der Notwendigkeit und Geschlossenheit gekennzeichnet, da er sonst nicht als ein Diskurs identifizierbar wäre. Woher kommt diese Einheit des Diskurses? Sie kann – Foucault zufolge – nicht aus dem im Diskurs verhandelten Gegenstand, nicht durch seine Begriffe, nicht durch das transzendentale Autorsubjekt gewährleistet sein, denn Gegenstand, Begriffe, Autor werden erst im und durch den Diskurs konstituiert. Foucault beantwortet diese Frage nach der Einheit des Diskurses mit dem Hinweis auf die Regelmäßigkeiten in der Streuung von Redeereignissen. Gerade diese Kontingenz der Redeereignisse führt aber, so Laclau, zu Notwendigkeit. Denn die Redeereignisse gewinnen ihre konkrete Bedeutung erst dadurch, dass sie in der diskursiven Kette eine differentielle Position innehaben. Die Identität jedes Moments des Diskurses ist relational, und alle Relationen sind notwendig. »Notwendigkeit leitet sich deswegen nicht von einem zugrundeliegenden intelligiblen Prinzip her, sondern von der Regelmäßigkeit eines Systems struktureller Positionen. In diesem Sinne kann kein Verhältnis kontingent oder äußerlich sein, da ja die Identität seiner Elemente dann außerhalb des Verhältnisses selbst bestimmt wäre.« (Laclau/Mouffe 1991, 156) Der Diskurs kann allerdings auch niemals in reine Notwendigkeit übergehen, also niemals mit sich völlig identisch, niemals totale

Interiorität werden, denn jedes seiner Bedeutungselemente besteht aus mehr Bedeutungsmöglichkeiten als in den jeweils bestehenden Relationen verknüpft werden. Insofern stellt jede Totalität jeweils eine Totalisierung dar, die durch den Überschuss an Sinn der Elemente immer wieder überflutet wird. Totalisierung ist der Versuch zur Begrenzung und Fixierung der Bedeutungen und damit zu temporärer Notwendigkeit und Geschlossenheit. Um eine Totalität zu fassen, muss sie von etwas unterschieden werden, das etwas anderes ist als sie selbst. Wenn eine Totalität alle Differenzen umfasste, wäre auch diese Differenz wiederum eine interne und könnte dann nicht mehr auf die Totalität als Ganze weisen. Deswegen muss sie von der Totalität ausgeschlossen werden. Indem durch Totalisierung eine Vielzahl von Differenzen äquivalent gesetzt werden im Unterschied zu etwas, das die Verneinung gerade dieser Äquivalenz und damit der Totalität repräsentiert, vollzieht sich der Ausschluss der einen Differenz, durch den sich die Totalität konstituiert.

> This however, creates a new problem: vis-à-vis the excluded element, all other differences are equivalent to each other – equivalent in their common rejection of the excluded identity. (...) But equivalence is precisely what subverts difference, so that all identity is constructed within this tension between the differential and the equivalential logics. (...) What we have, ultimately, is a failed totality, the place of an irretrievable fullness. This totality is an object which is both impossible and necessary. Impossible, because the tension between equivalence and difference is ultimately insurmountable; necessary, because without some kind of closure, however precarious it might be, there would be no signification and no identity. (Laclau 2005, 70)

Die Totalität bewegt sich in der Spannung zwischen zwei Polen. Einerseits ist sie das Ergebnis einer Totalisierung: der Herstellung von Relationen zwischen zunächst arbiträren Signifikanten, die sich durch Unterscheidung von einem ausgeschlossenen antagonistischen Signifikanten zu einer Totalität zusammenschließen. In dieser Totalität werden alle Relationen notwendig, und jede einzelne repräsentiert die Gesamtheit der Signifikantenkette. Andererseits gibt es drei Dynamiken, die diese Totalität sofort wieder in Frage stellen: Jedes Bedeutungselement hat überschießende Bedeutungen, kann sich also komplexer verknüpfen, als jeweils gerade realisiert ist; jede Totalisierung schließt eine Bedeutung als diejenige Bedeutung aus, gegenüber der sie sich als Totalität konstituiert – die Totalität scheitert, weil es ihr nicht gelingt, alle Differenzen zu absorbieren; jede Totalität kann ihrerseits im Feld des Diskursiven selbst zu einer Differenz und als ein Signifikant neu artikuliert werden, so dass auch alle ihre Elemente eine neue Bedeutung annehmen. Keinem Diskurs gelingt es demnach, sich als Totalität abzuschließen. Gleichzeitig allerdings muss immer wieder von neuem der totalisierende Versuch unternommen werden, das Spiel der Signifikanten anzuhalten und die Bedeutungen zu fixieren, denn ansonsten wäre das Fließen der Differenzen selbst unmöglich. »Gerade um sich zu unterscheiden, um Bedeutungen zu untergraben, muss es *eine* Bedeutung geben. Auch wenn das Soziale sich nicht in den intelligiblen und instituierten Formen einer *Gesellschaft* zu fixieren vermag, so existiert es doch nur als Anstrengung, dieses unmögliche Objekt zu konstituieren. Jedweder Diskurs konstituiert sich als Versuch, das Feld der Diskursivität zu beherrschen, das Fließen der Differenzen aufzuhalten, ein Zentrum zu konstruieren.« (Laclau/Mouffe 1991, 164) Solche Zentren vorläufig fixierter Bedeutungen nennen Laclau und Mouffe Knotenpunkte. Wenn die Produktivität der Signifikantenkette hingegen nicht beschränkt, die Bedeutungen nicht fixiert würden, dann würde jeder Sinn, jede Identität zusammenbrechen, es würde sich um einen psychotischen Diskurs handeln, in dem jeder Sinn zusammenbräche, sich keine Totalität, keine Gesellschaft, keine Identität bilden könnten (164; vgl. ebenso Laclau 1990, 90). Gesellschaft ist ein solcher Knotenpunkt, sie ist der Moment zwischen totaler Fixierung, die immer scheitert, und dem reinen Fließen, das immer unmöglich ist. Sie konstituiert sich eben an der Grenze zwischen diesen beiden Unmöglichkeiten.

Laclaus Überlegung zufolge ist Ausschluss notwendig. Gesellschaft ist immer nur eine temporäre Totalisierung, aber sie muss sich als Totalität konstituieren, eine bestimmte, eine notwendige Bedeutung annehmen. Dies vollzieht sich gleichzeitig als Inklusion und Konstitution der Individuen als Subjekte mit einer spezifischen Identität auf der einen Seite und der Exklusion auf der anderen. Gelingt es sozialen Akteuren nicht, sich in einer artikulatorischen Praxis zu totalisieren und eine solche notwendige Gesamtheit zu bilden, indem Ausschluss vorgenommen wird, dann entsteht eine Situation, die nur noch in Begriffen der Pathologie gefasst werden kann. Es handelt sich demnach um eine tragische Alternative. Formiert sich Gesellschaft, ›gelingt‹ sie, dann nur, indem sie exkludiert und Individuen und soziale Gruppen in eine Position bringt, in der sie pathologisiert und traumatisiert werden: als Feminisierte, Rassifizierte, Diskriminierte, Marginalisierte, Stigmatisierte, als Überflüssige. Kommt es hingegen nicht zu Gesellschaft, ist die Konstellation ebenfalls pathogen und führt zu einer psychotischen Konstellation: Weder die Gesellschaft noch die Individuen gelangen zu ›ihrer‹ Identität. Dies legt die grundlegende moralische Frage nach der konstitutiven Schuld nahe, die jede Art des Zusammenlebens trifft. Denn Laclau kann den Sachverhalt des Ausschlusses nicht lediglich festhalten, sondern er muss ihn aus systematischen Gründen wünschen, da sich sonst Gesellschaft nicht konstituieren könnte. Wenn aber der Ausschluss vorgenommen werden muss, dann stellt sich auch die Frage nach den Arten des Ausschlusses und ihrem Umfang.

> Müssen nämlich Ausschließungen immer überwunden werden, und gibt es bestimmte Ausschließungsarten, ohne die eine politische Ordnung nicht verfahren kann? (...) Wenn wir also akzeptieren – was, wie ich denke, wir beide [Judith Butler und Ernesto Laclau; AD] tun –, daß es keine politische Ordnung, keine Gesellschaftlichkeit, kein Feld des Politischen gibt,

ohne daß bereits bestimmte Arten von Ausschließung getroffen wurden
– konstitutive Ausschließungen, die ein konstitutives Äußeres gegenüber
jedem Ideal von Inklusivität produzieren –, bedeutet das nicht, daß wir
alle Ausschließungsarten als legitim akzeptieren. Es wäre ungerechtfertigt
zu schließen, nur weil Ausschließungen unvermeidlich seien, wären alle
Ausschließungen gerechtfertigt. Doch das führt uns auf das heikle Terrain
des Problems, Ausschließungen zu rechtfertigen. (Butler in Butler/Laclau
1998, 240)

In der Diskussion mit Laclau wirft Butler das Problem zwar auf, aber beide
gehen auf diese entscheidende Frage nicht mehr ein: ob nicht Kriterien für die
Art und Weise oder das Objekt des Ausschlusses entwickelt werden müssen,
wenn die eigenen Theorie der Gesellschaft den Ausschluss notwendigerweise
voraussetzt. Freilich können sich die Theoretiker einer moralischen Bewertung
der Ausschlüsse enthalten und es den sozialen Prozessen überlassen, welche
Exklusionen sich vollziehen. Es wird kaum in ihrer Macht liegen, darauf qua
Theorie direkt Einfluss zu nehmen. Allerdings spielen sie in den Bedeutungs-
und Repräsentationsprozessen der artikulatorischen Praktiken auch keine
ganz unwichtige Rolle. Wie auch immer es sich mit der Wirksamkeit der Theorie verhält, auf alle Fälle bringen sich Intellektuelle wie Laclau oder Butler
durch ihre Theoriebildung in die Situation, über Menschen zu verfügen, indem
sie den Ausschluss, sei es in der einen, sei es in der anderen Form, für geboten
halten und gegebenenfalls verteidigen, weil sich Gesellschaft oder politische
Ordnung nur auf diese Weise konstituieren könne. Unkritisch wird der Begriff
der Gesellschaft nachvollzogen; es scheint ein Gebot von Realismus, der hier
zur Norm wird. Damit verschiebt sich die Rolle der kritischen Intellektuellen,
die sich von Kritikern der großen Mechanismen des Ausschlusses zu ihren Ver-
teidigern wandeln – und das nicht, weil sie irgendeine konkrete soziale Gruppe
ausschließen wollen, sondern weil er ihnen als notwendig im Sinn der Rationalität der sozialen und politischen Ordnung erscheint. Der kritische Rest,
der bleibt, besteht darin, für verflüssigte, durchlässige, flexible Exklusionen zu
plädieren, die nicht zu Lasten besonderer Personengruppen gehen sollen, bei
denen sie sich verfestigen.

Es gibt in der Argumentation von Laclau Evidenzen, denen sich Butler, wenn
auch nur zögernd, entzieht, Evidenzen, die bezweifelt werden müssen. Zunächst
könnte danach gefragt werden, ob es angesichts der tragischen Alternative, vor
die wir gestellt werden, tatsächlich moralisch so selbstverständlich ist, dass ›wir
uns‹ für die Gesellschaft und den Ausschluss entscheiden, also dafür, dass viele
in einer wie immer prekären Gesellschaft mit ihren Normalitätsbedingungen
leben, während andere stellvertretend ›für uns‹ und aufgrund ›unserer‹ konstitutiven Praktiken in die Armut, den Wahnsinn, in die Gefangenschaft, in ein
Geschlecht oder in eine rassisch-ethnische Zugehörigkeit gezwungen werden. Was wären die moralischen Maßstäbe, die das rechtfertigen könnten? Im
strengen Sinne moralische, also verallgemeinerungsfähige Gesichtspunkte gibt

es dafür nicht. Es handelt sich immer um Hegemonie, also um die Herrschaft der Lebensweise privilegierter Gruppen, die sich auf Zustimmung vieler stützen können; die ihre Art der Lebensführung nur dadurch etablieren können, dass sie andere als abweichend ausgrenzen. Zweite Frage: Was wäre das Problem, wenn alle psychotisch wären? Diese Überlegung führt zu einer dritten Frage: Wären wir denn wirklich alle psychotisch, wenn es nicht zu Diskurs und gesellschaftlicher Totalität käme? Ist denn nicht auch das Merkmal der Psychose selbst schon das Ergebnis eines Ausschlusses? Sowohl Laclau als auch Butler präsentieren den Hinweis auf die Psychose in einer Weise, als ob es sich um den Zusammenbruch von Sinn und Identität, um den Nullpunkt der Sozialität selbst handelte, einen letzten Maßstab, von dem aus überhaupt sich das Soziale bildet. Wäre der psychotische Zustand allgemein, so die Suggestion, gäbe es kein gesellschaftliches Leben, würden Menschen vielleicht nicht überleben. Die Psychose steht so drohend im Raum wie einstmals bei Hobbes der Naturzustand: kein Raum für Fleiß, keine Sicherheit für die eigenen Früchte, kein Ackerbau, keine Schifffahrt, keine Waren, keine bequemen Gebäude, keine Zeitrechnung, keine Künste, keine Literatur, keine gesellschaftlichen Beziehungen, nur beständige Furcht und Gefahr eines gewaltsamen Todes – »das menschliche Leben ist einsam, armselig, ekelhaft, tierisch und kurz« (Hobbes 1651, 96). Die Psychose ist der Zusammenbruch jeder stabilen Bedeutung und Bedeutungskette und damit des gesellschaftlichen Zusammenlebens. Aber kommt es nicht gerade dadurch zur Fülle des konkreten Sinns einer diskursiven Kette, dass etwas als den Sinn störend und zerstörend ausgeschlossen wird – gleich, was es jeweils ist? Ist, mit anderen Worten, die Psychose gar nicht etwas Objektives, keine Krankheit, die schon vor der Bildung eines Diskurses existiert, sondern selbst das Ergebnis des Diskurses? Ist also die Angst, die Laclau und Butler vor der Psychose haben, nicht die Angst, die die Gesellschaft vor sich selbst hat, vor der Logik einer radikalen Differenz, die jede Äquivalenz, jeden Antagonisten, jede Identität untergräbt?
Der Rückgriff auf das Krankheitsbild der Psychose ist vielleicht von Laclau metaphorisch gemeint, dennoch ist es gesellschaftstheoretisch symptomatisch, dass er an dieser entscheidenden Stelle der Argumentation, wenn es darum geht, die Gesellschaft als solche zu begründen, dies nur durch die Konstruktion eines antagonistischen Verhältnisses bewerkstelligen kann, in dem das, was anders ist, als pathologisch charakterisiert wird. Laclaus Versuch, Angst durch den Hinweis auf die Bildung einer die Gesellschaft subvertierenden Pathologie zu schüren, kann unterlaufen werden durch die Frage danach, was eine Psychose ist, die so viel theoretische Begründungslast für die Konstitution der Gesellschaft trägt. Die Psychose ist ein sehr breites Krankheitsbild. Freud selbst hat sich mehrfach über sie geäußert, um sie von der Neurose zu unterscheiden. Der Ausgangspunkt seiner Überlegung ist die Mittelstellung des Ichs zwischen Außenwelt und Es. Die Übertragungsneurose sei das Ergebnis eines Konflikts zwischen dem Ich und seinem Es. Das Ich wolle eine im Es mächtige Triebregung nicht aufnehmen oder

bestreite ihr das Objekt und erwehre sich durch den Mechanismus der Verdrängung. Das Verdrängte sträube sich und kehre als Symptom wieder, indem es sich eine Ersatzvertretung suche, über die das Ich keine Macht habe. Indem sich das Ich, den Geboten des Über-Ichs folgend, gegen dieses Symptom wehrt, wird es zu der Macht, die sich den Triebansprüchen des Es entgegenstellt und die Verdrängung durch Gegenbesetzung befestigt. Diese Konfliktkonstellation ergebe das Bild der Neurose. Sie bestehe in den Vorgängen, welche dem »geschädigten Anteil des Es eine Entschädigung bringen, also in der Reaktion der Verdrängung und im Mißglücken derselben« (Freud 1924a, 364).

Im Unterschied zur Neurose sei die Psychose das Ergebnis einer Störung zwischen Ich und Außenwelt. In der Psychose schaffe sich das Ich selbstherrlich eine neue Außen- und Innenwelt. Dieser Zerfall mit der Außenwelt sei das Ergebnis einer Wunschversagung durch die Realität. In der Folge lasse sich das Ich von seinem Es überwältigen und von der Realität losreißen (vgl. Freud 1924b, 389f.). In seinen ergänzenden Überlegungen fasst Freud das Verhältnis des Ichs zur Realität komplexer. Auch in der Neurose lockere sich das Verhältnis zur Realität. Es werde jener Teil der Realität verleugnet, über dessen Anforderung die Triebverdrängung erfolgte. In der Psychose werde in einem ersten Schritt das Ich von der Realität losgerissen, in einem zweiten solle der Schaden wieder gut gemacht und die Beziehung zur Realität wiederhergestellt werden (Freud 1924a, 364f.). Dies geschieht nicht auf Kosten einer Einschränkung des Es, sondern auf dem Weg der Schöpfung einer neuen Realität, welche nicht mehr denselben Anstoß bietet wie die verlassene. Es handelt sich um das Machtstreben des Es, sich von der Realität nicht zwingen zu lassen.

> Neurose wie Psychose sind also beide Ausdruck der Rebellion des Es gegen die Außenwelt, seiner Unlust oder wenn man will, seiner Unfähigkeit, sich der realen Not ... anzupassen. (...) Normal oder ›gesund‹ heißen wir ein Verhalten, welches bestimmte Züge beider Reaktionen vereinigt, die Realität so wenig verleugnet wie die Neurose, sich aber dann wie die Psychose um ihre Abänderung bemüht. Dies zweckmäßige, normale Verhalten führt natürlich zu einer äußeren Arbeitsleistung an der Außenwelt und begnügt sich nicht wie bei der Psychose mit der Herstellung innerer Veränderungen. (Freud 1924a, 365f.)

Betrachten wir die Psychose aus diesem Blickwinkel Freuds, dann wird ihr spezifischer sozialer Gehalt deutlich. Sie ist als Krankheit die Folge einer Realität, die sich den Gestaltungswünschen des Individuums in hohem Maße entzieht. Solche Realitäten werden von den oben erörterten Theorien deutlich genannt: Kollektivgefühle mit ihrem zwingenden Charakter, systemische Operationen, die tun, was sie tun und Alternativen nicht zulassen, gesellschaftliche Totalität, die sich als unabänderliche Notwendigkeit gibt – alle diese Formen der Inklusion sind pathogen. Die Psychose ist die Rebellion gegen eine – auch von den vorgestellten Theorien unterstützte – Normalitätserwartung, die von den Indi-

viduen verlangt, sich einzufügen in einen gesellschaftlichen Prozess, der gleichzeitig ihre Fähigkeit zu Gestaltung und Partizipation verhindert. Aufgrund dieser Blockade weicht das Individuum auf sich selbst zurück und investiert seine
weltschöpferischen Fähigkeiten in die Konstruktion einer imaginären Welt.
Eine solche Auffassung von Psychose, wie Freud sie entwickelt, weist deutlich auf den Zusammenhang von gesellschaftlicher Normalität, Verhärtung
der gesellschaftlichen Prozesse und krankhaften Reaktionsmustern hin. Wird
Psychose so verstanden, dürfte sie nicht als der Grenzfall des Sozialen, des
Zusammenbruchs jedes Sinns herangezogen werden. Umgekehrt ist die Psychose vielmehr jene Situation, in der die Individuen mit ihrem Begehren, produktiv zu werden und die Welt als die Ihre zu gestalten, von einer Gesellschaft,
die sich in all ihrer Dynamik als unveränderbar darstellt, auf sich als Monade
zurückverwiesen werden und in Reaktion darauf ein Zuviel an Identität und
Sinn ausbilden, ein Zuviel, weil sie sich eine eigene Realität schaffen.

IV. Die Psychopathologie der Inklusion und die Infragestellung der Gesellschaft

Die gesellschaftliche Ordnung bildet sich konstitutiv durch Ausschluss. Wie
oben (II) schon ausgeführt, gibt es hinsichtlich des Binarismus von Inklusion
und Exklusion eine stillschweigende, um nicht zu sagen, hegemoniale Vor-
rangstellung der Inklusion. Diese findet sich selbst dort, wo – wie bei Luhmann – von einer Zwei-Seiten-Form gesprochen wird. Auf demselben abstrakten psychoanalytischen Niveau soll nun kurz der Frage nachgegangen werden,
was eigentlich mit denen geschieht, die nicht ausgeschlossen, sondern eingeschlossen oder inkludiert werden. Dieses Problem wird von Laclau gar nicht
diskutiert. Ich greife an diesem Punkt auf Überlegungen von Adorno zurück.
Adornos Antwort auf die Frage, warum die Gesellschaft sich durch Exklusion
konstituiert, besteht in dem Hinweis auf die Realitätsanforderung der Selbsterhaltung. Gesellschaft bildet sich, damit die Menschen sich erhalten; ausgegrenzt werden diejenigen, denen es nicht gelingt, jenes Selbst zu entwickeln,
das erforderlich ist, um zur kollektiven Selbsterhaltung beizutragen.

> Die Arbeitsteilung, zu der sich die Herrschaft gesellschaftlich entfaltet,
> dient dem beherrschten Ganzen zur Selbsterhaltung. (...) Die Herrschaft
> tritt dem Einzelnen als das Allgemeine gegenüber, als die Vernunft in der
> Wirklichkeit. Die Macht aller Mitglieder der Gesellschaft, denen als solchen
> kein anderer Ausweg offen ist, summiert sich durch die ihnen auferlegte
> Arbeitsteilung immer von neuem zur Realisierung eben des Ganzen,
> dessen Rationalität dadurch wiederum vervielfacht wird. Was allen durch
> die Wenigen geschieht, vollzieht sich stets als Überwältigung Einzelner
> durch die Vielen. (Horkheimer / Adorno 1947, 44)

Aufgrund dieser Überlegung, dass sich Herrschaft als Allgemeinheit der Gesellschaft vollzieht, wendet sich Adorno immer wieder gegen die Vorstellung, es
ginge darum, einen teleologischen Prozess der Totalisierung zu organisieren,
an dessen Ende eine Totalität der Gesellschaft stünde. »Es käme darauf an, die
Vormacht der Totale zu brechen, anstatt so zu tun, als ob Pluralität bereits existent wäre. Es ist darauf hinzuarbeiten, dass so etwas wie Pluralität, die Assoziation freier einzelner Menschen doch einmal möglich ist. (...) Nicht etwa ist
die Totalität das Interesse einer kritischen Theorie der Gesellschaft derart, daß
sie jene herstellen möchte.« (Adorno 1968, 586f.)[3] Das Selbst, das sich in dieser
Totalität bildet, stellt für Adorno nicht bereits die Antwort dar, sondern weist
auf ein Problem hin. Denn dieses Selbst, das sich in der gesellschaftlichen
Arbeitsteilung um Erhaltung bemüht, ist das Ergebnis fortgesetzter Unfreiheit.
Es tritt aus dem Naturzwang trotz aller Aufklärung immer noch nicht heraus.
Die Erhaltung des Selbst gelingt nur, wenn es sich bruchlos an die äußeren,
sprich: gesellschaftlichen Lebensbedingungen anpasst.

> Durch die ungezählten Agenturen der Massenproduktion und ihrer
> Kultur werden die genormten Verhaltensweisen dem Einzelnen als die
> allein natürlichen, anständigen, vernünftigen aufgeprägt. Er bestimmt
> sich nur noch als Sache, als statistisches Element. Sein Maßstab ist die
> Selbsterhaltung, die gelungene oder misslungene Angleichung an die
> Objektivität seiner Funktion und die Muster, die ihr gesetzt sind. Alles
> andere, Idee und Kriminalität, erfährt die Kraft des Kollektivs, das von der
> Schulklasse bis zur Gewerkschaft aufpaßt. (Adorno 1955, 51)

Das Selbst, um dessen Erhaltung es vermeintlich geht, überlebt nur, indem
es sich derart an die Sachgesetze des gesellschaftlichen Zusammenlebens
anschmiegt und sich damit auflöst in eine Vielzahl von Einzelfunktionen.
»Das von Zivilisation vollends erfaßte Selbst löst sich auf in ein Element jener
Unmenschlichkeit, der Zivilisation von Anbeginn zu entrinnen trachtete.«
(53f.).
Nun könnte angesichts einer solchen Kritik vermutet werden, dass Adornos
Kritik motiviert ist von der positiven Idee eines gelingenden Selbst. Doch in
gleicher Weise, wie er das Ziel der Herstellung von Totalität verwirft, kritisiert
er auch die harmonistische Vorstellung eines gelingenden, mit sich selbst identischen Subjekts. Denn das Selbst, das sich den äußeren Bedingungen anzupassen vermag, ist selbst schon das Ergebnis einer unter dem Befehl weniger
zustande gekommenen Identität: die Form des Subjekts, das sich in Vernunft

---

3 Das ist eine wichtige Differenz zu Laclau: Adorno möchte den Zustand überwunden sehen,
   in dem sich überhaupt Signifikanten zur Totalität des gesellschaftlichen Ganzen verknüpfen
   müssen. Dies teilt er mit Michel Foucault, der sich im Gespräch kritisch über diese Begrifflichkeit äußert: »Das ›gesellschaftliche Ganze‹ darf man gerade nicht im Auge behalten oder
   allenfalls in dem Sinne, dass man es zerstören möchte. Und wir können nur hoffen, dass es
   danach nichts mehr geben wird, das Ähnlichkeiten mit dem gesellschaftlichen Ganzen hat.«
   (Foucault 1971, 288)

abschließt, einen Charakter bildet, sich als mit sich identisch wahrnimmt: lebenstüchtig, instrumentell, nutzenmaximierend, folgebereit. Es schließt sich gegenüber sich selbst, seiner Natur, seiner eigenen Vielfalt und seinen Triebregungen, seinen Verflechtungen mit all den anderen Mitlebewesen ab, um immer rational kalkulierend bei sich selbst bleiben zu können. »Furchtbares hat die Menschheit sich antun müssen, bis das Selbst, der identische, zweckgerichtete, männliche Charakter des Menschen geschaffen war, und etwas davon wird noch in jeder Kindheit wiederholt.« (Adorno 1955, 56) Die Inklusion des Individuums in die gesellschaftliche Arbeitsteilung schließt auch ein inkludierendes Verhältnis des Individuums zu sich selbst ein und konstituiert den eindeutigen Charakter, der eine fragwürdige, pathologische Normalität darstellt, während die Polymorphie des Individuums ausgegrenzt wird. Die Totalität des Charakters sei fiktiv, man könnte ihn ein System von Narben nennen, »die nur unter Leiden, und nie ganz, integriert werden. Die Zufügung dieser Narben ist eigentlich die Form, in der die Gesellschaft sich im Individuum durchsetzt.« (Adorno 1952, 24)

Laclau – und er steht hier für eine Reihe von oben erwähnten Autoren – weist auf die Notwendigkeit der Exklusion hin, damit sich Gesellschaft konstituieren kann. Käme es nicht zur inkludierenden Totalität der Gesellschaft, würden sich die Signifikantenkette und die von ihr konstruierten Bedeutungen und Identitäten in ihrer temporären Notwendigkeit nicht bilden können. Es bestünde ein Naturzustand, der von ihm mit dem psychopathologischen Begriff der Psychose charakterisiert wird: keine Signifikantenkette, keine Totalisierung, keine Notwendigkeit, kein Subjekt, keine Identität, keine Demokratie – der Zustand der Sinnlosigkeit. Notwendigerweise muss es Exklusion geben; die Psychose wird in dem von Laclau konstruierten Diskurs zum leersten aller antagonistischen Signifikanten, weil er den Ort des Ausschlusses selbst verkörpert, die Bedingung der Möglichkeit der Exklusion und damit die Bedingung der Möglichkeit von Gesellschaft. Die Folgen der Inklusion für Gesellschaft und Individuen werden von Laclau allerdings nicht in den Blick genommen. Anders Adorno, der insbesondere diesen Aspekt betont und auf die psychopathologischen Folgen der gesellschaftlichen Totalisierung und der Inklusion hinweist. Wenn es zur Logik der Gesellschaft gehört, dass immer wieder das Opfer der Einzelnen zugunsten des Kollektivs verlangt wird, und alle einzelnen sich im Prinzip schon wie prädestinierte Opfer verhalten, denen droht, vom Kollektiv aufgegeben zu werden, die sich deswegen antizipierend darum bemühen, ihr Selbst aufgeben, um die Exklusion zu vermeiden, dann ist dies aus Adornos Sicht Anlass genug zu der Überlegung, dass in der bisherigen Formierung des menschlichen Zusammenlebens ein Scheitern enthalten ist. Der Maßstab für diese Beurteilung ergibt sich nicht allein aus dem Blickwinkel der Exkludierten, sondern ebenso und vielleicht noch dringlicher aus dem der Inkludierten und bestens Integrierten, die für die eigene Fortexistenz die anderen opfern. Wenn es also so ist, dass die Gesellschaft sich nur durch Ausschluss konstituiert, dann spricht dies gegen den Ausschluss, aber mehr noch gegen die Gesellschaft. Wird mit Hinweis auf die Existenz der Gesellschaft der Ausschluss gerechtfertigt und erhält dieser von jener seine Weihe, so kann dieses Verhältnis in kritischer Absicht umgekehrt werden: wenn die Gesellschaft sich nur durch Exklusion bilden kann, ist die Frage nach der Existenzberechtigung von Gesellschaft und Inklusion zu stellen. Das Interessante an den Überlegungen insbesondere von Ernesto Laclau besteht darin, dass er die Logik der Totalisierung der modernen Gesellschaft als ein hegemoniales Projekt herausarbeitet, seine Grenze liegt darin, dass er aufgrund seines semiologischen Ansatzes diese Logik universalisiert. Demgegenüber ist daran zu erinnern, dass Gesellschaft im strengen begrifflichen Sinn eine historisch kontingente und von bürgerlichen Kräften getragene moderne Form des Zusammenlebens ist. Für das Bürgertum ist Gesellschaft das Projekt, die eigene Lebensweise kompromisshaft gegen zwei andere Tendenzen durchzusetzen und die eigene Hegemonie zu gewinnen: denen gegenüber, die Gesellschaft nie wollten, weil sie frühere, feudal-patrimoniale Formen der Gemeinschaft und stratifikatorischen Differenzierung verteidigten; und denen gegenüber, die über Gesellschaft schon hinaus sind, die, in den Worten von Marx (1843, 390), die »Auflösung der Gesellschaft« darstellen. Von Marx über Adorno bis zu Foucault gibt es die Hinweise auf die in der bürgerlichen Gesellschaft bestehende historische Tendenz, Gesellschaft als solche, als hegemoniales Projekt der Totalisierung in Frage zu stellen. Dies spricht dafür, dass sie nicht das letzte Stadium der historischen Entwicklung bleiben wird, sondern durch andere Formen, vielleicht auch eine menschheitsweite Assoziation von freien Individuen, abgelöst werden kann.

Literatur

Adorno, Theodor W. (1952): Die revidierte Psychoanalyse. S. 20-41 in: Ders., Gesammelte Schriften, Bd. 8. Frankfurt a.M.: Suhrkamp (1972).

Adorno, Theodor W. (1955): Zum Verhältnis von Soziologie und Psychologie. S. 42-92 in: Ders., Gesammelte Schriften, Bd. 8. Frankfurt a.M.: Suhrkamp (1972).

Adorno, Theodor W. (1968): Diskussionsbeitrag zu »Spätkapitalismus oder Industriegesellschaft?« S. 578-587 in: Ders., Gesammelte Schriften, Bd. 8. Frankfurt a.M.: Suhrkamp (1972).

Benhabib, Seyla (1991): Modelle des öffentlichen Raums: Hannah Arendt, die liberale Tradition und Jürgen Habermas. Soziale Welt 42, 2, 147-165.

Butler, Judith/Laclau, Ernesto (1998): Gleichheiten und Differenzen. Eine Diskussion via E-Mail. S. 238-253 in: Judith Butler/Simon Critchley/Ernesto Laclau/Slavoj Žižek, Das Undarstellbare der Politik. Zur Hegemonietheorie Ernesto Laclaus. Wien: Turia + Kant.

Demirović, Alex (Hrsg.) (2001): Komplexität und Emanzipation. Kritische Gesellschaftstheorie und die Herausforderung der Systemtheorie Niklas Luhmanns. Münster: Westfälisches Dampfboot.

Durkheim, Emile (1895): Regeln der soziologischen Methode. Neuwied/Berlin: Luchterhand (3. Aufl., 1970).

Foucault, Michel (1971): Jenseits von Gut und Böse. S. 273-288 in: Ders., Schriften in vier Bänden: Dits et Ecrits, Bd. 2. Frankfurt a.M.: Suhrkamp (2002).

Foucault, Michel (2005): »Omnes et singulatim«: zu einer Kritik der politischen Vernunft. S. 165-198 in: Ders., Schriften in vier Bänden: Dits et Ecrits, Bd. 4, Frankfurt a.M.: Suhrkamp.

Freud, Sigmund (1924a): Der Realitätsverlust bei Neurose und Psychose. S. 361-368 in: Ders., Gesammelte Werke, Bd. XIII. Frankfurt a.M.: Suhrkamp (1976).

Freud, Sigmund (1924b): Neurose und Psychose. S. 385-391 in: Ders., Gesammelte Werke, Bd. XIII. Frankfurt a.M.: Suhrkamp (1976).

Hobbes, Thomas (1651): Leviathan oder Stoff, Form und Gewalt eines bürgerlichen und kirchlichen Staates. Darmstadt/Neuwied: Luchterhand (1966).

Horkheimer, Max/Adorno, Theodor W. (1947): Dialektik der Aufklärung. Max Horkheimer, Gesammelte Schriften, Bd. 5. Frankfurt a.M.: Suhrkamp (1987).

Kronauer, Martin (2002): Exklusion. Die Gefährdung des Sozialen im hoch entwickelten Kapitalismus. Frankfurt a.M./New York.: Campus.

Laclau, Ernesto (1990): New Reflections on the Revolution of Our Time. London: Verso.

Laclau, Ernesto (2005): On populist reason. London: Verso.

Laclau, Ernesto/Mouffe, Chantal (1991): Hegemonie und radikale Demokratie. Zur Dekonstruktion des Marxismus. Wien: Passagen.

Luhmann, Niklas (1997): Die Gesellschaft der Gesellschaft. Frankfurt a.M.: Suhrkamp.

Marx, Karl (1843): Zur Kritik der Hegelschen Rechtsphilosophie. Einleitung. S. 378-391 in: Marx-Engels-Werke, Bd. 1. Berlin: Dietz (1972).

Prof. Dr. Alex Demirović
TU Berlin, Sekr. FR 3-11
Franklinstraße 28/29, D-10587 Berlin
demirovic@em.uni-frankfurt.de

Abstracts

Cornelia Bohn, Inclusion and Exclusion: Theories and Findings. From Exclusion from the Community to Including Exclusion

The article looks for a sociological and historically erudite analytics of inclusion and exclusion that pays heed to the history of the research problem. In this regard, concepts such as »ghetto poor« (Wilson), surnuméraire, exclusion-confinement (Castel) are discussed. Social closure and inequality (Weber, Bourdieu), deviance (Foucault), and inclusion and exclusion as a difference internal to society and structure of societal differentiation (Luhmann) are looked at in greater detail as specific types of theory. The text proposes a concept of inclusion and exclusion situated within a theory of differentiation and taking on deviance-theoretical elements. Hence, the author introduces the category of *including exclusion* in elaboration of Foucault's concept of the »carceral system«, which is then treated as a generalizable insight exceeding phenomena of deviance and embedded within a theory of society. In light of historical and empirical material, however, some specifications and modifications of the theoretical inventory seem necessary. This pertains to the autonomous logic of structures generated by inclusions and exclusions which may even operate opposedly on various levels of order; the yet to be clarified relation between discourses / semantics and practices; the »underlife« within realms of exclusion; the problem of entwined, indistinguishable forms and the merging continuum of inclusion and exclusion; finally, the temporal and factual limitation and reversibility of inclusion and exclusion.

Sina Farzin, Visibility by Invisibility: On the Rhetorics of Exclusion in Sociological Systems Theory

This article departs from the diagnosis that so far no common theoretical notion of the term exclusion has been established in sociological discourse. I argue that the reasons for these deficiencies go beyond the discursive history of the concept. Rather, I assume that a systematic and consistent definition of exclusion would result in an internal theoretical antagonism because it raises the question of the boundaries of the social. Through a rhetorical analysis using the example of systems theory I analyze how the description of exclusion is influenced by root metaphors of systems theoretical thinking such as »boundary« and »observer«. Further, I will discuss how those descriptions trespass conventional rules of scientific writing by deploying the rhetoric figures of metaphor and example, opening a space for systematic unthinkable knowledge.

Frank Ruda, Everything is visibly becoming mobized! Namelessness and Generic Inclusion

If systems theory expounds the problem of exclusion it speaks of a domain that lacks all determinations and in which all attributes are suspended. The following considerations are guided by this fundamental assumption to show at first to what extent Luhmann can generate arguments out of it which allow him to assert that other models of explication play down the mechanisms of exclusion. To think exclusion however as absolute privation means, how I am going to show in the following, that it becomes possible to draw a theoretical line from Hegel to Luhmann. This line reveals that both think on the ground of a shared initial ontological state. Out of this diagnosis I am going to develop that in Luhmann a theoretical problem repeats itself which in Hegel's philosophy is closely linked to the name ›rabble (Pöbel)‹. I will conclude my argument by proving that the Hegelian rabble-farce and the exclusion-tragedy of Luhmann open up a space for a thinker whose time – also for the reflection on the question of exclusion – is not over yet: Karl Marx and his early drafts on the subject-form of the ›proletariat‹.

Sven Opitz, Bodies of Exclusion. Materiality at the Margins of the Social

The concept of exclusion challenges sociology. It points to a realm outside of the social; hence it pushes the discipline to reckon with the limits of its own object of inquiry. Confronted with these borders of the social, sociological accounts of the excluded dominantly employ images of the mere body as the epitome of exclusion. Excluded persons are depicted as reduced to their material being and as confined to a spatial stratum. This article explores the social status of this body of the excluded. Why is the body such a prevalent trope for exclusion within sociological texts and what role does this rhetoric play? What is the theoretical status of this corporeality and materiality? In which way can the body of the excluded serve as an entry point for understanding marginal and precarious sociality? To deal with these questions, the article commences with a rhetorical analysis of the sociological debate on exclusion. It proceeds by suggesting that a critical re-reading of Niklas Luhmann's systems theory and Judith Butler's understanding of discursive order offer the theoretical means to understand the dominant corporeality of the excluded as an effect of the social. These combined theoretical lenses allow understanding two dimensions of exclusion: firstly the processes of discursive de-subjectification, secondly the ghostly presence of the excluded within the social. The article closes by suggesting the rough outlines of a post-structuralist theory of exclusion.

Friedrich Balke, Homo homini rex. Infamy and Democracy in Rousseau

Rousseau's political and autobiographical discourse relies strongly on a new »power of writing« (Foucault), which lowers the threshold of describable individuality and transforms an ordinary life into an object of curiosity and knowledge. Referring to Foucault's analysis of the means employed in producing an ›infamous life‹, the essay shows how Rousseau makes meticulous use of the discursive formulas found in eighteenth-century *lettres de cachet* to justify the ›unworthy subject‹ who speaks out, thus allowing the particulars of his minor existence to be committed to the memory of posterity and be made available to the emerging sciences of man for systematic analysis. While Rousseau's political theory is based on the general will of a sovereign people, his own life remains subject to the power of the sovereign ruler (king or prince) because it defies the generality of the law, which must be applied equally to everyone regardless of an individual's existential uniqueness. Thus, Rousseau's discourse paradigmatically reflects the structural ambiguity of the concept of a modern »people«, which oscillates between two poles: on the one hand it encompasses the ›whole‹ people, which is the foundational principle of democracy and therefore entails a form of total inclusion; on the other hand it represents the fragmentary multiplicity of needy and excluded bodies.

Ute Tellmann, Figures of Exclusion: (Bare) Life and the Foundation of Economy

The current debate about the biopolitical predicament of the Western political tradition has centered on the figure of life as an object of excessive sovereign power and administrative intervention. Less attention has been granted to the question of how biopolitics and the constitution of the economy are intertwined. Instead of subsuming the relation between life and politics to the sovereign paradox and a governmental program, the article argues for a complementary genealogical analysis of the modern divisions between an economy of naked life and the political sphere. A close reading of texts of T. R. Malthus shows, how the economic figure of life is already marked by its exclusion from political intelligibility. Rather than being a placeholder for materiality or bodily needs, the notion of life and its ontological condition of scarcity cannot be separated from colonial hierachization and political exclusion. The prominent and persistent recourse of modern economic thought to a certain notion of life – closely linked to the pervasive concept of scarcity – gives in turn rise to a particular civilizational imaginary of the economy and determines *how* the division between the economy and the political sphere is understood.

Johannes Scheu, When the Inside becomes the Outside. Sociological Questions to Giorgio Agamben

The article aims to embed the political theory of Giorgio Agamben in an explicitly *sociological* context. First, Agamben's notion of an ›inclusive exclusion‹, which he works out with respect to the ›bare life‹, will be compared with concepts of exclusion developed in systems theory, new approaches to poverty, as well as poststructuralist social analysis in order to examine its sociological usability. Secondly, against the background of the structural analogy between the ›sovereign‹ and ›bare life‹, the point will be made that the notion of the ›political community‹ used by Agamben is only imaginable as an ›excluded community‹, which – since every inclusion is nothing more than an attribute of an overarching exclusion – cannot be described in terms of biopolitics. The closing section will introduce the scapegoat-theory of René Girard, hitherto hardly known in the field of German-speaking sociology. Girard offers a nuanced socio-analytical perspective on the mutual relation between inclusion and exclusion, which could constructively supplement Agamben's political theory.

Lars Gertenbach, Thinking the Outside. Michel Foucault and the Sociology of Exclusion

This essay connects Michel Foucault with the present debate on exclusion. Despite Foucault's notable amount of researches on phenomena of social exclusion, he has nearly been unconsidered in this regard. Concerning the precise content of the present theoretic-conceptual ambiguities, this appears even more astonishing. First, the text will give a rough draft of topics and problems that present days' researches on exclusion are concerned with. Then, as a key issue, the essay aims at systematizing Foucault's terminological usage and his approaches to phenomena of social exclusion in order to relate them to current disputes. For this purpose, it is suggested to distinguish between three types of exclusion within Foucault's work. These cannot only be related to different kinds of power (sovereignty, discipline, governmentality), but they refer to socio-historically differing mechanisms of exclusion, as well. For the present discussion, the still largely unexplained third type, which for Foucault is linked to the formation of a security-society, gains particular importance. At this point, a turn to Foucault can be extraordinarily profitable for the present debate on exclusion.

Vassilis Tsianos / Serhat Karakayali, The Government of Migration in Europe. Beyond Inclusion and Exlusion.

The starting point of the article is the observation that in border studies the paradigm of exclusion implicitly plays an important role. This paradigm considers society as a container and its structures as an apparatus of the distribution of equal rights. The implied normativism within this theoretical approach is being transferred to a genuinely transnational context: Migration. By making use of their fieldwork findings on border and migration regimes in the Aegeis the authors design a different approach, in which the practices of migration are considered as capable of recoding the border policies, turning them into ›liminal institutions of porocracy‹.

Oliver Eberl, Between Civilizing Mission and Democratization: The Exclusion of the »Other«
in Liberal International Law

Derrida analyzed how the formation of international politics is predicated on the figure of the »rogue state«. This process is part of the liberal revolution found in the discourse of international law. The stigmatization of once formally equal states as »rogue states« is the central concern for international law in the age of globalization. Historically, the exclusion of the »other« from the protections of international law was used to justify European colonialism. The exclusion of individuals as subjects of international law provided a basis for the occupation of America, while the identification of »other« state-like entities as »uncivilized« allowed the occupation of Africa. In the recent »epoch of rogue states,« the exclusion from international excludes »rogue states« from sovereignty rights against foreign intervention. Thus, »rogue states« are confronted with international law as an imperial law of liberal states. What does this process of liberal exclusion reveal? Is this a function of the paradoxical structure of liberalism, which necessarily connects universalism with exclusion? Or does it rather show the pathologies of this discourse of liberal law?

Oliver Marchart, Society without Society: Exclusion and Antagonism in Lévi-Strauss, Lacan,
Laclau and Luhmann

It is assumed that two forms of exclusion have to be differentiated: those forms, on the one hand, which are *not* constitutive with regard to the excluding system; and those, on the other, which indeed fulfill a constitutive, i.e. necessary function and therefore can be called the systems' conditions of possibility. In Ernesto Laclau's discourse theory, this more radical form of exclusion, which makes society possible in the first place by – paradoxically – making impossible the full constitution of society, is conceptualized in terms of *social antagonism*. In comparison to Lévi-Strauss' structural anthropology it turns out that the society effect emerges out of a structurally unsurpassable rule of heterogeneity (the incest taboo in Lévi-Strauss), which renders impossible structurally the self-identitarian closure of society. Yet social exclusion and antagonism – including the question regarding the possibility or impossibility of society – cannot simply be explained on the basis of such rule of heterogeneity, which too much relies on a »founding myth« model of explanation. They have to be determined on the basis of a social difference theory. By re-visiting the Lévi-Straussian interpretation of dual organizations, the category of the »zero institution« turns out to be discourse theoretically productive and comparable to the Laclauian category of the empty signifier, whose function equally consists in guaranteeing systematicity and allowing for society to emerge.

Alex Demirovic , Frictions with Normality. Exclusion and the Constitution of Society

In the first section of the article the argument is that the philosophical and democratic claim for inclusion vis-à-vis social exclusion in its manyfold aspects is misleading and theoretically insufficent. It ignores the fact that inclusion and exclusion is in itself constituted as a binary compound. But the systems theoretical approach to differentiate exclusion and inclusion is unsatisfying because of some moral presuppositions and its inability to explain the differentiation in terms of domination. The second part, starting with the critical perspective on the binary differentiation, is discussing arguments for the constitutive necessity for exclusion, referring to the discourse theory of Ernesto Laclau. Going back to Freud and Adorno the article argues that Laclaus in his arguments is naturalising social relations. This is not resulting from a lack of logical consequence but, in contrary, demonstrates that society as a modern form of social association is in itself problematic.

Über die Autoren

Friedrich Balke, Dr. phil. habil., Professor für Geschichte und Theorie künstlicher Welten an der Bauhaus-Universität Weimar und Sprecher des Graduiertenkollegs »Mediale Historiographien«. Forschungsschwerpunkte: Grenzgebiete zwischen politischer Theorie, Literatur und Medien, Kultur- und Wissensgeschichte, Geschichte der Infamie. Veröffentlichungen u. a.: *Der Staat nach seinem Ende. Die Versuchung Carl Schmitts* (1996); *Gilles Deleuze* (1998); *Figuren der Souveränität* (2008).

Cornelia Bohn, Professorin für Soziologie an der Universität Luzern. Arbeitsschwerpunkte: Soziologische Theorien, Gesellschaftstheorie, Inklusions- und Exklusionsforschung, historische Semantik und Kultursoziologie, Geldtheorie und Bildtheorie. Gründungsmitglied des SFB 600: Fremdheit und Armut. Formen der Inklusion und Exklusion von der Antike bis zur Gegenwart. Ausgewählte Publikationen: Sociétés. Revue des Sciences Humaines et Sociales, No. 61, La différenciation: Identité, Insertion / Exclusion, Altérité, 1998; Schriftlichkeit und Gesellschaft, 1999; Sinngeneratoren. Fremd- und Selbstthematisierung in soziologisch historischer Perspektive (Hg.) 2001; Une société mondiale. Les concepts sociaux de Bourdieu et Luhmann, in: Hans-Peter Müller/Yves Sintomer (Hg): Pierre Bourdieu, théorie et pratique, Paris 2006; Inklusion, Exklusion und die Person, 2006; Geld und Eigentum. in: Stichweh / Windolf (Hg.), Inklusion und Exklusion. Analysen zur Sozialstruktur und sozialer Ungleichheit (im Erscheinen).

Alex Demirovic, Dr. phil. Habil., geb.: 1952, lehrt z. Z. als Gastprofessor Politische Theorie an der TU Berlin, neuere Veröffentlichungen: Demokratie in der Wirtschaft (Münster 2007), Nicos Poulantzas. – Aktualität und Probleme materialistischer Staatstheorie (Münster 2007), Arbeitsgebiete: Staats- und Demokratietheorie, Kritische Gesellschaftstheorie.

Oliver Eberl, Dr. phil., ist Wissenschaftlicher Mitarbeiter im Arbeitsbereich Politische Theorie und Ideengeschichte am Institut für Politikwissenschaft der Technischen Universität Darmstadt. Letzte Veröffentlichungen: Demokratie und Frieden. Kants Friedensschrift in den Kontroversen der Gegenwart, Baden-Baden: Nomos, 2008; Großraum und Imperium. Die Entwicklung der »Völkerrechtlichen Großraumordnung« aus dem Geiste des totalen Krieges, in: Rüdiger Voigt (Hg.), Großraum-Denken. Carl Schmitts Kategorie der Großraumordnung, Stuttgart: Steiner, 2008, 185-206. Forschungsinteressen: Politische Theorie der internationalen Beziehungen und des Völkerrechts, Rechts- und Demokratietheorie seit der Aufklärung; Kosmopolitismus und Kolonialismus.

Sina Farzin, M.A., Mag. Phil., Studium der European Studies sowie der Neueren Deutschen Literaturwissenschaft, Kunstgeschichte und Sozialpsychologie in Bochum und Peking. Derzeit Ph. D. Fellow an der Bremen International Graduate School of

Social Sciences. Publikationen: Inklusion/Exklusion. Entwicklungen und Probleme einer sytemtheoretischen Unterscheidung, Bielefeld: transcript 2006; mit Stefan Jordan (Hrsg.): Lexikon Soziologie und Sozialtheorie. Hundert Grundbegriffe, Stuttgart: Reclam 2008.

Lars Gertenbach, M. A., geb. 1979, Studium der Soziologie, Politikwissenschaft und VWL in Göttingen und Freiburg i. Br., Wissenschaftlicher Mitarbeiter an der Friedrich-Schiller-Universität Jena, Forschungsschwerpunkte in den Bereichen Soziologische Theorie, Poststrukturalismus, Kritische Theorie, Kultursoziologie. Publikationen u. a.: Die Kultivierung des Marktes. Foucault und die Gouvernementalität des Neoliberalismus, parodos, 2007; Geschichte, Zeit und sozialer Wandel. Konturen eines poststrukturalistischen Geschichtsdenkens, in: Stephan Moebius/Andreas Reckwitz (Hg.): Poststrukturalistische Sozialwissenschaften, Frankfurt am Main: Suhrkamp, 2008.

Serhat Karakayali, Dr. phil, studierte zwischen 1994 und 1999 in Frankfurt am Main Soziologie, Politologie und Philosophie. Promotion an der Universität Frankfurt mit einem Stipendium der Heinrich Böll-Stiftung. Zwischen 2003-2005 wissenschaftlicher Mitarbeiter im Forschungsprojekt TRANSIT MIGRATION. Mitglied im Centre for Postcolonial Knowledge and Culture.

Oliver Marchart ist SNF-Förderungsprofessor am Soziologischen Seminar der Universität Luzern. Letzte Buchveröffentlichungen: Cultural Studies (UVK) 2008; Post-foundational Political Thought. Political Difference in Nancy, Lefort, Badiou and Laclau (Edinburgh University Press) 2007; Stand der Bewegung? Protest, Globalisierung, Demokratie, hgg. mit Rupert Weinzierl (Westfälisches Dampfboot) 2006; Neu beginnen. Hannah Arendt, die Revolution und die Globalisierung (Turia+Kant) 2005; Laclau: A Critical Reader, hgg. mit Simon Critchley (Routledge) 2004.

Sven Opitz, M.A., ist Wissenschaftlicher Assistent am Institut für Soziologie der Universität Basel; ausgewählte Veröffentlichungen: »Gouvernementalität im Postfordismus – Macht, Wissen, Techniken des Selbst im Feld unternehmerischer Rationalität« (Argument, 2004), »Zwischen Sicherheitsdispositiven und Securitization: Zur Analytik illiberaler Gouvernementalität«, in: Purtschert/Meyer/Winter (Hg.): Gouvernementalität und Sicherheit (transcript, 2008), »Exklusion. Grenzgänge des Sozialen«, in: Moebius, Stefan/Reckwitz, Andreas (Hg.), Poststrukturalistische Sozialwissenschaften (Suhrkamp, 2008); Forschungsschwerpunkte: Schnittstellen von poststrukturalistischer Theorie und Systemtheorie, soziale Inklusion und Exklusion, Sicherheitspolitik, immaterielle Arbeit.

Frank Ruda, M.A., Studium der Philosophie und Neueren Deutschen Literaturwissenschaft in Bochum und Paris. Wissenschaftlicher Mitarbeiter am Institut für Philosophie der Universität Potsdam Lehrstuhl für Ethik/Ästhetik. Studium der Philosophie und Neueren Deutschen Literaturwissenschaft in Bochum und Paris. Veröffentlichungen (Auswahl): Badiou, Alain: *Dritter Entwurf eines Manifests für den Affirmationismus.*

Herausgegeben und um ein Gespräch mit Alain Badiou ergänzt von Frank Ruda und Jan Völker. Berlin: Merve 2007; Rancière, Jacques: *Ist Kunst widerständig?* Herausgegeben, übersetzt, um ein Gespräch mit Jacques Rancière und ein Nachwort erweitert von Frank Ruda und Jan Völker. Berlin: Merve 2008; »Von der Treue als subtraktiver Institution«. In: *Ereignis und Institution.* Herausgegeben von Gernot Kamecke und Henning Teschke. Tübingen: Narr Verlag 2008.

Johannes Scheu ist Wissenschaftlicher Mitarbeiter in der Forschungsgruppe »Idiome der Gesellschaftsanalyse« am Exzellenzcluster »Kulturelle Grundlagen von Integration«, Universität Konstanz. Studium der Soziologie und Politikwissenschaft in Freiburg i.Br. und Paris. Publikationen (Auswahl): *Überleben in der Leere. Giorgio Agamben*, in: Stephan Moebius et al. (Hg.): *Kultur. Theorien der Gegenwart*, Wiesbaden 2006; *Heilige Gewalt – Heiliges Leben. Giorgio Agambens homo sacer im Kontext von René Girards Opfertheorie*, in: Janine Böckelmann et al. (Hg.): *Die gouvernementale Maschine. Beiträge zur politischen Philosophie Giorgio Agambens*, Münster 2007.

Urs Stäheli ist Professor für Soziologie an der Universität Basel. Zu seinen Forschungsschwerpunkten zählen gegenwärtige Sozial- und Kulturtheorien zwischen Poststrukturalismus und Systemtheorie, die Visualität und Diskursivität des Ökonomischen und eine kommunikationstheoretische Analytik des Populären. Wichtige Publikationen: Spektakuläre Spekulation. Das Populäre der Ökonomie. Frankfurt a.M. 2007; Hg. m. R. Stichweh, Inclusion/Exclusion and Socio Cultural-Identities. Stuttgart 2002; Sinnzusammenbrüche. Eine dekonstruktive Lektüre von Niklas Luhmanns Systemtheorie. Weilerswist 2000; Poststrukturalistische Soziologien. Bielefeld 2000.

Ute Tellmann, Ph.D., Dipl., M.A. ist Wissenschaftliche Oberassistentin am Institut für Soziologie der Universität Basel; neuere Veröffentlichungen: »The Invisible Economy and the Limits of Governmentality« in: Foucault Studies (2008; im Erscheinen); »Die Zeit und die Konventionen der Ökonomie«, in: Langenohl/Schmidt-Beck: Die Markt-Zeit der Finanzwirtschaft (Metropolis, 2007); »The Truth of the Market«, in Distinktion. Scandinavian Journal of Social Theory (2003). Forschungsschwerpunkte: Politische Theorie, Historische Epistemologie der Ökonomie, Poststrukturalistische Theorie, Kulturtheorie der Ökonomie.

Vassilis Tsianos, Dr. phil, unterrichtet Migrationssoziologie und hat an der Universität Hamburg promoviert. Arbeitsschwerpunkte: Transnationale Migration und border studies, Prekarisierung, Biopolitik. Letzte Veröffentlichungen: Empire und die biopolitische Wende: Frankfurt/Main/New York 2007 (Hrsg. mit Marianne Pieper/Thomas Atzert/Serhat Karakayali);. Papadopoulos, Dimitris/Tsianos, Vassilis: The Autonomy of Migration: The Animals of Undocumented Mobility. To appear in: Hickey-Moody, Anna, & Malins, Peta (Eds.) (2007). Deleuzian Encounters. Studies in Contemporary Social Issues. Basingstoke: Palgrave Macmillan; und zusammen mit Dimitris Papadopoulos und Niahm Stephenson (2008): Esapes Routes. Controll and Subversion in the 21st Century. Pluto Press.

Hinweise für unsere Autoren

Verfahren der Einsendung und Form des Manuskripts: Manuskript (in deutscher, englischer oder französischer Sprache) einseitig und anderthalbzeilig schreiben und als Word- bzw. WordPerfect- oder als pdf-Datei per email-attachment einsenden. Ein Manuskript sollte nicht länger als 25 Seiten (ca. 65.000 Zeichen) sein. Die Gesamtzeichenzahl bitte auf dem Deckblatt vermerken.

Bitte unbedingt eine 10- bis 15zeilige *Zusammenfassung* des Beitrags in deutscher *und* englischer Sprache auf einem gesonderten Blatt beifügen. Weiterhin bitten wir um eine kurze Notiz zum Autor (ca. 10 Zeilen).

Die *Fußnoten* sind fortlaufend zu numerieren und sollten *nicht* für bibliographische Angaben, sondern nur für inhaltliche Anmerkungen genutzt werden.

Hervorhebungen in Kursivschrift.

Tabellen und Abbildungen bitte dem Manuskript gesondert beifügen. Im Manuskript müssen die Stellen angegeben werden, an denen Tabellen oder Abbildungen eingefügt werden sollen. Von den Abbildungen müssen reproduktionsfertige Vorlagen geliefert werden.

Literaturhinweise im Text: Nennung des Autorennamens, des Erscheinungsjahres und ggf. der Seitenzahl. Bei mehrfacher Zitierung der gleichen Quelle, Literaturhinweise in derselben Form wiederholen und keine Abkürzungen wie »a.a.O.«, »op.cit.«, »ebd.«, »ibid« etc. verwenden. Im einzelnen:

1. Wenn der Autorenname im Text vorkommt, Erscheinungsjahr in Klammern anfügen: »... Parsons (1960) ...«.
2. Wenn der Autorenname im Text nicht vorkommt, den Familiennamen des Autors und das Erscheinungsjahr in Klammern einfügen: »... (s. Arendt 1958) ...«.
3. Bei einem Buch mit mehreren Autoren die Familiennamen der Autoren durch »/« trennen: »... Maturana/Varela (1980) ...«.
4. Seitenangaben hinter dem Erscheinungsjahr nach einem Komma: »... Luhmann (1984, 242ff.) ...«.
5. Sofern mehrere Titel desselben Autors aus einem Jahr zitiert werden, der Jahreszahl zur Unterscheidung die Buchstaben a, b, c usw. hinzufügen: »... Esser (1994a, 12) ...«.
6. Bei Nennung mehrerer Titel eines Autors in einem Literaturhinweis, die Angaben durch Semikolon trennen und in eine gemeinsame Klammer einschließen: »... Esser (1994a, 12; 1994b, 124)...«. Ebenso bei mehreren aufeinanderfolgenden Literaturhinweisen: »... (Parsons 1960; Maturana/Varela 1980; Glanville 1988) ...«.

Literaturverzeichnis: Alle zitierten Titel alphabetisch nach Autorennamen und nach Erscheinungsjahr geordnet in einem gesonderten Anhang am Schluß des Manuskripts unter der Überschrift »Literatur« aufführen. Die Titel bitte vollständig, d.h. auch mit u.U. vorhandenen Untertiteln anführen. Den Vornamen des Autors ungekürzt angeben. Den Verlagsnamen in abgekürzter, aber noch verständlicher Form nennen. Beispiele:

1. Bücher: Parsons, Talcott (1972): Das System moderner Gesellschaften. München: Juventa.

   Zu beachten: Mehrere Autoren bzw. Herausgeber eines Titels werden durch »/« voneinander getrennt, die Reihenfolge »Nachname, Vorname« wird nicht durchbrochen: Müller, Hans-Peter/Schmid, Michael (Hrsg.) (1995): Sozialer Wandel. Modellbildung und theoretische Ansätze. Frankfurt a.M.: Suhrkamp.

2. Zeitschriftenbeiträge: Geser, Hans (1986): Elemente zu einer soziologischen Theorie des Unterlassens. Kölner Zeitschrift für Soziologie und Sozialpsychologie 38, 643-669.

3. Beiträge aus Sammelbänden: Derrida, Jacques (1979): Structure, Sign and Play in the Discourse of the Human Sciences. S. 247-265 in: Richard Macksey/Eugenio Denato (Hrsg.), The Languages of Criticism and the Sciences of Man: The Structuralist Controversy. Baltimore: The Johns Hopkins Press.

   Zu beachten: Die Nennung der Herausgeber erfolgt hier in der »natürlichen« Reihenfolge, d.h.: »Vorname Nachname«.

Korrekturen werden vom Verlag mit der Bitte um sorgfältige Prüfung und umgehende Rückgabe vorgelegt. Es wird nur eine Korrektur (Fahnenkorrektur) verschickt. Kosten für außergewöhnlich umfangreiche, verspätete oder vom Autor verschuldete Korrekturen müssen dem Verlag erstattet werden.

Redaktionsadresse:
Johannes Schmidt
Soziale Systeme, Soziologisches Seminar, Universität Luzern
Kasernenplatz 3, Postfach 7455, CH-6000 Luzern 7
Tel. (++41) (0)41/228-7590, Fax (+41) (0)41/228-7377
E-Mail: soziale.systeme@unilu.ch

Bei Fragen zur Produktsicherheit wenden Sie sich bitte an:
If you have any questions regarding product safety,
please contact:

Walter de Gruyter GmbH
Genthiner Straße 13
10785 Berlin
productsafety@degruyterbrill.com